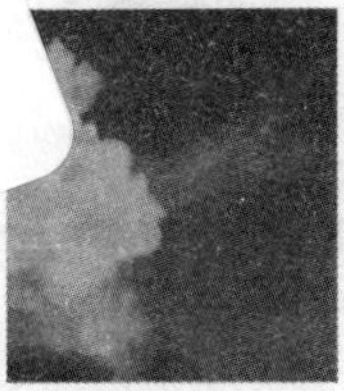

P001 - P082　一　别处的故乡

1

兜里的手机振动了两下，这是三分钟之内的第五次了，蒋丞睁开了眼睛。

车已经开了快三个小时了，车窗外的天空还是很阴沉，身边坐的姑娘还在熟睡，脑门儿很踏实地枕在他的肩上，右肩已经一片麻木。

他有些烦躁地耸了耸肩，而姑娘却只是偏了偏头，他用手指把姑娘的脑袋给推开，但没过几秒钟，脑袋又枕在了他肩膀上。

这样的动作已经反复了很多次，他甚至感觉这姑娘不是睡着了，这效果得是昏迷了。

烦躁。

他不知道还有多久能到站，自从车票拿到手就没去查过，他只知道自己要去的是一座在这次行程之前听都没有听说过的小城。

人生呢，是很奇妙的！

当手机第六次振动的时候，蒋丞叹了口气，把手机掏了出来。

——怎么回事？

——怎么之前你完全没有提过要走的事？

——为什么突然走了？

——为什么没有跟我说？

消息是于昕发来的，估计是在补课，所以打不了电话，一眼看过去，全是问号。

当他准备把手机放回兜里的时候，第七条消息发了过来。

——你再不回消息，我们就算分手了！

终于不是问号了，他松了口气，把手机关机，放回了兜里。

分手对于他来说，并没有什么意义，校园里谈两个月的恋爱，无非就是比别的同学说的话多一点儿，有人给你带早点，打球有专属的啦啦队……都没来得及发展到能干点儿什么的程度。

看着车窗外一直在变化又似乎始终一样的风景，广播里终于报出了蒋丞的目的地。旁边姑娘的脑袋动了动，看样子是要醒了，他迅速从书包里抽了一根红色的记号笔，拔开笔帽，在手里一下下地转着。

姑娘醒了，抬起了头，脑门儿上一大块印子，跟练了神功似的。

在与蒋丞的目光碰上了之后，姑娘伸手抹了抹嘴角，摸出手机，低头边按边说了一句："不好意思。"

居然没听出什么歉意来，蒋丞冲她意味深长地笑了一笑。姑娘愣了愣，视线落在了他手里旋转的记号笔上。

蒋丞把笔帽狠狠往笔上一套，"咔"地响了一声。

两秒钟之后，姑娘猛地捂住了脸，站起来向洗手间那边冲了过去。

蒋丞也站了起来，往车窗外看了看，一路阴沉到这里的天，终于下雪了。他从行李架上把自己的箱子拿了下来，穿上外套走到了车门边，掏出手机开了机。

手机很安静，于昕的消息没有再度响起，也没有未接电话。

感觉这是和于昕好了这些日子以来，她最让人舒心的一次，不容易啊！

但是，也没有除了于昕之外的其他人联系过他。

比如，他以为会来接站的人。

跟着出站的人群走出了车站，蒋丞把羽绒服的拉链拉到头，看着这座在寒冷冬季里显得灰蒙蒙的城市。

火车站四周的混乱和破败，就是他对这座城市的第一印象。

不，这算是第二印象，第一印象是老妈说出"回去吧，那里才是你真正的家"时，他脑子里的一片茫然。

他拖着箱子走到了车站广场的最南边，这里人少，旁边还有一条小街，排列着各种感觉进去了就出不来的小旅店，以及感觉吃了就会中毒的小饭馆。

他坐到行李箱上，拿出手机又看了看，还是没有人联系他。

电话号码和地址他都有，但他就是不想说话也不想动，他从口袋里摸出烟，放在嘴里叼着，他对自己突然会到这里，充满了深深的、莫名其妙的、茫然的、绝望的愤怒。

盯着地上的冰，一边愤怒一边从兜里摸打火机，背靠着寒风，身体缩成一团把烟点上了，看着在眼前飘散开去的烟雾，他叹了口气。

这要是让班主任看到，不知道会说些什么。

不过，没事儿，他已经在这里了，遥远的距离，别说班主任，就连跟他在一个屋子里生活了十几年的人，说不定都不会再见面了。

在这座小破城市的小破学校里，估计不会有人盯着他有没有抽烟。

烟只抽了一半，蒋丞就有些冻得扛不住了，他站起来打算打车找个地方先吃饭。他拖着箱子刚走了一步，就感觉有什么东西撞在了他的脚踝上，劲儿还不小，撞得他一阵生疼。

他皱着眉回过头，看到身后有一块滑板。

接着，没等他抬头再看一看滑板是从哪里飞过来的，一个人便摔到了他的脚边。

“你怎……”他条件反射地伸手想要去扶一把，但手伸到一半就停下了。

披散着乱七八糟的头发，剪得像狗啃的似的有长有短，身上的衣服也挺脏的……要饭的？流浪汉？碰瓷的？小偷？

等这人抬起头时，他才看清楚这是个看上去也就小学五六年级的小姑娘，虽然脸上抹的全是泥道子，但能看出皮肤挺白、眼睛很大。

不过，他再次想去扶一把的手还没有抬起来，这小姑娘就被紧跟着过来的四五个小姑娘连拉带扯地拽走了，有人还在后面一脚踹到了她的背上，踹得她一个踉跄，差点儿又摔倒。

蒋丞立马明白了这是怎么回事，他犹豫了一下，转身拖了行李箱继续往前走。

身后传来的一阵笑声让他又停下了脚步。

心情不好的时候他不太愿意管闲事，碰巧现在心情相当、超级、特别以及非常不好，但刚才小姑娘漆黑干净的眸子还是让他转回了头。

“哎！”他喊了一声。

那几个小姑娘都停下了，一个看起来挑头的眼睛一斜：“干吗？！”

蒋丞拖着箱子慢慢走了过去，盯着手里还拽着大眼睛衣服的那个小姑娘，盯了两秒之后，那个小姑娘松开了手。

他把大眼睛拉到自己身边，看着那几个小姑娘：“没事了，走吧。”

“你谁啊！”挑头的有些胆怯了，但还是很不满意地喊了一声。

“我是带着刀的大哥哥，”蒋丞看着她，“我用三十秒就能给你削一个跟她同款的发型。”

“我一会儿就叫我哥过来收拾你！”挑头的明显不是惯犯，一听这话就有些退缩了，但嘴上还是不服气。

“那你让他快点儿，”蒋丞一手拖着箱子，一手拉着大眼睛，“我吓死了，会跑得很快的。”

那几个小姑娘走开了，大眼睛却挣开了他的手。

“你没事吧？”蒋丞问了一句。

大眼睛摇了摇头，回过头两步走到滑板旁边，一脚踏了上去，看着他。

“你的？”蒋丞又问。

大眼睛点了点头，脚下轻轻一点，踩着滑板滑到了他面前，然后很稳地停下了，但还是看着他。

“那你……回家吧。”蒋丞也点了点头，掏出手机，边走边想叫辆车过来。

走了一段之后，听到身后有声音，他回过头发现大眼睛还踩着滑板慢慢地跟在他的身后。

“怎么？”蒋丞看着她。

大眼睛不说话。

“怕她们回来？”蒋丞有些无奈地又问道。

大眼睛摇了摇头。

“不是，你哑巴吗？”蒋丞开始感觉到有些烦躁了。

大眼睛继续摇头。

“我跟你说，我，”蒋丞指了指自己，“现在心情非常不好，非常暴躁，我揍小姑娘一点儿都不手软知道吗？”

大眼睛没动。

蒋丞盯了她一会儿，看她没有说话的意思，压着火拖着箱子再次往前走。

这会儿信号不太好，叫车的界面怎么也点不开，他一屁股坐到了公交车站旁边的石墩子上，顺手还点了一根烟。

大眼睛还踩着滑板，站在他旁边。

“你还有事？”蒋丞不耐烦地问，他有点儿后悔管闲事了，这是给自己找了个莫名其妙的麻烦。

大眼睛还是不说话，只是轻轻蹬了一下滑板，滑到了旁边的公交站牌前，仰着脸看了很长时间。

等她又踩着滑板回到蒋丞身边的时候，蒋丞从她迷茫的神情里猜到了原因，叹了口气：“你是不是迷路了？回不去了？”

大眼睛点了点头。

“是本地人吗？”蒋丞问。

点头。

“打电话叫你家里人过来接你。”蒋丞把自己的手机递给了她。

她接过手机，犹豫了一下，低头按了几下，然后又把手机还了回来。

“什么意思？”蒋丞看着已经输好但没有拨出去的一个手机号码，“我帮你打？”

点头。

蒋丞皱着眉按下了拨号键，听着听筒里的拨号音，他又问了一句：“这是你家谁的号码？”

没等大眼睛回答，那边有人接了电话。

当然，估计她也不会回答，蒋丞冲着电话“喂”了一声。

“谁？”那边是一个男人的声音。

“路人，”蒋丞都不知道该怎么说了，“我这里有一个小姑娘……”

“不要。”那边说。

没等蒋丞回过神，电话就挂掉了。

“这人是谁？”蒋丞扔掉烟，指着大眼睛，“不说话就滚，我没耐心了。”

大眼睛蹲在他的腿边，捡了块石头，在地上歪歪扭扭地写了一个“哥”字，然后抬头看着他。

“好吧，知道了。”蒋丞感觉这小姑娘可能真的是哑巴。

他再次拨了刚才那个号码，这次响的时间很短，那边就接了起来：“谁？”

蒋丞看了看大眼睛：“你妹妹在我这里……”

“撕票吧！”那边回答，然后又挂了电话。

“我靠！”蒋丞一阵砸手机的冲动涌了上来，指着大眼睛，“你的名字！”

大眼睛低头用石头写下了自己的名字。

顾淼。

蒋丞没再打电话过去，只是发了条短信，还配了一张大眼睛的照片。

——顾淼，哑巴，滑板。

三十秒之后，那边把电话打了过来。

蒋丞接起电话：“晚了，已经撕票了。”

“不好意思，”那边说，“能告诉我你在哪里吗，我过去看看还能不能拼起来。”

“……火车东站，特别破的那个，”蒋丞皱着眉，“她迷路了，你快点儿过来，我还有别的事。”

“谢谢，非常感谢，”那边回答，“马上到，你要是有急事可以先走的，让她在那里等我就行。”

蒋丞把刚刚扔在地上的半截烟捡起来弹进了旁边的垃圾桶，又重新点了一根。

他本来想直接叫车走人的，但又觉得根本没有人在意他是来还是去，是在还是不在，自己似乎没什么可着急的。

顾淼在滑板上坐了一会儿之后就站了起来，踩着滑板在人行道上来回滑着。

蒋丞看了几眼之后有些吃惊，本来以为小姑娘就是瞎玩，但是没想到小姑娘各种上坡、下坡、台阶、加速、急停、掉头居然都轻松自如。

就是一脑袋被剪成了碎草的头发，以及脏兮兮的脸和衣服让人出戏。

玩了十几分钟之后，顾淼滑到他身边停下来了，脚尖在滑板上一钩一挑，用手接住了滑板之后，她抬手向蒋丞身后指了指。

“挺帅。”蒋丞冲她竖了竖拇指，然后顺着她的手指回过了头，看到了身后停着的一辆黑色摩托车。

车上的人戴着头盔看不清脸，但是，撑在人行道边上穿着灰色修身裤子和短靴的腿很抢眼。

长，而且还直。

“你哥啊？”蒋丞问顾淼。

顾淼点点头。

“你脑袋怎么回事？”车上的人摘下头盔下了车，走过来盯着顾淼的头发，“还有脸和衣服……你掉粪坑里了？”

顾淼摇了摇头。

“被同学欺负了吧！”蒋丞说。

“谢谢，”这人这才把目光转到蒋丞脸上，伸出了手，“我叫顾飞，是她哥。”

蒋丞站了起来，跟他握了握手：“不客气。”

顾飞看上去跟自己年纪差不多，只看眼睛不太好判断是不是顾淼她哥，但眼睛的形状挺像，不过没有顾淼眼睛那么大……皮肤倒还挺白的。

蒋丞目前的心情很像一盆烂西红柿，但顾飞的发型跟他的腿一样抢眼，所以，他还是在烂西红柿缝里瞅了两眼。

很短的寸头，偏过脸的时候，能看到两侧贴着头皮剃出的青皮上有五线谱图案，一边是低音谱号，另一边是个休止符，蒋丞没看清有几个点。

“你刚下车？”顾飞看了一眼他的行李箱。

“嗯。”蒋丞拿起手机继续想打开打车软件叫车。

“去哪里，我送你？”顾飞说。

“不了。”蒋丞看了一眼他的车，再大的摩托车也只是摩托。

“她不占地方。”顾飞又说。

“不了，谢谢。”蒋丞说。

“跟哥哥说谢谢，”顾飞指了指蒋丞，对顾淼说，“粪球。”

蒋丞转过脸看着“粪球”，想听一听她怎么说话，结果顾淼只是抱着滑板冲他鞠了一个90度的躬。

顾飞跨上车，戴上头盔，顾淼很利索地爬上后座，抱住了他的腰。

“谢了。”顾飞看了他一眼，发动车子，掉转车头开走了。

蒋丞坐回石墩子上，这会儿网络倒是挺好的，但是居然好半天都没有人接单，路过的出租车招手都不停。

这是什么鬼地方？

虽然心情很烂，他却一直没有来得及细细品味，只觉得这段时间以来，他一直活在混沌里，被各种震惊和茫然包裹着，连气都喘不上来，甚至没有想过自己为什么会答应了所有的安排，就这样糊里糊涂地到了这里。

是叛逆吗？

就像老妈说的：我们家没有过像你这样叛逆的人，全身都是刺。

当然了，本来也不是一家人，何况这几年都已经处得跟仇人一样了，谁看见谁都是火。

蒋丞皱着眉，这些他都没来得及去琢磨。

一直到现在，此时此刻。

在这座陌生的、寒冷的、飘着雪的城市里，他才猛地回过神来。

绝望和痛苦以及对所有未知的抗拒，让他觉得鼻子发酸。

低下头时，眼泪在脸上狠狠划了一道。

手机铃声响起的时候，蒋丞正坐在一家不知道在什么位置的KFC里，他看了一眼这个陌生号码，接了起来：“喂？”

“是蒋丞吗？”那边响起一个中年男人的声音。

声音有点儿大，蒋丞把手机稍微拿开了点：“是的。”

“我是你爸爸。”那个人说。

“哦。”蒋丞应了一声，这种对话听起来居然有几分好笑，他没忍住乐了。

那边的男人也跟着笑了两声：“我叫李保国，你知道的吧！”

“嗯。”蒋丞喝了口可乐。

“你的车到站了吗？”李保国问。

“到了。”蒋丞看了看表，已经到了两个小时了。

“地址你有吗？我没车，所以没法接你，你打个车过来吧，我在路口等你。”李保国说。

“嗯。”蒋丞挂掉了电话。

这回运气还凑合，出来就打着了车，车上的暖气还开得很足，热得人有种要发烧的感觉。

司机想聊天，但蒋丞始终靠着车窗，沉默地向外看着，司机起了几次头都没有成功，最后放弃了，便打开了收音机。

蒋丞努力地想看清这座城市具体长什么样，但是，天色已经很暗了，街灯都不怎么亮，还有光晕里漫天飞舞着的雪花，看得人眼晕。

他闭上了眼睛。

很快却又睁开了。

也不知道怎么了，跟个娘们儿一样，真没劲。

车到地方停下了，蒋丞拎着行李箱下了车，站在路口。

没有人。

声称在路口等他的“你爸爸”李保国没看到人影。

蒋丞压着心里的烦躁和脸上被风割过的疼痛，摸出了手机，拨通了李保国的电话。

“唉，这把太臭了……”好半天李保国才接了电话，“喂？”

“我在路口。”蒋丞一听他这动静，瞬间就想把电话给挂了，随便去找个酒店。

“啊？这么快就到了？”李保国吃惊地喊了一声，“我在呢，在呢，马上出来。”

这个“马上”，马了能有五分钟，当蒋丞拖着箱子在路口伸手拦车的时候，一个戴着雷锋帽的男人这才跑了过来，一把按下了蒋丞的胳膊，嗓门很大地喊了一声：“蒋丞吧？”

蒋丞没吭声，他看到李保国是从身后紧挨着的一栋居民楼里跑出来的。

马上？

再看到二楼窗口的好几个往这边张望的脑袋时，他真是完全不想再开口说话了。

“在朋友家待了一会儿，走走，”李保国拍了拍他的肩，“回家回家……你看着比照片上要高啊。”

蒋丞低头看着泥泞的路面，跟着他往前走。

“哎，”李保国又拍了他后背两下，“这都多少年了啊，得有十几年了吧？可算是见着我儿子了！我得好好看看。”

李保国把脑袋探到了他眼前盯着看。

蒋丞把兜在下巴上的口罩拉起来戴好了。

突然觉得整个人一下子全空了，连空气里都是满满的迷茫。

2

根据老妈的说法……蒋丞突然觉得这个称呼有点儿奇怪，思路都有些诡异地中断了，而什么说法则在这一瞬间记不起来了。

在他十几年的生命里，父母家人都只是唯一的，无论关系好还是坏，老妈都只是那个叫沈一清的女人，老爸是那个叫蒋渭的男人，还有始终并不亲密的弟弟……而现在却突然多出来一套，李保国和几个他已经忘了的名字。

实在有点拧不过劲来。

他跟家里的关系的确很紧张，无论是父母还是弟弟，一碰就发火，一点火就炸，跟弟弟算起来差不多已经有一年没说过话了，连向来冷静克制的老妈都有过各种失态。

但是，就算这种状态从他上初中一直持续到高中，就算他经常想着不想再回家，不想再见到父母，更不想再见到那张跟父母如同一个模子刻出来的脸……这种时刻如愿望实现一般地降临到他的眼前时，却还是整个人都蒙了。

就是蒙。

非常蒙。

从老妈说“有件事要告诉你”开始，几个月的冷战和手续办理，一直到现在，所有的事都像一场回不过神来的梦。

大多数时间里，他没有太多难受，也没有多少痛苦。

有的只是蒙。

“冷吧？”李保国回过头问，咳嗽了几声，“比你原来的那边冷多了吧？”

“嗯。”蒋丞在口罩里应了一声。

“回屋就暖和了，”李保国说，连咳嗽带说话大声，喷了他一脸唾沫星子，“我给你专门收拾了一间屋子。”

“谢谢。”蒋丞回答，抬手拉了拉口罩。

“咱爷儿俩还谢啥啊，”李保国一边咳嗽一边笑着在他背上拍了两下，“咱爷儿俩不说谢！”

蒋丞没能回应他，这两巴掌拍得相当有力度，本来吸了凉气就想咳，听了李保国咳嗽就更想咳了，再来两巴掌，他直接弯腰冲着地面一通狂咳，眼泪差点咳出来。

“你身体不怎么行啊，”李保国看着他，“你得锻炼，我在你这么大年纪的时候壮得跟头熊似的。”

蒋丞没有说话，弯着腰伸出胳膊，冲他竖了竖拇指。

李保国很愉快地笑了起来：“锻炼！我以后还得靠你伺候呢！”

蒋丞直起身看了他一眼。

“走。”李保国又拍了他一掌。

“别碰我。”蒋丞皱了皱眉。

“哟？”李保国愣了，圆圆的眼睛瞅着他，“怎么？”

蒋丞跟他对视了一会儿，拉下口罩：“别拍我的背。”

李保国的家，在一条老旧的小街上，两边是破败而又充满了生活气息的各种小店，吃穿日用都有，店铺上面是低矮的小楼房。

蒋丞抬起头透过各种交错的电线看了一圈，外墙都看不出本色，也不知道是因为天色暗了还是本来就是这样。

他心里不知道是什么滋味地跟着李保国拐进了一个楼道，穿过几堆杂物和菜，走到了一楼最里面的那个门前。

“条件肯定是比不上你以前了，”李保国一边开门一边说，“但是，我的就是你的！”

蒋丞没有说话，看着楼道里一个被蜘蛛网包裹着的灯泡，感觉这个灯泡快要喘不上气来了。

“我的，就是你的！”李保国打开了门，回头在他肩上又重重拍了两下，“你的，就是我的！这就是亲爷儿俩！”

“说了别碰我。”蒋丞有些烦躁地说。

“哟，”李保国进了屋，打开灯，“真是惯坏了，就是这么跟长辈说话的？我跟你说，你哥你姐我都没惯过，你要是一直在家里长大，我早就把你打服了……来，你睡这屋……这屋以前是你哥的……”

蒋丞没去听李保国还在说什么，拖着箱子便进了里屋，这套房子是两居室，不知道以前这一大家子是怎么住的。

这个收拾出来的屋子……应该是没怎么收拾过，不用眼睛光用鼻子就能判断出来，灰尘味里夹着淡淡的霉味。

一个旧衣柜，一张书桌，一张架子床，上铺堆着杂物，下铺倒是收拾出来了，床单和被子都是新换的。

“东西先放着，明天再收拾，”李保国说，“咱爷儿俩先喝两盅。”

“喝什么？”蒋丞愣了愣，看了一眼手机，已经快十点了。

“酒啊，”李保国看着他，“咱爷儿俩十多年没见着了，怎么不得喝点啊，庆祝一下！”

“……不了，”蒋丞有些无语，“我不想喝。”

“不想喝？”李保国瞪大眼睛盯了他两秒钟之后才又把眼睛收小了，笑了起来，“你不会是没喝过吧？你都上高中了……”

“我不想喝，”蒋丞打断了他的话，“我想睡觉。”

“睡觉？”李保国僵了好一会儿才一挥手转身走了出去，大声说，“行行行，你睡觉，睡觉。”

蒋丞关上了房间的门，在屋里站了快有五分钟才过去拉开了衣柜门。

柜门一打开，他就在一阵扑面而来的樟脑丸味道里愣住了，一个两扇门的衣柜，里面有一半塞满了被子、毛毯、旧棉衣，还有毛边都快赶上流苏了的毛巾被。

这种感觉很难形容，蒋丞确定自己现在还没有开始想念远在车程有好几个小时之外的家以及家人，但却真心开始疯狂地想念自己的房间。

他把箱子里的衣服随便拿了几件出来挂在了衣柜里，别的都放在行李箱里，塞在了柜子下面，又拿出一瓶香水对着衣柜里喷了十来下，这才关上了柜门，坐到了床沿上。

手机响了，摸出来看了看，号码显示是“妈”，他接了电话。

“到了吧？”那边传来老妈的声音。

“嗯。”蒋丞应了一声。

“条件是不如这边的家里，”老妈说，“可能需要些时间适应。”

“不需要。”蒋丞说。

老妈顿了顿：“小丞，我还是希望你不要觉得……”

“没有觉得。”蒋丞说。

“这十几年，家里没有亏待过你，我和你爸爸从来没有让你知道你是领养的，对不对？”老妈的声音带有惯常的严厉。

“但我现在还是知道了，”蒋丞说，“而且也已经被赶出来了。”

“你别忘了，大过年的，爸爸已经被你气进了医院！现在都还没有出院！”老妈提高了嗓门。

蒋丞没有说话，他想不通老爸肺炎住院跟自己有什么关系。

而后面老妈还说了什么，他有些神奇地都没听清，这是他的技能，他不愿意听的东西，可以真正地不进脑子。

老妈严厉而又空洞的指责和他认为完全无效的沟通手段，是他崩溃的引信。

他不想听，不想在这个陌生得让他全身难受的环境里吵架。

电话挂掉的时候，他已经想不起来之前都说过什么、老妈说了什么、自己说了什么，都已经不记得了。

想洗个澡，蒋丞起身打开了门，向客厅里看了看，没有人。

他清了清嗓子，咳嗽了几声，没有人应。

“你……在吗？”他走到客厅，实在不知道应该怎么称呼李保国。

这屋子很小，客厅里一眼就能看到卧室和厨房、厕所所有的门，李保国不在屋里了。

打牌去了吧，路口接个人的工夫都要去打几把的人。

“来啊——打牌啊——反正有大把的时间，”蒋丞唱了一句，推开了厕所的门，“来啊——洗澡啊——反正……”

厕所里没有热水器。

“反正……”他继续唱，回头向跟厕所连着的厨房看了一眼，也没有看到热水器，只在水龙头上看到了一个电加热器，“反正……”

唱不下去了，在转了两圈确定这屋里没有热水器之后，他只觉得心里堵得慌，向水龙头上砸了一下。

在外面晃了一天，不洗澡他根本睡不着觉。

最后，他不得不回房间里拖出行李箱，翻出了一个折叠桶，穿着内裤一桶一桶地把水拎进厕所，进进出出，半擦半洗，折腾着把澡给洗完了。

走出厕所的时候，一只蟑螂从他脚边跑过，他蹦起来躲闪，差点撞到门上。

回到屋里关掉灯，准备强行睡觉的时候，蒋丞这才注意到这屋里没有窗帘，而他一直没有看到窗外景象的原因是玻璃太脏了。

他拉过被子盖上，犹豫了一下，又扯着被头闻了闻，确定是干净的之后才松了口气，此刻连叹气都已经没有心情了。

闭眼躺了大概半个小时，眼睛都闭酸了，也没有睡意，正想坐起来抽根烟，手机响了一声。

他拿过来看了一眼，是潘智发过来的一条消息。

——你走了？现在什么情况？

蒋丞点了根烟，拨了潘智的号码，叼着烟走到窗边，想把窗户打开。

窗户上都是灰尘和铁锈，他折腾了半天，那边潘智都接起电话了，这边窗户还纹丝不动。

“丞？”潘智跟做贼似的压着声音。

“妈的。”蒋丞的手指不知道被什么玩意儿扎了一下，皱着眉骂了一句，放弃了开窗的想法。

“你什么情况啊？”潘智还是压着声音，“我今天听于昕说你走了？你不是说走的时候要告诉我的吗，我还买了一堆东西等着送你呢！”

“给我寄过来吧。”蒋丞穿上外套，叼着烟走到客厅，打开门想出去，迈了一步才想起来自己没有钥匙，只得又退了回去，把客厅的窗户打开了。

心里的烦躁如同风暴，只要再来一毛钱不爽，就能唱一曲怒火的战歌。

“你已经过去了？”潘智问。

“嗯。”蒋丞靠着窗台，看着外面漆黑的街道。

“怎么样？你那个亲爹怎么样？”潘智又问。

“你有没有事？”蒋丞说，“我现在不想说话。”

“又不是我把你弄过去的，”潘智“啧”了一声，“跟我这里不爽个什么鬼，当初你妈说‘需要被领养人同意’的时候，你一点犹豫都没有，现在不爽了！”

“没犹豫跟不爽不冲突。”蒋丞喷出一口烟。

外面空无一人的路上突然蹿出一个瘦小的人影，踩着滑板，速度惊人地一掠而过。

蒋丞愣了愣，想起了之前那个叫顾淼的小姑娘，这破城市玩滑板的人还挺多。

“我过去吧？”潘智突然说。

“嗯？”蒋丞没反应过来。

“我说我过去看看你，”潘智说，“不是还有几天才开学吗，我顺便把给你买的东西送过去。”

“不。”蒋丞说。

“别跟我犯倔，这事你也没跟别人说，现在，就我能给你一点温暖了，”潘智叹了口气，“让我去抚慰你吧！”

“怎么抚慰？”蒋丞说，“我都不想听你说话。”

“这话说得，我对你这么……这么……”潘智想词卡了半天。

“热情洋溢。”蒋丞说。

“是啊，我对你这么热情洋溢的，”潘智说，“行了，就这么定了。”

蒋丞没说话，拿着烟头在屋里转了两圈，找到了一个沾满烟灰的八宝粥罐子，打开还没来得及看清里面是什么，就被陈年的烟臭味熏得差点吐出来。

他把烟头扔进去，盖上了盖子，此时此刻，感觉这辈子都不想再抽烟了。

陌生而糟心的环境，陌生而糟心的“亲人”。

蒋丞本来以为在这样的情况下自己会失眠，但躺到床上之后，之前那种怎么也睡不着的痛苦便消失了，他有些意外地发现自己困了，不单单是困，是又困又疲倦，像是半个月熬夜密集复习过后的那种感觉。

很突然。

闭上眼睛后，就跟失去知觉了似的睡着了。

一夜连梦都没有做。

早上醒来的时候，第一感觉就是全身酸痛。起来下床的时候，蒋丞有种自己的真实身份其实是码头扛大包工人的错觉，还是没干够一个星期的那种。

他拿过手机，看了看时间，还算挺早的，刚过八点。

穿上衣服走出房间，屋子里的一切都还保持着昨天晚上的样子，就连另一间卧室里空无一人的床也一样。

李保国一夜没回来？

蒋丞皱了皱眉，洗漱完了之后觉得有点不太好意思，自己昨天的态度不怎么好，李保国拉着他喝酒也并没有恶意，只能算是习惯不同，自己却生硬地拒绝了，李保国不会是因为这件事才一夜没有回来的吧？

他犹豫了一下，拿出手机，想给李保国打个电话，晚上没一块儿喝酒，早上一块儿吃个早点还是没有什么问题的。

正要拨号的时候，门外传来了钥匙的声响，门锁也跟着一通响，响了有二三十秒，门才被打开了。

李保国裹着一身寒气进了屋，脸色发暗，神情也是疲惫得很。

“起了啊？”李保国见到他就大着嗓门说，“你起得挺早嘛，睡得怎么样？”

“……还成。”蒋丞在回答的同时，闻到了他身上浓浓的烟味，还混杂着一些莫名其妙难闻的气息，像是以前坐绿皮火车才能闻到的味道。

“吃早点了没？”李保国脱下外套，抖了抖，味道更浓了，本来就不大的客厅里，现在全是怪味。

“没，”蒋丞说，“要不我们……”

“出门就有卖早点的，挺多家的，你去吃吧，”李保国说，“我困死了，先睡会儿，中午我要是没起来，你也自己吃。”

蒋丞看着他进了另一间卧室，什么也没脱，就那么往床上一倒，拉过被子盖上了，有些无语地问：“你昨天晚上……干吗去了？”

“打牌，这阵子手气很臭，不过昨天还不错！是你小子给我带的福气！”李保国很愉快地扯着嗓子，说完就闭上了眼睛。

蒋丞拿了他放在桌上的钥匙，转身出了门，他觉得自己之前的那点不好意思真是太天真了。

雪停了，空气中扫过刺骨的寒冷。

小街白天比晚上要有生气一些，有人有车，还有鞭炮声，但当一切明亮起来的时候，本来能隐藏在黑暗里的破败就都显露出来了。

蒋丞在街上来回晃了两圈，最后进了一家包子铺，吃了几个包子，喝了碗豆腐脑，感觉身上的酸痛没有缓解，反倒是像苏醒了似的，更难受了。

估计是要感冒，他吃完早点之后，去旁边的小药店买了盒药。

买完药站在路边又有些茫然，回去？

李保国裹着一身怪味倒头就睡的样子，让他一阵心烦，他都不知道自己回去之后能干什么。

睡觉还是发呆？

药店门口站了几分钟，他决定在附近转一转，熟悉一下这个他不知道能待多久的地方。

漫无目的地顺着小街走到了大街上，又拐了个弯，走进了跟之前那条小街平行的另一条小街，蒋丞想看一看这条街上有没有能直接转回去的路。

在这条小街上，他看到了一家小小的乐器店和一家装修得很粉嫩的冰激凌店，不过，除了这两家店，别的店跟之前那条街上的没什么区别。

路过一个装修成小超市的杂货铺的时候，他停了下来，推门走了进去，打算买瓶水，把药先吃了。

店里带着柠檬香味的暖气扑面而来的同时，他停在了进门的位置，有些想扭头出去。

收银台前那一小块空间里挤着四个人，每人一把椅子，或坐或靠。

他一进来，本来聊着天的几个人都停下了，转过头齐刷刷地一块儿盯着他。

蒋丞看着这四个人，从长相到表情，从穿着到气质，每个人脸上都像写着四个字：不，是，好，鸟。

正犹豫着是转身走人还是直接去旁边货架上拿水时，蒋丞的余光瞅到货架前居然还挤着三个人。

他转过头，没有看清人，先看到了一地的碎头发和一颗溜光的脑袋，接着就看到了一对大眼睛。

3

货架前溜光的脑袋属于顾淼，小姑娘剃成光头之后，已经看不出来是个小姑娘了，身上穿的也是件男款的灰蓝色小羽绒服。要不是眼睛，蒋丞根本就认不出来这是顾淼。

她身后站着的是拿着电推子的顾飞，叼着烟，看到他大概有些意外，举着电推子，动作静止。

不过，顾飞今天跟昨天的打扮不太一样，套头毛衣、休闲裤，舒服而放松。

他这长相、穿着和气质，一看就跟他那四个朋友不是一类的，很抢眼，人堆里一眼就能瞅见的那种。全身上下都散发着“我是他们的老大”的气息。

蒋丞一直认为自己看上去应该不是什么坏人，虽然脾气不太好，有时候自己都能把自己吓着，觉得大概是叛逆期转慢性了，总也过不去……但在心平气和只是想买瓶水的情况下，自己看上去绝对人畜无害。

所以，当这个假装自己是个超市的杂货店里所有的人都一块儿盯着他，并且保持沉默、一脸“你想找碴儿”的时候，他觉得挺莫名其妙的。

在这个过程当中，顾飞嘴里的烟还掉了一截烟灰到顾淼的光脑袋上，她低头拍了半天。

蒋丞不打算理会这些人的目光，他是一个一向不怕事大的少年，无惧各种“你瞅啥”，特别是在心情和身体双重不爽的情况下。

他走到货架前，拿了瓶矿泉水。

一抬眼看到顾飞已经走到货架那边，跟他在两筒薯片之间再次沉默地对视之后，顾飞说了一句：“欢迎光临啊。”

“你家的店？”蒋丞问了一句。

“嗯。”顾飞点点头。

“真巧。”蒋丞说。

顾飞没出声，他也不太想再说话，于是，抛了抛手里的水，转身走到了收银台前。

“两块钱。”一个人走到收银台后边，手往桌上一撑，往他跟前凑了凑，盯着他。

蒋丞看了他一眼，不是“不是好鸟四人组”，这人是刚才站在顾飞身边的那位。

之前光线太暗也没有看清，这会儿顶着灯扫了一眼，发现这人长得挺漂亮的，跟个小姑娘似的，除了是细长的眼睛，别的倒是比顾飞更像顾淼他姐……他哥。

他从兜里掏了十块钱递过去，这人接过钱，低头在收银机上戳了几下，又看了他一眼：“大飞朋友？没见过你啊。”

“不是。”蒋丞拿出药，剥了两颗放到嘴里，拧开瓶盖喝了几口水。

“不是？”这人的目光从他肩头越过，往后面看了一眼，把找的钱放到了桌上，“哦。”

吃完药，蒋丞把只喝了一半的水，扔到了门边的垃圾桶里，一掀门帘走了出去。

“嘿，你买瓶小的多好啊，”身后传来那人的声音，“浪费。”

“……忘了。”蒋丞说。

也是啊，干吗不买瓶小的，又喝不完。

大概是因为浑身上下哪里都酸痛的感觉又加剧了，脑子不太转得过弯来。

他站在门口的台阶上，一时想不起来自己进店之前是想去哪里了……回去？回哪里？李保国……不，他的新家？

一想到屋里恶劣的环境和李保国震天响的呼噜，他就觉得胸口一阵发堵，跟着就觉得喘不上气来了，一点都喘不上来。

眼前铺开一片黑底金花。

蒋丞无法控制自己的身体，像是一个旋转着的麻袋向下沉去，他叹了口气，精彩了。

顾淼摸着自己的光脑袋，拎着滑板，向门外走过去。

“帽子。”顾飞从旁边的椅子上拎起自己的外套，从兜里掏出一个团成一团的绿色带小花的毛线帽子，扔到了她的头上。

顾淼整理了几下，把帽子戴好。

低头拖着滑板出了店门之后，又很快地折了回来，在收银台上拍了两下。

“怎么了？”李炎趴在收银台上扯了扯她的帽子，又抬眼瞅了瞅顾飞，“怎么还真给她织了顶绿帽子啊……”

“她自己挑的颜色，”顾飞把电推子收好，看着顾淼，“怎么了？”

顾淼往门外指了指。

“有狗吗？”顾飞把椅子踢到一边，走到店门口掀起帘子。

那个买水喝半瓶扔半瓶的“大款”，正趴在门外的人行道上。

用脸拥抱着大地。

“哎，”顾飞走了出去，用脚尖轻轻踢了踢他的腿，也不知道这个人叫什么名字，“你没事吧？”

“大款”没动，他弯腰看了看“大款”扣在地上的脸，发现鼻尖被地面都挤扁了，他伸手小心地把“大款”的脑袋托起来偏了偏，让他能正常呼吸，然后回头冲店里喊了一声：“哎！这里倒了一个。”

李炎第一个出来了，一看这场景就愣住了：“被捅了？”

“你捅的吧，”顾飞碰到“大款”脸上的手，感觉到了滚烫的温度，“发着烧呢。”

“发烧还能烧晕了？”李炎有些吃惊，扭头看了看跟出来的几个人，“怎么办？打120？”

“别管了吧，”刘帆向四周看了看，“一会儿警觉的大妈一报警，警察肯定说是咱们干的，我可是昨天才刚出来……”

“拖进去。”顾飞说。

“拖进……你认识他，对吧？”刘帆问。

“让你拖就拖，就算不认识，大飞刚也碰他了，”李炎说，“要真有大妈报警，你以为警察不找你问话啊？”

“只是发烧烧晕了，你们没去写剧本，都对不起爹妈，”顾飞把地上的“大款”翻了过来，“赶紧的。”

几个人过来把蒋丞抬进了店里，扔到了顾飞平时休息的小屋。

“这床我都没正经睡过呢，”人都出去之后，李炎“啧”了一声，“哪里来的弱鸡就能享受了。”

“你出去脸冲下摔一个，我立马给你弄进来搁床上。”顾飞说。

“不要脸。”李炎说。

“你最要了，”顾飞推了他一把，“出去。”

“哎，”李炎顶着没动，转过头低声说，“人家说跟你不是朋友？”

“嗯，”顾飞又使了点劲，把他推了个踉跄，关上了门，“他是昨天捡着二淼的人。”

“二淼是他捡的？”李炎挺吃惊，“挺有缘啊。”

顾飞没理他，在收银台后面坐下了，拿了手机把游戏打开了玩着。

“长得挺帅。”李炎趴在收银台上，声音很低。

顾飞看了他一眼，他转过头去，没再说话。

顾淼走过来，把手张开伸到了顾飞眼前，又勾了勾手指。

“吃吧，你看你这两个月胖了多少，都没人跟你玩了，”顾飞从钱包里拿了十块钱放到她手上，“你的脸都成正圆形了。”

顾淼没理他，低头把钱放进口袋里，还拍了拍，然后拖着滑板出去了。

“就她这光头，胖不胖都没人跟她玩。”李炎叹了口气。

“没光头也没人跟她玩，”顾飞继续玩游戏，“打小就没有朋友，谁愿意跟个哑巴玩啊！”

“别这么说人家，”刘帆在一旁接了一句，“又不是真哑巴，不就是不说话吗，有什么大不了的。”

“唉，这么下去以后该怎么办，”李炎又叹了口气，“上学还好说，不想上就不上了，这只跟大飞一个人说话的毛病，以后……”

“这世界如果没有你操心着，八成得毁灭，”顾飞打断他的话，“写个报告申请一下和平奖吧。”

“靠。”李炎拍了拍桌子，走到刘帆身边，拉了把椅子坐下了。

店里陷入了沉默，坐在暖气旁边的刘帆几个都目光呆滞、昏昏欲睡，这种状态有点吓人，脸往下那么一耷拉，连着三个要进来买东西的人，都是掀帘子一看就转身走了。

“你们，”顾飞敲了敲桌子，“走吧。”

“去哪里？”李炎问。

“浪去。”顾飞说。

“不想出去，”刘帆伸了个懒腰，“齁冷的，也没什么地方可去。”

“人进来都让你们吓跑了。”顾飞点了根烟叼着。

“一会儿再进来人，我们给你拽着，”刘帆笑着一拍巴掌，“保证一个也跑不掉。”

“快滚，”顾飞说，“烦。”

“滚滚滚滚，”刘帆“啧”了一声站起来，踢了踢那几个人的椅子，“你们顾大爷又抽风了，一会儿拿刀砍我们。”

几个人都挺不愿意动，但还是全站起来了，一边小声抱怨着，一边穿了外套走了出去。

李炎跟在最后头，准备出去的时候，又回头说了一句：“里头还一个呢，你不赶啊？”

顾飞看着他，没出声。

他也没再说别的，一掀帘子出去了。

抽完一根烟，顾飞看了看时间，砸地“大款”已经躺了快二十分钟，按照一般随便昏迷的人来说，几分钟也就该醒了。

他过去推开了小屋的门，往里看了看，“大款”居然还没醒，双眼紧闭，跟之前的姿势一样。

“哎，”顾飞过去推了推他，“你别死在我这里了。”

“大款”还是没有动。

顾飞盯着他看了一会儿。

“大款”脸上有点脏，不过，长得还能看，略微有些下垂的眼角看着挺拽的。

以他看谁都不太顺眼的眼光来说，已经算帅的了，就是昨天第一次见就挺不喜欢这人浑身带刺的气质，虽然刺都挺低调，但他能感觉得到。

盯了几分钟之后，他掀起被子，在“大款”兜里掏了掏，摸了钱包出来，身份证跟几张什么会员卡之类的放在一块儿。

蒋丞。

他把钱包放回去，凑到“大款”耳边吼了一声：“喂！”

“嗯。”“大款”终于有了动静，声音很低地“哼”了一声，听上去充满了不爽。

顾飞又在床边踢了一脚，转身出去了。

蒋丞不知道自己这是怎么了。

睁开眼睛的时候，跟失忆了似的，我是谁？我在哪里？

好一会儿才想起最后能记得的一个场景就是扑面而来的非常不干净的地面，带着被踩成泥浆的雪。

居然晕倒了？真是有生之年。

他坐了起来，掀开了盖在身上的被子，当低头看到自己全是泥的衣服时，又赶紧拉过被子看了看，沾上了几块，他拍了几下都没能把泥拍掉。

正想着是不是该找一点水来搓一搓的时候，他突然回过神来。

我是谁？蒋丞。

我在哪里？不知道。

小小的一间屋子，收拾得挺干净，比李保国给他的那间干净多了，他扔下被子，过去打开了屋子的门。

看到外面的三排货架时，蒋丞这才反应过来，自己还在顾飞家的店里。

“醒了啊。”顾飞靠在收银台旁边的躺椅上扫了他一眼，然后继续低头玩着手机。

“嗯，”蒋丞拍了拍衣服上已经干掉了的泥，“谢谢。”

“不客气，”顾飞盯着手机，“主要是不弄你进来，怕有麻烦。”

“哦，”蒋丞回头向小屋里看了看，“那个被子……脏了。”

“后边有水池，”顾飞说，“去洗吧。”

“什么？”蒋丞愣了愣，感觉有点想发火，但是又找不着合适的借口，毕竟顾飞这话，逻辑上没毛病。

“不想洗还问什么。”顾飞的视线终于离开了手机，落到了他的脸上。

蒋丞没说话，跟他对瞪着。

顾飞把他弄进屋里这件事，本来他是很感激的，但顾飞现在的态度，又实在让人感激不起来，没有发火都是因为刚晕完身体不太舒服。

瞪了一会儿之后，顾飞又低头玩手机了。

他转身走了出去。

外面的太阳很好，北风里唯一的温暖，但是作用不大，还是很冷。

头疼得厉害，蒋丞从兜里拿了个滑雪帽出来戴上，再把外套的帽子也扣上了，看了看时间，大概连晕带睡的用了半小时，没太耽误时间。

虽然他不知道自己还有什么事情可做。

站在路边看了看两边的路，最后决定继续往前溜达一会儿，找到两条街之间的岔路之后就从岔路回去。

不太想回去听李保国的呼噜，但衣服得换。

踩着泥泞的雪，他突然有点寂寞了。

以前像这样在外面闲晃的日子也不少，有时候一晃能晃好几天都不回家，但却从来没有像现在这样有过寂寞的感觉。

不知道为什么。

也许是因为被放弃的强烈失落感，也许是因为这个陌生而破败的环境，也许是身边没有了朋友，也许……仅仅是因为病了。

手机响了一声，蒋丞摸出来看了看，是于昕发来的消息。

——我后悔了。

他叹了口气，回了一条。

——好汉一般都一言九鼎。

于昕没再回复，不知道是生气没面子了还是憋着火准备找合适的机会再爆发一次。

他把手机放回兜里，捏了捏鼻梁。

之前没有注意，这会儿才觉得鼻子很疼，估计是摔倒的时候鼻子碰到地上了。

他又仔细地把鼻子从鼻梁到鼻尖捏了一遍，确定没有什么地方断了，才把手揣回了兜里。

往前走了几步，看到前面有个很小的路口，应该就是他想找的岔路了。

没等他收回目光，一颗绿色的脑袋，从路口拐了出来，风一样地刮了过来。

当蒋丞看清这颗绿脑袋是蹬着滑板的顾淼时，她已经从身边一掠而过，快得都看不清脸。

滑板少女啊！

他回头看了一眼，挺漂亮的小姑娘，可惜头发被剃光了。

也不知道是不是亲哥，头发被剪乱了，找个理发店剪成短发很难吗？非得全给剃了，大冷天的……啊，绿帽子？

蒋丞再次回过头想看一看是不是自己眼花了，但顾淼已经飞得只剩个小黑点了。

头还没转回来，从路口又冲出来三辆自行车。

挺破的，丁零当啷地响着，但骑得挺快。

“靠，跑这么快！”一个叮当车上的人喊了一句。

蒋丞愣了愣，听这意思……顾淼又被人撵着欺负了？

他都顾不上同情了，就莫名其妙地一阵心烦。

这到底是他妈什么破地方啊！

回到新“家”的时候，李保国还在睡觉，呼噜倒是不太响了，但是，自从蒋丞进屋之后，他就一直在咳嗽，咳得撕心裂肺的。

他忍不住过去看了两次，李保国却是闭着眼，睡得挺熟的样子。

边睡边咳这种技能他没有，睡觉只要咳嗽肯定醒，这大概是李保国的特有神技。

换了身衣服之后，蒋丞从自己的箱子里找了条毛巾，弄湿了之后把脏衣服擦干净了。

然后坐在床上发愣，不知道该干点什么。

隔壁的李保国没咳嗽，但呼噜声又重新响起。

他无法形容自己的感受，这个人是他的亲爹，同样的血流在自己的身体里。

自己居然出生在这样的家庭里，虽然还没有见过这个家庭的其他成员，但李保国已经是大写的“前方高能”了。

这一段时间以来，他一直让自己避免去思考这个问题，但现在自己坐在这里，看着屋里屋外满目颓败，实在没有办法再去逃避。

很久以前，他还跟老爸老妈讨论过领养。

没什么意思，有些东西是写在骨子里的，后天的培养也敌不过。

当初，老爸老妈是怎么回答的，他已经记不清了，只记得自己的那些话，现在，这些话就像一个个巴掌狠狠地抽在自己的脸上。

说起来，弟弟跟老爸老妈的性格很像，严谨、少语、喜静，爱看书，而自己完全不同，话虽然也没有多少……

就连邻居都说过，真不像一家人。

是啊，这就是写在他身体里的格格不入。

李保国猛地一阵咳嗽，像是被呛着了，好半天都没有停，这回他应该是醒了，蒋丞听到了他骂骂咧咧的声音。

过了一会儿，又再次响起了呼噜声。

蒋丞突然一阵害怕。

带着强烈窒息感的恐惧。

他站起来，去客厅拿了钥匙，准备出去配一套，顺便找个医院看看病，身体实在是不太舒服，应该是发烧了。

顾飞蹲在店门外的花坛边，看着顾淼第三次从他面前炫耀似的飞驰而过，脸都冻得通红了。

当她第四次经过的时候，顾飞冲她招了招手，她一个急停掉头，慢慢滑到了他的面前。

“回家吃饭了，”顾飞站起来，“去把东西放好。”

顾淼拖着滑板进了店里。

顾飞点了根烟，琢磨着中午吃点什么。

一分钟之后，店里传来了顾淼的尖叫声。

他扔掉烟，跳起来冲进了店里。

尖叫声是从后面的厕所传来的，他从后门冲出去推开了厕所的门，顾淼正捂着眼睛，面对着洗手池，不停地尖叫着。

顾飞伸手把水龙头关上了，然后一把抱起她，走出了厕所，在她的背上轻轻拍着：“嘘……安静，没有水了，没有水了……”

顾淼的尖叫声停止了，抱着他的脖子，趴在他肩上小声地说：“饿了。”

“我也饿了，”顾飞一手抱着她，一手拿起了她的滑板，“我们去吃顿大餐吧！”

4

顾飞把摩托车开到店门外，顾淼抱着自己的滑板，很利索地爬到了后座上，搂着他的腰，把脸贴在了他的背上。

“我看看脸。”顾飞转过头。

顾淼扬起脸看着他。

“还有眼泪，擦一擦。”顾飞说。

顾淼用手背蹭了蹭眼睛，又用袖子在鼻子下边蹭了蹭。

“唉，”顾飞叹了口气，“你要是个男孩都得算是糙的那种。”

顾淼笑了笑，把脸贴回了他的背上。

顾飞把车开了出去，目标明确地向市中心的购物广场开过去，对于顾淼来说，所谓的大餐，只特指购物广场的那家自助烤肉。

这个小姑娘在某些方面有着异于常人的固执，出门吃东西只肯去固定的饭店，那一家就是其中之一。

小城市最大的好处大概就是中心只有一个，而且无论从哪个区过去，都用不了多长时间。

不过，这个时间点，烤肉店的人是最多的，他们到的时候，里面已经基本没有空桌了。

“你们店今天有什么优惠没有？”顾飞问服务员，拿出手机打算找找有没有优惠券，又在顾淼脑袋上弹了一下，“你去找个桌。”

顾淼把滑板放到地上，一只脚踩了上去，他也迅速一脚踩了上去：“走喽。”

“滑板要放在前台吗？”服务员笑着问。

顾淼摇了摇头，飞快地弯腰拿起滑板，抱在了怀里。

“她自己拿着吧。”顾飞说。

顾淼抱着滑板跑了进去。

“我被你说饿了，”潘智咽了咽口水，“我说真的，我明后天过去看看你，顺便你带我去吃，咱们这边这个价哪有那么多菜。”

“你家过年是去扶贫了吗？”蒋丞夹着电话，一手拿着盘子，一手拿着夹子，慢吞吞地夹着五花肉，肥牛，五花肉，肥牛……其实，有很多菜可选，但对于他来说，都差不多，他爱吃的就这几样。

“那能一样吗？”潘智说，语气有些低落，“上学期还说过年一块儿去吃烤肉，结果不仅肉没吃上，现在连人都见不着了。”

“你来了去住酒店，”蒋丞放下夹子，又拿了个盘子，往肉上一摞，继续夹着，“而且得自己订，我现在干什么都没劲。”

“我住你那里就行啊。”潘智说。

“不行，”蒋丞皱了皱眉，现在他住的那个屋，他自己都不愿意多待，“你订个标间我过去。”

“……你是不是跟你那个亲爹关系不好？”潘智想了想。

“现在还没建立起来关系，”蒋丞端着两盘肉，过去又拿了一瓶啤酒，

"谈不上好坏……"

走到自己桌子边时，他愣了愣。

四人桌，一把椅子上放了一个滑板，一把椅子上坐着个蓝衣服的小光头，桌上还放着一顶……绿色带小粉花的毛线帽子。

"顾淼？"蒋丞有些吃惊地看着她。

顾淼点了点头，似乎并不惊讶，把滑板拿下来放到了桌子下面。

"你……"他把手里的盘子放到桌上，看到顾淼已经很期待地盯着烧烤盘了，他伸出手，在顾淼眼前晃了晃，"跟谁来的？"

顾淼站起来，往门口那边指了指，又挥了几下手。

蒋丞转头看过去的时候，看到的却是跟他同样吃惊的顾飞。

"我们找别的桌，"顾飞走了过来，"这张桌子哥哥已经坐了。"

顾淼往四周看了一圈，咽了口唾沫，坐着没有动。

"刚刚服务员跟我说了那边还有几张桌子，"顾飞指了指里面，"我们去那边。"

顾淼还是坐着不动，仰脸跟他对视着，脸上没什么表情，不知道她想要表达什么意思。

顾飞跟她僵持了一会儿之后，转头看了看蒋丞。

"嗯？"蒋丞也看着他。

"你一个人？"顾飞问。

"嗯。"蒋丞应了一声，坐了下去。

服务员过来把烤炉打开了，铺上了纸，他夹了几片肉放上去，准备刷料。

"那我们……"顾飞似乎在犹豫，好一会儿才把话说完，"一块儿？"

蒋丞抬眼瞅了瞅他，说实话，特别想回答"你想得美，你去洗被套吧"。

但是，对面顾淼光脑袋上的两只大眼睛正在看着自己，这话不是太能说得出口。往肉上刷了两下料之后，他点了点头。

"谢了，"顾飞说，又指了指顾淼，"坐这里等我，我去拿吃的。"

顾淼点了点头。

顾飞走开之后，蒋丞又往纸上铺了两片肥牛，问顾淼："五花肉和肥牛，你吃哪个？"

顾淼指了指肥牛。

"五花肉也好吃，烤得'滋滋'冒油……我能吃五六盘，"蒋丞把肉翻了一下，刷了点油，“你吃辣吗？”

顾淼摇了摇头。

蒋丞把烤好的一片肥牛放到了她面前的盘子里：“吃吧。”

顾淼有些犹豫，扭头向顾飞走开的方向看着。

“没事……”蒋丞话还没说完，就猛地看到顾淼的后脑勺上有一道清晰的疤痕，目测长度得有五厘米，他有些吃惊。

顾淼没看到顾飞，于是转回头来低头把肥牛塞进了嘴里，冲蒋丞笑了笑。

“尝一块五花肉？”蒋丞问她。

顾淼点了点头。

他又夹了块五花肉放过去，顺手把桌上的帽子拿开，放到了旁边的椅子上，忍不住又“啧”了一声：“帽子谁给你买的啊？”

顾淼低头吃着肉，没有说话。

食不言。

这小姑娘大概是他见过的人里面执行这一条执行得最完美的人了。

顾飞很快拿了菜过来，不过，拿菜的技术明显不如他，跑一趟只拿了三盘，如果他刚刚不是在跟潘智打着电话的话，一次六盘没问题，吃完再来点水果就差不多了。

四人桌靠墙，顾淼坐在对面靠外的位置吃得正香，蒋丞坐在里面的位置上烤肉，顾飞犹豫了一下，坐到了他的旁边。

蒋丞挺不情愿地正想拿了他的菜帮他烤，他伸手在顾淼脑袋上轻轻戳了一下：“喝饮料自己去拿。”

顾淼站起来往酒水台那边去了，顾飞迅速起身坐到了对面。

蒋丞看了他一眼，继续烤五花肉和肥牛。

“发烧了还吃这么油腻？”顾飞问。

“嗯？”蒋丞动作顿了顿，看着他正在烤的年糕，“你知道？”

“我拖你进去的时候都烫手了，能不知道吗？”顾飞说。

“拖？”蒋丞不受控制地想象出了自己如同一个破麻袋一样，被顾飞揪着头发拖进店里的场景。

“不然我还抱你吗？”顾飞又夹了两片培根放上去，两人一人一半地烤着，看着挺和谐。

蒋丞不知道该如何把话题进行下去，于是吃了一片五花肉。

去拿饮料的顾淼抱着好几个瓶子回来了，把啤酒一瓶一瓶地放到了桌上，四瓶，全都打开了，居然还有一杯橙汁。

“你挺厉害啊，”蒋丞有些震惊地看着她，“没洒一地？”

顾淼摇摇头，坐回座位，把一瓶啤酒和那杯橙汁推到了他的面前。

“我不……”他刚想让顾淼自己喝橙汁，刚开口却发现顾淼已经拿着一瓶啤酒往自己的杯子里倒了一杯，“你……”

顾淼捧起杯子喝了一大口，很爽地叹了口气，用手背抹了抹嘴。

蒋丞看了一眼顾飞，发现他完全无所谓，连看都没往顾淼那边看一眼地正把一片五花肉卷进生菜叶子里。

“她喝酒？”蒋丞忍不住问了一句。

“嗯，吃烤肉的时候喝，”顾飞把卷好的生菜卷递到他面前，“平时不喝。”

蒋丞看着菜卷。

顾飞也没说话，就那么举着。

“……谢谢。”他只好接过来咬了一口。

“吃纯五花肉不怕腻吗？”顾飞问。

“还行吧，我挺喜欢的。”蒋丞说。

顾飞又给顾淼包了两个菜卷，然后又问了一句：“听口音你不是本地人吧？”

“不是。”蒋丞回答，一提这个，他突然有些心烦，好不容易被五花肉和肥牛压下去的不爽，又努力地想冒出头。

“李保国是你什么人？”顾飞继续问。

蒋丞愣了愣，顾飞怎么会知道李保国？但这个疑问很快便被烦乱淹没了，他往烤盘上甩了两片肉：“关你什么事？”

顾飞抬眼瞅了瞅他，笑了笑，没说话，拿起一瓶啤酒往他面前的酒瓶上轻轻磕了一下，喝了一口之后继续烤肉。

蒋丞第一次这么跟一个基本陌生的人在一个桌上面对面地吃饭，本来就不想说话，这会儿更是没话可说了。

对面的顾飞看上去也没有再说话的兴致，顾小妹大概真的是个哑巴，一口酒一口肉地吃得很欢。

沉默之中，蒋丞顶着发涨的脑袋吃了四盘肉，感觉顾淼吃得也差不多，顾飞出去拿了好几趟。

顾淼在蒋丞吃完之后才放下了筷子，靠在椅背上揉了揉肚子。

“饱了？”顾飞问。

她点了点头。

“比你哥还能吃。”蒋丞忍不住总结了一下。

“你怎么来的？”顾飞也放下了筷子，“一会儿送你回去吧，正好顺路。”

“摩托？”蒋丞问。

“嗯。”顾飞点点头。

“酒驾还超载？”蒋丞问。

顾飞没出声，眼神里带着不知道是嘲弄还是什么别的鬼，盯着他看了很长时间，最后一拍顾淼的肩膀：“走吧。”

顾飞带着顾淼走了之后，蒋丞起身又去弄了半盘子肉和一小篮生菜叶子。

之前顾飞给他包的那个生菜五花肉卷还挺好吃的，爽口也不腻。

吃完这半盘肉，他感觉自己应该走回去，消消食。

不过，外边太冷了，他缩在商场门口的皮帘子后头，拿出手机想叫辆车，但是五分钟过去了也没有人接单。

倒是潘智又打了个电话过来：“这票你那边有两个站呢，时间也不一样，我该买哪个站？”

“东站，”蒋丞说，“我只认识东站。”

“好，”潘智说，“明天下午四点去接我，你一会儿给我发一下你的地址，我找找看附近的酒店。”

“估计没有，”蒋丞回想那一片的整体感觉，就不像是个能有酒店的地方，“你随便订吧，这里统共也没多大。”

挂了电话之后，终于有人接单了，蒋丞坐进车里的时候，只觉得浑身不爽。

大概这就是水土不服，平时连感冒都很少有的人，换了个环境居然变成了一朵娇花，折腾一上午还吃了最喜欢的食物，居然一点好起来的迹象都没有，这花都快开败了。

他闭上眼睛叹了口气。

这两天估计是猫在家里过年的人都出来了，路上车挺多的，司机开车很猛，一脚油门配一脚急刹，开出去没十分钟，蒋丞就觉得胃里开始翻腾了。

虽然路程并不远，也就半小时，但他刚看到顾飞家那个路口的时候，就撑不住了，连开口说话都做不到，直接拍了几下车门。

“这里？”司机问。

他点了点头，又拍了两下车门。

司机把车停下了，他好像被屁崩了似的打开车门跳下了车，冲到路边一个垃圾桶旁边就吐了出来。

这惨不忍睹的场面，他自己都不忍心看。

一通翻天覆地之后总算是消停了，只剩下脑袋像要炸开一样疼，他的手撑着墙壁，想从兜里摸纸巾出来，半天也没摸着。

正当火从脚心起的时候，一只小胳膊从旁边伸了过来，手里拿着几张纸巾。

他一把抓过纸巾，捂着嘴擦了几下才往边上看了一眼。

这个世界还真是一点也不缺巧合。

顾淼就站在旁边，戴着她的绿色帽子，后面三步远是一脸看戏表情的顾飞。

“谢谢。”蒋丞冲顾淼点了点头，这种又丢人又不能扭头就走或者说一句“看你妈什么看”的状态，还挺憋屈的。

顾淼伸出手，抓住了他的手，往前拉了拉，可能是想扶着他走。

“不用。”蒋丞抽出手。

顾淼又抓住了他的手，还是想扶他。

“真不用，我没事。”蒋丞说。

当他再次想抽出手的时候，顾淼抓着他的手没放。

“二淼……”顾飞走了过来。

顾淼还是不松手。

蒋丞不知道该怎么跟她沟通，各种不爽让他有些烦躁地用力甩开了顾淼的手：“说了不用扶！”

顾淼没动，手还抬在空中，她愣住了。

蒋丞的内疚还没来得及蔓延开来，就觉得脖子上猛地一紧，被顾飞从身后抓着衣领拽了个踉跄。

他转过头，同时，胳膊肘往后撞了过去。

顾飞的手接住了他的胳膊肘，抓着他衣领的手又紧了紧，他不得不亲热地跟顾飞靠在一块儿。

被勒着的脖子，让他又一阵想吐。

“她很喜欢你，”顾飞在他耳边低声说，“但她有时候不太能看懂别人的情绪，拜托多担待。”

蒋丞想说，“我他妈活了17年还没见过用这种方式拜托人的”，但他说不出这么多话，只能从牙缝里挤出三个字：“要吐了。”

顾飞松了手。

他撑着墙壁，干呕了两下，什么也没吐出来。

顾飞递了瓶水过去，他接过，拧开瓶盖，灌了两口，缓过来之后看了看顾淼："我没事，不用扶。"

顾淼点了点头，退到了顾飞身边。

"我回去了。"他把喝了一半的水扔到垃圾桶里，转身向前面路口走过去。

回到李保国那里，一开门，蒋丞就闻到了一阵饭菜的香味。

李保国正站在客厅里拿着手机拨号。

蒋丞刚想说话，兜里的手机就响了，他拿出来看了一眼，号码是李保国："你……"

李保国听到他的手机铃声回过了头，大着嗓门喊了一声："哟！什么时候回来的，我正给你打电话呢！"

"刚进门，"蒋丞关上了门，"你……没听见？"

"耳朵不好，"李保国指了指自己的耳朵，"得偏头对着声音才听得清。"

"哦。"蒋丞应了一声。

"你去哪里了？"李保国进厨房端了一锅汤出来，"我等你吃饭等了半天呢。"

"我……"蒋丞犹豫了一下，没说自己去吃了自助烤肉的事，"去了趟医院。"

"去医院了？"李保国立马嚷嚷起来了，一边嚷一边伸手过来在他的脸上摸了几下，"病了？哪里不舒服啊？发烧了？是水土不服吗？"

"吃药了，没什么事。"蒋丞看在这一顿午饭的分儿上，忍着他散发着浓浓烟臭味的黄黑色的手，没有一巴掌拍开。

"我跟你说，你要是不舒服，不用去医院，旁边街上有个社区的诊所，看得挺好的，"李保国说，"就是门脸有点凹进去了，不容易看见，在小超市旁边。"

"哦，"蒋丞想了想，"小超市？是顾飞……"

"你怎么知道顾飞？"李保国转过头，有些吃惊地看着他，"这才刚到，怎么就跟他搭上了？"

"没，"蒋丞懒得解释，"我早上去小超市买东西了。"

"我跟你说，"李保国声音大了起来，虽然他声音一直都挺大的，但这会儿特别大，"你别跟他混一块儿，那小子不是什么好玩意儿！"

"……哦。"蒋丞脱掉外套扔到里屋。

李保国看着他，大概是在等他问为什么，等了一会儿看他没再说话，于是凑了过来，一脸故事地说："知道为什么说他不是好玩意吗？"

"为什么？"蒋丞其实没什么兴趣知道这些，但还是配合着问了一句。

"他杀了他的亲爹！"李保国说，凑得有点近，激动得唾沫星子喷了他半张脸。

蒋丞猛地站起来躲开了，往脸上狠狠抹了几把，正想发火的时候，突然反应过来："什么？杀了谁？"

"他的亲爹！"李保国半喊着说，"他把他亲爹给淹死了。"

蒋丞看着他没说话，看着李保国兴致高涨的表情，如果自己愿意，估计他能就这类八卦聊上一下午。

可惜蒋丞不相信。

"杀了亲爹不用坐牢吗？"他坐到桌旁的椅子上，捏了捏发涨的眉心。

"都多少年前的事了，坐什么牢，"李保国也坐下，"也没人亲眼看见。"

"没人看见啊……"蒋丞笑了。

"大家都知道是怎么回事，警察来的时候他爹在湖里，他在岸边，那表情……"李保国一连串地啧啧，"一看就知道是他干的……你吃啊，尝尝菜合不合你的口味？"

蒋丞没出声，夹了一块排骨。

"是为了他家二淼，"李保国大概是看出来了他不相信，像是为了加强可信性似的补充说明，"被他爹摔得一脑袋血，救过来以后，话都不会说了。"

"啊。"蒋丞咬着排骨应了一声，他想起了顾淼脑袋后面那道触目惊心的疤痕。

5

潘智的电话打过来的时候，蒋丞还睡得跟要冬眠了似的，手机响了好半天，他才迷迷糊糊地接起电话："……嗯？"

"我就知道，"潘智说，"睁开你的狗眼看看几点了。"

"四点了？"蒋丞清醒了过来，把手机拿到脸跟前，想看一看时间，但眼睛还没有清醒，一片模糊。

"三点半了！"潘智说，"我就知道你肯定这样，所以提前叫你。"

"来得及，"蒋丞坐了起来，"我一会儿在出站口等你。"

"哪个口出？"潘智问。

“一共就一个出口，”蒋丞看了一眼窗外，透过脏得出了毛玻璃效果的窗户，能看得出今天天气不错，金灿灿的一片，“挂了。”

穿上衣服下床，他感觉自己舒服多了，除了有点没睡够，昨天那种全身不爽的，瞅谁都想抓过来打一顿的难受劲已经没有了。

算一算时间，从昨天下午一直睡到现在，一整天了，走路都有点打飘了。

李保国不在家，也不知道上哪里去了。

蒋丞觉得这个“家”挺神奇的，当初老妈要退养的时候，李保国巴巴地还跑过去了好几趟，虽然自己不愿意跟他见面。

现在，人过来了，李保国又全然没有了当初死乞白赖想要接回儿子的状态。

而传说中的一哥一姐，两天了，也没见着。

蒋丞对新“家”并无兴趣，也没什么期待，但每天无论什么时候睁开眼睛，自己都是一个人待在这个毫无生气的屋子里，感觉还是不太好。

这屋子要不是楼房，他都觉得是个百年老屋，屋里屋外，处处透着活不下去了的颓败。

这也是他不愿意让潘智在这里住的原因，跟原来精致干净，而且还放着钢琴的房间一比，潘智得号叫上两三天。

其实，就算是没接到家里来住，就东站的样子，估计也够让潘智号叫上一阵的了。

“我靠，”潘智拖着个大行李箱，还背着个大包，刚一跟他见面，就感慨上了，“这地方有点让我无法接受啊！”

“那你回去吧，”蒋丞指了指车站售票处，“赶紧的，买票去。”

“兄弟情呢？”潘智说，“我大老远拖着一堆东西来看你！你不应该感动一下吗？”

“好感动。”蒋丞说。

潘智瞪着他，好一会儿之后，张开双臂：“我真有点想你了。”

蒋丞过去跟他抱了抱：“我没顾得上。”

“你知道你为什么只有我这一个朋友吗？”潘智松开他。

“知道，”蒋丞点点头，“你二。”

他朋友不少，但都是可有可无的那一类，一块儿瞎混，一块儿闲逛，碰小事一窝上，碰大事鸟兽散。

只有潘智，虽然初三才认识，高中才在一个班，到现在都不够三年的时间，但铁。

来这座小破城市之后，他唯一想念过的，只有潘智。

“师傅，认识地方吧？”潘智上了出租车就问。

“那能不认识吗，”司机笑着说，“是我们这里最好的酒店了。”

“还挺会挑啊。”蒋丞扫了他一眼。

“用挑吗，他家的房间最贵，”潘智从兜里掏了半天掏出个打火机放到他手里，“看看喜欢吗？”

蒋丞看了看打火机，他喜欢的风格，光溜溜的，什么装饰都没有，只有最下面刻了两个字母，他凑近盯着看了看：“刻的什么玩意儿？警察？”

“J，C，你名字的首字母，”潘智说，“酷吧。”

“……真酷，”蒋丞把打火机放到兜里，“你待几天？”

“两天，”潘智叹了口气，“要开学了。”

“开学叹什么气？”蒋丞说。

“烦呗，上课考试，作业卷子，”潘智皱着眉，“我要跟你似的，学什么都不费劲，不上课也考前十，我也就不叹气了。”

“谁说我不费劲，”蒋丞斜了他一眼，“我通宵复习的时候，你又不是不知道。”

“关键我通十个宵也没用，”潘智拉长声音又叹了口气，“我知道为什么我这么想你了，你一走，考试就没人给我看答案了！”

“退学吧。”蒋丞说。

“人性呢？”潘智瞪着他。

蒋丞笑了笑，没说话。

潘智对这座小城市并不满意，不过，对酒店还是很满意的，进了房间，床上床下，厕所浴室，都检查了一遍：“还行。”

“去吃点东西吧，”蒋丞看了看时间，“去吃烤肉？”

“嗯，”潘智把行李箱打开了，“我还有别的礼物给你。”

“嗯？”蒋丞坐在床边应了一声。

“你先猜一猜？”潘智的手伸到箱子里掏了掏。

蒋丞往箱子里扫了一眼，箱子里全是大小包装的各种吃的，这种情况下，放不下别的什么了。

“哨笛。”他说。

"靠，"潘智笑了，从最下面拿出个黑色的长皮套，"是太好猜了还是咱俩太有灵犀了啊？"

"是太好猜了，"蒋丞接过套子，抽出了黑色的哨笛，看了看，"挺好的。"

"苏萨克，D，"潘智说，"我没买错吧？是不是跟你以前的那支一样？"

"是，"蒋丞随便吹了两声，"谢了。"

"别再砸了啊，这可是我送的。"潘智说。

"嗯。"蒋丞把哨笛收好。

他其实没有发火砸东西的习惯，毕竟也是被教育了十几年"克制"的人，所以，他可以打架揍人，但很少砸东西。

上回把哨笛砸了，也只是实在没地方撒火，总不能上去跟老爸干一仗吧！

今天晚上不回去了，他犹豫了一下是给李保国发短信还是打电话，最后还是选择了电话，那边李保国很长时间才接起电话："喂！"

听动静就知道是在打牌，蒋丞有些无语，不知道老妈对李保国这个习惯有没有了解，不过……也许相比因为自己的存在而被毁掉的家庭氛围，这并不算什么了不起的事情。

"我有个同学过来看我，晚上我不回去了，住在酒店里。"蒋丞说。

"有同学来啊？"李保国咳嗽了几声，"那你跟同学玩吧，还打什么电话啊，我以为有什么事呢。"

"……那我挂了。"蒋丞说。

那边李保国没再出声，直接把电话给挂了。

"你这个爸，"潘智看着他，"什么样的人啊？"

"不知道，抽烟、咳嗽、呼噜、打牌。"蒋丞总结了一下。

"你也抽烟啊，咳嗽……谁没咳嗽过……"潘智试着分析，"呼……"

"烦不烦？"蒋丞打断了他的话。

"烤肉。"潘智一挥手。

其实，烤肉没什么特别，但潘智吃得很过瘾，蒋丞自己倒是没昨天能吃，毕竟是大病初愈的一朵娇花。

不过，从烤肉店出来的时候，他还是觉得自己撑着了。

"你的心情不好，"潘智说，"今天这个五花肉还不错，你居然就吃那么一点……"

"好眼力。"蒋丞点了点头，虽然心情并没有不好到吃不下东西，但他也不想让潘智知道自己昨天又是发烧又是吐的。

“溜达一会儿吧，”潘智摸了摸肚子，“这里有什么好玩的地方吗？”

“没有，”蒋丞说，想了想又补充了一句，“不知道。”

“哎，你新去的学校在哪里？”潘智突然说，“去看看？”

“现在？”蒋丞拉了拉衣领，“不去。”

“那明天吧，反正放着假呢，又没人，去看看学校什么样呗，”潘智的胳膊搭到他肩上，“之前办手续什么的时候，你没去看看吗？”

“我去没去看看你不知道吗？”蒋丞有些烦躁。

“哦，对，你刚来。”潘智笑了笑。

新生活和新环境都让人心烦意乱，但潘智还是给他带来了一些安慰，在一片未知和陌生的环境里，总算有一个熟悉的人在身边。

蒋丞跟潘智聊天，差不多一晚上都没怎么睡，但聊了什么，又记不清了，反正就跟以前他俩坐在操场边上聊天一样，东拉西扯，聊什么不重要，重要的是有一个人能跟自己这么聊。

他俩快天亮的时候才迷糊了一会儿，八点多就被楼下的大货车喇叭吵醒了。

“这不是市区吗？”潘智抱着被子，“怎么大货车都能开到酒店楼下来了？”

“不知道。”蒋丞闭着眼。

“有早点吃，现在让送过来吗？”潘智问他。

“随便，”蒋丞说，“你睡着了吗？”

“可能睡着了，”潘智笑着说，“今天有什么安排？”

“一会儿去学校看看吧，”蒋丞说，“然后查一查这里有什么可玩的没有，不过，大冬天的，估计有也没法玩。”

“没事，我是一个注重精神享受的人，”潘智说，“我是来看你的，看到你就可以了。”

“要不一会儿我睡觉，你拿个凳子坐边上看得了。”蒋丞说。

“哎，”潘智凑过来盯着他看了一会儿，“你是不是这两天都没怎么说过话？”

“怎么了？”蒋丞打了个哈欠。

“这次见你比以前话多，是不是憋着了？”潘智问。

“……可能吧。”蒋丞想了想，还真是，无话可说，也无人可说。

转学的学校在地图上看，离李保国的家不是太远，至于是个什么样的学校，蒋丞没有查过，也没有兴趣去打听。

高中转学手续非常麻烦，从老妈和老爸锲而不舍办手续的那会儿开始，他就基本对所有事情都没兴趣了，连去打个架都提不起兴致。

就像是什么东西从身体里被抽走了，他就像一摊泥，找个合适的洼地趴着就完事了。

潘智查了路线之后，拉着他去坐了公交车。

“知道吗，公交车上看到的是一座城市最本真的气质。”潘智说。

“嗯。”蒋丞看了他一眼。

“这话是不是特别有哲理？”潘智有些得意地问。

“嗯。”蒋丞继续看着他。

潘智瞪了他一会儿：“哦，这话是你说的。”

蒋丞跟他握了握手。

车上的人不多，小城市的出行明显要轻松得多，没有人挤人，没有糊一脸的头发，没有挤不上车的情况，也没有从车上被挤下来的情况。

“这车坐得比咱那边舒服多了，”潘智下车的时候表示很满意，看了看手机地图，“四中，往前再走500米，拐个路口就到了。”

“估计不让进去。”蒋丞拉了拉衣领。

“那就在外面看看，周围转转，以后你的主要活动范围就在这里了。”潘智拿着手机，冲着他按了一下。

“干吗？”蒋丞看了他一眼。

“拍张照片，”潘智说，“于昕知道我要来，哭着喊着跪着求我拍张你的近照给她，我觉得吧，挺难开口拒绝一个女孩的……”

“给你钱了吧？”蒋丞说。

“是。”潘智严肃地点了点头。

蒋丞看着他没忍住笑：“无耻。”

“你俩真完了啊？我还觉得她不错呢。”潘智拿手机对着他又拍了两张。

“没什么意思。”蒋丞说。

“为什么没意思啊？”潘智跟采访似的，继续拿手机对着他。

“其实，你也憋了很久没说话了吧？”蒋丞说。

“自打放假没见着你之后就没怎么说话了，”潘智抓了抓胸口，“生生从‘A’憋成‘B’了。”

“你回去之前，我送你一套内衣吧。”蒋丞说。

“到了，”潘智往前一指，“第四中学……门脸还挺大，比咱们学校大。”

学校大门开着，往里走的时候，门卫看了他俩一眼，没说话。

“不管？”潘智说。

“不管你还不爽了啊？”蒋丞斜眼瞅了瞅他，“贱不贱？”

“转转去。”潘智胳膊一挥，伸了个懒腰。

“还……”蒋丞往四周看了一圈，“挺大的。”

“那是，也就咱们学校在市中心寸土寸金的，想扩也扩不出去，”潘智说，“这学校多爽，操场肯定也大……去看看球场？”

“嗯。”蒋丞应了一声。

他和潘智最关心的大概也就是球场了，原来学校就几个室内篮球场，足球场因为要给教学楼腾地方而被铲了，虽然他俩不踢球，但也觉得憋气。

相比之下，这个四中的场地就让人舒服多了。

足球场有，这么冷的天气，居然还有一帮人在场上踢着。

旁边有两个室外篮球场，排球场地也有。

“有室内的，进去看看？”潘智用胳膊碰了碰他。

蒋丞几天来的郁闷情绪因为四中这个校园而得到了明显缓解，相比李保国的家和李保国家附近的那条街，这个宽敞的场地，让他有一种像是终于能顺顺当当地喘气了似的愉悦。

他闭了闭眼睛，狠狠地吸了一口气，吐出来之后，一拍潘智的肩膀：“看看。”

室内球场不算太大，但排球、羽毛球、篮球场地都有，只是需要重叠使用。

两个篮球场上都有人，看到有人进来，都看了过来。

潘智停了停步子，蒋丞没理这些目光，手往兜里一揣，慢悠悠地走到场地旁边的几张椅子旁坐下了。

很久没打球了，他打算看看人家打球，过过瘾。

场上的人看了他们一会儿之后就继续打球了。

“是不是人家校队训练呢？”潘智坐在他身边问了一句。

“不是吧，”蒋丞说，“爱好者水平。”

“要不要上去玩一玩？”潘智笑着说，“咱俩配合。”

蒋丞把脚伸到他面前晃了晃，今天穿的是双休闲鞋。

“哎，”潘智往后一靠，脑袋枕着胳膊，“咱俩不知道什么时候才能一块儿打球了。”

“别换风格，你不适合这款，”蒋丞说，场上有人投了个很漂亮的三分，他声音不高地喊了一声，“好球。”

那人看了他一眼，冲他笑着抱了抱拳。

虽然没上场，但跟潘智一块儿坐在场边看人打球的感觉，还是给了他短暂的一小段安宁，把所有心烦气躁的情节都剪掉了。

只要不去考虑明天潘智一走他就会回到灰蒙蒙的生活里就行。

他盯着场上的人，看得挺投入，球场里什么时候又进来了人他都没注意，一直到场上的几个人都停了下来，一脸不好描述的表情看着门那边的时候，他才回过神来。

“怎么感觉有戏看？”潘智有些兴奋地在旁边小声说。

“什么……”蒋丞转头看了过去，愣了愣，“戏？”

一、二、三、四、五、六，进来了六个人。

蒋丞觉得自己吃惊得差点闪了后槽牙。

不，是，好，鸟，四个，后边是买水收他钱的那位，戴着棒球帽的顾飞走在最后头，帽子遮住了他脑袋上拉风的音符。

蒋丞有点佩服自己的人脸记忆能力，烧得晕头转向的时候，还能把这几张脸都给记下来了。

在一座陌生的城市，一所陌生的学校，同时碰到六个他见过的陌生人，实在是一个奇迹。

蒋丞觉得大概是被潘智传染了，用一种期待大戏开场的心情看着他们几个慢慢地走了过来。

看样子是来打球的，顾飞穿着运动裤和篮球鞋，有一个人手里还拎着个球。

“大飞？”场上有人说话了。

“啊。”顾飞应了一声。

“来干吗？”那人问。

“来打球啊。”顾飞说，语气很平和，一点火药味都没有。

“……全上吗？”那人犹豫了一下又问。

“老弱病残不上。”顾飞说完脱掉了外套，转头想往椅子这边扔过来的时候，一眼看到了坐在椅子上的蒋丞，顿时被口水呛了一下，瞪着他，咳嗽了好半天。

蒋丞把脸上“想看好戏但好戏没开场就结束了好失望”的表情收了收：“这么巧。”

“早上好。”顾飞说。

“一块儿的吗？”场上的人问。

“不是。”蒋丞回答。

顾飞他们六个人里留下了三个人准备打球，另外三个人过来坐到了蒋丞和潘智身边。

收钱的那位挨着蒋丞坐下了，冲他伸出了手：“我叫李炎。”

“蒋丞，”蒋丞在他手上拍了一下，又指了指潘智，“我哥们儿，潘智。”

“都四中的？”李炎打量着他俩，“以前没见过你们。”

“以后是，”蒋丞不想解释太多，“你们都是四中的？”

身后另外两个人都笑了起来，也许不是故意的，但声音里都带着习惯性的嘲弄，李炎回头瞅了瞅他们：“我们看着像学生？”

“谁知道呢，”蒋丞有点不爽，“我也没有逮着人就盯着看的习惯。”

李炎脸色顿时有些不好看，转头看着球场上的人，没再搭理他。

后面的人大概没感受到他们之间的气氛，有人说了一句：“大飞是高二的。”

“哦。”蒋丞回答。

还真是巧啊。

6

蒋丞抱着胳膊，腿伸得老长，有点不太愉快。

之前场上打着球的几位，水平不怎么样，如果他穿的是球鞋，跟潘智上去“二对五”，估计问题不大，但看他们打球还挺有意思，有种会当凌绝顶的优越感。

现在，顾飞跟他的两个朋友一上场，整个气氛都变了。

因为顾飞的球打得……非常好。这要放在他们原来的学校，绝对是市里高中联赛时享受众多妹子尖叫的那种，跟他一块儿上场的不是好鸟组合之“是鸟”的水平也很不错，一改瘫坐在杂货店椅子上的流氓范儿，配合打得相当漂亮，弄得跟他们一伙的那两个人都有点多余了。

于是，这样的球对于蒋丞来说，看着就不那么有优越感了。

他对顾飞没有什么特别的厌恶，但绝对也没有什么好感，这种时候，心里一边觉得“嘿这货打得不错”，一边儿强行纠正：“不错个屁啊，也就是个耍帅的花架子……”

“这人打球不错啊，”潘智一点也没有灵犀地说，“你怎么认识的？”

“搁原来我们的队里也就普通。”蒋丞说。

“哟，你篮球队的？”没等潘智说话，旁边的李炎开口了，语气里带着挑衅，“要不让对面的换一个下来，你上？”

蒋丞扭头看了他一眼：“不。”

“不？”李炎愣了愣，大概以为他会欣然应战，没想到会是拒绝，“为什么？”

“你猜。”蒋丞站了起来，向着体育馆门口走过去。

潘智一伸懒腰，跟了过来，扔下了几个迷茫的人。

“你这无名火烧得，”出了体育馆之后，潘智缩了缩脖子，“跟那小子有仇？”

“我刚来第三天。”蒋丞说。

“也是，时间太短，还来不及跟谁结梁子呢，”潘智叹了口气，“反正现在你看谁都不顺眼。”

“你还成。”蒋丞看了他一眼。

潘智笑了起来：“哎，真的，那人怎么认识的？高二的？”

“……邻居。”蒋丞说。

“跟你一栋楼？”潘智问。

“旁边那条街。”蒋丞简单地回答。

“啊。”潘智应了一声。

其实，他感觉潘智对这个概念可能一下反应不过来，他们都是在封闭小区里长大的，邻居就两种，一栋楼的，一个小区的，前一种点头之交，后一种扫一眼之交。

旁边那条街，这样的邻居他们都没太接触过。

蒋丞轻轻叹了口气，有种他其实是来参加《变形记》的错觉。

“有没有山？去看看雪。”潘智一拍巴掌。

“这么冷的天气爬山，不怕把你脑子冻上吗？本来就不太能转得动，”蒋丞说，“没见过雪啊？”

“比我们那里的雪大啊，”潘智的胳膊搭到他肩上，“丞儿，哥带你去透透气，不就换了个地方嘛，有什么大不了的，不就换了一对父母吗，有什么……这个是有点大，我想想怎么说……”

“行吧，去爬山，”蒋丞被他逗乐了，挥了一下胳膊，“有什么大不了的。”

打完一场球，顾飞觉得身上暖烘烘的，这两天老睡不醒的感觉总算是消失了，他穿上外套，回头看了看场上那几个眼神里因为他终于决定走了而充满喜悦的人：“谢了。”

“不打了？”有人大概出于习惯性地问了一句。

“要不再来一场？”顾飞说。

那几个人都不出声了，一脸尴尬。

顾飞笑了起来，一拉拉链：“走。”

走出体育场之后，刘帆蹦了两下：“没劲，我都说去体育中心租个场子打了，你非得上你们学校来。”

“你想要多有劲？”顾飞说。

“跟高中生打球有个屁意思。”刘帆说。

“你离高中生也就两年距离。”李炎斜了他一眼。

顾飞竖起了中指，伸到刘帆眼前：“如果‘一对一’你赢得了我，这话你随便说。”

几个人都乐了。

刘帆甩开他的手：“吃点东西去，饿了。”

“我不去了，”顾飞看了看手机，“我回家。”

“回店里？”李炎问，“今天你妈不是在店里吗？”

“我带二淼去体检，之前去拿了单子，约了今天去，”顾飞说，“她去趟医院要哄半天，很费时间。”

“晚上我们过去玩会儿。”刘帆说。

“再说吧，”顾飞掏出车钥匙，“我走了啊。”

“你一向不是说走就走的吗，”李炎说，“今天这么热情，都不习惯了。”

“你就是欠的。”顾飞转身走了。

日子没劲，就过得特别慢，但凡有那么一点劲，就哗哗的，跟瀑布似的拦不住。

潘智带来的那点放松和愉悦，很快就滑过去了。

“你那堆吃的真不拿了？”蒋丞站在候车大厅里，看着滚动的信息。

“我说拿，你现在回酒店给我送过来吗？”潘智说。

“别当真，我就是没话找话说一句。”蒋丞看了看他。

“那些吃的就是带过来给你吃的，怕你一时半会儿找不着地方买，”潘智叹了口气，“说吧，五一是你回去，还是我再过来？”

“我不回去，”蒋丞说，“我说了我不会再回去了。”

“也不知道你瞎倔什么呢，”潘智说，“那我过来，到时候带上班上那帮人一块儿过来玩一玩，怎么样？”

“到时候再说吧，”蒋丞靠到墙边，“本来也谈不上有多熟，几个月不见，谁也未必还愿意过来，这里也不是什么旅游景点。”

“嗯，那到时候再商量。”潘智点点头。

两个人沉默了一会儿，一直坐着的潘智突然站了起来，跟蒋丞面对面地瞪着眼睛。

“干吗？”蒋丞被他吓了一跳，指了指他，“别上嘴啊！我抽你。”

“拥抱一下。”潘智张开胳膊。

蒋丞有点无语，张开胳膊跟他抱了抱。

“别忘了我，”潘智说，“我是说真的。”

蒋丞轻轻叹了口气：“五一来看我，我就不忘。”

潘智笑了起来：“好。”

在开学前的这几天里，李保国一共做了一顿饭，其余所有的吃饭时间，他都不在家里。

蒋丞一开始还想试着自己煮些面条，进了厨房看到一堆乱七八糟的锅碗瓢盆和糊着一层油渍的各种调料瓶子，顿时什么心情都没有了。

这几天，他把点餐软件里方圆一公里之内光看名字就有兴趣的店吃了个遍，终于吃到了开学。

头一天，他的新班主任打了电话过来，蒋丞有点意外。

“你爸爸的电话一直没有人接。”班主任说。

这倒是不太意外了，耳朵不好，还总在牌桌上，蒋丞有几次从李保国打牌的那家楼下经过，每次在楼下就能听到上面的喧闹声。

班主任姓徐，听声音是个大叔，挺热情，让蒋丞面对新环境的不安，稍微减轻了一些。

去学校报到那天一大早就开始下雪，的确就像潘智所说的，以前看不到这么大的雪。

还挺爽的。

进校门的时候，他留意了一下四周的学生，感觉看上去都差不多，但同样都是高中生，同样都是很多不认识的脸孔，陌生感却格外强烈。

他还特地留意了一下有没有顾飞的脸，但没看到。

“蒋丞，名字不错，”班主任徐老师果然是个大叔，似乎还是个早上喝了酒的大叔，“我姓徐，叫徐齐才，你们的班主任。我教你们语文，班上的同学都叫我老徐、徐总。”

“老徐……总。”蒋丞很规矩地冲他微微弯了弯腰，感觉这称呼怎么叫都有点不对劲。

“我们先聊一聊，一会儿早读完了第一节是语文课，我带你过去，”老徐指了指旁边的椅子，“坐吧。”

蒋丞坐下了。

“高二转学的还真是不多，”老徐笑了笑，“特别是转来我们这里……我看了一下你之前的成绩单，你成绩很好啊。”

“还行吧。”蒋丞说。

“不是还行，是很好，别谦虚，”老徐笑了起来，笑完了又叹了口气，很小声地说，“转到我们这里来，有点可惜了。”

蒋丞没出声，看着老徐。

这话他以前的班主任也说过：“可惜了，那边师资生源和教学质量都不行。”……可老徐也这么说，蒋丞还挺意外的。

“我看你理科成绩比文科成绩要好，”老徐说，“怎么却选了文科班呢？”

蒋丞感觉这个问题不是太好回答，因为老爸老妈都希望他选理科，这种“中二感”爆棚的答案他说不出口，虽然这种事情他都已经干出来了，但说出来，还是觉得自己是个闪闪发光的七彩二货。

犹豫了半天，他才说了一句：“我喜欢我们的班主任，他带文科班。”

“这样啊，”老徐愣了愣，“那希望你也能喜欢我，现在想再转去理科班，有点麻烦了。”

“哦。”蒋丞看着他的脸。

老徐跟他对视了一会儿之后笑了起来，他也跟着乐了半天，这班主任还挺有意思。

第一节课的预备铃响过之后，老徐拿了个文件包，往胳膊下面一夹，又摸了个U盘放到兜里：“来吧，我带你去班上。”

“嗯。”蒋丞把书包甩到肩上，跟着他走出了办公室。

听老徐的意思，四中这所学校不怎么样，但是校园还算挺大的，就是教学楼的布局有点别致。别的班都按照年级分，只有二三年级的文科班被拎出来搁在了一栋三层的旧楼里，以楼梯中间为分界，左边二年级，右边三年级。

蒋丞觉得自己都快要成为宿命论的粉丝了，就连转个学都能被安排在破楼里，地板居然都还是木板的，古老的磨得本色都看不出来的地板，让人总担心跺两脚就能从三楼直接摔到一楼。

“这楼是栋老楼，”老徐给他介绍了一下，“别看它老，设计却特别科学，老师在这边的教室里上课不用麦克风，也不用提高声音，后排的同学依然能听得很清楚。”

“哦。”蒋丞点了点头。

“咱们班在三楼，”老徐继续说，“登高望不了多远，望操场还是可以的。”

“嗯。”蒋丞继续点头。

“我们学校呢……”老徐边走边说着，转过楼梯拐角往上看了一眼，突然低声喊了一声，“顾飞！你又迟到！”

这名字让蒋丞没忍住眉毛挑了一下，跟着抬头看了一眼，一个正在前面慢吞吞上楼的人转过了头，嘴里还叼着一袋牛奶。

虽然背光，但蒋丞还是一眼就认出了这的确是顾飞，不是同名同姓。

“徐总早。”顾飞叼着牛奶，含混不清地说。在蒋丞脸上扫了一眼，大概跟蒋丞一样，他对于这种见面，已经吃惊不起来了。

“迟到了还晃，你怎么不爬上去？”老徐指了指他，“刚开学就这么懒散！”

顾飞没说话，转过身几步跨上楼梯，消失在了三楼的走廊里。

这所四中的确跟自己以前的学校没法比，这会儿上课铃都响了，老师也都进了教室，而走廊上却还有很多学生完全没有进教室的意思，靠在栏杆上聊天。

二年级这半边懒懒散散一片，蒋丞回头向三年级那半边看了过去，也是一个鸟样。他又留意了一下，没看到刚才上来的顾飞。

老徐进了靠楼梯的教室，蒋丞跟在后面，抬头往门框上看了看，有个牌子写着：高二（8）。

8，还成，总算有点让他顺气的东西了，虽然他不知道一个“8”能让他从哪里发财。

（8）班外面的走廊上，也站着不少人，看到老徐进了教室都没动，看到蒋丞也进了教室，他们大概因为要围观才进来了。

老徐站在讲台上，看着下面一直安静不下来的几十个人，似乎很有耐心地要等所有人静下来。

在这个过程中，蒋丞就一直站在讲台边上，接受着各种目光和小声议论。

他感觉挺别扭，虽然有人盯着他看，他一般都会回盯着，“你瞅啥”对他没有任何威慑力。但现在一个班的几十个人全都盯着他，他就有些茫然了，目标太多就会失去目标，所有的脸都连成了一片。

“烦躁之神”在身体里扭动着，他压着火，看了一眼老徐，老徐还是一脸宁静地看着无法安静下来的几十个人。

他突然觉得对这个班主任的判断有些失误，他不是和蔼，他应该是那种对学生根本就没有震慑力的老好人。

又过了一会儿，这种状态完全没有结束的意思，在爆发边缘苦苦挣扎的蒋丞，实在忍不住了，问了一句：“是要等他们全都没有声音了吗？”

老徐转过头看着他。

而与此同时，本来一直“嗡嗡”着发出魔音的几十个人，突然全都安静下来了。

蒋丞的怒火一旦上来，就有些难以控制，他一般都在怒火上来之前试着控制一下，控制不住就他妈爱谁谁了。

现在像二傻子一样在这儿站了起码有三分钟，被几十个人盯着议论纷纷，对于他来说，简直是拿了一包炸药在两腿之间引爆。

“好，我来介绍……”老徐笑着拍了拍双手。

“蒋丞，转学来的，”蒋丞沉着声音打断了他的话，“我能坐下了吗？”

老徐愣了愣。

教室里有人吹了声口哨，顿时一片喊声又起来了，夹杂着几声大点的“挺牛啊”。

“那你坐着吧，你就坐在……”老徐往后排看了过去，“就那里，顾飞，你举一下手。”

从第一排到最后一排，一个个脑袋跟击鼓传花似的都往后转了过去，蒋丞的目光跟着一路往后。

看到了坐在最后一排正把脚踩在桌斗边儿上，嘴里还咬着半根油条的顾飞。

蒋丞突然感觉身体里有一种力量在呐喊，鼓励他应该去写一本小说，叫《套路之王——这个世界上所有的巧合都属于我》。

顾飞很敷衍地抬了一下手。

蒋丞以前在学校也坐后排，每周全班的座位会轮换一次，以保证大家都能坐到前排来，不过，每次他自己又换回最后一排。

他喜欢后排，安静，不被打扰，睡个觉、溜个后门出去都很容易。

但是现在这个后排，却坐得让他不怎么舒服。

桌椅都乱七八糟的没对齐，位置也小，后背差不多要顶到墙了，而且没有一个人是安静的。

聊天的，玩手机的，还有在他旁边慢条斯理吃油条的。

蒋丞有些无语，虽然他以前在学校除了成绩，没一样能让老师舒服的，但毕竟也是待在一所能够跟重点高中拼升学率和重点率的学校，就这种上课像茶话会一样的氛围，他还真没体会过。

他拿出书，翻开准备听听老徐讲课的时候都感觉自己在旁边这些人眼里会像个神经病。

顾飞倒是没跟人聊天，也没睡觉，只是低头拿了耳机塞到耳朵里，开始听音乐。

前桌的一个男生开始往后拱桌子，拱一下就侧过脸叫一声："大飞。"

桌子晃一下。

"大飞。"

桌子晃一下。

"哎，大飞。"

桌子晃一下。

"大飞？"

蒋丞盯着书上的字，在"一巴掌拍在这人脑袋上"和"一本书砸在这人脑袋上"之间做着选择题，最后他伸手一把拽下了顾飞耳朵里的耳塞。

顾飞看了他一眼，他盯着顾飞没说话。

"大飞，哎，大飞。"前面的人又拱了一下桌子。

"嗯。"顾飞应了一声，还是看着蒋丞。

蒋丞也无所谓地跟他对视着。

"你相机借我用一下呗，明天还你。"前面的人说。

"不借。"顾飞转开了脸。

"别抠门啊，我就随便拍两张。"那人说。

“滚。”顾飞简单地说完，又戴上了耳机继续听音乐。

“就用一晚上，”那人又拱了一下桌子，“明天一早就还你。”

桌子晃了一下。

“大飞，大飞……”那人继续拱桌子。

蒋丞实在不明白这事为什么非得上课的时候说，为什么非得拱着桌子说，为什么他被拒绝了还这么执着，也不明白顾飞为什么不愿意借这个相机，为什么态度这么强硬，为什么能忍受桌子犯“癫痫”。

他抬起腿狠狠地对着前面那人的椅子踹了一脚。

动静挺大，“哐”的一声。

那人被蹬得猛地向前撞在了桌子上。

“靠！”那人猛地回过头。

四周的学生也全都盯了过来。

“请你别撞桌子，”蒋丞看着他，语气平和地说，“谢谢。”

那人大概还没有回过神，张了张嘴，没说出话来。

7

顾飞挑了挑眉毛，摘下耳机，偏过头看着蒋丞。

这小子还真是个刺儿头，一身的刺却没有因为到了不熟悉的新环境里而有所收敛。

他饶有兴致地又看了看前面的周敬，周敬还一脸震惊地张着嘴，要不是已经把鸡蛋吃完了，他还挺想塞一个到他嘴里的。

不过，蒋丞踹这一脚还算是会挑人，周敬是个没脾气、好揉捏的烦人少年，这一脚要是换了……顾飞往右边扫了一眼，那这会儿就该打起来了。

“怎么了？怎么回事？”老徐拍了拍讲台，“上课呢，上课呢，顾飞你在干什么？”

顾飞愣了愣，用手指了指自己，口型说了一句：“我？”

“不是你吗？”老徐说，“你早点吃完了就闲得慌了吧！”

周围几桌的人都笑了起来，顾飞没忍住也乐了，扭头看了看蒋丞。

“你看他干什么，”老徐指了指他，“人家成绩甩你们八百七十四条街！”

“哟——”班里顿时响起一片喊声。

“学——霸——啊——”

“老徐找着重点培养对象了啊——”

顾飞叹了口气，老徐这智商就好像从来没教过烂班的纯情实习老师一样，就这一句话，就能给蒋丞融入这个班级设一道三尺高的坎。

蒋丞看着老徐，真心实意地怀疑这人是老妈派来折磨他的卧底。

他虽然不惧各种挑衅，进教室到现在也没压着脾气，但他也根本不想在这种一眼就能看出一个“乱”字的班级里被班主任表扬成绩好。

学霸这俩字简直是一种讽刺。

“好了，”老徐清了清嗓子，“继续上课……我们刚才讲到……”

之前老徐在讲台上说了什么，蒋丞根本没听，现在更是懒得听了，索性趴到桌上，拿了手机出来。

以前在学校，每次上课要玩手机都跟做贼似的，铃声静音，媒体静音，插上耳机之后，耳机线得从袖子里穿过去，然后捂着耳朵听。

班主任的抽屉里好像收二手手机的地摊似的，一大堆没收的手机。

而四中就不一样了，蒋丞向顾飞那边扫了一眼，他已经把手机拿到了桌面上，还用了个支架撑着，耳朵里很明显地塞着耳机，抱着胳膊，靠在椅背上看视频。

蒋丞趴到桌上，讲台上老徐跟念经似的，周围聊天的也跟念经似的，他被念得昏昏沉沉地迷糊了半节课，实在无聊，拿出手机，给潘智发了条消息。

——孙子。

潘智很快回了过来。

——爷爷，在上什么课，有时间吗？

——语文，你呢？

——英语，老驴突击测验，要了命了。

——又不是什么正式的考试，要什么命。

——我一道题都不会，老驴还说什么要摸底，感觉他有阴谋！

潘智这条消息发过来的同时，还带了张图片，蒋丞看了一眼，叹了口气，这是一页选择题，拍摄角度十分刁钻，一看就是冒着跟手机、暑假再见的风险偷拍的。

他看了看时间，把图片放大，拿了支笔，一边看题一边飞快地在本子上写答案，刚写了没两道题，潘智又连着发了三张图片过来，他看了一眼，有点无语，他这是把卷子上的选择题全拍过来了。

——等着。

他给潘智回了一句之后又继续看题。

其实都不算难，猜都能猜得差不多，也不知道潘智为什么会一道题都写不出来。

四周还是挺嘈杂，蒋丞有点佩服老徐的承受能力，也许教惯了烂班的老师，承受力都很强吧！

他还记得高一的时候，他们班的化学老师，讲课不太有吸引力，有人在课堂上聊天，声音跟现在他耳朵里听到的这些一比都算不上声音，就这都能把她给气哭了，要换到这里来，她得哭成一朵透明的玻璃花。

看看人家老徐多牛！

蒋丞一边写着答案一边抬头瞅了瞅老徐，任你在下边睡觉、聊天，只要你没站起来跳舞，他连停都不带停的。

潘智只发了选择题过来，他没用多长时间就做完了，一边把答案输入聊天框给潘智发过去，一边看了看时间，离下课还有几分钟，够他抄完的了。

至于别的题……潘智向来是懒得写的，有时候连抄都懒得抄。

发完消息，他无聊地拿着手机点开了朋友圈，慢慢往下划拉，看到了蒋轶君……他亲爱的弟弟昨天发的一张自拍，像是一家人在外面吃饭，背景里看到了老爸老妈，一家三口其乐融融，他顿时觉得心里一阵堵，突然有一种想吐的诡异反应。

他把这一家三口全部屏蔽了之后，把手机放回了兜里。

正想抬头的时候，有什么东西掉到了他的头上，没等他反应过来，又是一阵，就好像有一把石子扔到了脑袋上似的。

接着他就看到了一片白灰，同时，也闻到了墙灰味。

他有些吃惊地抬起头。

桌上落着一大片灰白色的墙皮，大片小片的，碎了一桌子。

蒋丞顾不上别的，第一反应是拍脑袋，然后向旁边顾飞脑袋上扫了一眼。

顾飞的手机还放在桌上，屏幕上播放的是什么玩意儿已经看不出来了，落了一层墙灰，脑袋上、脸上也全是白灰，不过，他还保持着之前抱着胳膊的姿势没有动，就是脸色有点难看。

蒋丞抬头看了看天花板，他们头顶的那一块墙皮已经掉没了，估计都在他们的身上和桌上了，露出了一根根木条……还真是老房子啊。

目光回到桌上时，他看到了桌角有一块应该不属于墙皮组成部分的黑色小石块。

下课铃声正好在这时候响起了，老徐把课本一合：“好了，下课……墙皮又掉了吗？今天谁值日？扫一下。”

老徐一走出去，教室里猛地热闹了起来，所有的人都向最后一排看了过来。

蒋丞就在这一瞬间做出了判断，那块小石头、顾飞阴沉下来的脸，还有铃声一响就站起来往这边看的脸上写着“好戏开场”的那些人……墙皮平时会自己掉下来，但今天这一次，肯定不是自己掉下来的。

他坐着没动，从口袋里摸了张纸巾出来，慢慢把桌上的灰扫到了地上。

在这种没有目标的情况下，他倒是挺容易就能控制好自己的火气。

顾飞一推桌子，站了起来，脱了外套抖了几下，抬眼瞅了瞅王旭。

“大飞，不好意思，”王旭已经起身过来了，胳膊往他肩上一搂，在他外套上一通拍，“走，去小卖部，请你喝饮料。”

顾飞甩开他的胳膊，穿了外套，从教室后门出去了。

王旭很快地跟了出来，下楼梯的时候，跟他并排走着：“哎，大飞，真是误伤。”

“嗯。”顾飞应了一声，他懒得跟王旭多说话，一脑袋灰让他非常不爽，更何况刚才还迷眼睛了。

“我他妈就是想给那小子一个下马威，”王旭说，“一个转学来的，第一天上课就他妈这么嚣张，不收拾他一顿，他都不知道哪里都有哪里的规矩！”

顾飞没说话，到了一楼之后直接左转了。

“哎，小卖部，”王旭说，“你去哪里啊？”

“尿尿。”顾飞说。

“你尿尿去老师那边的厕所？那么远。”王旭说。

“人少。”顾飞说。

“尿尿还这么多讲究……那我一会儿给你带瓶奶茶过来吧，”王旭说，“阿萨姆行吗？”

“你自己喝。”顾飞偏过头说了一句。

“那就阿萨姆了！”王旭说。

顾飞叹了口气。

操场这边的厕所靠近老师办公室，一般学生不愿意过来，其实，老师过来的也不多，办公楼里都有厕所，所以这里挺清净。

顾飞从兜里摸了根烟出来，一边往里走一边点着了，刚抽了一口，旁边一个门被打开了，老徐从里面走了出来。

“徐总。”顾飞叼着烟含混不清地说。

“你非得跑老师用的厕所里来抽烟，什么毛病！”老徐压着声音指着他，“你示威啊！示威给谁看？”

“抽根烟能示得了什么威，”顾飞笑了，站到小便池前，“我冲你示个威，你怕我了吗？”

“我就服了你了，”老徐走了过来，指着他的烟，“掐了！”

顾飞叹了口气，回手把烟弹进了后面的蹲坑里，然后捏着裤子拉链，看着老徐：“我现在要尿了。”

老徐叹了口气，转身往厕所外面走了两步，突然又停下来，说了一句：“那个蒋丞……”

因为距离稍微有点远，加上老徐的声音很大，所以在厕所里共鸣得很有气势。

顾飞撑了一下墙，他让老徐这一嗓子吓了一跳，差点没尿在鞋上：“徐总，您能等会儿吗？！”

老徐走了出去。

顾飞拉好拉链，又重新点了根烟，随便进了一个蹲坑，把门关上站在里头抽。

他愿意上这里来，除了清净之外，还有个最重要的原因，这边厕所味道小。

其实，老徐骨子里是个挺认真的老师，可惜课上得不怎么样，他的课没人愿意听，当个班主任，情商兑了水也凑不够半两，所以，无论他跟学生怎么使劲，也没人买他的账。

有时候，顾飞都替他累。

走出厕所的时候，老徐就站在外面的雪地里等着他。

“要不你给他再找个别的位子吧？”顾飞拉拉衣领。

“不愿意跟他同桌？还是不愿意有同桌？”老徐看着他，“顾飞啊，你总这么不合群可不行啊。”

“别分析我，”顾飞说，“分析两年了，一次没对过。”

“再磨合一下吧，这才刚刚第一天，”老徐笑了笑，“这个蒋丞……学习成绩是真的挺好的，你跟他同桌也能受点好的影响嘛。”

成绩挺好？好的影响？

顾飞回忆了一下刚才趴着玩手机玩了一整节课的蒋丞，对于老徐这个“成绩好”的结论，不是太能接受。

“要上课了。”顾飞说。

“回教室吧，”老徐说，“再磨合磨合。”

顾飞回教室的时候，在三楼的楼梯口碰到了王旭，王旭给他递了瓶奶茶过来。

“谢了。”顾飞接过奶茶进了教室。

今天第二节课是英语，英语老师脾气急、嗓门儿大，虽然也跟老徐一样在学生里没有什么威信，但扛不住他能骂人，花样繁多，一骂半小时不重样儿，而且还跟学生打过架，勇于对抗一切刺儿头，绝不退缩，所以，大家没什么特别热血沸腾的事一般不招惹他，预备铃响过就进了教室。

桌上已经收拾干净了，不过，应该不是蒋丞一个人收拾的，顾飞过来的时候，正好看到易静拿着抹布走开了。

“谢谢。”顾飞说了一句。

“没什么啊，”易静拢了拢头发笑了笑，“今天我值日。”

顾飞坐回自己座位上，看了一眼蒋丞，蒋丞挺平静地坐着，靠在椅子上，看着黑板。

他拿了手机出来，准备把之前没看完的电影找出来继续看。

刚点开视频，蒋丞突然站了起来，而且顺手把椅子也抄了起来，另一只手里拿着个长扫把。

顾飞愣了愣，又迅速往王旭那边看了一眼，王旭刚坐下，正跟同桌边说边乐呢。

他皱了皱眉，这是要直接动手？

这个人叫王旭，除了顾飞，这是蒋丞在这个班上记下的第二个名字。

王旭的座位跟他的座位中间隔了一张桌子，教室里，桌椅之间安排得非常紧密，要想拎着个铁椅子走到王旭旁边，得从讲台上绕过去，有点麻烦。

于是，他放下了椅子，对旁边那桌的两个人说了一句：“让一让。”

那两个人有些莫名其妙地看着他，但还是站了起来，让他从后面挤了过去。

过去之后，他顺手把其中一个人的椅子拖了出来。

“哎！你干吗？”那人喊了一声。

蒋丞回头看着他，那人跟他对视了两秒，没再说话。

全班都看了过来，王旭也明白了这是冲他来的，便很嚣张地站了起来：“哟，要给我开瓢呢？来来来，学霸给大家开开眼……”

蒋丞没说话，把椅子“咣当”一声放在了他的座位旁边，然后向后慢慢退了几步，拿着长扫把的手一扬，扫把像标枪似的向天花板飞了过去，准确地在王旭头顶的天花板上戳了一下。

王旭在蒋丞扬手的时候，就已经反应过来了，但转身想离开座位的时候，却被他放在腿边的椅子挡了一下，想要踢开椅子出来的时候，扫把和一大块墙皮已经砸了下来。

脑袋和桌子，顿时白灰四起。

班里的人在短暂的沉默之后，同时发出了一阵尖叫和哄笑声，还有人跺脚拍桌子，班里顿时一片混乱。

“你大爷！”王旭吼了一声，踹开椅子，冲了出来。

蒋丞也没躲，站在原地，等他过来，这“面门大开”的架势他都不用瞄准，一拳就能把鼻血砸出来。

“干什么！”教室门口突然传来了一声怒吼。

这吼声，大概是蒋丞这辈子听过的最具震撼力的吼声，气贯长虹，直上云霄，吓得他差点就对着王旭扑过去了。

“干什么，干什么！”一个中年男老师挥着一根教鞭就冲了过来，鞭子先冲蒋丞一指，“你哪个班的？来干什么？”

没等蒋丞回答，他的教鞭又对着王旭的脸戳了过去：“你！耳朵长在胳肢窝下边了吧！上课铃响过了听不见，是不是？聋了，是不是？我现在这声音你能听清楚了不？能不能？能不能？”

接着他也没等王旭开口，教鞭就冲着周围的人一通指：“都等着看戏呢，是吧？我给你们演一段，怎么样？给鼓个掌吧！啪啪啪！来！”

这一通怒吼过后，班上的人安静了下来，王旭瞪着眼，没有继续冲过来的意思，蒋丞有些担心地抬头看了看天花板，总感觉这老师再吼一声，整个天花板都得塌下来。

“都给我回座位上去！”这老师又吼了一声，“等着谁抬你们呢！谁去把门板拆了吧，我抬你们怎么样？”

教室里一片窃窃的笑声和抱怨声，蒋丞转身准备回自己的座位。

“你！”老师叫住了他，“你哪个班的？”

“新转来的学霸——”不知道是谁说了一句。

老师有些吃惊地瞪着他，上上下下打量了好半天：“回去坐着！等着谁背你呢？”

蒋丞被他吼得气都聚不起来了，扫了他一眼，转身回到座位上坐下了。

“上课！”老师把手里的教鞭往讲台上一拍，“Good morning啊everyone!”

蒋丞愣了愣，当这句带着口音的英语说出来时，他差点没忍住乐出声来。

这老师开始上课之后，前面拱桌子那位又往后拱了一下，不过，这回不是找顾飞，而是转过头叫了蒋丞一声：“哎，学霸，你挺牛啊，就这么随随便便把王旭给惹了。”

蒋丞没说话。

“滚。”顾飞在旁边说了一句。

“你不是吧！”这人小声说，“我又没跟你说，你是不是习惯性看见我就这句啊？”

“嗯。”顾飞把手机架到了桌上。

“你会有麻烦的，”这人回头看了一眼讲台上的老师，又转过头来冲着蒋丞一脸严肃地说，“王旭肯定跟你没完，我们学校有后门，你知……”

“你叫什么名字？”蒋丞打断了他的话。

“周敬。”他说。

“谢谢，”蒋丞说，又用手指了指他的椅子，“别再撞桌子。”

“……哦。”周敬愣了一会儿，点了点头。

蒋丞翻开了书，低头盯着。

周敬扭着脸僵了一会儿之后，转了回去。

蒋丞觉得自己这个新学期的开头真是非常精彩，平时没有写日记的习惯真是太可惜了。

这个王旭会不会跟他没完，他根本不在乎。他现在只觉得非常郁闷，那个朋友圈，那张因为他的消失而充满了家庭温馨的自拍，让他突然有一种完全失重的感觉。

当然，他不在乎的人不在乎他，也是合乎逻辑的。

但他还是觉得堵。

他盯着课本，从纸和油墨的味道里，闻到了淡淡的奶香味，突然觉得有点饿了，这才想起来自己早上没有吃早点。

他转过头，看到了正一边看视频一边剥奶糖的顾飞。

顾飞跟他对视了一眼，顿了顿之后，伸手到兜里掏了掏，摸出了一颗糖，放到了他的书上，然后视线回到了手机屏幕上。

蒋丞看着书上的那块糖，觉得有些莫名其妙，但从顾飞那边飘过来的奶糖香，让他肚子都快吼出声了。

在犹豫了两分钟之后，他拿起了那块糖，剥开了。

……居然不是奶糖！

是块水果糖！

他没控制住自己，扭头又看了一眼顾飞。

顾飞往他手里的水果糖上扫了一眼，低头到兜里抓了抓，直接把一把糖放到了桌上，各式各样的包装和口味，能有十几块。

“自己挑。”顾飞说。

8

蒋丞就连上小学的时候都没有这么挑过糖，家里基本不让吃糖，也不让吃零食、喝饮料。他一直觉得自己过得跟修行似的，以至他到现在也不太爱吃零食和糖之类的东西，每次都是潘智吃了什么觉得好吃，就塞一堆给他。

现在，顾飞这一把糖放到他桌上让他自己挑，他突然有种很新鲜的感觉。

咖啡糖、奶糖、薄荷糖、水果糖……这个还分软硬，他盯着看了好一会儿，最后拿了一块奶糖。

刚剥开，顾飞又伸手把剩下的一把全拿走了。

蒋丞愣住了，想起来顾飞说的是“自己挑”，并不是“都给你”，逻辑非常严密，顿时服气，忍不住看着他：“你抠成这样，是不是明天就能让王健林抱你大腿了啊？”

顾飞没出声，低头看了看手里的糖，把另外两块奶糖也挑出来放到他面前，别的都放回了兜里。

……神经病！

蒋丞把三块奶糖一块儿剥了，全塞进嘴里，实在不知道还能有什么别的表达方法了。

英语老师姓鲁，课上得比老徐能让人集中注意力以及安静如鸡，因为他会吼人，因此，课堂效果比老徐要好。

虽然蒋丞觉得今天见到的老师跟以前的老师都没法比，但鲁老师一节课都激扬得很，有人挠个痒痒都被他挥着教鞭问要不要帮着挠，蒋丞好久都没这么聚精会神地上过课了，走个神都会被他惊得回魂。

下课铃响起的时候，班上瞬间喧闹起来了，就跟憋得不行了似的，还有人一边伸懒腰一边号叫了好几嗓子。

“你！”鲁老师突然用教鞭往教室后边一指，“跟我来一趟。”

这个“你”和这一指，范围挺宽泛的，大家的脑袋再次击鼓传花，蒋丞在感受到一片目光的时候，并没在意，他是新转学来的，老师连名字都叫不上来……

“顾飞！”鲁老师又吼了一声。

“……哎，”顾飞正低头看着手机，被他这一吼，手机直接掉地上了，他抬头看了一眼鲁老师，冲蒋丞这边偏了偏头，“叫你呢。”

“嗯？”蒋丞愣了，“叫我？”

“就是你！顾飞的同桌！”鲁老师教鞭又指了过来，教鞭下的几颗脑袋都迅速走开了。

蒋丞只得站了起来，不知道这个英语老师找他有什么事。

不过，往教室门口走的时候，他回头瞅了瞅王旭，王旭也站了起来，估计要不是老师叫走了他，这会儿他俩已经开战了。

“叫蒋丞是吧？”鲁老师转身往楼下走。

“嗯，”蒋丞应了一声，跟着他往下走，“您找我有什么事吗？”

“之前你们徐总每天跟我炫耀呢，说来了个‘真点学霸’……”鲁老师说。

“什么？真点？”蒋丞没听懂。

“真，一个点，学霸，”鲁老师看了他一眼，给他解释着，“你连这个都不懂吗？”

真·学霸。

“……现在懂了。”蒋丞第一次知道这个点还有人会专门念出来。

“我们学校以前是普高，后来改成了职高，之后又改回了普高，”鲁老师说，“所以，跟你以前的学校比不了，希望你不要受影响，以前怎么学的，现在就还怎么学。”

“哦。”蒋丞想了想以前自己是怎么学的，感觉老师可能不太了解自己。

“像王旭啊，顾飞啊这些，你不要惹他们，都是些混日子的玩意儿，”鲁老师说，“我不把你叫出来，这会儿他就得找你麻烦，不打个处分出来，不算完成任务，他身上已经背着一个记过了。”

“……哦。”蒋丞点头，感觉这鲁老师还挺在意学生的。

“不谢谢我？”鲁老师有些不满地看了他一眼。

“谢谢。”蒋丞说。

“你英语成绩挺拔尖的，来做我的课代表吧，”鲁老师马上说，“你们班现在的英语课代表是易静，她是班长，还兼了语文课代表……”

“嗯？”蒋丞愣了愣，又很快地摇头，“不。”

“为什么不，”鲁老师有些意外，“我听老徐说，你以前还是班长呢，一个课代表你不会嫌累吧？”

“班长也只当了一个学期而已。”蒋丞说。

“为什么？”鲁老师问。

蒋丞看了他一眼：“打架和旷课。”

鲁老师瞪着眼睛，张了张嘴，没说出话来。

“那我回教室了？”蒋丞说。

“你……等等，”鲁老师想了想，“哪天有空，你帮我做做课件？”

蒋丞在心里叹了口气，很想说“我现在没有电脑”，但又觉得这个鲁老师人还挺好，已经拒绝了一次，不好再拒绝一次，于是点了点头。

“好，”鲁老师笑了，“回教室吧。”

“这么长时间不回来，”王旭坐在蒋丞的桌子上，“是不是躲老子呢，躲得过去吗？”

“老鲁找他有事吧。”周敬说。

“有个屁事，你几时见过老鲁找谁有事的！无非就是新转来问个情况，问完了，这家伙不敢回教室了！”王旭说。

“你要在这里解决？”一直玩着手机游戏没出声的顾飞问了一句。

“废话！”王旭气不打一处来地低头又扒拉了一下自己的头发。

顾飞放下手机，抬头瞅了他一眼。

“……不然在哪里解决？”王旭有些犹豫。

“我管你，”顾飞说，“别在我这里折腾，烦不烦？”

“要不算了吧，”周敬说，“你俩一人一次，已经扯平了。”

“扯你大爷扯平了！”王旭回头瞪着周敬。

“要不操场，要不学校外边，”顾飞继续玩游戏，“别在我旁边，烦。”

“他回来了。”周敬说了一句。

顾飞抬头向前面扫了一眼，看到蒋丞双手揣在兜里，慢慢晃了过来，眼睛看着王旭。

“躲我呢？”王旭冷笑了一声，“上课铃还没响呢，就敢回来了？”

“三件事。”蒋丞说。

王旭看着他，似乎是没反应过来他在说什么。

“一、下来，”蒋丞伸出一根手指，说了一句，又伸出两根手指，“二、先撩者贱。”

王旭回过神来之后，一瞪眼刚要说话，便被他打断了。蒋丞伸出三根手指：“三、怎么解决你直接说，只打嘴仗我认输。”

他的话说完，班上等着看热闹的人全安静了下来。

所有人都在看王旭的反应。

顾飞头往后一仰，靠着身后的墙，吹了声口哨。

蒋丞这话，和他说这话时的气势，以他多年吃瓜群众的经验来看，顿时就会让王旭这条老大之路变得一片模糊。

王旭脸上的表情有些变幻莫测，心里想的是什么，蒋丞判断不出来，但他在第一时间向顾飞那边看了一眼，蒋丞却看得很清楚。

王旭怕顾飞，或者他无意识地把顾飞当成了靠山。

从在顾飞家店里看到“不是好鸟”的时候，他就知道，顾飞看上去还算温和有礼的那种“一切都不关我事”的状态只是假象。

啧。

装什么云游天外的老神仙。

“中午放学等你，”王旭跳下了桌子，一边往自己座位走，一边又回头指了指他，“到时别跑。”

“嗯。”蒋丞应了一声，坐下了。

想了想，他又偏过头问了顾飞一句：“这人是你们班老大吗？”

到这会儿，他才突然注意到顾飞左边青皮上的休止符是三个点，三十二分休止符。

“差不多吧。”顾飞说。

“什么叫差不多？”蒋丞说。

“就是谁说他不是，他就跟谁干架。”顾飞还是盯着手机，手指挺忙地划拉着。

蒋丞看清他玩的居然是“爱消除”这种他初中的时候实在没东西可玩又需

要打发时间才会玩的小游戏。

顾飞居然除了看视频就是玩这个，还玩得挺投入，弱智啊。

“你还玩这个？”蒋丞没忍住说了一句。

“嗯，不费脑，”顾飞说，“我又不是学霸。”

蒋丞本来这一早上就哪儿都不爽，听了这句话，差点没直接一拳砸到三十二分休止符上。

咬着牙没动手，一是因为他晕倒的时候顾飞帮了他，二是刚才吃了顾飞三块奶糖，不过，这也算理由？

“能直面自己水淋淋的脑仁，也算是一种勇气，”他说，“我看好你。”

顾飞转过脸，盯着他看了一眼，脸上没什么表情，但语气相当欠抽：“中午要加油哦。”

后边的课蒋丞没怎么听，心里堵，把一家三口屏蔽了之后，他又忍不住老想点进去看一看。

关系的确是不好，也的确是紧张，但那是他待了十几年的“家”，是他每天都能看到的刻在记忆里的“家人”，这种感情一时半会儿他扔不开。

但似乎没有人因为他的缺席甚至是永不再相见而受到什么影响……也许是没有表现出来吧！

感受到这样的平静，比被推出待了十几年的家更让他失落。

他趴到桌上，拿了帽子垫着脑门，闭上了眼睛，算了，睡会儿吧，他虽然不择席，但过来之后，一直没怎么睡踏实过。

李保国的那套房子太老旧，加上这人过得又实在是邋遢，所以，不光有蟑螂和蜘蛛，还有老鼠，一到晚上就能听到老鼠满屋窜，总有一种睡在垃圾堆里的错觉。

四中的老师比原来学校的老师善解人意得多，他直接睡得连课间都没抬起过头，愣是没有一个老师来打扰他。

一直到最后一节课的下课铃声响起，王旭一巴掌拍在他的桌上，他才打了个哈欠，坐直了身体，腰都酸了。

“走吧。”王旭斜眼看着他。

蒋丞没说话，把课本什么的往桌斗里一塞，拎着书包站了起来。

王旭非常有范儿地一个转身，往教室后门走过去，要不是他身上穿的是羽绒服，而且没有风，一定会有种“哦哟，老大来了”的气场。

他身边还跟着三四个人，看兴奋的样子，应该是他的小助手，别的想看热闹的人都还没来得及跟上。

“哎。”蒋丞在他身后叫了他一声。

“尿了？”王旭马上接了话。

“你带的是队友，还是啦啦队？”蒋丞问。

王旭看了看旁边的人，又瞪着蒋丞：“怎么，怕啊？”

“啦啦队，无所谓，”蒋丞扫了他们一眼，一边往前走一边说，“想动手的话，你们内部先排个号。”

“你们别跟着。”王旭一挥手。

“去看吗？”周敬拱了拱桌子。

顾飞还在玩没有学霸脑子才玩的“爱消除”，一直到这局打完了，他才站了起来：“不去。”

“去看看吧，你就不怕出什么事吗？”周敬说。

“出事还能出到我头上吗？”顾飞把手机放到兜里，转身走了。

走到楼下的时候，王旭那几个小铁子正冲着后门的方向张望着，蒋丞和王旭已经看不到人影了。

“大飞……”有人看到他，马上凑了过来。

“嘘，”顾飞把食指竖到嘴边，“别烦我。”

今天小学生们还没有开学，顾淼肯定一小时前就已经在大门口等着他了，他没工夫去看王旭被揍。

没错，他就是这么武断地认为王旭跟蒋丞对上，就是挨揍的命。

蒋丞眼神里的那种无所谓是王旭所没有的，而且他浑身上下包裹着的“不爽、不爽、不爽、不爽”简直都能吓死密集恐惧症了，如果不是最近碰上了什么郁闷的事情，那就是这个人长期精神不正常。

王旭是一个做着江湖梦的“中二病”患者，怎么可能是一个心情不好的神经病的对手呢！

一出校门，一个绿脑袋就从他面前风一般地掠过，四周传来一片“哇——”的惊呼声。

顾飞去停车棚推出自己的自行车，刚跨上去，顾淼又风一样地刮过，在他身边停了大概两秒钟，从他兜里抓走了一把糖。

他骑车到路口的时候，顾淼正站在路边剥着糖纸，水果糖都被她挑出来了。

“我带你回去？”顾飞问，“还是你跟着？”

顾淼抱起滑板，正准备往后座上跨的时候，他拦了一下，捏着顾淼的下巴，看了看她眼角的一小块擦伤："蹭的还是打架打的？"

"蹭的。"顾淼说。

"上车。"顾飞没再继续问。

顾淼抱着滑板坐在后座上，抱住他的腰。

也许是蹭的，也许是跟人打架打伤的，反正这小丫头死犟，问了也白问，还不能多管闲事，她的事她得自己处理，挨揍也认了。

"带你去买副手套吧，"顾飞蹬了一脚车，"你上次想要的那副小皮手套？"

顾淼迅速摘掉了自己手上脏兮兮的羽绒手套，竖起拇指比画了一下。

四中的后门比前门要繁华，挺神奇的。

大概因为后门这边是条小街，管理比较混乱，各种防风小棚子一个接一个地排着，主要是卖吃的，很火爆。

跟在王旭身边从各种香味中穿过去的时候，蒋丞差点想说"要不我请你先吃点东西吧"。

不过，王旭一脸愤怒，眼神还很坚毅，他就没开口，怕把人气哭了。

就当是先参观一下吧，一会儿再过来吃。

想吃的还挺多的，各种烧烤，肥牛、五花、羊肉、腰子、板筋。

蒋丞咽了咽口水。

小街走完之后，香味也消失了，也不知道王旭到底要去哪里。

"咱俩是要去徒步吗？"他问了一句，饿得很是烦躁。

王旭没理他，但又往前走了几步之后，突然停下了，看着前方，皱了皱眉头。

蒋丞往前看了一眼。

距离他们几米远的路边站着三个人，都双手插兜地向他俩这边看着，在他和王旭都看过去之后，这几个人慢慢走了过来。

王旭的手往兜里摸了一下。

"怎么？"对面一个看着跟饿了十来年似的瘦高个子笑了笑，"打电话给顾飞吗？人家刚跟妹妹一块儿回去了，估计不会管你的闲事了。"

"要干吗？"王旭粗着声音，不耐烦地问了一句。

"哟，"瘦高个子一脸夸张的吃惊表情，"今天很硬气嘛，不跑？"

又往蒋丞脸上扫了一眼："新的小伙伴吗？一定很牛吧，有他在，你都不用跑了。"

"以前可是一帮人跑得呼呼地带着风呢。"瘦高个子身后的一个人笑着说。

瘦高个子一脸戏弄的表情看着他俩："要不我数三个数，你们……"

蒋丞一拳直接砸在了他的鼻子上。

这一拳不仅把他的话给砸没了，而且把双方队员都给砸蒙了。

蒋丞没停手，这种事情就讲究个速战速决。

一拳过后，他连帽子带头发，抓着瘦高个子的脑袋往下一拽，膝盖对着他的鼻子再次撞了过去。

两次的劲都不算太大，以蒋丞的经验，鼻梁不会有事，但鼻血一定会喷涌而出，并制造出"糊一嘴番茄酱"的效果。

果然，在他狠狠推开瘦高个子的时候，他的鼻血涌了出来，再下意识地一抹……

蒋丞看了王旭一眼，往前一肩膀撞在了另一个胳膊上，再顺势用脑壳往他鼻子上一磕。

那人"嗷"的一声捂住了鼻子。

"跑啊！"蒋丞冲王旭喊了一声，拔腿就往前跑了。

王旭愣了愣才赶紧冲锋似的追了上来。

"这边。"跑到路口的时候，王旭往左边指了一下。

蒋丞跟他七拐八歪地进了一条胡同，又绕了两个弯，这才在几户人家后院墙围出来的一小块空地上停下了。

"这是什么地方？"蒋丞看了看四周，这是个死胡同，三面都是别人家院墙，破破烂烂的，地上堆的都是积雪和掉落的树枝，还有各种垃圾。

"这是……"王旭喘了一会儿，"我跟人约架的地方。"

"品位挺特别。"蒋丞说。

"那个，"王旭看着他，犹豫了好半天才说了一句，"刚才……谢了。"

"谢我干吗，"蒋丞从兜里把烟掏出来，点了一根叼着，"我又不是为了帮你。"

王旭盯着他："你真是学霸吗？"

"把事情解决一下吧，"蒋丞看了看时间，"我饿了，赶紧完事，我要吃饭。"

"解决了，"王旭在旁边一把破得跟鬼屋道具一样的三条腿椅子上坐下了，"咱俩没什么事了。"

蒋丞"啧"了一声："那我走了。"

"等会儿，"王旭叫住了他，"猴子肯定还在这附近，他们人多，出去会碰上的。”

蒋丞没说话。

“真的，刚刚看到的就三个，你把猴子揍一脸血，出去再碰上，就肯定不是三个人了，我……叫个人过来帮忙。”王旭拿出了手机。

蒋丞想起了之前瘦高个子的话，皱着眉问：“叫谁？”

“大飞。”王旭说。

“什么？顾飞？”蒋丞顿时觉得脸皮“唰唰”往下掉了一地。

9

蒋丞把烟一扔，转身就往胡同口方向走去。

“哎！别出去！”王旭喊了一声，“你以为我怕事吗？猴子那帮人真惹不起！”

“惹不起？”蒋丞回过头看着他，“这么牛的人，你叫个顾飞过来就惹得起了？”

“大飞不一样，”王旭说，“他从小在这片混大的，而且……反正你听我的就行，你算是帮了我一次，我不能让你出去送人头啊。”

而且……而且什么？

而且他杀了他亲爹？蒋丞突然想起了李保国的话，莫名其妙就乐了，这种小城市的老城区，几条街一个传说，还真挺有意思。

“你笑个毛线啊！”王旭让他笑火了。

蒋丞没理他，准备继续走，刚一迈腿，王旭便从后面一把搂住了他，然后抱着他就往回拽。

“哎哎哎，”蒋丞让他吓了一跳，“撒手！你什么毛病？”

“毛病？”王旭愣了愣，猛地松了手，“我没毛病……我可没有别的意思啊！你别误会！别误会！”

蒋丞看了他一眼：“我说你有别的意思了吗？”

王旭没说话，拿出手机拨了号。

蒋丞叹了口气，重新点了根烟叼着，蹲在墙角风小的地方，拿了根小树枝，在雪地上悠闲自在地胡乱划拉着。

“大飞，大飞，”王旭拿着手机，压着声音，就好像猴子那伙人就在隔壁院里守着似的，“我们让猴子堵了……跑了，不是，现在出不去……揍一脸血呢，怎么走得了！还能有谁啊，我，还有蒋丞。”

王旭边说边往蒋丞这边瞅了一眼。

蒋丞没跟他眼神交流，王旭虽然没多大能耐，但也不是太㞞的人，他现在吓成这样，估计这些人的确不是好惹的。

其实，他以前在学校胡混，也不太愿意去招惹外面的人，麻烦。

只是一想到电话那头是顾飞，他就觉得不如出去硬拼一顿了，但他还有理智，这一出去，可能就不是一顿两顿的事了。

“大飞一会儿就过来，”王旭挂了电话，在垃圾堆里用脚来回扒拉着，“他带着他妹吃面呢，还没吃完。”

蒋丞简直无语了。

王旭从垃圾堆里找出了一根半米多长的木棍，扔到了他的脚边，又翻了一会儿，没什么收获之后，开始拆那把三条腿的破椅子。

“干吗？”蒋丞看着他。

“找点武器，”王旭说，“猴子他们对这片也熟，万一在大飞到之前找过来了呢。”

蒋丞叹了口气，拿过书包翻了翻，摸出了一把刀，扔到了他的脚边：“用这个。”

王旭一看是刀，立马吓了一跳，扭头瞪着他：“你他妈真是学霸？哪个学霸没事带着刀出门的！”

“我也没用过，”蒋丞说，“刃都没开，吓人专用。”

王旭捡起刀，认真地看了一会儿，走到他面前蹲下来：“蒋丞，我惹不起你。”

蒋丞看了他一眼，没出声。

“咱俩的事，已经了了，”王旭继续说，“以后咱俩井水不犯河水，怎么样？”

“这话你自己记着就行，”蒋丞说，“我们学霸要学习，很忙的，没时间跟你瞎折腾。”

说完这话之后，他俩都没再出声，沉默地面对面蹲着。

蹲了一会儿，王旭又开口了：“我给你个忠告。”

“嗯。”蒋丞看着指间夹着的烟头，升起的烟雾在风里短暂地疯狂扭动之后，迅速消失得一点痕迹都没有了。

“如果猴子先到，你认个㞞，”王旭说，“我们再浑，也是学生，跟外面那些混社会的人没法硬拼。”

蒋丞有些诧异地看着他，这个二货少年的心里居然还有残存的智商。

“大飞说的。”王旭补充了一句。

蒋丞有点想把烟头戳在他的脸上。

其实，顾飞来得不算慢，大概也就十分钟，他就骑着自行车出现了。让蒋丞难以理解的是，他居然把顾淼也带来了。

小姑娘拿了根绳子拴在自行车后边踩着滑板。

一家人神经病！

顾飞的腿刚往地上一撑，顾淼就从滑板上蹦了下来，脚尖在板子上一挑，手接住了翻滚着并弹起来的滑板。

她抱着滑板走到蒋丞面前，冲他笑了笑，然后又跑回了顾飞身边，靠着他的腿站着。

“刚才谁动手了？”顾飞问了一句。

“我。”蒋丞站了起来，“怎么？”

“你碰上猴子了？”王旭马上问。

“在胡同口呢，”顾飞回头看了一眼，“估计这会儿就进来了。”

“这下怎么办？”王旭皱了皱眉，“咱们出得去吗？”

“那要看你想怎么出去了，”顾飞说，又看着蒋丞，“有两个解决办法。”

蒋丞清楚这次大概是真的惹了点麻烦，叹了口气，手揣在兜里，往墙边一靠：“说。”

“让他找回来，扯平就算完，”顾飞说，“不愿意的话，我现在带你们出去，以后他们怎么堵你们，就看运气了。”

王旭赶紧看着蒋丞。

“扯平没问题，但先说好，”蒋丞说，“多一下我就还手。”

猴子过来的时候，鼻子里还塞着棉花，蒋丞觉得他大概血小板有点低，这么长时间了，血都没止住。

就像王旭说的，这次猴子带的人的确多了，一眼扫过去，得有七八个人，浓浓的小镇流氓气质。

“二淼，去胡同口等我。”顾飞说。

顾淼看了一眼蒋丞，放下滑板，踩上去蹬了几脚，从人群里箭一样地穿了出去。

“你也出去。”蒋丞说。

顾飞撑着车把，盯着他看了一会儿："王旭跟我出去。"

"我……"王旭有些犹豫，看了看蒋丞。

"出去。"蒋丞说，这种纯挨揍的事，他不愿意有观众。

顾飞拎起车头，把车掉了个头，王旭也跟了上去。

猴子一脸阴沉地向蒋丞那边走过去。

顾飞跟他擦身而过的时候，突然抓住了他的右手手腕，把他的手从兜里拽了出来。

"干什么？"猴子看着他。

顾飞没说话，顺着他的手腕往下狠狠一捋，从他手里拿出了一个东西，往旁边墙根一扔。

金属碰在墙砖上的声音很清脆。

蒋丞顺着声音看了一眼，是一个黑色的指虎。

"规矩还是要讲的。"顾飞声音不高地说了一句，脚一蹬，骑着车往胡同口那边去了。

"他不会有什么事吧？"王旭站在胡同口的一棵秃树下边缩着脖子，看着顾淼踩着滑板，灵活地在旁边的树下绕着一个雪堆转圈。

"怕有事就别惹事。"顾飞说。

"我没惹事，我见了猴子都跑，"王旭说，"我哪知道今天能碰上他，蒋丞不知道他的底细，直接就动手了。"

"你俩的事解决了？"顾飞看了看他的脸，"你是不是跪下求他别打脸了？"

"……过了，"王旭叹了口气，回头往胡同里看了一眼，"我算开眼了，学霸还有这种型号的，我惹不起。"

顾飞笑了笑。

没过几分钟，猴子那帮人出来了。

猴子的脸色不是太好，不过，看上去整个人还算正常，但后面跟着的那位就不太美妙了，脑门上明显肿着一个大包。

"他还手了？"王旭一看，吓了一跳。

猴子跟顾飞对视了一眼之后，也没多说什么，带着几个人走了。

"蒋丞人呢？"王旭向胡同里看着。

顾飞皱了皱眉，看这样子，蒋丞肯定是还手了，应该不是主动，是有人"多了一下"，但按理说猴子在这种情况下不会再坏规矩。

那蒋丞人呢？

就算是得绕几圈，也不至于这么长时间没出来……他手机在兜里响了，掏出来看到居然是蒋丞打来的。

“你人呢？”他接起电话。

“我……迷路了。”蒋丞说。

“什么？”顾飞非常吃惊，“迷路？”

“是啊，迷路！刚进来的时候就一通绕，这会儿我不知道绕到哪里去了，你们这片胡同是按照迷宫建的吧！”蒋丞非常不爽地说。

“你……等会儿，”顾飞看了看顾淼，“二淼，进去把蒋丞哥哥领出来。”

顾淼踩着滑板，掉了个头，飞快地掠进了胡同。

蒋丞听到滑板轮子声音的时候喊了一声：“顾淼？”

顾淼的身影从前面一个拐弯处闪了出来，冲他招了招手。

蒋丞跟了过去，其实，他刚才就是从这里过来的，跟着顾淼又拐一个弯，就看到了之前的那条小街。

靠，早知道已经这么近了，就不打电话给顾飞丢这个人了。

今天这个脸，丢得都够凑一套四件套了。

“没事吧？”王旭一看见他出来，就盯着他的脸，问了一句。

“没事。”蒋丞摸了摸肚子。

“没打脸啊？”王旭看着他的手。

“嗯，”蒋丞看着他，“怎么，你想打？”

“我就问问，”王旭说，“打肚子了？疼？”

“饿了。”蒋丞说。

“你是不是动手了？”王旭继续追问，“我看那谁出来的时候，脑袋那么大一个包，怎么弄的？”

“我说了，多的我会还，”蒋丞有些不耐烦地回答，“拿他脑袋往墙上磕了一下，怎么，你要试试吗？”

“我回家了，”王旭说，“我走了……那什么，大飞，我明天中午请你吃饭。”

王旭走了之后，蒋丞跟顾飞一块儿站在原地，看着顾淼玩滑板，看了一会儿，他才开口说了一句：“谢了。”

虽然还是挨了揍，猴子两拳砸在了他的胃上，而且他现在都还有点想吐，但如果没有顾飞，也就不会有这个解决的选项，估计以后他出门就能碰到猴子巡街，那这日子就不用过了。

“你真没事？”顾飞看了他一眼。

“嗯，”蒋丞一点也不想再讨论这件事，他想了想，“你吃过了？”

“没。”顾飞回答。

“……刚刚王旭说你吃面条呢，吃完了才能过来。”蒋丞说。

“那你俩早让人打碎了，”顾飞说，“我在步行街吃面，真吃完了再过来，得半小时。”

“走吧，再吃一点，”蒋丞看了看顾淼，“你想吃什么？”

顾淼自然不会回答他，只是看了看顾飞。

“你带路吧。”顾飞在她的脑袋上轻轻拍了一下。

顾淼立刻一蹬滑板，蹿了出去，一看就是往之前那片烧烤摊的方向去的。

“上来。”顾飞看着蒋丞。

“我走过去。”蒋丞说。

顾飞没多说，自己骑着车过去了。

蒋丞叹了口气，按了按自己的胃，有点反胃，也不知道是饿的，还是被猴子那两拳砸的。

顾淼挑了个最靠边的烧烤摊，当蒋丞溜达着走到了的时候，她已经挑好了一堆吃的。

当蒋丞闻到烧烤香味的时候，胃里的不爽才慢慢消失了，只剩下了强烈的饥饿感，他过去指着肉：“一样来十串，再来两斤麻小。”

这家没有麻小，他又跑到隔了半条街的那家，去买了两斤过来。

几大盘肉一块儿堆到桌上的时候，顾飞忍不住问了一句：“你一直这么能吃吗？”

“小明的爷爷活了103岁。”蒋丞拿了一串羊肉咬了一口。

顾飞笑了笑，让老板拿了瓶红星小二。

蒋丞本来想问问他是不是逢吃饭必喝酒，但小明103岁的爷爷阻止了他。

顾淼不说话，他俩也没有什么话可说，于是，和上回吃烤肉的时候一样，沉默地吃完。

这样也挺好，吃得饱，每次他跟潘智吃饭，都是因为说话太多，而经常吃不饱，得加餐。

即使在热闹的烧烤摊上，他们这桌也像一道亮丽的风景线，老板每次经过，都会多看两眼，没准儿以为他俩是约架来谈判的，随时有可能起身拔刀。

一直到顾淼吃饱了，把帽子摘下来，抓了抓脑袋，蒋丞这才打破了沉默。

“为什么给她买个绿帽子？”他问顾飞，这个问题从那天在店里见到顾淼开始，就一直让他觉得很困扰。

“她喜欢绿色。”顾飞说。

“哦，”蒋丞看着顾淼的绿帽子，顾飞的回答，永远都这么逻辑严密，让人接不下去，“能买着这颜色的帽子，也是个奇迹啊。”

顾淼摇了摇头。

“嗯？”蒋丞看着她。

“不是买的。”顾飞说。

“织的？”蒋丞摸了摸帽子，还真没看出来，手工还不错，“谁给你织的啊？你妈？”

顾淼笑着指了指顾飞。

蒋丞猛地转过头，看着顾飞：“我靠？”

“文明一点。”顾飞一脸平静地说。

“哦，”蒋丞有些不好意思地冲顾淼笑了笑，又转过头，看着顾飞，“你织的？你还会这个？”

“嗯。”顾飞应了一声。

蒋丞突然觉得脑子里对顾飞的印象变得模糊起来了，一个口袋里装着糖的，会织毛线帽子的，坊间传闻中的杀人犯，而且杀的还是自己的亲爹。

吃完烧烤，顾飞跨上自行车，顾淼把缠在他自行车后边的一根绳子解开了抓在手里，踩到了滑板上。

“注意……安全。”蒋丞实在不知道该说什么了。

“明天见。”顾飞说完，就骑车拽着顾淼，消失在了小街穿梭的人群里。

蒋丞结完账才反应过来，明天见？

今天已经过完了吗？

今天当然没有过完，下午还有三节课，居然还有两节政治，蒋丞看到课表的瞬间，就觉得一阵瞌睡。

一个下午，顾飞都没有出现，还真是明天见。

蒋丞趴在桌子上睡了一个下午，顾飞没在的好处就是，周敬不会老回头说话了，挺安静。

政治老师比老徐的存在感更低，是今天见到的所有老师里最透明的。

在讲台上讲课的时候，甚至需要不断提高音量，以便让自己的声音能在教室里肆无忌惮的嗡嗡声里被人听到。

最后一节课的时候，潘智发了条消息过来。

——自习课居然没老师，爽。

蒋丞看了一眼台上的老师，给潘智回了一条。

——我一直很爽，这课上得跟菜市场一样。

——你反正安静了也是睡觉，这是吵着你睡觉了吧。

——你懂什么。

蒋丞叹了口气，潘智的确是不懂，他上课是总睡觉，但也不是每次都会睡着的，闭着眼睛的时候，他会听课，快考试复习的时候，他也不会睡觉和旷课。

现在这样的环境，他还真有点担心这个学霸的质量会下降了。

放学的铃声一响起，教室里顿时一片喧闹，几乎是所有的人都瞬间收拾好了自己的东西，走的走，聊的聊，一派愉悦的景象。

蒋丞收拾好东西，拎着书包离开了教室，穿过走廊的时候，他感觉到了众多目光，他往旁边扫了一眼，不少人正靠在栏杆上看着他，也分不清是二年级还是三年级的，眼神里都带着好奇和探究。

啧。

他回头找了找王旭，肯定是他说了什么，没准是把这件事狠吹了一把。

下楼的时候，手机响了，他估计是潘智，但拿出来的时候却看到是个陌生号码。

“喂？”他接了电话。

“蒋丞吧？你有货到了，过来取一下吧。”那边说。

蒋丞愣了愣才反应过来，再问，对方不是快递，是物流，得自己上门去取，问了地址后，他又问了问东西是从哪里寄过来的，然后挂了电话。

是老妈寄来的，应该都是他屋里那些乱七八糟的东西。

老妈在来之前给他准备了银行卡，现在又细心地把他的东西都寄来了，但却没有再跟他联系。

他不知道是该感谢老妈，还是该恨她。

不过，心情谈不上糟糕，似乎这几天以来，他已经开始有些麻木了，想起来的时候，会觉得心里一阵抽搐，但很快就过去了。

他慢慢往回走着，这个时间，李保国肯定没在家，晚上可能还是一个人吃饭，他一边走一边琢磨着，最后决定吃点饺子得了，中午吃得多，这会儿都没觉得饿。

在李保国家的附近就有一个聚集了不少饭馆的小广场，蒋丞散步的时候经过那里，还挺热闹的，有一家看上去很干净的饺子馆。

去广场要过一座小旱桥，蒋丞快走到桥边的时候，往那边看了一眼，脚下的步子顿了顿。

雪，中午就停了，一个下午，阳光都很好，这会儿虽然太阳已经落山了，但半个天空都还带着像脉络一样淡淡漫开的金色光芒。

小小的一座桥，也染上了暖暖的颜色。

蒋丞在这一瞬间觉得心里挺安静的，这混乱的一天带来的各种闷堵，都散掉了。

他加快步子，向桥上走过去，如果早来半小时，这里估计会更美。

这大概是在这座小破城市待了这么些天看到的最美的地方了。

桥上行人不多，当他走到靠近桥中间的时候，看到前面有人正拿着相机，应该是在拍桥和天空。

看侧面……不，看腿就知道了。

是顾飞。

认出顾飞来，一点也不意外，意外的是，旷课一下午的顾飞会在这里，而且还拿着一看就是专业级别的相机和相机包。

难怪他不肯把相机借给周敬呢！

蒋丞犹豫着是过去还是去另一边装作没看到顾飞，反正他俩也没什么话可说。

正想迈步的时候，顾飞大概是拍完了，转过身向他这边走了过来。

这时候再装看不见就不太可能了，蒋丞叹了口气，迎着他走了过去。

正想打个招呼的时候，顾飞看到了他，顿了顿之后，对着他举起了手里的相机。

蒋丞吃惊得没来得及抬手挡脸，就听到了快门的声音。

10

“你瞎拍什么！”蒋丞骂了一句，这会儿没有顾森小朋友在，他也无所谓文明不文明了。

顾飞没说话，对着他又是几声“咔嚓”。

蒋丞感觉自己脸上不怎么美好的表情大概都被定格了。

“我问你呢！”他走到顾飞跟前，伸手想要去拿相机。

顾飞迅速把相机往后缩了缩：“二百六十七岁。”

“什么？”蒋丞愣了，“什么二百六十……几？”

“二百六十七岁。”顾飞重复了一次。

“什么二百六十七岁？”蒋丞问。

“小明的爷爷。”顾飞说。

蒋丞盯着他看了足足有三十秒，不知道自己是无语了，还是想把那点想笑的冲动压下去。

最后，他指了指顾飞的相机：“给我，要不就删掉。”

“你要不先看一看？”顾飞把相机递了过来。

蒋丞接过相机的时候，一阵紧张，死沉的，总觉得一不小心就得摔地上，然后看着相机上一堆的按钮就有点迷茫了。

别说是删掉了，就是想看看照片，都不知道该按哪里。

“这里。”顾飞伸手在相机上按了一下，屏幕上便出现了照片。

一共四张，蒋丞沉默地一张一张翻着。

他对拍照一直没什么兴趣，无论是自己拍风景还是别人拍自己，他宁可用眼睛看。

虽然平时觉得自己挺帅的，但还是每次都会不小心被前置摄像头吓好几个跟头……没想到顾飞相机里的自己，还挺那什么。

挺还原的，嗯。

并没有自己担心的狰狞表情，只是看着有点不耐烦。

而第一张，他居然很喜欢。

混乱而萧瑟的背景，因为被虚化了，所以透出淡淡惆怅的感觉，让他脑子里莫名其妙就飘过一句——别处的故乡。

而迎着残阳光芒走过来的自己，更不用多说了，简直帅爆了。

他把自己的几张照片翻了两遍之后，不知道该干什么好了。

“右下角那个按钮是删除。”顾飞说。

“我知道。”蒋丞有些尴尬地回答。

说要删掉的是自己，但看到照片之后，又不想删了的也是自己，毕竟从来没有拍过这么有感觉的照片。

去年过年的时候，全家还一块儿去了趟影楼拍全家福，本来以为应该拍得不错，结果看到照片的时候，他差点没把照片给撕了，就为这件事，又跟老爸老妈吵了一通，两天没回家……

想得似乎有点远了，他收回思绪，看着顾飞。

“你挺上相的，”顾飞说，“你不介意的话，我想留着，我拍了很多同学的照片，都留着呢。”

顾飞的这个台阶给得很是时候，蒋丞犹豫了两秒：“你拍这么多人相片干吗啊？”

“好玩。”顾飞说。

“……哦，”蒋丞点点头，顾飞每次都能完美地让聊天进行不下去的技能，他也是很佩服的，“摄影爱好者。”

“我晚点加你个好友吧，”顾飞拿出手机，“处理好照片给你发一份？”

蒋丞非常想拒绝，想说“我不稀罕这玩意”，但张嘴的时候，却又点了点头：“哦。”

“哦”完以后，拿着相机又不知道该干吗了，顾飞也不出声，似乎对于这种沉默的尴尬非常适应。

“我能看一看别的照片吗？”蒋丞问，他还真没法把顾飞这个人跟专业相机联系在一块儿。

“看吧。”顾飞说。

照片有不少都是桥和夕阳，从光线能看得出来，顾飞差不多是一个下午都在这里待着，拍了很多，有风景，还有从桥上走过的人。

蒋丞不懂摄影，但一张照片好不好看，他还是能分辨出来的。

顾飞的照片拍得很专业，构图和色调都透出一股暖暖的气息，如果不是现在他人就站在这个地点，吹着老北风，只看照片，还真是跟坐在暖气片上边晒太阳似的舒服。

再往前翻过去，照片应该就不是今天的了。

拍的很多都是街景。

树和旧房子，雪堆和流浪狗，落叶和走过的行人的脚……普通得不能再普通的，每天都能看见，却会视而不见的东西。

正当他觉得这样的照片应该就是顾飞的拍照风格时，一张明亮阳光下，顾森弯腰抓着滑板从空中一跃而过的背光照片，让他忍不住“啊”了一声。

“嗯？”顾飞正趴在桥的栏杆上抽烟，听到他的动静，转过了头。

“这张真有感觉啊，顾淼太帅了，”蒋丞把照片转过去对着顾飞，“小飞侠。”

顾飞笑了笑：“抓拍的，她飞了十几次，才拍出了这一张。”

蒋丞盯着他多看了两眼，顾飞这人挺不好概括，平时一副“不关我事，天外飞仙话题终结者”的样子，但他和顾淼在一起的时候，或者提到顾淼时，又会显得很温柔。

特别慈祥。

蒋丞想起了顾淼的毛线帽子。

慈哥手中线……

这个场景特别有意思。

“你手机响了。”顾飞说。

“哦。”蒋丞把相机递还给他，摸出了自己的手机。

“丞丞啊？”那边传来了李保国爆炸一样的声音。

“你……叫我什么？”蒋丞一身鸡皮疙瘩此起彼伏。

顾飞大概是听到了，虽然他迅速地转开了头，但蒋丞还是在他侧过去的脸上，看到了笑容。

妈的。

“你差不多到家了吧？”李保国说，“快点回来，你哥哥姐姐都回来了，等你吃饭呢！”

“哦，”蒋丞突然一阵郁闷，不仅仅是去吃饺子的计划落空了，还因为再次被拉回现实里，要去面对几乎不可能与自己生活有交集而现在却变成了家人的几个人，他顿时连腿都迈不动了，“我知道了。”

“是要回去吗？”顾飞把相机收好之后，问了一句。

“嗯。”蒋丞应了一声。

“一块儿吧，我也回家。”顾飞说。

“开车吗？”蒋丞问。

“……我走过来的。”顾飞看了他一眼。

“哦。”蒋丞转身往回走了。

太阳一落山，气温就降得厉害，他俩顶着老北风，一路往回走。

走了一会儿，身上稍微不那么冷了，蒋丞转头看了看顾飞：“你是不是认识李保国？”

“那几条街的人差不多都互相认识，”顾飞说，“爷爷奶奶、叔叔婶婶、哥哥姐姐……都是老街坊。”

“哦，那……他人怎么样？”蒋丞问。

顾飞拉了拉帽子，转过脸：“他是你什么人？”

蒋丞一时不知道该怎么说，把兜在下巴上的口罩戴好，遮住了大半张脸，这才感觉放松了一些。

“我……亲爹。”他说。

“嗯？”顾飞挺意外地挑了挑眉，“亲爹？李保国有俩儿子？不过，这么一说的话……你跟李辉长得还真有点像。”

“我不知道，”蒋丞烦躁地说，“反正就是这么跟我说的……我就问你，他人怎么样，你能直接回答吗？”

“资深赌徒，”顾飞这次很干脆地回答了，“十级酒鬼。”

蒋丞的步子顿了顿。

“还听吗？”顾飞问。

“还有什么？”蒋丞轻轻叹了口气。

“家暴，把老婆打跑了，”顾飞想了想，“主要的就这些了吧。”

“这就够可以的了，”蒋丞皱了皱眉，但犹豫了一下，又盯着顾飞，“这些可信吗？”

“你觉得不可信吗？”顾飞笑了。

“这些坊间传闻都有点……”蒋丞没说完，坊间还说你杀了自己的亲爹呢，但这话他不可能说出来，不管是什么内情，顾飞爸爸死了，是事实。

“这些不是传闻，”顾飞说，“你天天回家，不知道他打牌吗？”

“嗯。”蒋丞突然不想再说话了。

一路沉默着走到路口，顾飞往他家那条街走了，蒋丞连说句再见的心情都没有，不过，顾飞也没说。

他拉了拉口罩，往李保国家走过去。

老远就听到前面有人在吵架，吵得特别凶，而且还是组合架，男女都有。

走近了才看清是李保国家旁边的那栋楼，楼下站着一男一女，二楼窗口也有一男一女。

吵架的原因听不出来，但是双方队员骂人都骂得很认真，吐字清晰。

各种生殖器和不可描述的场景喷涌而出，部分用词还时不时会有反复循环，蒋丞听着都替他们不好意思。

走到楼下的时候，二楼的男人突然端着一个盆出现在了窗口，蒋丞一看，赶紧往旁边蹦开了两步。

紧跟着，一盆带着菜叶子的水倾泻而下。

虽然没被淋个兜头，但还是被溅了一身水，顿时恶心得他口罩都快飞出去了。

“有病吗？一群疯子！”他吼了一声，“有种出去打一架！技能点都点泼妇上了吧？㞞货！”

吼完他也没看旁边的人，转身进了楼道。

不知道那几个吵架的是被他吼愣了，还是没听明白他吼的是什么，总之双方降了音量，骂骂咧咧几句之后，这一架就这么突然中止了。

蒋丞拍了拍身上的水，还有几片指甲盖大小的菜叶，在心里骂了一句。

刚掏出钥匙，李保国家的门就打开了，李保国探出脑袋，一脸笑意：“刚刚是你吗？”

“什么？”蒋丞没好气地粗着嗓子问。

“骂得好，”李保国笑着说，“像我儿子。”

蒋丞没接他的话，进了屋。

屋里还是那么破败，但是今天多了点生气。

一桌子菜，还有坐在桌子旁边的两男两女，外带三个小孩，把小小的客厅挤得满满当当。

“来，丞丞，”李保国关上门，过来很亲热地一抬胳膊搂住了他的肩，“我给你介绍介绍。”

蒋丞非常讨厌被不熟的人搭肩拍背，咬着牙才没把他甩开。

“这是你哥哥李辉，老大，”李保国指着一个二十六七岁的男人说，然后又往旁边的年轻女人那里指了指，“这个是你嫂子，那俩是你侄子……来，叫叔叔！”

旁边正看电视的两个小男孩一块儿往这边看了一眼，像是没听见似的又把头转了回去。

“嘿！熊玩意！让你们叫叔叔呢！”李保国吼了一声。

那两个孩子这回连脑袋都没再转过来。

“你们……”李保国指着那边还想再说什么，但似乎又不知道该说什么了。

“没事，不熟，”蒋丞拍了拍他的胳膊，他只想尽快从李保国的嗓门和唾沫星子里解脱出去，还有搭在他肩上让他全身僵硬的那只胳膊。

“一会儿跟你们算账！”李保国又指了指另外一个女人，“这个是你姐李倩，这你姐夫……你外甥女，叫舅舅！”

“舅舅。”旁边一个看着四五岁的小姑娘叫了他一声舅舅，声音很低，像是受了惊吓似的。

“你好。”蒋丞挤出一个笑容。

李保国终于放开了他，他说了一句“换件衣服”，就迅速进了里屋，把门一关，靠着门闭了闭眼睛。

这一屋子的人，从他进门开始，除了李保国，就没有谁的脸上有过什么笑容。

当李保国给他挨个介绍的时候，每个人都只是点点头，一言不发。

但这种冷淡并不像是不欢迎他，也不是有什么不满，而是那种天然的、与生俱来的、带着一丝茫然的麻木。

更可怕的是，让人觉得压抑。

就短短这么一两分钟，就已经让蒋丞感觉喘不上气来。

他脱掉外套，撑着墙，狠吸了几大口气，又慢慢吐了出来，再吸气，再慢慢吐出来，然后轻轻叹了口气。

他都不记得这些天他叹过多少气了，估计够吹出个迎宾大气球了吧。

在屋里待了几分钟，外面李保国又开始扯着嗓门叫他，他只得搓了搓脸，打开门走了出去。

屋里的人都已经坐到了桌边，那俩只顾着看电视的“熊玩意”也坐好了，不光坐好了，还已经开始吃了，直接上手从盘子里抓了排骨啃着。

“吃饭吧。”李倩说了一句，便伸手过来拿他面前的饭碗。

“谢谢，我自己来吧，”蒋丞赶紧拿起碗，“你吃你的。”

“让她盛，”李保国在旁边说，“这些事情就是女人干的。”

蒋丞愣了愣，李倩从他手里拿走了碗，到旁边的锅里给他盛上了饭。

“来，今天得喝点好酒，”李保国从地上拎起了两瓶酒，估计是李倩或者李辉拿来的，但还没等蒋丞看清是什么酒，他已经打开了旁边的柜门，把酒放了进去，从柜子里又拿了一个瓶子出来，“这是我自己酿的，刺儿果酒。”

“就喝李倩拿的那两瓶酒得了，”李辉有些不愿意了，“你这破酒，还老拿出来献宝，喝着一股涮锅水的味道。”

“哟，”李保国把酒瓶往桌上一放，“嫌你老子的酒不好？嫌不好你自己带酒来啊，空俩手回来还挑？”

“爸，你说什么呢，”嫂子开了口，语气里满满的不爽，“儿子回来一趟，你就盯着他带没带东西啊。”

“你闭嘴！”李保国眼睛一瞪，“我们家什么时候轮得上女人说话了！”

“女人怎么了！”嫂子提高了声音，“没我这个女人，你能有俩孙子啊？指望你闺女给你生孙子啊？她连个外孙子都生不出来呢！”

蒋丞感觉自己有些震惊，震惊这家人就因为这么随便两句话就吵了起来，震惊他们会在这种需要表达起码的家庭和睦的饭局上吵了起来，而当他看到沉默不语的李倩两口子时，他更震惊了。

“我有孙子是因为我有儿子！”李保国嗓门大得能震碎头顶那个破灯，“何况我现在又多了一个儿子，我想要孙子，那是分分钟的事！李辉，你还是不是个男人，你老婆这德行，你连个屁都放不出来是吧！”

“吵什么吵！”李辉一摔筷子，站了起来，这话也不知道是冲李保国还是冲他老婆。

“吵什么问我啊？吵什么你不知道啊！”嫂子尖着嗓子，喊了起来。

这一嗓子出来，两个正拿手抓菜的“熊玩意”同时一仰脸，哭了起来，跟拉警报似的，拉得人脑仁发涨。

蒋丞站起来，转身回了自己的屋里，把门关上了。

外面还在吵，男人吼、女人喊，小孩子放声哭，这扇破门根本挡不住这些让人绝望的声音。

薄薄的木板后面，就是他真正的家人，放在电视剧里都会觉得心烦意乱的家人，是他一向看不起的那一类人，不，连看不起都没有，是他压根就不会注意到的那一类人。

如果这十几年，他就在这里长大，那么他会跟他们一样吗？

自己这种一碰就着，叛逆期超时的性格，是遗传的吗？

是写在他基因里的吗？

叛逆期？也许根本就不是叛逆期。

而是他可怕的本质。

背后的门被人轻轻敲了两下，外面的人还在吵着，他甚至听到了有人踢翻椅子的声音，这细微的敲门声，如果不是他靠着门，他根本听不见。

“蒋丞？”外面传来了李倩的声音，同样轻细。

他犹豫了几秒钟，转身把门打开了一条缝，看着站在门外有些局促不安的李倩。

“你没事吧？”李倩问。

“没事。”蒋丞回答。

你没事吧？这话倒是应该问一问李倩。

“那个……”李倩回头看了看一屋子的乌烟瘴气，“我给你拿点饭菜，你在屋里吃吧？”

“不了，谢谢，”蒋丞说，“我真的……吃不下。”

李倩没再说话，他重新关上了门，并反锁上了。

站在屋里愣了半天之后，他走到窗户边，抓着窗户上的把手拧了两下。

窗户没有动。

从他来那天就想试着把窗户打开，但从来没有成功过，这窗户就像被焊死了一样，牢牢的，连条缝隙都露不出来。

蒋丞抓着把手，又狠狠地拧了几下，接着开始推。

汗都折腾出来了，也没有成功。

盯着这扇窗户，听着外面的一片混乱，他只觉得身体里有什么东西要爆炸了。

他回手抓起身后的椅子，对着窗户猛地抡了过去。

窗户玻璃发出了一声巨大的脆响。

这一声，让蒋丞觉得非常爽，全身的毛孔在这一瞬间像是都站了起来，他拎着椅子，再一次砸了上去。

玻璃稀里哗啦地碎了一地。

他一下一下地砸着，客厅里的吵架声变成了砸门声，他懒得去听。

窗户玻璃全碎了之后，他对着空了的窗框，一脚踹了上去。

窗户打开了。

门外传来了钥匙声，他手往窗台上一撑，直接跳了出去。

去你的亲生！

P083 - P166

二 飞吧！少年

11

跃出窗口的那一瞬间，寒风灌进口腔里，再钻进毛孔里，最后渗透进身体里。

爽。

窗台下碎掉的玻璃，在他脚下发出了几声简短的脆响，蒋丞觉得自己堵得快要窒息的感觉终于消失了。

外面的天色已经完全暗下去了，没有路灯，月亮也不知道在哪里，只有各家各户窗口里透出来的那点微弱的光，隐约能看出这是一片大楼的后头，有大片没有清扫过的积雪。

蒋丞从裤兜里拿出手机，按亮了，深一脚浅一脚地踩着雪往前走，从楼后面绕到了小街的尽头。

前方是个什么小厂子，这边没有路了。

他停了下来，站在黑暗里。

爆发过后，他在寒风里，慢慢冷静了下来，现在有些茫然。

去哪里？干什么？

没有目标，也没有目的。

他低头看了看手机上的时间，琢磨着这会儿自己该怎么办。

太他妈冷了，跳出来的时候居然忘了去穿上外套。

手机屏幕上有一抹脏了的痕迹，他用手指擦了一下，之前的痕迹不但没有被抹掉，反倒又增加了一片。

四周太黑，他看不清是什么，只隐约感觉自己的手指是湿的。

但很快他就反应过来了，用手机屏幕对着手指照了照。

血。

“我靠。”他小声地说了一句。

有点吓人，满手的血。

手冻得有些发麻，感觉不出疼来，他甚至费力找了找才看到掌心里的那道口子。

挺深，血还在不断地涌出来。

蒋丞在两个裤兜里摸了摸，连个纸片也没找着，只得掀起毛衣一角，用力抓在了手心里。

这么冷的天气，居然都没把伤口冻上。

……是啊，这么冷的天气。

连个外套都没有。

要了命了！

一直到了这会儿，蒋丞才像猛地被叫醒了似的，感觉到了刺骨的寒意。

没外套，没钱，血流不止。

他判断了一下方向，向着通向旁边那条小街的岔口跑过去，李保国说过，那里有个社区医院，可以先让人帮忙包扎一下，还能暖和暖和。

跑了几步之后，他冷得有些扛不住了，便从跑变成了连蹦带跳，快连自己哈气里的暖意都感觉不到了。真冷啊！

李保国说那个社区医院不怎么明显，还真没说错，何止是不明显，蒋丞都跑过了才看到。

连灯都没有开。

……没开灯？

他愣住了，没开灯？

再凑到紧闭着的门前瞅了两眼，这才看到门上挂着个牌子，他冻得眼睛都哆嗦了，凑合着看清了大意是大夫回家吃饭去了。

“……不是吧！”他在门上敲了两下，没有回应。

牌子上还留了个电话号码，但他没打，打个电话，再等大夫过来，他估计已经冻死在这里了。

他皱了皱眉头，转头看了看旁边。

顾飞家的店离这里大概就五米的距离，重要的是亮着灯。

虽然他非常不愿意被顾飞又一次看到自己狼狈的样子，但是……太冷了！

他蹦着过去，拉开了店门，一把掀开了皮帘子。

扑面而来的暖意，让他整个僵得都快抽筋了的身体顿时松弛了下来。

但接下去他又愣住了，有点尴尬。

不知道为什么，他每次进顾飞家的店，都会感受到尴尬。

上回“不是好鸟”坐着的那块空地，现在放着张小桌子，桌上的电炉烧着，一锅冒着热气的……大概是羊肉汤，他闻出来了。

顾飞正在给顾淼盛汤。

而正对着门的位置上，还有一个女人，二十多岁的样子。

除了年纪差距有点大之外，这仨人看着跟一家三口似的，这让蒋丞顿时觉得自己出现得非常不是时候。

“你……”顾飞一扭头看到他，吓了一跳，“怎么回事？”

“能不问吗？”蒋丞说，“我就是……路过。”

“你朋友？”那个女人看着顾飞，问了一句。

“嗯。”顾飞站了起来，走到了蒋丞跟前，目光向下落到了他的手上。

那个女人也站了起来：“怎么……”

“药箱。”顾飞回头说了一句。

“嗯。”她快步走进了那个小屋。

顾淼还坐在桌边没有动，手里紧紧握着一个勺子，眼睛瞪得很大，有些紧张地看着这边。

蒋丞注意到顾飞往旁边稍微移动了一下，挡住了顾淼的视线，他赶紧把手往后藏了藏。

“进里屋。”顾飞说。

蒋丞快步走进了小屋，那个女人已经拿出了药箱，看到他进来，轻声问：“手？”

“嗯。”蒋丞应了一声，“旁边社区医院……”

“大夫这会儿吃饭呢，”女人说，“严重吗？先帮你清理一下，消消毒。”

“不严重，”蒋丞看了看药箱，东西还挺全，“我自己来就行。”

“一只手，多费劲啊，”女人笑了笑，“我帮你处理，快一些。”

“刀伤？”顾飞进来问了一句。

“不是。”蒋丞犹豫了一下，松开了一直抓着毛衣的手。

这一松手，把他自己吓了一跳，毛衣上已经染上了一大片血迹。

“你……”顾飞皱着眉，看了看他的手，又往毛衣上看了一眼，对那个女人说，“要不我来吧。”

“没事，我还能被这点伤吓着吗，”女人笑了笑，推了他一下，“你去陪着二淼吧，我看她刚才很紧张。”

“……嗯，”顾飞犹豫了一下，转身往外走，走了两步，又停下回过头，给他俩介绍了一下，“我同学蒋丞，这是我姐，丁竹心。”

“叫我心姐就行，”丁竹心笑了笑，拉过了蒋丞的手，“我看看……伤口好像挺深啊……”

“是吗？”蒋丞应了一声。

竹心？这名字起得不怎么样，竹子的心是空的。

蒋丞对于自己今天如此文艺的思绪，表示迷茫。

“我先用生理盐水帮你冲一下，”丁竹心说，“一会儿再用碘伏。”

“嗯，”蒋丞点点头，“谢谢。”

“别客气啊。”丁竹心笑着说。

屋里温度高，身上很快就暖和起来了，但伤口的疼也像是苏醒了似的，开始往里钻着疼。

丁竹心帮他把手上的血冲干净之后，他发现这口子还真不算小。

“是玻璃划的吧，”丁竹心说，“这么不小心。”

蒋丞没说话。

顾飞的姐姐姓丁？跟妈姓吗？

而且虽然丁竹心很漂亮，皮肤白得几乎透明，从蒋丞这个角度看过去，长而浓密的睫毛把眼睛都遮住了，但跟顾飞、顾淼完全不像。

“你是顾飞的姐姐？”他问了一句。

“不是亲姐姐，”丁竹心笑了起来，“他叫我姐姐，我以前住他家楼上。”

“哦。”蒋丞也笑了笑。

“我可是看着他长大的，小时候，他是我的跟屁虫，”丁竹心给他涂了碘伏之后，从药箱里拿了纱布，盖在伤口上，“只能先这样了，包一下，晚点再让大夫看一看吧。”

“谢谢。”蒋丞站了起来。

“怎么老谢啊，”丁竹心把东西收进药箱，“我给大飞处理伤口，他从来没说过谢谢呢。”

他太没礼貌了。

蒋丞在心里说了一句，想想又觉得也许应该是太熟了。

他进来之后，丁竹心虽然没跟顾飞说几句话，但能感觉得出来，他俩很熟，特别是丁竹心侧过脸之后，蒋丞看到了她耳垂上有一个小音符……

姐姐？啧。

没想到顾飞还好这口，这女的看着怎么也得大个四五岁的。

“你是大飞的同学啊？”丁竹心说，“我好像以前没见过你……不过，他跟同学来往也不多。”

“我刚转来。”蒋丞说。

“这样啊。”丁竹心看了他一眼。

“好了没？”顾飞推开门。

“好了，”丁竹心说，“一会儿张大夫过来了，再去看一看吧。”

“伤口深吗？”顾飞又问。

“就划了一下，能有多深。”蒋丞说。

“二淼让我问丞哥吃饭了没。”顾飞往外面看了一眼。

“……没吃。”蒋丞有些郁闷地回答。

“那正好一块儿吃，”丁竹心说，往外走的时候，手在顾飞肩上很自然地扶了一下，“我还说今天羊肉买多了，他俩吃不完呢。”

“不方便吧？”蒋丞犹豫了一下，低声说。

“什么不方便？”顾飞没明白他意思，但下意识地跟着他降低了音量。

“那个……”蒋丞很快地往丁竹心背后瞟了一眼，“你姐。”

顾飞愣了愣，接着往门框上一靠，嘴角带着笑：“哦。”

“哦？”蒋丞看着他。

“没什么不方便的，二淼不也在吗，”顾飞进屋从柜子里拿了件毛衣扔到床上，“换一下，她会怕。”

顾飞出去之后，他拿过毛衣，看了看大小，差不多，于是换上了。

然后又低头研究了一下，这毛衣该不会是顾飞自己织的吧……

“要帮忙吗？”顾飞在外面喊了一声。

“不用！”他赶紧回答，把换下来的衣服叠了一下，放在了旁边的椅子上。

一走出小屋，立马闻到了店里弥漫着浓浓的羊肉汤香味，蒋丞顿时就觉得饿得心里都发慌了。

“香吧。”丁竹心正往碗里挨个盛汤。

“嗯。”蒋丞走过去，在小桌子旁边坐下了。

“我还是第一次看二淼要留人吃饭呢，就两个月没见，进步这么大，”丁竹心往顾淼碗里夹了两块羊肉，“蒋丞，你是不是转来挺长时间了？是上个学期吗？”

“这学期。”蒋丞说。

“啊，”丁竹心看了他好几秒，才笑着把一碗汤放到了他面前，“真意外。”

顾淼一边喝汤，一边偷偷地往蒋丞缠着纱布的手上瞅。

“已经没事了，”顾飞抓住蒋丞的手，递到她面前，“你看。”

蒋丞伤的是右手，本来筷子就拿得不稳，被他这一抓，筷子飞了出去，掉在了地上。

顾淼很小心地在他手上轻轻碰了碰。

“撒手，”丁竹心拍了顾飞手一下，把筷子捡了起来，“人家手上有伤呢，抓这么猛。”

“我去洗。”顾飞伸手去拿筷子。

“我去……”蒋丞想站起来。

“你俩坐着吧，我又不吃。”丁竹心起身从后门走了出去。

“她不吃？”蒋丞愣了愣，注意到桌上是三副碗筷，他顿时有些尴尬了，不会是一共就三副碗筷，加了他就不够了吧！

“她晚上不吃东西，很多年了，”顾飞把自己的筷子递给了他，“我还没用的。”

“不急。”蒋丞说。

“不急吗？”顾飞偏过头，看了看他，“我感觉你眼睛都饿直了。”

“滚。”蒋丞拿了他的筷子，夹了块羊肉放到嘴里。

大概真是饿了，这羊肉顿时空降他最近两年吃过的美味食物前三名。

丁竹心回来的时候，看到了蒋丞手里的筷子，愣了愣，把洗好的筷子放到了顾飞面前，轻声说：“我走了啊。”

“嗯。”顾飞站了起来，从收银台后面拿过了她的外套。

“不吃点吗？很……好吃。”蒋丞也站了起来，没话找话地说了一句，说完觉得更尴尬了。

“你们吃吧，多吃点，”丁竹心笑了笑，穿上外套，“我减肥呢。”

“哦，”蒋丞犹豫了一下，又坐了回去，顾淼指了指锅里的羊肉，他点点头，“我给你夹。”

顾淼又指了指他空了的碗。

“我……不急。”蒋丞有点不好意思，自己饿成这样都被小姑娘看出来了，为了显示自己不急，他只好又扭头看了看顾飞和丁竹心。

“钥匙。”丁竹心冲顾飞伸手。

“不冷吗？”顾飞从兜里掏出了摩托车的钥匙。

“我飙车的时候，你还忙着小升初呢。”丁竹心拿了钥匙，转身走出了店门。

顾飞跟到门口，看了一眼，便回来坐下了。

丁竹心出了门之后，蒋丞莫名其妙地松了口气，他还是第一次跟女生待在一块儿会有这么强烈的尴尬感。

丁竹心很漂亮，而且是那种并不张扬，也不具备攻击性的漂亮，按说这样的长相，他在路上碰到了还会多看两眼。

他夹了块羊肉，手还在疼，他夹肉的时候不敢用力，看自己的姿势像要引爆炸弹似的，就怕手一抖，肉掉桌上了。

顾飞从旁边拿了个大漏勺，放进锅里，直接兜底一舀，把一大勺羊肉递到了他眼前：“我看着都费劲。”

“谢了。”蒋丞把羊肉扒拉了一半到自己碗里，又拿过顾淼的碗，把剩下的扒拉到了她的碗里。

“手怎么伤的？”顾飞问。

蒋丞没回答，实在是不知道该怎么说，顾飞对李保国一家应该是了解的，这件事要是说出来，只会给别人增加谈资，虽然顾飞看上去不是个会跟人扯这些的人。

他沉默了一会儿：“自己咬的。”

顾淼看着他，愣了愣之后，笑了起来。

“牙口不错，”顾飞点点头，“还是要学会爱惜自己，以后下嘴轻点。”

蒋丞冲顾淼笑了笑，低头喝了口汤。

“你一会儿回去吗？”顾飞又问。

“不回。”蒋丞这次回答得很干脆。

“有地方去吗？”顾飞从旁边的小菜篮里夹了两根青菜，放在锅里涮着。

“有，”蒋丞说完之后，又有些犹豫，沉默了快两分钟才艰难地再次开口，“你有钱吗？借我点。”

“多少？”顾飞放下筷子。

蒋丞想了想：“五百元吧，我现在可以手机转账给你。”

“无所谓。”顾飞拿出钱包，拿了五百元出来。

“谢谢，”蒋丞接过钱，心里踏实了不少，一边拿手机一边说，“你加我好友吧，我给你转过去。”

“其实，路口出去右转二百米有个岔路，进去走到头就有一个如家酒店，”顾飞拿出手机，按了几下，“用不了五百元。”

蒋丞看着他，没说话，拿起碗喝了口汤。

虽然顾飞没猜错，而且也不可能猜错，这种情况下，他除了去酒店也没别的办法了，但就这么说了出来，让他挺没面子的。

手机响了一声，他低头看屏幕。

是顾飞的好友请求。

小兔子乖乖。

这个昵称差点没让他一口汤喷在手机上。

“这是你？”他把手机对着顾飞。

“嗯，可爱吧。”顾飞说，一脸平静。

“……好可爱，”蒋丞有点无语，通过了请求之后，他又看了一眼顾飞的头像，和昵称很搭，是只绿色的兔子，如果没有判断错的话，看这画工和用色，作者应该是顾淼，“这头像是顾淼画的吧？”

顾淼在一边点了点头。

“画得……真好。”蒋丞很不由衷地表扬了一句，顾淼这画画的水平跟她玩滑板的水平，差了能有七百二十四个小明爷爷。

正当准备给顾飞转账的时候，店门响了一声，被人拉开了，接着帘子被掀开了一条缝。

他往那边看了一眼，觉得有点奇怪，这个时间过来买东西很正常，那么掀一角帘子跟偷窥似的，干吗呢……

没等他想明白，顾飞已经把手机往桌上一扔，跳了起来。

“哎？”他愣了，举着手机，看着顾飞冲了出去，抓贼？

他一般来说不管闲事，将来活到103岁肯定没问题，但现在是在顾飞这里，顾飞都冲出去了，他不可能还坐着。

他站起来准备跟出去，正想跟顾淼说不要出来，低头一看，顾淼居然正低头吃着饭，就好像身边什么事也没发生。

“我去看看。”蒋丞说了一句，转身也跑了出去。

刚一出店门，就看到顾飞抓着一个正拼命挣扎的男人的衣领。

年久失修的路灯光线，有些扑朔迷离，他只能看清这是个三十岁左右的男人，穿了件皮衣，紧身裤把细腿裹得跟两根牙签似的，看着让人犯恶心。

“你干什么！撒手！”那男人抓着顾飞的手，使劲拽，但无论从身高还是力量上，都明显不是顾飞的对手，折腾了半天，顾飞连动都没动一下，他只能又喊了一声，“你撒手！”

“我跟没跟你说过别让我再看见你？”顾飞压着声音问。

“你以为你是谁啊？我管你说没说过，说过怎么着？”男人把脸凑到他眼前，带着挑衅，“我现在就在这里呢，你看见我了吧？怎么着？你……”

一连串的问题还没排列完，顾飞便抓着他的衣领，向旁边的树上抡了过去。

这男人就跟个空心布偶似的，脸冲前，整个人砸在了树干上。

“嘭”的一声。

蒋丞感觉自己的眼睛都随着这一声响放大了一圈，他第一次知道肉身撞木头上能有这么大动静。

这一声响过后，世界安静了。

那个男人贴着树站了两秒钟，慢慢顺着树干出溜下去，跪在了地上，然后往旁边一歪，倒在那里不动了。

蒋丞往那边走了两步，死了？

盯了一会儿，那人一直没动，他又转回头看着顾飞，半天都说不出话来。

这个人虽然瘦，个子也不高，但毕竟是个男人，就这么被顾飞一胳膊甩在树上了，放个慢动作也就能放出两三秒来……

他突然觉得后背发凉，就顾飞这身手，杀个把人似乎也说得过去。

“进去，”顾飞看了他一眼，往店里走过去，“不冷吗你？”

“这谁啊？”蒋丞回过神来，“扔那里不管了？冻死了怎么办？”

“冻死了杀你灭口啊。”顾飞笑了笑。

12

蒋丞觉得自己也算是挺浑的了，旷课、打架、惹事，一直没少干，但还从来没有把人打晕在雪地里，然后就进屋吃饭的情况。

“喂，”他跟着顾飞进了店里，瞪眼看着顾飞，一屁股坐回了椅子上，当着顾淼的面，又不好直说，只能隐晦地提醒，“那个……真不管了？”

“放心，没事，”顾飞看了他一眼，“一会儿自己起来就走了，最多鼻梁要修一下……你还挺善良，你跟猴子那几个碰上的时候怎么没担心？”

“我把他们……”蒋丞指着门边，选择了半天的用词，“弄睡着了吗？”

顾飞看着他，没说话，但能看出脸上强压着的笑容。

“行吧，”蒋丞坐了下去，“也不是我惹的事。”

顾飞低头继续吃饭，他也没再说别的，虽然他真不确定门外那位能不能“起来”，还“自己就走”。

也许是环境不同，他从小成长的环境让他无论多让人不省心，但始终会有个“度”，而顾飞，看看这破烂老城区，看看身边的人，这种事没准根本没人有什么感觉。

想了想这些，他倒真是得谢谢顾飞了，他趴门口雪地上“睡着”的时候，没让他冻死。

跟顾飞兄妹俩吃饭，一直保持沉默，他已经有点习惯了，之前两次吃饭都这样，顾淼不说，他无话可说，顾飞看样子根本不想说。

这样吃饭，挺节约时间的，十分钟就吃得差不多了。

放下筷子想说谢谢的时候，门外传来了一阵痛苦的咒骂声，听动静应该就是“睡着”的那位醒了。

蒋丞松了口气，听了听。

这人骂得很吃力，估计是因为鼻梁断了，或者还有什么别的骨头断了，台词随便一耳朵听上去跟之前李保国邻居吵架时的风格很像。

大概属于街区文化。

不过，里面有一句特别响亮的却让他忍不住看了顾飞一眼。那人骂得有些口齿不清，但还是能听得出来个大概。

顾飞跟他对视了一眼之后，又喝了口汤，才说了一句：“我妈男朋友……”

“什么？”蒋丞没等他说完就吃了二斤羊肉的惊，那男的虽然挺恶心，但真就三十左右，顾飞他妈妈就算二十岁生的他，现在也得有近四十了。

“之一。”顾飞把话说完了。

“啊？”蒋丞愣住了。

“吃饱了没？”顾飞问，“肉还有，没吃饱再加点。”

“饱了饱了。”蒋丞赶紧点点头。

“二淼收拾。”顾飞放下筷子。

顾淼立马站了起来，很熟练地把几个碗摞到了一起，又把筷子一把抓起来，捧着往后门走了过去。

蒋丞一看这架势，顿时有点不爽，想起来李保国说的那句“这种事就是女人干的”，他伸手准备帮着收拾。

“你坐着吧，”顾飞拦住他，“她收拾就行。”

“这事就该女的干，是吧？”蒋丞斜眼瞅着他。

顾飞愣了愣笑了：“我说了吗？”

“一切尽在不言中，是吧。”蒋丞一想到晚上李保国那一家子乱七八糟的表现，好容易平息下来的怒火又“蹭蹭”地想要往上蹿。

“我，”顾飞指了指自己，“做饭。”

蒋丞看着他。

“顾二淼，”顾飞又指了指从后门回来的顾淼，“洗碗。”

蒋丞还是看着他。

“有什么不对吗？”顾飞问。

“啊。”蒋丞看着他，往上蹿的怒火瞬间全都变成了尴尬。

“啊？”顾飞也看着他。

“……啊。”蒋丞实在不知道该说什么了。

顾飞没理他，起身走开了，坐到收银台后边点了根烟叼着。

他想走，但教养让他无法做到在别人家吃完饭一放筷子就走人，他只能坐在桌子旁边，看着顾淼来回跑了两三趟，才把桌子收拾完了。

正想问顾飞要根烟，而顾飞却叼着烟站了起来，跟着顾淼走出了后门。

店里只剩了他自己对着一张空了的桌子发愣。他拿出手机，给潘智发了条消息。

——孙子。

——爷爷！聊会儿？

——没空。

潘智发了条语音过来：“你闲大发了，玩我是吧！我刚被我妈收拾了一顿，连饭都不给吃呢！”

蒋丞一听，顿时乐了，回了他个语音，笑足了20秒。

笑完之后，他站了起来，打算去后面看看顾飞兄妹俩在干吗，没什么事他就该走了。

后门出去是个小院，应该是几个门面共用的，有厕所和一个小厨房。

蒋丞一出门就被拍了一脸的风，赶紧往厨房过去。

顾飞背对着门站着，顾淼站在洗碗池前用热水正洗着碗。

小姑娘洗碗洗得还挺熟练的，表情也很专注。

蒋丞看了一会儿，感觉有点不太明白顾飞站在这里的意义，顾淼也不是小小孩了，既然让她收拾洗碗，那洗就是了，为什么非得站这里看呢？

“那个……”他清了清嗓子。

顾淼不知道是不是因为洗得太投入，像没听见他的声音似的，还在认真地洗碗。

顾飞回过了头：“嗯？”

“我准备走了，”蒋丞说，“你有不穿的外套吗？借我一件。”

“没有。”顾飞说。

“不是，”蒋丞看着他，“你什么意思啊？”

“常穿的有，”顾飞说，“里屋柜子里，你自己拿吧。”

“……哦，谢谢。”蒋丞转身准备去拿衣服。

“丞哥。”顾飞叫住了他。

蒋丞停下，顾飞跟着顾淼叫他丞哥，让他觉得有点奇怪，不过，莫名其妙又觉得挺爽，差点想回一句“这位小兄弟什么事”。

“她洗完了再走吧，跟她说再见。”顾飞说。

“嗯，”蒋丞点了点头，“你……给我根烟吧。”

顾飞从兜里拿了烟盒和打火机递给了他，扭头继续看着顾淼洗碗。

蒋丞点了烟，退到门边，点上了，也一块儿看着顾淼洗碗。

虽然不确定，也不太方便问，但他感觉顾淼可能跟普通孩子不太一样，所以，顾飞连她洗个碗都要看着。

只是，既然这么紧张，为什么又让她一个人踩着滑板满大街飞，被欺负了似乎也没怎么管。

真神奇。这里的人都很神奇。

有时候，他觉得很虚幻，这些街道这些景象，他看到的这些人、这些事，全都有种不太真实的感觉，只有跟潘智联系的时候，他才会回到真实的世界里。

穿越了吧？

另一个时代？另一个空间？

自己把自己惊出了一个冷战。

顾飞正好回头瞅他：“你在屋里待着多好。”

蒋丞没理他。

顾淼洗完了碗，把碗都收好了，才转身出了厨房，经过蒋丞身边时，跟没看见他似的，蒋丞跟着她进了店里，她找人的时候才一回头看见了蒋丞。

“你挺能干。”蒋丞对着她竖了竖拇指。

顾淼揉了揉鼻子，有些不好意思。

“那个，”蒋丞弯腰跟她说话，“我要走了。”

顾淼看了顾飞一眼，然后冲他点了点头。

“再见？”蒋丞抬手跟她摆了摆。

顾淼也跟他摆了摆手。

蒋丞笑了笑，本来以为这个“再见”能听见她说，没想到还是哑剧。

顾飞进屋拿了件长款的羽绒服出来给他。

“谢谢。”蒋丞拿过衣服看了看。

“帽子手套围巾口罩？”顾飞问。

“……不用，”蒋丞说，统共就这几百米的路，“充电器……你有多的吗？”

顾飞又进屋拿了个充电器出来给了他。

“谢谢。”蒋丞接过放进了兜里。

“……要有人揍你一拳，你是不是也得习惯性说句谢谢啊？”顾飞说。

“要不你试试？”蒋丞穿上外套，一掀帘子出去了。

顾飞伸了个懒腰，拿过手机看了看时间，往顾淼脑袋上轻轻拍了一下：“走，我们回家了。”

顾淼很迅速地跑着把门窗都关好了，然后抱着滑板站在店门外等他。

他把收银台里的钱收好，关了灯。

“今天走回去，心姐把咱们的车开走了，”顾飞把店门锁上，“一会儿回家，你就进屋写作业，写完了才能出来。”

顾淼点点头，把滑板放到地上，脚一蹬就冲了出去，滑了十几米，不知道被什么绊了一下，从板子上摔了下来。

顾飞笑着吹了声口哨。

顾淼没理他，爬起来踩着滑板又冲了出去。

到家的时候，八点刚过，客厅的灯和电视都开着，老妈房间的门关着，不过，门缝下透着灯光。

顾淼进屋写作业之后，顾飞过去敲了敲房门。

里面没有回应。

“我一分钟以后进去。”顾飞说了一句。

去厨房烧了点水，给自己泡了一杯茶之后，他又回到老妈房间门外，敲了两下之后，拧开了门锁。

门没有反锁，也反锁不上，上回老妈闹自杀的时候，锁被他砸了，一直也没修。

“出去，”老妈坐在窗边的小沙发上，手里拿着电话，眼睛里像冒着火地瞪着他，“出去！谁让你进来的！”

“是在跟那小子打电话吗？”顾飞提高了声音，“你跟他说，再不挂电话，明天我去找他，连人带他打工那个店，渣都不会给他留。”

“你……”老妈白了他一眼，把电话拿到耳边，“我跟你说……喂？喂？喂！王八蛋！”

老妈把手机狠狠往沙发上砸了一下：“不是，你什么毛病啊！你妈谈个恋爱你没完没了的，管的是不是有点太多了！咱们家又没什么遗产！怕有人跟你俩抢吗？”

“你从你那些小男人里，挑一个靠谱的，”顾飞喝了口茶，“你看我管不管。”

“哪个不靠谱了啊！”老妈皱着眉，“烦死了。”

“哪个靠谱？”顾飞看着她，“你不给他们花钱试试，看哪个还理你？”

“为什么不理？”老妈一拍沙发，“我很丑吗？我要是难看，能让你从小到大都被人说帅吗？”

“嗯，”顾飞拿过床头柜上的一面小镜子对着自己照了照，“帅。”

“你……”老妈开口就被他打断了。

“谁都跟我说，你妈年轻的时候可漂亮了，”顾飞放下镜子，“知道什么叫年轻的时候吗？现在，比你漂亮还比你年轻而且比你还蠢的小姑娘多的是，不看你那点钱，谁二三十岁的人跟你个四十多的谈……”

“出去出去出去！”老妈从沙发上跳下来，把他推出了房门，“我跟你没什么可说的了，出去！”

顾飞反手抓住她的手腕：“别再拿收银机里的钱，就那点，我不数都知道你拿了。”

老妈没说话，回屋把门给甩上了。

顾飞往客厅沙发上一倒，喝了两口茶，拿过遥控器，换了几下台，这个时间，全部是妈妈婆媳小姑子大舅子争吵剧，要不就是不计前嫌，用爱融化渣男的圣母马利亚剧。

扫了几眼，他就把电视给关掉了，进了自己房间。

打开电脑之后，在写作业和处理今天照片之间，他连一丝犹豫都没有，就选择了照片。

作业嘛，写不写都写不出来，就跟考试考不考都不及格一样。

他把相机里的照片传到电脑上，先删掉了废片，然后在剩下的照片里，挑出值得后期的。

二淼的都不错，小丫头一拍照就没笑容，一脸严肃得跟要去炸学校似的，不过，看上去还挺酷。

街景的几张不行，太乱，背景也杂，落日这几张还可以，桥上有红色大衣的人经过的这张，颜色特别好……蒋丞，蒋丞，蒋丞这几张……

他皱着眉比较了一下，留下了第一张，然后把另外几张删掉了。

戴上耳机，听着音乐，开始弄照片。

处理照片是件挺麻烦的事情，不过，他做起来却觉得挺有意思，比上课有意思得多了。

就是最近这个音乐播放器被他调得有点太劲爆，私人电台里的歌，一首比一首闹腾，弄得他点鼠标的时候，都跟通了电似的，一阵阵手忙脚乱。

他把歌切到了自己硬盘的歌单里，消停了不少。

随机播放了两首之后，一阵熟悉的吉他声响起，接着是钢琴，然后是女声。

我一脚踏空，我就要飞起来了……我向上是迷茫，我向下听见你说这世界是空荡荡……

顾飞动了动鼠标，点了下一首。

有好几年了吧，当初写的时候没觉得，现在听着有点幼稚，女声是丁竹心，倒是把握得很好，懒洋洋的沙哑声里，带着疑问和挣扎。

弄完蒋丞的照片时，他看了一眼时间，快十一点了，时间就是这样，你需要它的时候没有，不需要的时候怎么打发也不走。

他伸了个懒腰，看着占了满屏的蒋丞的脸，光正好，调子正好，少年带着不屑的表情也正好，没有直视镜头的眼神也很好。

比以前练手的时候，丁竹心那个破网店花钱请的模特镜头感强多了。

他把照片缩小了一些，再检查了一下整体没什么问题之后，保存了，再打开美图秀秀。

去色，调暗色，加滤镜，梦幻，星光……

最后还在图上加了一行字——悲伤的歌声，放肆的旋转，夜显得更加寂静。

排了一下版，发给了蒋丞。

Last Of The Wilds，蒋丞的ID仿佛是在说明他是学霸，不过，虽然这英文对于顾飞来说，跟看拼音没什么区别，但却听过这曲子，而且很喜欢，金属味的风笛。

再看蒋丞的头像，是背影加侧脸，很模糊，但看鼻子就能看得出来是蒋丞自己……这张照片拍得还不错。

没过两分钟，蒋丞给他回了消息。

——你是不是有病……

他笑了起来。

——怎么了？

——你其实是个表情包作者吧！你怎么不给我做个中老年表情包啊？今晚，为我们的友谊举杯什么的。

——你要吗？我帮你做。

——滚蛋。

顾飞靠在椅背上，笑了半天，然后又发过去一条。

——怎么，不喜欢？

——人性呢？

顾飞边笑着边把原版的照片发了过去。那边蒋丞没了动静，过了几分钟，才又回过来一句。

——一张？别的还有吗？

——没了，另外几张拍得不好，我删掉了。

——……你对自己要求很严格啊，就不能发来让我自己删吗？

——下午你不就说要删吗。

蒋丞没有回复。

顾飞放下手机，起身活动了一下有些僵硬的胳膊和腿，走出了房间。

顾淼屋里的灯已经关掉了，他过去轻轻推开门，往里看了一眼，小丫头已经写完了作业，也洗漱完了，这会儿裹着被子睡得正香。

他干自己事的时候不让人打扰，这一点不光顾淼会记得，就连不靠谱的老妈都知道……老妈不知道什么时候出了门，悄无声息地一点也没打扰到他。

顾飞皱了皱眉，拿过自己挂在门边的外套，摸出了钱包看了看，里面的大钞都没了，他小声骂了一句。

回屋里拿了手机，拨了刘帆的电话。

“大飞？出来吗？我们正喝酒呢，”那边传来刘帆愉快的声音，“李炎我们全在。”

“我不去了，困了要睡觉，”顾飞说，“明天跟我出去一趟吧。”

“去哪里？”刘帆马上问。

“上回说的那个卖碟的店。”顾飞说。

“就是一屋子从老板到店员都装自己是音乐达人的那个店？”刘帆问。

“老板是真音乐达人，”顾飞说，“我要找那个‘细腿蚂蚱’。”

“我知道了，不用你，”刘帆“啧”了一声，“你去不合适，我带人过去，要什么效果？”

“看见我妈，转身就跑的效果。”顾飞说。

“行。”刘帆应了一声。

挂了电话之后，手机响了一声，蒋丞发过来一条消息。

——谢谢。

顾飞看了一眼他的头像，发现已经换成了刚传过去的那张照片。

——头像换了啊？

——嗯，挺有范儿的。

顾飞笑了笑，放下手机，准备去洗漱，走到门口，手机又响了一声。

他退回去拿来看了看。

——衣服我可能明天还得穿一天，放学了我才有时间去买。

——你不洗洗就还我吗？

——……你有洁癖吗？

——没有，要不被套和衣服你选一个洗吧。

——衣服我洗好给你。

顾飞打了个哈欠，今天不知道是不是晚上吃了太多肉，感觉困得厉害。

洗漱完了，他往床上一倒就睡着了，半夜觉得冷，才醒过来把被子盖上了。

早上醒的时候，家里已经没人了，老妈是一夜未归，顾淼已经自己去学校了，他看了看时间，别说早读，第一节课都已经上了一半了。

“哎——”他拉长声音，用力伸了个懒腰，慢吞吞地收拾好，出了门。

刚到楼下，就接到了老徐打过来的电话：“你这学期再这个样子，是不是想被开除！”

“我睡过头了。”顾飞说。

“我不管你今天还有什么借口，”老徐说，“今天中午，我要跟你谈一谈！我要对你负责！”

“……你对我干什么了要负责？”顾飞问。

“你少给我贫！”老徐说，“我以前不知道你的事，是我的失职！现在我知道了，就要负责！”

顾飞的脚步顿了顿：“我的什么事？”

“你爸爸的事，”老徐很诚恳地说，“作为你的班主任，我希望你能跟我敞开心扉……”

“我的事不用你管，”顾飞说，“我管你是谁，你信不信我能敞开了揍你？”

13

早上蒋丞起得有点晚，睁眼的时候，都快到上课时间了。

他旷课的最长时间是两天，并且夜不归宿三天，但相比之下，他迟到的次数很少，不知道为什么，他如果打算去学校，就不太愿意迟到。

现在刚开学，他还没打算不去学校，所以，一看时间，就从床上一跃而起，跑进浴室里，抓起了一次性牙具。

平时住酒店，他不会用这些东西，牙刷死硬，还超级大，牙膏一般都没有好吃的味道……漱口的时候发现，不知道是左手刷牙劲用得不对，还是牙刷太差，他牙齿都刷出血了。

再抬头看着镜子里，自己一脸没睡好的苍白，还有隐隐透着青色的眼圈，配合着嘴边的牙膏沫……

“啊……”他对着镜子用缠着纱布的手捂住胸口，一手指着前方，痛苦地喘息了几下，“屎……屎里……有毒！啊！”

演完之后，自己乐了半天，再想起时间，已经快来不及了，这才赶紧胡乱往脸上泼了点水洗脸。

退了房跑出来的时候，他仿佛看到对面的如家在对他笑。

没错，他昨天按照顾飞还算清楚的指示找到了如家，结果全身上下除了五百块和一个手机，连衣服都不全是他自己的，硬是没住进去。

因为没有身份证，在他企图让服务员帮他想想办法的时候，服务员甚至扬言要报警，简直是服了。

一座小破城市的大破旧城区，想住个店这么难！

他已经穿了顾飞的毛衣，穿了顾飞的羽绒服，拿了顾飞的充电器，还吃了他的饭，抽了他的烟，实在没脸再回去跟顾飞说“借你身份证用一用”了。

打算找个网吧凑合一夜的时候，他看到了对面的这家小旅店，这才算是得救了。

他回头又看了一眼这个小旅店，周家旅店，记下了，以后写回忆录的时候，可以再来重温一下。

在旅店楼下的小店里买了早点，不过没时间吃了，蒋丞把吃的都塞到口袋里，往学校一阵狂奔。

四中到这边的距离，说远也不远，两站地，还是小站，等车挤车的时间都走到了，但要说近，现在这样一路跑过去，也挺要命，大清早的，还打不着车。

跑到校门口的时候，蒋丞听到了预备铃响起，四周如同慢镜头一样，往学校大门聚拢过来的人，居然全都没有反应，该吃吃，该聊聊，伴着预备铃走进学校的时候，居然犹如闲庭信步。

他放慢了脚步，不想在众人当中成为一个脚步匆匆的学霸。

就他现在这状态，要搁以前学校，值勤老师早过来骂人了，而四中门口站着的值勤老师，不知道是脾气好还是习惯了，就温柔地喊着：“快点！加快点步子！一会儿关了门，是爬门的，都登记扣分！”

爬门？蒋丞回头看了一眼学校大门。

四中的大门还是很气派的，两层，一层是半人高的电动门，里边还有两扇大铁门，上面带着尖刺。

他突然想起来昨天顾飞就迟到了来着，爬门进来的？

啧。一想到那一排尖刺，他就觉得裤裆一阵小风吹过凉飕飕的。

上楼的时候，有人在后面喊了他的名字：“蒋丞！”

他回过头，看到王旭拿着个大号煎饼，边啃边跑了过来。

“真是你，”王旭上下看了看他，“刚还以为大飞呢，一看帽子不对……你怎么穿他的衣服啊？这是他的衣服吧？”

“嗯。”蒋丞继续上楼。

“是不是出什么事了？”王旭又看了看他的手，“手怎么了？是不是猴子？你上大飞那里躲了？”

“不是，没。”蒋丞回答。

“你不用瞒我，”王旭很义气地拍了一下他肩膀，“这事是因为我，出了什么事，我会担着，你跟我说实话……”

“别，”蒋丞转脸看着他，“拍我肩。”

王旭举着手。

“也别拍我背。”蒋丞说。

王旭有点不爽地把手揣回了兜里，几步跨到了他前面，上楼去了：“事真多。”

顾飞没有来上早自习，不知道是又迟到了，还是旷课了。

蒋丞趴在桌上，用前面周敬的身体挡住自己，慢慢地吃着早点，四周不下五个人都在一块儿吃着。

他一边吃一边感叹，这才刚来两天，就已经莫名其妙地被同化了？

他的早点还算简单，煎饺和豆浆，饺子还很注意地要的白菜馅，怕上课的时候吃着有味。

结果一看旁边的人，韭菜馅包子、韭菜馅烧饼，有味就算了，还有人捧了一碗牛肉面，吃得稀里哗啦的。

第一节课是英语，老鲁照例进来就一通吼，还把吃得最慢的，吃了一个早自习带一个课间都没吃完的那位的半个包子抢走了。

“哎，”周敬侧过头，“蒋丞，蒋丞。”

蒋丞看了他一眼，没出声。

“蒋丞？”周敬又叫了他一声，“蒋丞。”

“有话直接说。”蒋丞突然知道了顾飞为什么懒得理他，这人要说什么非得叫名字叫到你答应为止。

“你今天穿的是大飞的衣服？”周敬问。

蒋丞皱了皱眉，看了看搭在椅子背上的羽绒服，感觉自己穿的可能是顾飞最经常穿的衣服。

王旭一眼就能认出来，周敬也他妈看出来了，估计这班上有一半的人都知道他穿着顾飞的衣服来上课。

再低头看着身上的毛衣，只能祈祷这毛衣不是常穿的。

“毛衣也是大飞的吧？”周敬又问，“你昨天在大飞家？”

蒋丞没理他，趴到桌上想睡觉。

“哎，蒋丞，”周敬现在倒是不撞桌子了，“大飞今天怎么没来？”

“再不闭嘴，我抽你。”蒋丞闭着眼睛说。

周敬叹了一口气，没了动静。

教室里很暖和，热乎乎的，但如果把毛衣脱了，也不合适，何况他毛衣里头也没别的衣服了，总不能光膀子上课。

这个顾飞看着挺低调，在学校里连话都没两句，也没见他跟谁关系近的，上个厕所都一个人去，结果他穿的什么衣服，一个个的全都记得。

第二节是语文课，下了课，老徐走到他前面，看了他两眼：“蒋丞啊，来一下。”

蒋丞起身，犹豫了一下，也只能再把顾飞的衣服穿上，跟着老徐走出了教室，一块儿站走廊上：“什么事，徐总？”

“顾飞今天怎么没有来上课？”老徐问。

“我哪知道？”蒋丞有点无语。

“你不知道？”老徐看着他，脸上写着“不太相信”四个字，“你是真不知道，还是不愿意跟我说？”

“我跟他又不熟，我给他打什么掩护？”蒋丞有些烦躁地说。

“哦，这样啊，”老徐叹了口气，“我看你穿着他的衣服，以为你们昨天在一块儿，你会知道他为什么没来呢。”

“……哦。”蒋丞应了一声，也只能应这一声，多一个字他都觉得会有一口老血从嘴里喷出来。

“蒋丞啊，”老徐看着他，“你跟顾飞接触这两天，觉得他这个人怎么样？”

蒋丞瞪着老徐，要不是他知道现在自己是在学校，面前站着的这个人是他的班主任，而顾飞只是他同桌，他真觉得面对的是相亲介绍人了。

“一天，”蒋丞纠正了一下老徐的说法，“确切地说是半天。”

“对，他昨天下午就没来，”老徐皱着眉，“那你感觉……”

“我没感觉，”蒋丞打断他的话，“徐总，我对这个人没什么看法。”

“顾飞呢，挺聪明的，跟其他那些后进生不一样，”老徐执着地说着自己的，“如果能把他的思想工作做通，他的成绩能上得去。”

“我？”蒋丞指了指自己，差点想问一句“您是不是没睡醒”。

“不不，是我，”老徐笑着指了指自己，“思想工作当然是班主任来做。”

蒋丞没说话，他能看得出老徐这人挺好，但就以他现在在学生心目中的地位，这个工作的难度有点大，连周敬那样的，估计都不买他的账，更何况顾飞。

“我是想，你成绩很好，”老徐说，“能不能跟他结个对子？”

“什么？”蒋丞吃惊地瞪着老徐。

结对子？

这种事只在初中碰到过，结局不是不了了之，就是早恋，居然在高中还能碰上，老徐此时此刻的样子，简直像极了中老年表情包。

“也不是结对子吧，”老徐解释着，“就是你平时多帮助他，上课的时候让他能听听课，他有不会做的题，你给他讲讲……”

蒋丞看着他，不明白是什么样的力量能让老徐产生顾飞可以接受别人督促的幻觉。

“以前吧，我让易静有时间给他辅导一下，易静是班长，很负责，但是毕竟是个女孩子，不太方便，”老徐说，“所以，希望你在……不影响成绩的情况下，关心一下同学。”

老徐的表情很诚恳，语气里带着商量，这让蒋丞有点不知道该怎么说了。

他从小到大都是吃软不吃硬，但老徐这种过于天真的请求，他实在没法吃下去。

“徐总，”他也很诚恳地说，“我觉得您应该先对我有一个了解之后，再考虑要不要由我来干这个事，成绩不是衡量一个人的标准，您没看我今天上课，连书都没带来吗？”

谈话没有再继续下去，上课铃响了。

顾飞一个上午都没有来学校，也没哪个上课的老师问起，似乎谁来谁不来，他们根本无所谓。

蒋丞一放学，就第一个出了教室，他没有东西可收拾，衣服一套就走，比要去食堂抢饭的那帮人都跑得快，风驰电掣地就冲出了学校。

今天运气还不错，一出校门就看到有出租车下客，他都没等里面的乘客全下来，就坐到了副驾上。

“除了市中心那个购物广场，”蒋丞问司机，“还有哪里能买衣服吗？”

司机想了想：“购物广场。”

“哪里的？”蒋丞问。

“市中心的啊。”司机回答。

“……哦，”蒋丞往后一靠，闭上了眼睛，“就去那里吧。”

购物广场挺土的，蒋丞跟潘智来吃烤肉那天随便逛了逛，没什么看得上眼的东西，不过现在顾不上了，只要是衣服就行。

他随便挑了家号称抹脖子跳楼打折，不买都怕老板白死了的店进去，抓了件毛衣和一件羽绒服去试了一下，感觉还成，直接结了账，让店员把吊牌剪了。

拎着顾飞的衣服走出商场的时候，他觉得松了一口气。

新买的衣服，款式一般，好在质量不错，暖和，价格也还行，就是这价格绝对没到“抹脖子”那一步，顶多是从一楼窗户跳出去。

就近在购物广场里随便吃了点东西，然后就不知道该去哪里了。

要不直接回学校吧，在学校旁边找个干洗店，把顾飞的衣服洗了。

不打车了，老妈给他卡里的钱是不少，但看李保国家的情况，这些钱估计要从高中一直用到大学……他看了看，前面有个公交车站。

正走过去的时候，手机响了。

李保国打来的。

他有些不太情愿地接起了电话：“喂？”

“丞丞啊！”李保国大着嗓门的声音传过来，“你放学了吧！”

“嗯。”蒋丞继续往车站走。

“你昨天晚上在哪里过的夜？”李保国问，“发那么大火，不知道的邻居还以为我怎么着你了呢！”

蒋丞没说话，走到站牌下站着，想看看有没有车能到学校。

“气消了没有？”李保国又问，“回来吃饭吧，我包了饺子，就等你回来吃呢！”

“我……”蒋丞不想回去，但这会儿却说不出口了，僵了半天，才说出一句，“我在购物广场。”

“没多远啊，坐19路就能回来了，”李保国马上说，“就在广场东口的车站！”

蒋丞拎着衣服，回到李保国家那条街上的时候，发现在没多远的地方就有个干洗店，看上去有点不靠谱，但橱窗里挂着很多衣服，他犹豫了一下，把顾飞的衣服拿进去让人洗了，还交了加急的钱，晚上来取。

走到楼下的时候，他站住了，前面楼道口停了辆人力三轮车，拉着一车玻璃，李保国正站在旁边，从车上拿了几块玻璃下来，然后有些吃力地往回走。

这估计是要换自己昨天打碎的玻璃，蒋丞叹了口气，跑了过去：“我来拿吧。”

“哟，回来了啊！”李保国喊了一声，“你别动了，我拿就行，一会儿摔了，挺贵的呢！”

蒋丞看了一下的确不太好倒手，于是拿了李保国手里的钥匙，过去把房门打开了。

“有默契！”李保国仰着头，也不知道冲谁半喊着说，“看看，这就是我儿子！跟我有默契！”

“怎么不找工人直接过来装？”蒋丞看了看屋里，地上的碎玻璃还在，他去厨房拿了扫把，“这个……”

“找工人？”李保国瞪了一下眼睛，“那得花多少钱！我跟你说，就这几块玻璃，我都还是赊的账呢！”

“赊的？”蒋丞拿着扫把愣住了。

“后街那个玻璃店，老板总跟我打牌，问他先要了，”李保国说，“过两天手气好了，我再去给钱。”

蒋丞张了张嘴，没说出话来，李保国身上居然连几块玻璃的钱都没有？给个玻璃钱还要靠打牌？

“是后街吗？”他弯腰扫着地上的玻璃，“一会儿我去给钱吧。”

“好儿子！”李保国把玻璃往桌上一放，拍了拍手，“知道心疼老子！你那边家里给了你不少钱吧？”

蒋丞回头看了他一眼，没吭声。

当李保国去厨房拿饺子的时候，他抓过自己扔在床上的外套，从兜里摸出钱包，打开看了看，顿时觉得有些无语。

现金应该没动过，但卡的位置变了，他又看了一眼卡号，确定了还是原来的那张，才把钱包放回了兜里，坐到床沿上，整个人都有些乏力。

顾飞摸出烟盒，想拿烟的时候才发现一包烟已经抽完了。

他皱了皱眉，把烟盒捏成了一团，扔到脚边的地上。

地上除了这个烟盒，还有一片烟头。

今天挺安静，上午老徐打过几个电话来，还有老妈的，李炎的，他全都没有接，最后把手机关掉了。

世界都安静了，他可以一个人细细品尝着来自心底最深处的恐惧。

天色已经开始暗下去，北风也刮得越来越急，风能透过帽子，透过耳套，透过口罩，在脸上一下下地划着。

他转身顺着两排墓碑之间的小路走出去，拿了个扫把进来，把地上的烟头扫了，然后盯着墓碑上的照片看着。

这是他今天在这里待了一整天，第一次看照片。

昏暗的光线里，照片上的人显得格外陌生，但依然带着一丝让他惊恐的气息。

“我走了。”他说。

转身离开的时候，他总觉得有人在他身后。

回过头却只看到一片静默着的墓碑。

再往前走，脚步有些沉，顾飞吸了一口气，加快了步子。

把扫把放下的瞬间，他耳边响起了巨大的水声。

他的呼吸都停顿了下来，感觉身边猛地暗了下去。

不是流水声，也不是普通划水的声音，这是……有人在水里拼命挣扎时的声音，带着绝望的、痛苦的、巨大的声音。

水花翻起，一个个浪花溅起，又一个个地被拍碎，水花里有双眼睛，死死地瞪着他。

“你为什么不救我！你是不是皮痒了！”

顾飞在一阵恐惧中，对着旁边的垃圾桶狠狠踢了一脚，垃圾桶翻倒在地上的声响把他拉回了现实。

他拉了拉衣领，低头快步顺着空无一人的路，往墓地大门方向走过去。

这不是他听到的最后一句话，但这是老爸死的那天，他整整一夜怎么也醒不过来的噩梦里反复响起的一句话。

老爸死之前没有来得及说话，也说不出话，只有拼命地挣扎。

他不知道自己为什么会梦到这样的一句话，也没想到这句话会在接下来的好几年里，一直跟着他，成为他无法面对的恐惧。

站在湖边，全身湿透的感觉，始终都那么真实，真实得每次他都不得不伸手抓住衣服，反复确定衣服是干的。

墓地这边其实挺繁华的，从大门的那条路出来就是大街，顾飞几乎是小跑着进了一家超市。

四周铺满灯光之后，他才开始感觉到了暖意，身体的僵硬，慢慢消退了。

他买了两包烟和一瓶水，又买了一份关东煮，坐在休息区吃完了，才回到了街上。

在路边避风的地方点着烟，刚抽了一口就掐掉了，想吐。

嗓子眼里这会儿全是含着沙子的感觉。

坐上公交车之后，把一瓶水全灌了下去，总算缓过来一点，他打开了手机。

一堆未接，主要是老徐的，别人都没什么重要的事，知道他关机就不会再打，唯有老徐，跟个忠诚的、执着的追求者似的没完没了。

未接看完，翻到消息里，只有一条，蒋丞发过来的。

——八点给你拿衣服过去。

看到蒋丞头像时，他又想起了昨天给蒋丞P的图，靠在车窗上，莫名其妙地笑了半天。

14

从墓地回家的公交车路线很长，要绕小半个城区，顾飞靠着车窗晃着，没晃两站就睡着了。

睁眼的时候，还差一站到家，但时间已经过了八点，他摸出手机，看了一眼，蒋丞没有发消息过来，估计是还没到。

还有一条消息是顾淼的，就三个字。

——我吃了。

楼下邻居弄了个小饭桌，有时候他回家晚，没做饭，顾淼就会自己去邻居家吃，月底顾飞再跟邻居结一次账。

不过，偶尔老妈心血来潮了也会做一两次饭，老妈做菜很好吃，他和顾淼都爱吃，只是吃一次很困难。

——在楼下吃的吗?

——嗯。

顾飞把手机放回兜里，走到车门边，等着下车，这小丫头越来越酷了，连打字都惜字如金。

八点多对于冬天的旧城区来说，已经挺晚了，对于旧中之旧的几条街来说，基本算深夜，店铺都这个时间关门，也没什么人再出门，除了打牌的。

顾飞往自己家的店走过去的时候，老远就看到门口站着个人，他借着昏暗的灯光能看到那人正在人行道上来回蹦着，跟跳舞似的。

蒋丞?

他加快脚步走过去，看清了的确是正缩着脖子，双手揣兜，从门口的台阶跳上去又蹦下来的蒋丞。

没等他出声，蒋丞一偏头看到了他，不知道是冻的还是威胁，嗓子压得很低：“你怎么不明天才来！”后面半句话说出来之后，顾飞确定他是冻的，声音带着颤，还有牙磕在一块儿的声音。

“不好意思，”顾飞一边掏钥匙一边说，“公交车，开得慢。”

“不是，”蒋丞指了指他家店关着的门，“你家这生意做得很随心啊。”

“嗯？”顾飞看了他一眼。

“人家隔壁大夫刚才走的时候说，下午就没开门。”蒋丞说。

“是吗，”顾飞把门打开了，屋里的暖气扑了出来，“今天是我妈在这里，下午……大概有事走了。”

“让一让，让一让……”蒋丞跟在他后头，把他推开之后进了店里，原地蹦了好一会儿才一屁股坐到了椅子上，“冻死我了。”

“你什么时候来的？”顾飞拿了个电热烤火器，放他旁边打开了。

“七点五十。”蒋丞把装着衣服的袋子，往收银台上一扔。

“这么早。”顾飞愣了愣。

“我，”蒋丞指了指自己，“从小接受的教育就是守时。”

顾飞看着他，过了一会儿才说了一句：“你到了怎么没跟我说一声？”

“我说了你就能到了吗？”蒋丞说，“再说，我手机冻得开不了机了。”

“那怎么不先回去，”顾飞拿了个杯子，往里放了一片柠檬，倒了杯热水递给他，“我过去拿也行。”

“你哪来那么多废话。”蒋丞拿过杯子喝了口水，瞪着烤火器。

顾飞没再问：“你衣服我明天早上带给你吧，我拿回去洗了。”

“啊？”蒋丞抬头看着他，“不好洗吧，还有血。”

“还行，洗掉了反正。”顾飞说。

“谢谢。”蒋丞说。

“不客气，”顾飞在收银台后面坐下，腿搭到台面上，“主要是不洗太恶心，你又不拿走。”

“我那是忘了。”蒋丞说。

说完之后，两人都没再说话。

顾飞很舒服地半躺在收银台后边玩手机，蒋丞没手机可玩，就那样坐在椅子上发愣。

他知道，这个时间，这一片的店除了牌室，差不多都要关门了，顾飞估计是在等他走了好关门。

但他不想走。

今天李保国的家很热闹，不知道李保国怎么突然发了疯，找了一帮人到家里来打牌。

中午，李保国挺熟练地就把他打坏的那两扇窗户修好了，他还挺佩服的，论动手能力，还是父母这一辈的人强得多。

但没等他回过神，李保国号称给他做的饺子他还没吃完十个，突然就来了五六个男男女女，挤了一屋子，前后左右，围着他参观，还各种打听，当着面议论。

“真是划算啊，人家帮着把儿子养这么大了。”

“你看看在大城市长大的小孩就是不一样哈！”

“你养父母家挺有钱吧！”

“肯定有钱，看看这打扮，这气质啧啧啧……”

最后一个中老年表情包妇女说了一句：“一看就是亲生的，看看看看，长得跟保国多像啊！一模一样啊！”

蒋丞本来就咬着牙，快憋成一颗灯笼椒了，一听这句，立马扛不住了。

像？

像你大爷！一模一样你祖宗！

他扒拉开这帮人，直接回了屋，把门甩上了，他们才放弃了。

然后把那锅饺子吃光了，甚至连蒋丞碗里没来得及吃的三个也吃掉了。

蒋丞感觉自己现在每天都处于各种“难以置信”当中，左看是不可思议，右看是匪夷所思，活得喘不上气来。

下午放学，他走到楼道口，光听动静就知道那伙人还在，而且大有今天晚上不走了的气势，他连门都没进，直接掉了头。

去了那天他就想去但没去成的饺子馆，吃了饺子，给顾飞发了消息之后，又在人家店里把作业全写完了，最后，整个大堂就剩他一个人，他才起身出来了。

有种说不上来的孤独感。

他回不到过去的生活，也融不进眼前的生活，游离在种种陌生之间，没有亲人，没有朋友，没有一个可以踏实待得住的地方。

整个人就像是被悬在了空中。

在顾飞店里愣了快半小时，蒋丞扭头看了看顾飞，他还是之前的样子，低头看着手机屏幕。

“你是不是等着关门呢？”蒋丞问了一句。

顾飞看着屏幕没理他。

“你要急着关门，那我就走了，”蒋丞说，“不急的话，我再待会儿。”

顾飞还是没吭声，也没动。

玩什么玩得这么投入？蒋丞犹豫了一下，站了起来，趴到收银台上，往他手机上看了一眼。

弱智游戏爱消除！

“我靠。”他忍不住小声说了一句，怎么会有人玩这东西玩得别人说话都听不见了！

他看了看这一关，挺难的，就还剩三步，但是要是每一步都不白走的话，这关就能过，估计顾飞是在计算。

他趴着也跟着算了一下，很快就找到该先动哪个，但本着观棋不语真君子的原则，他沉默地等着。

顾飞一直没动。

蒋丞在收银台上趴了快有五分钟，他还是没动，要是算上之前的时间，他愣这里算这三步得算了有半小时了……

蒋丞想起了老徐上午的话，顾飞呢，挺聪明的……这叫聪明？

他实在忍不住了，伸了根手指头过去，想给顾飞指点一条明道：“你看不到这里吗？”

指尖刚过顾飞眼角，还没碰到屏幕，顾飞突然猛一抬头，接着一把抓住了他的手指，顺着就往后一掰。

“啊！”蒋丞喊了一声，劲倒是不大，但吓了一大跳，顿时就火冒三丈，对着顾飞胸口，一拳砸了过去：“有病啊！”

顾飞松了手。

“是不是有病！”蒋丞甩着手，还好自己是用左手指的，要换了右手，伤口都得让他给撕开。

顾飞站了起来，蒋丞注意盯着他的动作，不知道这人是不是有什么邪火，这会儿想找人打架。

“我……”顾飞把手机扔到一边，拿杯子倒了半杯水喝了，“我刚睡着了。”

“什么？”蒋丞愣了。

“不好意思，”顾飞看了看他的手，“没伤着吧？”

“你睁眼睡觉？”蒋丞问。

“那就是走神了，我没听到你说话，”顾飞重新坐下，拿过手机看了看，“你刚是想说走哪步吗？”

“嗯。”蒋丞看着他。

“哪步？”顾飞问。

“自己悟去吧。”蒋丞说。

顾飞低头看了看，然后在屏幕上滑了一下，接着就皱着眉“啊”了一声。

“死了？”蒋丞看着他。

“嗯。”顾飞应了一声。

“你是不是……”蒋丞咽下了后半句没说。

“弱智？”顾飞帮他接了下去，“我玩的不就是个弱智游戏吗？”

“不是，你刚没看到右上角能出个竖着的炸弹吗，”蒋丞说，“出了炸弹，正好还有同色，你再用一步，就能把下面那个……”

蒋丞话还没说完，顾飞点了点头：“哦。”

然后手指在屏幕上划拉了两下。

蒋丞瞪着他。

“过了，”顾飞舒出一口气，转脸看着他，“谢谢。”

“滚蛋。”蒋丞有些无语。

顾飞把手机扔到收银台上，伸了个懒腰：“今天有作业吗？”

“废话，”蒋丞说，“你们平时会有没作业的时候吗？”

“你写了没？”顾飞问。

蒋丞看着他没说话。

“借我抄一下。”顾飞说。

蒋丞还是看着他，这人跟一个并没有多熟的刚同了两天桌还有一天半没见着人的同桌借作业抄，居然语气里连一点恳求都没有。

“请，把作业，”顾飞叹了口气，“借我抄一下，谢谢。”

蒋丞也叹了口气，叹完了又觉得有点想笑。

“今天作业挺多的，得抄一阵，”他从书包里拿出了几个作业本，还有张卷子，扔到收银台上，“明天早上带给我吧。”

“卷子不要了，我又没有，”顾飞拿起本子翻了翻，“你这字真跟学霸一点没挨着。”

“有抄就抄，”蒋丞说，这话他倒一点意见都没有，他的字就是难看，一行字能打一套醉拳，“叫花子嫌米糙。”

顾飞站了起来，在店里转了两圈，才把书包从角落里拎了出来，刚把本子放到桌上，手机响了一声。

他按了一下，是条语音，还是外放的，坐在一边的蒋丞，听得清清楚楚。

“大哥！哥……啊！我错了！大哥我错了……我以后有多远走多……远……啊！别打了，别打了！别打了，要死……人了！”

语音里的人连惨叫带告饶的，听得蒋丞一愣。

“行了。”顾飞拿起手机说了一句。

蒋丞看着他好半天：“这是昨天贴树上那位吧？”

“嗯，”顾飞从书包里翻了能有十几回合，才摸出了一支笔，画了两道还没水了，他看着蒋丞，“有笔吗？”

蒋丞抽了支笔给他。

要说学渣，也是有级别的，潘智也是学渣，但跟顾飞一比，他简直就是个纯良的小渣，起码人家潘智有笔，还不止一支。

顾飞低头，开始抄作业，抄作业的时候，倒是挺专注的，不知道的以为他多用功呢。

蒋丞坐了一会儿，感觉实在没法再待下去了，总不能在这里干坐着等顾飞抄作业吧，他站了起来：“我走了。”

“我以为你没地方去呢。”顾飞边抄边说。

恭喜你！答对了！

蒋丞没说话，有种无奈的丢人的苦涩。

“没地方去，就待着吧，李炎刘帆他们没事干的时候也在我这里瘫着。”顾飞说。

“走了。”蒋丞一想到自己居然在别人眼里已经混成“不是好鸟”那规格的了，心里顿时一阵堵，差点想发火。

他狠狠地一掀帘子，跟一个同样正往里冲的人撞在了一块儿。

“王八蛋！”撞在一块儿的是个女人，两人还没分开，她就骂上了，“王八蛋！”

蒋丞简直震惊得火都没了，瞪眼看着这个女人。

“别挡道！”女人用力推了他一把，“顾飞，你个浑蛋！”

蒋丞被她推了个踉跄，退了好几步，看清这个女人的长相之后，他愣了。

这都不用介绍，也不用猜，就看得出来肯定是顾飞他妈妈，眼睛鼻子都一模一样。

“你发什么疯？”顾飞扔下笔站了起来，皱着眉。

“你干什么了？”女人扑上去，对着顾飞一巴掌扇了过去。

顾飞抓住了她的手，往蒋丞这边看了一眼。

“那个……”蒋丞尴尬得都不知道眼睛该往哪里看了，“阿姨我走了。”

“你走什么走！”女人回过头，冲过来一把抓住了他的胳膊，“你跟这王八蛋是一伙的吧！你也别走！”

“什……什么？”蒋丞整个人都是愣的。

“你们干了什么！”女人一巴掌拍在他的胳膊上。

蒋丞没敢像顾飞那样抓住她的手，毕竟这是顾飞他妈，他只能硬生生地接下了这一掌。

说实话，这个女人长得很漂亮，但这像疯了一样的状态，他实在是有点看不明白。

“你不嫌丢人是吧？”顾飞抓着她的胳膊，把她甩到了旁边的椅子上，手指着她的脸，“你再疯一个试试！”

女人终于没再扑过来，只是突然就哭了起来：“我是不是你妈，我谈个恋爱怎么了，你就把人家打得不敢跟我再见面了……你是不是巴不得我守一辈子寡！”

顾飞的脸色很难看，手都有些发抖。

蒋丞感觉如果自己没在这里，他可能会给他妈一个耳光。

但眼下这种情况，就算自己走了，顾飞他妈会挨个耳光，他也得走。顾飞的心情，他大概能体会，就像自己不愿意被人窥见跟李保国的关系一样。

他往门口退了退，顾飞看过来的时候，他指了指门。

顾飞有些疲惫地点了点头，他迅速地掀开帘子，跑了出去。

那种弥漫全身的尴尬和感同身受的别扭，被外面的寒风刮了好几下，才总算是消退下去了。

他皱着眉，这个鬼地方，还有一个正常人吗？

身后传来了轮子跟地面摩擦的声音，这声音非常熟悉，他赶紧回过头，果然看到了踩着滑板过来的顾淼。

经过店门口的时候，她大概是听到了里面的声音，顿了顿，但并没有停下，而是一蹬地，风一样地飞了过来。

飞到蒋丞面前，还招了招手，蒋丞刚想提醒她小心，她已经一踩板子跃了起来，从蒋丞面前一掠而过，稳稳地落在了他的前方，然后一个漂亮的转身，停下了。

"你怎么没回家？"蒋丞看着她，虽然知道她肯定不会回答。

顾淼没说话，从滑板上下来，脚轻轻对着滑板踢了一下，滑板就滑到了蒋丞脚边。

"让我滑吗？"蒋丞问。

顾淼点点头，拉了拉头上的帽子。

"我倒是会，"蒋丞搓了搓手，"不过很久没滑了。"

顾淼依旧不出声，只是看着他。

蒋丞居然从她眼神里看到了小小的挑衅，没忍住笑了："你这是跟我挑战呢？"

顾淼往旁边的灯柱上一靠，抱着胳膊，看着他。

"哟，"蒋丞把书包扔到一边的雪堆上，脚踩上了滑板，"小妞挺有范儿。"

顾淼抬了抬下巴，示意他快点。

蒋丞小学初中的时候还挺爱玩滑轮滑板之类的，但初三之后，为了中考，老妈把他这些"跟学习无关"的内容都抹掉了。

他吸了口气，脚往地上一蹬，滑了出去。

速度不高，这里的地形他不熟，好在顾淼这块是双翘板，他最熟悉的板子，适应起来还算容易。

滑出去一段距离之后，他听到了身后有脚步声，回过头看到是顾淼跟在后边跑，看到他回头，顾淼马上拍了拍手，也不知道是在给他鼓掌，还是催他快点。

不过，踩着滑板还能让个小姑娘跑步追得上……也挺逗的了。

顾淼边跑边蹦了一下，做了个豚跳的动作。

不能在小姑娘前面丢人，他稳了稳重心，一踩板，从前面的小雪堆上，一跃而过，还抽空往顾淼那边一指。

顾淼眼睛亮了起来，有些兴奋地跳了一下，一扬手，打了个响指。

这个响指打得蒋丞都有些自愧不如了，特别脆亮。

落地之后，他又往前一直滑到了街口，这次他滑得很快，顾淼没有跟过来，站在刚才那里，看着他。

他掉头滑回去的时候，还冒着摔个狗啃屎丢大人的险跳上了台阶再下来，不过，运气还成，没摔，只是晃了一下。

滑板是个挺解烦闷的东西，踩在板子上，像风一样掠过身边的人，讨厌的、无聊的、烦躁的，全都被甩在了身后。

虽然大冬天顶着风干这种事挺冷的，但是很爽。

往回走的路，稍微有点坡度，速度一下快了不少，感觉也慢慢回来了。

他看了一眼顾森，顾森正一脸期待地看着他，他低头盯着地面，打算在经过顾森身边时，跃过那个大的雪堆。

现在的速度正好，蒋丞带着风往前，雪堆很快就接近了。

在他准备起跳的瞬间，他看到了前面地上有一小块砖。

这块砖在他的必经之路上，以他现在有些生疏的技能，避开不太可能，只能提前起跳，但落下去的时候可能还在雪堆上面。

……只能看这一跳的高度了。

他一踩滑板，猛地跳了起来。

但是运气不太好。

也许是天气太冷了，也许是太紧张了，总之，他这一下力量不够，收腿也不够……他已经判断出了落点。

板头大概会插进雪堆的顶端。

至于他自己嘛，应该会摔到前面的人行道上。

来吧！飞翔吧！少年！

短暂的飞行之后，板头如他判断，插进了雪堆里，在他摔出去的瞬间，突然看到了前面有人。

完了。

15

有个什么定律来着，你碰到一个红灯，就会一路红灯，无论你加速还是减速，总会碰上。

大概还应该加上这么一条，你在一个人面前丢过脸，就会一见他就丢脸，无论你觉得多不可能，以及你多么小心，脸总是不属于自己。

就像现在，顾飞五分钟前还指着他妈想动手的样子，五分钟之后，就出现在了人行道上，有如神助，就像是要赶着来参观他丢人一样。

蒋丞飞翔的时间很短，但还是能深刻体会到人的脑子在一瞬间能琢磨多少事。

比如能知道顾飞心情很不好，从脸上的表情就能看出来他怀揣着二十斤火药，随时能炸。

比如他知道自己这个角度过去，会正好撞在心情很糟的顾飞身上。

比如他知道这一撞，因为强大的惯性，力量会非常大，顾飞估计会被撞倒。

比如他还知道自己应该马上把手放到旁边，要不两人撞到一块儿的时候，他掌心好不容易开始有点结痂的伤口，立马会被压得裂开。

……

总之，当他张开双臂，像是要奔向太阳的样子飞向顾飞的时候，顾飞脸上的表情变幻莫测。

蒋丞结结实实地撞在了顾飞身上。

“嘭”的一声。

继他第一次知道肉身撞树声音很大之后，他又第一次知道了人撞人也能撞出这么立体的声音来。

他的脑门最先砸在了顾飞的锁骨上，接着是嘴不知道撞哪里了，反正牙像是咬到了拉链还是什么的，再往后就分不清先后了，总之，他身体的各个部件，或快或慢地都砸在了顾飞的身上。

顾飞被他撞得连踉跄都没能踉跄一下，直接往后一仰，摔在了地上。

紧跟着，他也摔了上去。

撞的时候已经感觉不到疼不疼了，但现在摔地上倒是真不疼，虽然顾飞不胖，但到底是垫在下边了。

摔到地上的时候，蒋丞甚至有一种四周腾起了一阵雪雾的错觉。

过了好几秒，他才确定这的确是幻觉，顾飞身下没有雪，只有人行道的地砖路面。

这一跤摔得两个人都有点蒙了。

直到蒋丞听到顾飞低声说了一句“我靠”时，他才回过神来，没有伤的左手往下一撑，想赶紧起来：“对不……”

手没找准方向，撑在了顾飞的肋条上。

顾飞疼得喊了一声：“你是傻吗！”

说实话，蒋丞心情非常糟糕，跟顾淼飙板子带来的那点愉悦，只是短暂的治标不治本，而且沦落到大晚上跟个小学生在路上玩滑板，怎么说都挺郁闷的。

现在顾飞这句话一出来，他就有点上火，但毕竟是他撞了顾飞，而且撞得还不轻，他甚至看到顾飞外套上的拉链不见了。

“滚开！”顾飞胳膊一抬，抡了他一下。

“我又不是故意的！”蒋丞说完就觉得牙齿酸疼，嘴里有东西，他扭头“呸”了一下，吐出半截拉链头。

叮当。

还挺清脆。

他一听这动静，顿时就觉得嘴里一阵又酸又痛，都不敢去想自己是怎么把拉链头给啃下来的，都没勇气去舔一舔看看门牙还在不在。

“牛皮不是那么好吹的！别成天拿个筐到处吹！”顾飞大概被摔得不轻，一脸暴躁，狠狠推了他一把，“学霸！”

蒋丞被他推得一屁股坐到了地上，顿时火了，“你再动一下手试试！”

顾飞连看都没看他一眼，对着他肚子就一脚蹬了上去。

蒋丞瞬间觉得世间万物都消失了，眼前只剩了顾飞这个欠抽的玩意，他从地上一跃而起，对着顾飞也是一脚。

顾飞很快地往旁边让了一下，他这一脚踢空了，但一点也没犹豫地追了过去，又是一脚踩在了顾飞的背上。

顾飞回手兜着他的小腿一拽。

蒋丞摔回地上的同时，另一条腿还没忘了往顾飞脸上踹过去。

顾飞用手臂挡了一下，扑上来往他身上一跨，对着他的脸砸了一拳。

下手真重！

蒋丞觉得左眼像小火车跑过似的，闪过一串小金花，也顾不上别的了，他狠狠一抬手，在顾飞下巴上用力一推，顾飞往后仰了仰。

他趁机用胳膊肘又往顾飞肋骨上一戳……不过没成功，顾飞反应很快地抓住了他的手腕。

下一招是他怎么也没想到的，顾飞的手指对着他手心的伤口按了下去。

“啊——”蒋丞吼了一声，这一下按得就跟打开了开关似的，他猛地弓起腿，膝盖砸到顾飞的背上。

顾飞往前倾了一下，手撑在了他的头旁边。

玩阴的，玩弱智的是吧，行！

他偏过头，对着顾飞的手腕一口咬了下去。

“啊！”顾飞疼得也喊了一声，他咬着不撒嘴，顾飞只能赶紧去捏他的腮帮子。

顾飞手劲非常大，蒋丞觉得自己腮帮子像被捏穿了似的，一阵阵又酸又疼的感觉。

不过，这时他倒是能确定门牙还在，不光在，还很有劲。

正在战况向着白痴方向发展，他俩在地上打得难分难舍的时候，旁边传来一个声音：“顾飞？”

两人正打得热闹，虽然都听到了这声音，却没有一点松懈，继续认真地你砸我一下，我抡你一拳。

“顾飞！”那人吼了一声，顿了顿，又喊了一嗓子，“蒋丞？你怎么……起来！你俩都给我起来！”

其实蒋丞第一耳朵就已经听出了这是老徐的声音，但他根本连吃惊老徐为什么会突然出现在这里的时间都没有。

“你俩都停下！”老徐走过来，对着他俩一人踹了一脚，“干什么呢这是！吃撑了吗！”

他俩终于同时停了下来。

但只是停了下来，就像是被按了暂停键，动作还保持着。

顾飞一手抓着他的衣领，另一只手被他抓着，两人都这么半跪半撑地地僵持着，都不敢轻易撒手，有了“按手心”和“咬手腕”之后，对方还会不会使出什么幼儿园的幼稚招，他俩都无法判断。

“松手！”老徐过来拉着他俩的胳膊，扯了半天，总算把他们给分开了。

“这是怎么回事！”老徐瞪着顾飞，“你怎么连同桌都打！”

“你看到是只有我打他了吗？”顾飞抬手往嘴角抹了一下，“你瞎吗。”

老徐对顾飞火气十足的话并不在意，转头又看着蒋丞：“你又是怎么回事？你好好一个孩子，怎么一来就跟人打架了呢？”

“我说了，”蒋丞甩了甩手，手心没有痛感，麻了，“别拿成绩判断一个人，没一个老师说过我是好孩子。”

“唉！”老徐叹了口气，往路对面指了指，对顾飞说，“那是你妹妹吧！你看把小姑娘都吓到哪里去了！”

蒋丞这时才想起顾淼还在旁边，心里顿时有点不安，扭头看过去的时候，却愣了愣，顾淼一个人坐在对街一个石凳子上，手托着腮，一脸平静地看着这边。

或者说不是平静，是冷淡，毫不在意的样子。

“她不怕打架。”顾飞说。

蒋丞没有再说话，顾淼的确是有点怪……之前他手受伤的时候，顾飞还很小心地挡住了顾淼的视线，顾淼应该是怕血的。

但现在他跟顾飞打得都快把这一片地都扫干净了，她居然一脸漠然，蒋丞想起顾飞把人贴在树上的时候，她也是头都没抬地吃着饭。

这小姑娘是怎么了？

“你俩收拾一下吧，”老徐从他俩嘴里什么也问不出，只好指了指地上的书包，“我正好来家访，先一块儿聊一聊你们打架这件事。”

家访？

蒋丞有些吃惊，一个顶着老北风，九点了还出门去家访的班主任……他实在有点不知道该说什么了。

“去谁家家访？”顾飞整了整衣服，低头想把拉链拉一下的时候，发现拉链头没了，转头看了看蒋丞。

蒋丞跟他对视了一眼。

看什么看，我吃了！

“我都走到这里了，你说我能去谁家，”老徐叹了口气，“当然是你家。”

顾飞沉默了一会儿，转身往回走：“那走吧。”

“等等，”老徐大概是没想到他会那么干脆，“我还想了解一下你俩为什么要打架。”

“解闷，”顾飞回过头看着他，“走不走？”

老徐有些不知道该先家访还是先解决他俩打架的事，走了一步又停下，退后一步想了想，又往前迈了一步。

“我回去了，”蒋丞都想给他打拍子了，“谢谢徐总。”

没等老徐说话，蒋丞转身往街口走了。

身后顾飞吹了声口哨，蒋丞没回头，估计他是在召唤顾淼，果然，马上就听到了顾淼滑板的轮子在地上滚动的声音。

他轻轻叹了口气，今天晚上真是……爽啊。

李保国家的牌局还在，不过，这帮长期沉浸在牌桌前的人，整个人生似乎就剩了眼前那一平方米，好奇心和八卦之心都敌不过那来来去去的十几张牌。

经过中午短暂的围观和议论之后，蒋丞就从他们的视野里消失了，回家出来进去的甚至没有人多看他一眼，只有李保国说了一句：“回来了啊？我们吃盒饭了，你想吃点什么吗？”

“你不用管我。”蒋丞说完进了屋。

把外套脱下来看了看，蹭的都是灰，还有两处刮破了。

他皱了皱眉，今天刚买的衣服！

脸上估计也不太好看，他在屋里转了两圈，发现连块镜子都没有，只得拿出手机试着开了一下机。

经过主人的热身，手机获得了温暖，开机成功。

他拿摄像头对着自己的脸看了看。

脑门上有一点肿了，不严重，下唇有一小块破皮了，可能是在顾飞外套的拉链上磕的。

别的地方还好，有点小擦伤。

他叹了口气，也不知道自己现在什么感觉。

其实，这个架打得有点……乱来，按理说他平时打架也不是这样，跟头猪在泥里撒欢似的，感觉更像是自己在发泄。

他并不确定要跟顾飞打成什么样，就是想打架，想撕扯，想使劲，想挣脱那种缠在身上看不见摸不着，甚至不知道是什么的束缚。

至于顾飞，不知道是不是被他带偏了，能单手抡别人的人，居然也招式全无地满地滚，还掐手心，怎么没让他那帮跟班看见呢！

喂，你们老大是条滚地龙！

蒋丞低头看了看自己的手心，血已经从纱布下面渗了出来。

他翻了翻书包，今天在社区医院拿了点酒精药棉什么的，还好没被压碎。

他拆开纱布，有些费劲地用左手把右手冲洗干净，消了毒，因为左手不熟练，有几下直戳伤口，疼得他眼泪差点下来。

真挺想哭的，虽然他一直觉得哭是件很没意思的事情，但从放假来这里到现在这么长时间，他时不时就会有一种压抑得想要哭出来的感觉。

总觉得哪天应该专门找个没人的地方，好好撒着野地哭一场，狠狠的。

早上起床的时候，屋里的牌局终于散了，客厅的沙发上睡着俩男的，李保国在床上打着呼噜，惊天动地的。

他洗漱完，多一秒都没有停留，就拎着书包出了门。

还没到学校，物流的电话就又打过来了："三天了，最晚明天，再不来拿，要收费了啊！"

"你们能帮送上门吗？"蒋丞叹了口气。

"能啊，二百，送到楼下，"那边说，"上楼的话，要另外收费哦。"

蒋丞没说话，他为自己居然开始心疼钱而感到无比欣慰。

"我觉得你还是自己来拿，"那边还挺体贴，"这边很多三轮，叫个三轮拉回去也就一百块。"

"好的，知道了。"蒋丞说。

明天是周六，还好。

想了想，他又觉得有点发愁，就他现在那个房间，放一张床一个柜子都差不多满了，书桌都得挤着放，不知道自己的那些东西拿回来要怎么放。

……也许老妈并没有收拾得很全面，没有太多呢。

他是戴着口罩进的教室，脑门上的肿包已经消了一些，头发遮了一半也看不出，今天穿的也不是顾飞的衣服，所以，一直走到座位上坐下，也没有人注意到他有什么异常。

不知道昨天老徐家访的时候跟顾飞说了什么，顾飞居然神奇地在早自习铃响之前进了教室。

蒋丞抬头瞅了瞅他，顿时愣住了。

顾飞脸上没什么伤，只是下巴侧面有点擦伤……让蒋丞愣住的是，他居然还戴了副眼镜！

装什么学霸啊！

蒋丞瞪着他。

奇怪的是，看到顾飞的人，没一个有什么惊讶的，这说明他可能……平时就经常戴眼镜？

这让他想起了潘智，潘智也有点近视，但坚持不戴眼镜。

"我这样的成绩，怎么好意思戴眼镜！"潘智说，"宁可看不清！"

瞧瞧人家潘智多有志气，人家还有好几支笔……

顾飞走过来，把一个袋子扔到他面前，然后坐下了。

蒋丞打开袋子看了看，里面是他的毛衣和作业。

作业！

他昨天打完架居然忘了把作业要回来！

打一架还让人抄了作业，这也太憋屈了！

“还没消肿啊？”顾飞在旁边说了一句。

蒋丞转脸瞅着他，努力想分辨一下他的语气里是歉意还是幸灾乐祸，但没成功，顾飞说这句话说得就跟今天是星期五一样，没有任何情绪在里头。

于是，他没有回答。

“大飞，”周敬往他们桌子上一靠，“大飞！”

顾飞推了推眼镜，看着他。

“大飞？”周敬侧过脸，“哎，大飞……”

顾飞一巴掌扇在了他的后脑勺上。

“你昨天怎么没来？去玩了？”周敬摸着后脑勺问。

“没。”顾飞说。

“我以为你跟上学期似的呢，旷课去旅行。”周敬说。

顾飞叹了口气，看着他：“你旷一天课去旅行啊？”

“……也是，就一天时间不够，”周敬说，“哎，你……”

“滚。”顾飞用了个简单的结束语。

今天上课跟前两天没什么区别，老师只管讲自己的，同学们只管玩自己的，一派安乐祥和。

顾飞也跟平时一样，先是玩弱智爱消除，然后估计把小红心玩没了，就戴上耳机开始看视频。

蒋丞先是没太忍住地往他脸上扫了好几眼。

顾飞这人如果不看眼神，给人的感觉其实挺温和，穿衣打扮也都是那种很舒服的款式和色调，戴上眼镜之后，简直人模狗样跟个“真点学霸”似的。

蒋丞实在有些震惊他身上的这种神奇气质。

看了几次之后，他才把注意力放回到了老师身上，不管老师讲课有多差，他都得听，不管自己是不是趴在桌上半睡半醒，讲到重点也得听。

蒋丞从来不承认自己是那种不学就能考得好的人，他自己很清楚，他花了不少时间在学习上，现在这种课堂环境，这种学习气氛，还真是有点让他紧张呢。

自己原来在学校的成绩他并没有多稀罕，但也绝对不愿意这个成绩到了四中之后被拉低。

最后一节的英语课，老鲁上得很激情四射，也许是明天就周末了，一教室的人都有些恍惚，他要把大家都吼醒。

蒋丞倒是挺认真地半趴在桌上做了笔记。

“我们来说一下今天的作业！”快下课的时候，老鲁拍了拍桌子，“你们的作业可以去开个展览！名字叫‘这么简单的作业都写不出来的一百种姿势’！”

“我们班没有一百个人。”王旭接了一句。

全班都笑了起来。

“你！王九日！”老鲁教鞭一指，“‘废物点心’说的就是你！要是人类器官都退化了，那你肯定就剩嘴了！”

王旭有些不爽地推了一把桌子。

“不爽下课来我办公室！”老鲁吼了一声，没等王旭有什么反应，他的教鞭又往蒋丞他们这个方向指了一下，还边指边往前戳，“顾飞！”

“到。”顾飞抬起头。

“你说你是不是有毛病！作业是抄的吧？是抄的吧！”老鲁一连串地说，“是不是抄的！你说你是不是抄的！是不是！”

顾飞等了半天都没有找到空隙回答。

“你抄作业！也抄得有点技巧行不行！行不行！”老鲁在桌上拍了拍，“抄得一题没错！一题都没错！说吧！抄谁的！”

这回他倒是给了顾飞回答的时间。

顾飞沉默了一下，竖起了手指，然后往周敬身上一指：“他。”

“周敬！”老鲁马上吼了起来，指着周敬，“你挺伟大啊！这学期评语给你加一句助人为乐怎么样！”

周敬吓了一跳，回过头看到顾飞正指着他，张了张嘴，没说出话来。

老鲁抓着作业一通骂，一直骂到了下课，教鞭一挥，往胳膊下边一夹，走出了教室。

“我靠，”周敬回过头，“你抄谁的了啊？”

顾飞看了他一眼，没说话。

周敬定了一会儿，站了起来：“算了，爱谁谁吧。”

周敬走了之后，蒋丞看着顾飞，不知道该说什么。

“一会儿二淼会在学校门口等着，”顾飞一边收拾书包一边说，“你跟她一块儿走吧。”

“嗯？”蒋丞愣了愣，“我刚跟她哥打了架，我不想跟她一块儿走。”

“你试试。”顾飞说。

“好啊，”蒋丞有点上火，“那我就试试。”

顾飞没说话，过了一会儿才深吸了口气：“帮个忙，谢谢。”

"哟，苦死你了吧。"蒋丞突然觉得很解气。

"是啊。"顾飞说。

16

蒋丞和顾飞一前一后走出校门的时候，很想跟顾飞说一声："我这是给顾淼面子，不是给你。"

但顾飞一直没回头，他也就没机会说了。

等他俩并排站着的时候，也没法说了，顾淼抱着她的滑板，坐在人行道的栏杆上荡着腿。

看到他们出来，她立马跳了下来，板子往前一扔，追了两步，跳上去滑到了他俩跟前，然后伸手，从顾飞兜里掏出了一把糖。

蒋丞愣了愣，看着顾淼把这把糖里的水果糖都挑了出来。

这糖居然是天天备着一把给顾淼小朋友的？

顾淼剥了颗糖放嘴里之后，就一扭头踩着滑板冲了出去，在人行道靠边上的位置滑着，估计是怕碰到人。

蒋丞只能跟在后边盯着，虽然顾淼很灵活，技术相当好，但毕竟还是小学生……而且她哥居然转身直接就拿车去了，连瞅都没往那边瞅一眼。

顾淼往前滑了一段之后，停下了，回头看着他。

"干吗？"蒋丞快走了几步到她旁边。

顾淼跳下了滑板，让到了一边。

蒋丞挺想说"我昨天跟你哥那一架打得全身酸痛，不想滑了"，但顾淼的大眼睛瞪得很圆地看着他，他这话又没法说出口了。

"好吧。"他叹了口气，踩到滑板上，慢慢往前滑了出去。

还好拐了个弯之后，这条路不是主干道，人少。

顾淼跟在他身后跑着，突然拍了拍手。

他回过头的时候，顾淼正往他这边加速跑了过来，边跑还边打了个手势，看意思是让他下去。

"你还挺能玩……"他明白了顾淼的意思，从滑板上跳了下来。

顾淼正好跑过来，往前一蹦，跳到了板子上，借了惯性，冲了出去，又蹬了几下，然后回头看着蒋丞。

"啊……"蒋丞真觉得挺累的，但还是跑了过去，"你怎么不找你哥陪你干这事……”

顾淼跳下了板子，他紧跟着跳上了还在滑行的板子，继续往前。

就这么你一段我一段地往前滑着。

其实也挺有意思的，顾淼不说话，也不需要他说话，就这么跟她配合着就行，关键是她技术好，蒋丞都不用担心她会摔着。

顾飞自始至终在离他们十几米远的地方骑着自行车，一条腿在地上划拉着往前，忽快忽慢，低头玩着手机，不看路，也不看他妹。

蒋丞老想等着他摔到哪个没盖子的坑里，自己好鼓掌。

但这小破城市，破是破，这些管理却还挺好，连人行道上的砖都没有缺的，顾飞一路平安无事地到了他们住的那条街口。

“好了，”蒋丞跳下滑板，身上跑得都出汗了，“我往那边回去了。”

顾淼一脚踩在滑板上，挥手跟他再见。

他也挥了挥手。

顾淼把手放到嘴边，吹了一声口哨，顾飞抬头扫了她一眼，猛地一踩脚踏，自行车一下冲了出去，经过她身边的时候，她伸手抓住了车后座，跟滑水似的，被顾飞带着蹿了出去。

“……起飞吧。”蒋丞看得有点无语。

顾飞应该是没有爹，他妈那样子也有点不好说，顾淼说不定就是被顾飞这么跟条小狗似的带大的。

这要搁他们家，被老妈看到谁家哥哥这么带妹妹，估计能念叨半年。

……有些事就跟强迫症似的，不受控制地就老是会想起来。

蒋丞仰起头，猛地吸了一大口冰冷的空气，觉得心里稍微舒坦了一些。

回到李保国的家，打牌的人都没在了，客厅里乱七八糟，桌上没有收拾好的牌和装满烟灰的几个破罐子，让人看着就犯恶心。

蒋丞进了厨房，他不能总叫外卖，现在没有零花钱了，每天只出不进的，得省点，就李保国那样子，别说零花钱，不问他要钱就算有良心了。

一进厨房，他就想砸东西，昨天李保国做完饺子，所有的东西就那么摊开了放着，没洗没收拾，锅里还有半锅面汤。

蒋丞想把锅洗一洗，刚拿起来，整个人就僵在了原地。

一只蟑螂淹死在了面汤里。

这场面让他震惊得吐都吐不出来了，就那么端着锅，站厨房里，感觉全身有多足动物爬过，一片透着恶心的痒。

站了得有两分钟，他咬着牙把面汤倒进了厕所里，然后把锅放在地上，拿着水管，对着锅冲了好半天，又用洗洁精一通狂洗，最后接了一锅水，放到灶上开始烧水。

水烧开之后，他也没关火，盯着翻腾的水面，一直到觉得把蟑螂的最后一点阴影都煮没了，他才把水倒掉，重新烧了一锅水，打算给自己煮碗面。

厨房里有个冰箱，一打开就带着味道，里面只有几根小红椒，看品相，在冰箱里放了至少有一个月了。

没有肉，没有鸡蛋，什么都没有。

李保国包饺子的肉是按量买的吗，多一钱都没有！

对着一锅水，发了一会儿愣，他把火关了。

在出去吃、叫外卖和买点菜回来煮面之间，进行了一场惨绝人寰的斗争之后，他毅然选择了去买菜。

眼下这种环境，他无力改变，唯一能做的也就是适应了，虽然说起来容易，但做起来难于上青天。

他拿了钱包和手机，出门去买菜了。

应该去菜市场，但是……他来了这么长时间，每天来来回回附近也都走得差不多了，还真没发现哪里有菜市场。

想找个人打听一下，都走到街口了，也没碰上走路的人，这会儿正是做饭的时间，人们都在家里待着。

他皱着眉，往另一条街看了一眼。

顾飞家的那个"伪点超市"肯定有，就算没青菜，也肯定有什么火腿肠鱼罐头之类的……不知道是不是自己最近过得太惨，想到这些玩意的时候，他居然咽了咽口水，饿了。

蒋丞，你就这点出息吧！

自我反省完了之后，他还是拐进了旁边的这条街。

现在，掀开顾飞家店的门帘都快有阴影了，每次都感觉好尴尬，现在打完了一架，一上午一共就说了三句话，还跑来买东西，更尴尬了。

帘子一掀开，他就感觉一片密密麻麻的眼睛在瞪着他。

尴尬倒是没有，就是差点吓一跟头。

七个人十四只眼睛，顾飞兄妹加上“不是好鸟”以及李炎。

顾飞大概是有些意外，拿着筷子，回头看着他没说话。他不说话，“不是好鸟”和李炎也都不吭声了。

只有顾淼站起来，冲他挥了挥手。

他冲顾淼笑了笑，然后走了进去：“我买点东西。”

“去拿吧。”顾飞说。

“就……火腿肠什么的，在哪里？”蒋丞往里边看了看，顾飞他家这个店挺大的，好几排架子。

“靠窗户那排的最里头。”李炎说。

“谢谢。”蒋丞看了他一眼，走了过去。

种类还挺全，火腿肠、小脆肠、切片红肠，他一样拿了一包，又拿了个五花肉罐头和一个鱼罐头。

往收银台走了两步，想想又转了半圈，把什么油盐酱醋的都拿了，李保国的厨房实在太恐怖，他对里面的一切东西都心存恐惧。

“买这么全，”李炎站在收银台后边，一边算账一边说，“要做饭啊？”

“嗯，”蒋丞犹豫了一下，“有……锅吗？”

“锅？”李炎愣了愣，往顾飞那边看，“有锅吗？”

顾飞也愣了愣，站了起来：“什么锅？”

“就……炒菜的锅，煮汤的锅。”蒋丞说。

“有，”顾飞说，“不过，商场买的话，质量好点。”

“没事，有就行。”蒋丞说。

顾飞看了他一眼，转身走到了最里头的角落里，从一堆桶和盆子里，拎出了两口锅，一个炒锅一个汤锅，冲他举了举：“这个大小？”

“行。”蒋丞点点头，过去接了过来。

“要不一块儿吃得了，”李炎撑着收银台，“加双筷子的事。”

蒋丞拿出钱包，李炎这话说得挺热情，但他抬眼看过去的时候，李炎的眼神里却带着不太友好的挑衅。

蒋丞最烦的就是有人莫名其妙地就跟他这么怼着，把钱抽出来一扔，手往收银台上一撑，跟他对着盯上了。

“眼珠子掉出来了，”顾飞走过来，坐回凳子上，说了一句，“收钱。”

李炎又盯了他一眼，低头拿了钱，又看了半天，才给他找了钱。

蒋丞看他没有给自己拿袋子的意思，于是往收银台旁边看了看，从挂着的一摞购物袋里扯了两个，把东西都装上，然后转身出了门。

“你是不是有病？”刘帆看着李炎。

“没病，”李炎坐下，拿起杯子，喝了口酒，“我也不知道为什么，就看这小子不顺眼。”

“是不顺眼啊？”刘帆说，“不知道的以为你一见钟情了呢，盯得都快舔上去了。”

“会不会聊天？”李炎瞪着他。

“炎哥今天气不顺啊。”罗宇一边埋头啃骨头，一边笑着说。

“关你屁事，”李炎斜了他一眼，“这顿可是我做的，不愿意好好吃，上后院自己煮面去。”

“哎，要我说，李炎，你今天这个大骨买的是真好，”刘帆说，“新鲜。”

“让我妈去买的，”李炎说，“天冷了，我就总想吃肉，眼睛一闪一闪绿油油……二森嘴上油擦擦，好歹是个小美人，注意点形象啊。”

顾淼拿过纸巾抹了抹嘴，埋头继续吃。

“对了，那人没再来了吧？”刘帆问了一句。

“嗯。”顾飞往顾淼碗里夹了点青菜。

顾淼很快就把青菜夹出来，想往李炎碗里放，顾飞的筷子直接夹住了她的筷子：“脸上干得都起皮了。”

顾淼只得缩回手，把青菜塞进了嘴里。

“脸上起皮是没用护肤品吧，”李炎凑过去，看了看顾淼的脸，“二淼，炎哥上回给你买的擦脸油用着没？”

顾淼没说话。

“她嫌麻烦。”顾飞说。

李炎啧了一声：“这糙劲，也不知道随谁，你妈你哥都不……”

他说了一半停住了，卡了半天，最后夹了一根粉条放到了嘴里。

“没事。”顾飞喝了口汤。

今天这顿饭是李炎买了菜来做的，有几个闲着没事的无业游民朋友的好处就是，老妈不靠谱的时候，他们会过来帮忙。

顾飞不旷课的时间，应该是老妈到店里来，但她一星期里起码有两天是待不了半天的，李炎就会过来看店，顺带做饭。

饭做得不怎么样，就是各种菜往里一扔，乱七八糟煮一锅，吃着全是一个味，但他舍得买菜，每次都放得锅都装不下，得叫人过来一块儿吃。

吃完饭，刘帆几个都走了，李炎靠在椅子上，仰着头，揉着肚子："二森，一会儿我洗碗，炎哥要消消食，吃多了。"

顾森拿起滑板，看着顾飞。

"……去吧。"顾飞有些无奈。

顾森对滑板的热爱像是强迫症，就差抱着这板子睡觉了。

"大飞，"顾森出去之后，李炎睁开眼睛看着顾飞，"天气暖和点了，出去玩呗。"

"去哪里？"顾飞问。

"不知道，要不问问心姐，"李炎说，"跟她们乐队出去转转。"

"算了，"顾飞点了根烟叼着，"这阵不出去了，我还背着个记大过的处分没消呢。"

"你还在乎这个？"李炎笑了笑。

"总得混个毕业证。"顾飞说。

"你要跟那个学霸关系再近点，说不定你还能考个好大学。"李炎看着他。

顾飞看了他一眼："脑子有病吧。"

"其实吧，"李炎想了想，看着天花板，"那小子不那么跩上天的话……也还挺有劲的。"

顾飞没说话。

"我还挺喜欢这款。"李炎又说。

"你会被这款揍得渣都不剩，"顾飞说，"愣货。"

"图案长糊了啊，"李炎看着他的头发，"修一下吗？"

"你是不是闲得很难受。"顾飞喷出一口烟。

"是。"李炎点头。

顾飞转了一下椅子，背对着他。

李炎从收银台下边拿了个工具箱出来："这图案你还要坚持多久啊，要不要换个新的？"

"不要。"顾飞侧过头，枕在靠背上。

"丁竹心真是你的女神。"李炎拿了工具，很小心地开始给他修左边的休止符。

“我的女神是顾淼，”顾飞说，“别老把我跟心姐往一块儿扯，特别是当着她面的时候。”

“知道了，”李炎点头，“你现在不是小跟班了，也不仰视人家了，干脆连女人都不喜欢了。”

顾飞有点好笑：“她是不是给你发工资呢？”

“没，我就是觉得她挺傻的，明明知道你……还喜欢你这么个玩意，”李炎叹口气，“名字都改了，不知道想什么呢。”

顾飞没说话。

丁竹心以前的名字叫竹音，后来自己给改成了竹心了。

竹子没有心。

是啊，想什么呢。

小时候，他挺崇拜丁竹心的，觉得她很酷，也很洒脱，在他最迷茫无助的那几年里，丁竹心给他的支撑比老妈要多得多。现在也依然很欣赏，只是他并没有想过很多事都是会改变的，变化总是一点一点出现的，等突然惊觉的时候，才会发现一切都不一样了。

蒋丞拿着手机导航折腾了一小时，才总算到了那个物流的仓库。

当工作人员把他的东西用一个平板车拉出来的时候，他吓了一跳，好几个巨大的箱子，堆成了一座小山。

“你对一下，都标了号的。”工作人员给了他一个单子。

蒋丞签完字，就赶紧出门找了个拉货的车，司机不愿意帮他把箱子扛上车，给钱也不干，蒋丞只能自己把箱子用一只半手连拖带扛地弄上了车。

这会儿感觉全身都酸痛难忍，打个架像跑了一万米似的。

箱子放上车之后，司机让他坐到副驾驶，但他想了想，拒绝了，爬到了后面的货斗里。

他等不及想要看看老妈给他寄了什么。

在他离开那个家之后，老妈会把什么寄给他？他总感觉看到这些东西，他会更清楚老妈在想什么。

箱子都封得挺结实，他拿了刀，划开了最沉的那个箱子。

是一箱子书。

他买的小说和漫画，还有他订的杂志，码得整整齐齐很紧实，蒋丞皱了皱眉，从最上层抽了几本出来，往下面看了看。

看到了中考时用的复习资料。

他合上了纸箱的盖子，老妈估计是把他书架上的书一本不剩地全寄过来了，下面那个箱子里也是书。

他不是特别爱看书，书架上的书也不多，但加上各种复习资料也足够让这两个纸箱变得死沉了，跟他的心情似的。

犹豫了一下，他又打开了旁边一个小点的箱子。

里面全是他的小玩意，放在书桌上和抽屉里的各种摆件，有意思的小玩具、工艺品、闹钟、笔筒、小镜框，甚至还有一个没了气的旧打火机。

他闭上眼睛，手在脸上狠狠地搓了几下，撑着脑门，不想再动了。

看这个架势，老妈应该是没有留下他的什么东西，大概除了那架钢琴，都一股脑儿全寄过来了。

这么久以来，他一直觉得郁闷、压抑，难以理解也无法接受，也有怨恨和愤怒，但当他看到这些东西的时候，他才第一次感觉到了伤心。

跟家里的人冷战，被老爸老妈骂，被他们送回出生地，这一切都没有让他伤心过，看到老妈像是要完成什么任务似的，完全没有分辨也没有考虑他是否需要，就原封不动地寄过来的这些东西时，他才觉得心里很疼。

这种伤心比之前他的任何一种情绪都要来得强烈和避无可避。

司机停下车的时候，他差点站不起来。

一堆大大小小的箱子，都从车上搬了下来，车开走之后，蒋丞轻轻地踢了踢箱子，叹了口气。

靠着箱子，盯着路边被踩成黑泥的雪发愣，一直到一个骑着三轮车收破烂的大叔经过，他才动了动。

“这两箱书。”蒋丞指着箱子。

大叔看了看：“我们现在收书跟收废纸一个价。”

“行，收吧。”蒋丞说。

大叔把书称好了之后，他又打开了小杂物的那个箱子，把里面他唯一想留着的那把黑色大弹弓拿了出来，然后问：“这些呢？”

“我看看，”大叔在箱子里很粗暴地来回翻了一下，把里头的东西拿出来看了看，“这些都没什么用，拆不出东西来……三十块。”

“拿走。”蒋丞说。

“你手上那个还能值点钱，”大叔说，“二十？”

“这个不卖。”蒋丞把弹弓放到兜里，感觉大叔真够黑的，二百多买的，二十块也敢开口。

还有两箱是他的衣服，大叔依然挺有兴趣地想收：“衣服呢？”

“你觉得呢？”蒋丞说。

大叔“呵呵”笑了几声，从兜里掏出钱，递给了他，还有张名片：“再有东西卖，就打我电话啊，我住得近，过来得快。”

“好。”蒋丞把名片和钱一把都塞进了口袋里。

他把两箱衣服拖进屋里的时候，觉得跟拖了两箱铁似的，很沉。

也不知道是真的沉，还是他没劲了。

两个箱子的衣服放在屋里还是放得下的，他坐到床沿上，看着眼前的箱子。

那么多的东西，费了大劲，花了钱才运回来，然后卖了废品，他没忍住笑了起来，这脑子太好使了，学霸。

他从口袋里拿出脏兮兮的钱，都是零钱，看着倒是挺多。

那么沉那么大的箱子，变成了几张小小的纸片。

17

顾飞坐在收银台后面，一边玩手机一边看着在货架前已经转了第三圈的李保国。李保国没什么目标，就那么来回转着，时不时往顾飞这边看一眼。

李保国不止一次偷拿过东西，所以，他每次来，顾飞都会直接盯着他，但现在突然来了个蒋丞，他就有点盯也不是不盯也不是了。

李保国不是个小偷，有时候把钱赌没了，但又想买东西，那他就会先赊账，生活在这里的主力都是社会底层的穷老百姓，赊账这种事不少，但李保国赊账的时候，又总会想办法再偷拿点……

“大飞啊，”李保国的手往大棉衣兜里放了一下，又抽了出来，从冰柜里拿了一袋鱼丸子，然后走到了收银台前，“这个，我过两天给你钱？跟上回那些一块儿？”

“嗯，行，”顾飞从抽屉里拿了个本子出来，找到李保国那一页，往上写着，“鱼丸子一袋，牛二一瓶，大的……”

“什么？我没要酒。”李保国有些尴尬地说。

“兜里那瓶，”顾飞看了他一眼，“李叔，少喝点吧，都记不清事了。”

“哦，哦，”李保国扯着嘴，笑了几声，拍了拍口袋，“是，拿了瓶大二……再给我拿一包长白山吧。”

顾飞回手拿了一包十块的长白山给他，然后也记上了。

“字写得真好，”李保国凑过来看着，“哎，你认识我儿子吗？”

“李辉当然认识啊。”顾飞说。

“不是李辉，我小儿子，丞丞，”李保国胳膊肘撑在收银台上，“刚认回来，小时候养不起，送人了……他也在四中，你知道他吧。”

“嗯，好像知道。”顾飞点点头。

李保国嘿嘿笑着：“他学习非常好，跟小辉不一样，是个优等生，优等生你知道吧？你们这帮小浑蛋都是差生吧？我小儿子可是好学生。”

顾飞笑了笑：“是的。”

“记上了吧？过几天我让丞丞拿钱过来给你，”李保国又看了看本子，用手指了指，“他的字肯定比你写得好。”

“……是。”顾飞继续点头。

在李保国心情舒畅地出去了之后，他低头看了看本子上自己的字。

别的他不敢确定，但蒋丞的字……就只能是呵呵呵呵了，绝对属于全写对了都有可能因为字太丑让老师受到刺激而被扣分的那种。

快中午的时候，老妈拎着个保温饭盒进来了：“我做了点红烧肉。”

“今天没出去？”顾飞站起来，把旁边的小桌支了起来，“你吃了吗？”

“我出去哪里啊！我还能去哪里！”老妈一脸不痛快，“我跟谁出去一趟，不得害得人家丢半条命啊！我不吃！”

“你找个不欠抽的不行吗？”顾飞说。

“你眼里有不欠抽的人吗，你什么时候能看到别人身上的好！”老妈很不满地说，“这个你不顺眼，那个你不顺眼，你妈守寡你就顺眼了，是吧！”

“看到别人身上的好，得那个人身上有好。”顾飞打开饭盒盖，拿了小饭盒，把里面的红烧肉扒拉了一半进去。

“二淼呢？”老妈问。

“玩去了，给她留点就行，”顾飞说，“饿了就回来吃了。”

老妈叹了口气：“成天野成这样，性格还那样……我看着她，头都大了，以后怎么办。”

“那你别看。”顾飞坐下开始吃饭。

“今天你去一趟吧。”老妈看着他，突然说了一句。

“去哪里？”顾飞吃了块肉，其实，他知道老妈说的是什么。

“今天什么日子你不记得了啊！”老妈往桌上拍了一巴掌，“你爸才死多久，你就不记得了！”

“死挺久了。”顾飞说。

老妈瞪着他没说话，过了一会儿，抽了张纸巾出来，开始抹眼泪。

顾飞一直没想明白老妈对她的丈夫到底是一种什么样的感情，人活着的时候天天吵，吵完了就打，打完了就求老天爷让这个男人早死早超生，人死了以后，却又一提就哭。

有时候还哭得很真心实意，肝肠寸断的。

“我前两天去过墓地了。”顾飞边吃边说。

“没用，我说过，去墓地没用！”老妈看着他，“哪里死的去哪里！说了多少回了！要不然都不得安生！你不愿意去，我自己去！”

“我下午去。”顾飞叹了口气。

“烧点纸，”老妈抹着眼泪，“那个傻子太会败钱了，在那边估计要饭呢。”

“你下午就在店里，”顾飞说，“不要动钱，你敢动钱，我就跟阎王说我烧的都是假币。”

“……神经病！”老妈瞪着他。

老爸死的那个湖，离得挺远的，在一个圈了地说要建小公园却始终搁在那里没人动的荒地上，因为附近没什么居民区，所以平时去的人很少。

这两年连水都快没了，更是没有人会去了，一到冬天，干脆就人影也见不着了。

如果当年这个湖也像现在这样没有水，如果那个冬天湖上的水，冻得再结实一些……老爸也就不会死。

但是。

在给蒋丞概括李保国的时候，他有些恍惚，有一瞬间，他以为自己是在向别人介绍自己的老爸。

有时候，不敢去细想，不敢面对自己内心曾经那么希望他死掉，不敢面对自己内心一直到现在都觉得如果再重来一次，他还是希望那个男人死掉。

他的内心和那个湖，都是他不愿意接近的地方。

如果不是老妈每年都让他过来烧纸，他永远都不会靠近这里。

从家里出门左转，绕过小工厂之后，一直往前走，没有拐弯没有岔路，走到无路可走的时候，就到了。

从小工厂绕过来之后，路上就一个人都没有了，满眼的破败和落寞，冷清得像是到了另一个空间似的。

顾飞把帽子拉低，口罩捂好，再拿出耳套戴上，也许是因为这边没什么建筑，也许是因为他害怕，他觉得很冷，觉得风从哪里都能钻进身体里，再向外一层层地透出寒意。

今年雪不多，但因为没有人清扫，地上还是盖了一层，细微的咯吱声，踩上去让人心里发慌。

走了一会儿之后，他低头看了看脚下，突然发现地上还有一串脚印。

他愣了愣，回过头，又往来的路上看了一眼，的确有两行脚印，有进去的，没有出去的。

居然有人在这个季节里跑湖边去了。

他皱了皱眉。

来湖边烧纸这种事，他不太愿意被人看到，他不愿意让人以为他心怀愧疚。

他没有愧疚，他有的只是害怕而已。

湖面虽然不大，但走到湖边之后，风还是刮得急了很多，吹得人眼睛疼。

他从稀稀拉拉的树林里穿过，踩着荒草堆，走到湖边，之前的脚印消失在了碎冰碴里。

往左右看了看都没看到哪里有人，他犹豫了一下，向着已经不少地方都露出湖底的湖里看了看，也没有人。

当然，就算有人过去踩碎冰，掉下去……现在这湖也淹不死谁，只能冻死。

他找了棵树，靠着树干蹲下，把手里的袋子扔到地上，掏了根烟，点上了。

他想再等一会儿，他不想再沿着湖往里走，这个位置是出入的必经之地，他想等那个人出来了，再开始烧纸。

但是等了快二十分钟，再不动一下，他就该被冻上了，也没见有人出来。

他犹豫了一下，把烟掐掉了，拎起袋子。

只能再往里走一些了，一是看看谁过去了，二是找个隐蔽些的地方。

往里走了几百米之后，顾飞听到了一声清脆的声音，是从湖中间传来的。

一听就不是那种冰面自然开裂的声音，而像是被人踩了或者有东西砸在上头的声音。

他赶紧转过头，往湖中间看过去，但却没有看到人，也没看到别的东西，一切都是静止的。

他突然感觉后背发凉，又猛地转过头，看了看身后。

没有人，也没有什么……看起来可疑的东西。

他头还没转回来的时候，湖面上又传来一声清脆的响声，他又猛地一扭头，感觉自己的脑袋都快拧断了。

依然是什么也没看到，但这次的声音比之前的那次要闷一些。

他慢慢后退了几步，靠在了一棵树上，虽然有点幼稚，但的确是背顶着实实在在的东西，才能让心里踏实一些。

这次他紧紧盯着湖面。

过了几秒钟，他看见了很小的像石块一样的东西，从离这里百十来米湖边的枯草丛里飞出来，打在了冰面上。

这回声音不脆了，而是沉闷的一声“噗”。

有人扔石头？

这么无聊？

但看这飞出来的东西的速度，也不太像是用手能扔得出来的。

顾飞拉了拉衣服，往那个方向慢慢地靠了过去。

走了不到二十米，他就看到了前面湖岩凹进去的地方，有个晃动着的人影，虽然被一人高的枯草挡住了视线，但还是能看得出是个人。

不是鬼。

他居然被一个大概是过度无聊的，在湖边扔石头玩的人吓得心跳加速。

虽然觉得自己挺可笑的，但他还是猛地松了口气。

他没有再走过去，而是退到了林子里，想等这人走了，也想看看这人在干什么。

那个人没发现有人过来，弯了一下腰，像是捡东西，然后一只胳膊往前伸，另一条胳膊向后有一个拉的动作。

一块黑色的东西“嗖”地飞了出去，打在了冰面上。

“噗”。

顾飞马上就看出了这人是在玩弹弓，而且觉得这人的衣服……有点眼熟。

他盯着枯草缝隙里的人，又看了几眼，愣住了。

蒋丞？

身上那件衣服，就是他们打架时蒋丞穿的那件，胸口有两条一掌宽的灰白条，丑得爆炸。

他往四周看了看，没有别人了，蒋丞居然能一个人找到这里来？

然后对着冰面玩弹弓？

好有情调的学霸啊……大好时光不在家里学习，跑这里来玩弹弓。

顾飞重新点了根烟叼着，看着蒋丞那边。

蒋丞用的应该是小石子，不过，现在河边都上了冻，想找石子不容易，他每次弯腰都要抠半天，有时候还要用脚踢几下。

顾飞看了一会儿，感觉蒋丞似乎心情又不太好了，好几次用脚踢的时候，动作都跟要打架似的，能看得出来带着火气。

不过，看着他弹出去四五颗石子之后，顾飞又有些吃惊。

他从衣服内兜里，把眼镜摸出来戴上，盯着又看了看。

蒋丞是瞄着同一个地方打的，离岸边大概三十米的距离，他居然次次都能打中，那个位置已经被他打出了一个冰坑。

挺牛。

玩弹弓的人不少，就顾飞认识的人里，吹牛说自己如何准如何牛的人也不少，号称“七十米打鸡”的都有好几个。

但他还是第一次亲眼看到有人真的能连续十几次把石子打进同一个洞里。

蒋丞打了一会儿停下了，弯了腰又是抠又是踢的，好半天都没直起身来，估计是找不着石头了。

原地转了好几圈之后，他往顾飞这边走了走，顾飞赶紧往后挪开，蹲到了一棵树后面。

蒋丞半天没找着石头，有些不爽地喊了一声，声音很大，顺着风过来，顾飞能听得很清楚。

没石头了，应该走了吧。

但蒋丞没走，低头盯着地面，踢了几下，把一片雪踢开之后，找到了一小片石块。

顾飞叹了口气。

蒋丞拿了几块放到外套兜里，往湖边看了看，然后转过身。

定了几秒之后，回身一扬手，打出去一颗石子。

“啪”的一声打在了远处一根露出地面的细细的钢筋上。

顾飞有些吃惊，他要是没戴眼镜，都没看到那根钢筋在哪里。

蒋丞转身往旁边走了几步，再次猛地一回身，飞出去的石子又一次打在了钢筋上，炸着散开了。

“哦！耶！”蒋丞鼓了鼓掌，然后举起手里的弹弓，往四周挥了挥，转了一圈，鞠了几个躬，“谢谢，谢谢。”

顾飞忍着笑，又慢慢往后退了一段距离，这时候要让蒋丞发现他在这里，他俩估计能把这一片的树都打平了。

“蒋丞选手决定再次提高难度！他决定再次提高难度！哇——”蒋丞一边热烈地说着，一边从兜里摸出了两颗石子。

这次，他没有转身背对钢筋，而是正面瞄准，接着手一拉。

顾飞听到了几乎同时响起的两声。

当。

噗。

他同时打了两颗石子出去，中了一颗，另一颗偏了，打在了地上。

“哎呀，可惜了，”蒋丞一边往兜里掏石子，一边说，“×指导，你觉得他这次是失误还是技术达不到呢？”

“我觉得他的技术还是有提高的空间的，”蒋丞再次拉开弹弓，“他好像要换一种挑战方式……这次是降低难度，还是继续……”

他的手一松，一颗石子飞了出去，没等顾飞看清，他紧接着又一拉，第二颗石子也飞了出去，再接着是第三颗。

当当当。

三颗全中。

顾飞看着他的背影，如果不是现在这样的场景，他还真是挺想给蒋丞鼓个掌的。

不光是有准头，动作还挺潇洒的。

李炎要在，看完消音版的这一幕，估计就不会再说看不顺眼了。

不过，这么牛的表演结束之后，蒋丞居然没有给自己鼓掌，也没有挥手鞠躬，一句话也没说地就那么站在了原地。

过了一会儿，他低头慢慢蹲了下去，双手抱住了头。

顾飞愣了愣。

表演得这么投入……吗？

不过，很快他就看到了蒋丞的肩膀轻轻抽动了几下。

这是哭了。

顾飞把最后两口烟抽完，在脚边掐灭，起身继续往里走了。

他对于这种场面没什么兴趣，看个乐子可以，窥视别人的伤，看着一个总像摔炮似的人哭，没什么意思。

这湖是有尽头的，顺着走也绕不了一圈，前面有座长得跟烂地瓜一样的山，过不去了。

顾飞找了一小片没有草的地方，用了十分钟才把火给点着了。

然后把袋子里一捆一捆的纸钱拿出来，扔进火里。

有金色的，有黄色的，还有花的，面值从无到几百上千亿，应有尽有。

顾飞看着腾起的火焰，把手伸过去烤着。

这种时候，大概需要说点什么，别人大概会说“收好钱啊，我们都挺好的，别挂念啊，钱不够了就说啊，管够啊”，他如果要说，还真不知道能说什么。

沉默地看着火焰变换着颜色，在浓烟里腾起，在风里招手似的晃动，然后一点点变小，最后只剩了青黑色的烟。

顾飞拿了根树枝，扒拉了一下，黑色的纸屑带着火星飘了起来，然后一切就都恢复了平静。

他站起来，从旁边把松散的雪踢过来，把一片黑色的灰烬盖住，转身离开了。

每年过了这一天，顾飞就觉得自己一下子松快了，日子回归到无聊里，守着店，守着兔子一样满街蹿的顾淼，去学校上着无聊的课，玩着弱智游戏爱消除，看着老徐徒劳地想要拯救他于所谓的黑暗之中。

那天，蒋丞在湖边没哭多久，他烧完纸再回头的时候，蒋丞已经没在那里了。

不过，在学校碰上他的时候，也看不出什么异常，还是那么浑身是刺地跩着，上课照样是趴着听，或者闭着眼睛听，偶尔半眯着眼，记个笔记。

他俩上课倒是互不干扰，话都没什么可说的。

只是顾飞每次想起他在湖边那一通表演，就总担心自己会笑出声来。

“大飞，”周敬靠到他们桌子上，“大飞？大……”

蒋丞一脸不耐烦地拿起手里的书，抽在了他的脑袋上，压着声音：“有话直说！你真没因为这个被人爆揍过吗？”

周敬捂着脑袋，瞪了他一眼，又看着顾飞：“大飞，我今天去徐总办公室的时候，听他说了一嘴，好像下月学校要搞春季篮球赛。”

“不知道。”顾飞说。

“你参加吧？咱们班就指望你了，你要是不参加，咱们班肯定输。”周敬说。

“别烦我。”顾飞指了指他。

周敬转身趴回到自己的桌子上。

蒋丞突然有点走神了，下月？春季篮球赛？

三月算春天吗？

想到篮球赛，他就猛地有些感慨。

一旦回想起来以前在学校打篮球的日子，就会牵扯起一些别的不痛快，但偏偏又停不下来，跟现在相比，那种痛快地在场上奔跑的回忆都是明亮的。

18

蒋丞蹲在他房间的地上，正在组装一个小书架，折腾得出了一身汗都还没弄好。

这大概是他给马云爸爸送钱这么长时间以来，买得最值的东西了。

五百多的一个小书架，死沉，每一块拿起来的手感都能显示出它们与众不同的档次，关键块还特别多，再加上是个异形架子，每一块都他妈长得不是一个样。

蒋丞对着说明书，都半天了，才把腿和最下面的板子装上，还要上螺丝，眼又小，拧不进去，还得先拿锤子往里敲……

“你这东西是网上买的？”李保国一把推开了门，扯着嗓门喊了一声。

蒋丞从小到大，卧室门一关，从来不会有人直接推门进来，李保国这一嗓子吼得他心脏都要从嘴里蹦到墙上去了。

手里的锤子直接“哐”的一下砸在了左手的拇指上。

他咬着牙，忍着一秒钟之后才从指尖开始炸裂开来的疼痛。

“是个书架吧？”李保国又问。

“是。”蒋丞从牙缝里挤出一个字。

“多少钱啊？”李保国走了进来，弯腰看着地上的板子，“还得自己组装啊？”

“是，”蒋丞吸了口气，总算缓过来一些了，他看着李保国，“你下次进来先敲一下门，行吗？”

"敲门？"李保国愣了愣，然后就笑了起来，好像他说了一件什么特别可笑的事，笑了半天，才往他肩膀上一拍，"敲什么门！我儿子的屋，我进我儿子的屋还用敲门？你人都是我射出来的！"

"什……么？"蒋丞有些震惊。

"开个玩笑！"李保国继续大笑起来，指着他，"傻小子，这都能吓着你？"

"没。"蒋丞盯着地上的板子，别说继续组装了，他现在连眼皮都不想再抬一下了。

"我跟你说，我们家没那么多规矩，一家子粗人，装不来有钱人，"李保国说，"你看你，连个书架都弄不好……不过，也没什么，你学习好，学习好的孩子干这些事就是不行，光长脑子了。"

蒋丞听着他没什么前后逻辑的话，只能保持沉默，想用无声来击退李保国，让他说够了好出去。

但是李保国没有认输，他蹲到了蒋丞身边："我看看。"

蒋丞没动，他直接拿起板子看了看，又看了看说明书上的成品图："行了，你旁边待着吧，我来弄。"

"嗯？"蒋丞转过头看着他。

"这个简单，"李保国在一堆板子里挑了挑，拿了两块出来，又拿了根拧劲扭着的木方，开始安装，"我跟你说，你这就是浪费钱，这玩意，我上工地捡几块板子，俩小时就能给你做出来。"

蒋丞看着他熟练的动作没出声，李保国在这一瞬间，比他平时在牌桌上两眼直瞪的样子要顺眼得多。

没用半小时，李保国就把这个书架组装好了，都没看组装说明书。

"好了，"他拍拍手，看着书架，"这东西也太丑了，你买这么个东西……花了多少钱？"

"……三百。"蒋丞本来想说四百，犹豫了一下，又再减了些。

"三百？"李保国吃惊地吼了一声，"就这么个木头架子，三百？你个败家玩意啊！"

蒋丞没说话，他不知道说二百，说一百，李保国会不会还是这样吼。

这个书架的确也不算便宜，但一是质量不错，二是造型他很喜欢，在这个以前不属于他，以后也找不到归属感的屋子里，他需要一点"自己的东西"，这样，他会感觉踏实。

但这些李保国没法明白，他也没法让李保国明白。

“我儿子真是大款范儿，”李保国叹了口气，“我这个当爹的买点东西还要赊账。”

“你又赊什么了？”蒋丞愣了愣。

“那天不是买了一袋鱼丸子嘛，你说还挺好吃的那个，”李保国说，“还有那瓶……哎，那小子眼太尖，要不酒我都不用给钱……不过，之前也赊了别的，不差这点钱了。”

蒋丞瞪着他，感觉自己眼珠子都快要掉出来了，老想拿手兜一下接着。

“要不……”李保国一脸为难地看着他，“儿子，你手头……有钱吗？”

蒋丞非常想说没有，但不可否认，李保国之前忙活着给他组装书架的那半小时，他是有些恍惚的，甚至有过隐隐的感动。

虽然现在他觉得李保国帮他组装这个书架的目的没准就是让他去还钱……但他还是点了点头：“有。”

“我儿子就是靠谱！”李保国一拍他的胳膊。

“你在哪家赊的？”蒋丞问，“一共是多少？我现在去还上。”

“就邻街的小超市……你应该认识的啊，顾飞，”李保国说，“就大飞那小子他家的……”

“你说什么？顾飞？”蒋丞没等他说完，就打断了，一嗓子出来，声音都有点要破了。

“是啊，他好像也知道你，”李保国说，“你就说是我让你去的就行了……哎，他也是四中的，你应该知道吧？”

蒋丞没说话，在一片震惊和混乱以及难以言表的丢人感觉中，拿了外套出了门。

太……丢人现眼了！

自己的亲爹！在没多久之前刚跟自己干了一仗的同桌家店里赊账！

其实，赊账也没什么大不了的，毕竟李保国的生活状态也就这样了，但听他那话的意思，他是一边赊还一边偷东西！

而且还被顾飞发现了！

我靠！

自己为什么要去给钱？

把钱给李保国让他去给，不就行了？

是啊，为什么要亲自去丢这个人，蒋丞转身就往回走。

刚走到楼道口，就听到了李保国的声音，像是在跟上楼的邻居说话：“我小儿子出息着呢！一听说我在超市还有账没结，立马就去给钱了！”

“哟，”邻居大妈说，“那你有福了，白捡这么个儿子。”

“怎么叫白捡呢！也是我的种啊！”李保国非常愉快地扯着嗓门，“这小子比李辉强，都没舍得让我去跑这一趟！”

“你看你笑得这一脸，”大妈说，“你可活得好点，成天喝成那样，到时候，这个儿子也不理你！”

“呸！这一栋楼里，就数你最不会说话，好好说话能当场死地上！”李保国说。

“那你跟我显摆个屁啊，不显摆你不也能当场死地上！”大妈喊了起来。

后面的话，蒋丞没再听下去，他可算知道这邻居成天总有吵架的是怎么吵起来的了，就这架势，继续下去，打起来都是分分钟的事。

他有些郁闷地靠在楼道外面的墙上，烦躁地把帽子扯下来，抓了抓头发。

经过五分钟的思想斗争，他还是一咬牙向顾飞他家那条街走了过去，主要是太冷了，等斗争完，脸都僵了。

其实，也没什么大不了的，他就是去给个钱，又不是去赊账，更不是去偷东西……

他要是高兴了，兴许还能把利息加上呢！

穿过岔路口，基本正对着顾飞家店的门，他在路口，一眼就看到了顾飞正站在门口，叼着根烟，正低头玩着手机。

大概是没干过这么丢人的事，蒋丞之前“一高兴了还加利息”的气势，在看见顾飞的那一瞬间，就逃难似的全消失了。

顾飞再一抬头看到他的时候，他感觉自己走路都快顺拐了。

太丢人了，李保国怎么能活得这么没有出息……

顾飞没什么表情地看着他，一直到他过了街，还是对着顾飞走，顾飞这才拿下了嘴里的烟，问了一句：“又来买锅吗。”

“……进去说。”蒋丞看到旁边小药店的店员走了出来。

顾飞转身进了店里，他跟在后头也进去了。

“嗯？”顾飞回头看着他。

“李保国是不是在你这里赊账了？”他问。

“嗯，”顾飞点了点头，靠在收银台上，“不过，不算多，我这里也没什么贵的东西。”

“多少，”蒋丞拿出钱包，“我给你。”

顾飞看了他一眼，回过手在烟灰缸里把烟掐了，拉开抽屉，拿出了一个本子，一边翻一边问了一句：“你自己的钱吗？”

“不然呢，”蒋丞说，“他有钱就不用赊了吧。”

“他不赌就不用赊，”顾飞把本子递给他，“二百六十八，你对一下。”

“不用对了。”蒋丞没有接本子，直接拿出来三百块，给了顾飞。

他根本就不想看，李保国的这种生活……不，还有他那些牌友，这样的生活，居然有人就能这么一直过下去。

“他每个月都赊账，”顾飞给他找了钱，手撑着桌子，看着他，“你下月也替他给吗？”

蒋丞看了看他，烦躁地把钱胡乱塞回钱包里：“关你鸡蛋事。”

“我的意思是，让他自己还，”顾飞说，“他差不多都能还上。”

蒋丞看了他一眼，都能还上？可李保国之前那话的意思就是还不上了。

“不过，如果有人替他还，他当然就不用费这个神了，”顾飞坐到椅子上，“这你都没看出来吗。”

“……没，我眼神不好，”蒋丞叹了口气，“我又不戴眼镜。”

“我那是近视眼镜。”顾飞扫了他一眼。

“玩爱消除玩近视的吧。”蒋丞说。

“不是，”顾飞笑了，“你以前是在哪里待着的，你们那里的人，脾气都挺好的吧？”

蒋丞看着他没说话。

“就你这德行，你要不是我同桌，不，要不是二森吃错了药，看你特别顺眼，”顾飞指了指他，“我早抽得小明爷爷都不认识你是谁了。”

“凭你？”蒋丞冷笑了一声，“怎么抽我，掐手心吗？”

“也是，没你牛。”顾飞把袖子往上推了推，把手腕向他展示了一下。

蒋丞瞅了一眼，看到了一个浅浅的红印。

“哎呦，”他有些吃惊，“咬这么多天了，还没消？”

“你牙不错，我要知道你能把拉链头都啃掉，我肯定防着，”顾飞说，“给我咬了一串血眼，疤刚掉。”

蒋丞没吭声，他还真没想到那天随便一口，就能把顾飞咬成这样。

但是如果顾飞不掐他的伤口……

他突然觉得非常想笑，他居然跟顾飞打了这么蠢的一架。

他忍着笑，看了顾飞一眼，顾飞的表情明显也是在忍着，嘴角没绷好，都往上翘了。

“靠。”他说。

然后跟顾飞同时狂笑了起来。

傻笑这玩意就是个传染病，越是不想笑，就越笑得厉害，而且停不下来。

以前潘智被班主任臭骂，据他说他内心惊恐万状，但就是笑得停不下来，最后被赶出走廊的时候，都是仰天长笑着出去的，特别潇洒。

蒋丞这会儿也不想笑，他心情不怎么好，情绪还很低落，而且他也不想跟顾飞一块儿笑。

但停不下来。

顾飞靠在椅子上，他靠在货架上，笑了能有一分钟，最后他笑得怒从脚下起，一掀帘子出去了。

他顶着风，终于停止了狂笑，骂了一句。

骂完之后，他也没再回店里，把手往兜里一揣，向着街口那边走了。

挺郁闷的，这么一通傻笑，也只能维持那么一小会儿，笑声一停，他就又回到了现实。

他突然有些慌张，这么下去，会不会憋出什么病来？

周敬之前说春季篮球赛的事，情报是准确的。

老徐把蒋丞叫到办公室，当他一眼看到老徐桌上的那个篮球的时候，就知道老徐找他要干吗了。

“我不会打篮球。”他说。

“你这个孩子，”老徐拿了张凳子过来，“坐下，我们聊聊。”

蒋丞坐下了，说实话，他想打球，但只想胡乱找几个人打着玩，并不想被老徐这么正式地往肩上放什么担子。

“你原来是校篮的，对吧？”老徐问。

“这种虚假的问题咱就别问了吧，徐总，”蒋丞叹了口气，“感觉您把我祖宗八辈都研究透了。”

“好不容易来了个全能学霸，我肯定要多研究一下的嘛，”老徐笑了起来，“其实，我叫你来的时候，就估摸你会拒绝，不过，还是想试一试。”

“哦。”蒋丞应了一声。

“我们学校每年都有篮球赛，而且不止一次，校长爱打篮球，”老徐说，“反正我一直带咱们班，无论是什么比赛，一场都没赢过……”

蒋丞感觉有点意外，他看过顾飞打球，就算班里没人能跟他配合，也不至于一场都赢不了吧。

“顾飞不是打得挺好的吗。”他忍不住说了一句。

“那小子，”老徐叹了口气，“不靠谱得很，他就没参加过班里的活动，他没上人家班帮着打就不错了。”

“那您找我是想怎么着啊，我一个人也未必能赢得了一场。”蒋丞说。

“你当个队长吧，”老徐说，“我觉得你有这个能力……”

“您从哪里觉得的啊？”蒋丞有点无奈。

“从你的心灵。”老徐说。

“哎哟。”蒋丞没忍住，摸了摸胸口。

“你要是同意，”老徐笑了笑，“我就去找顾飞聊一聊，你俩，加上王旭、郭旭、卢晓斌……起码能凑五个人了，然后每天找时间训练一下，我感觉有戏。”

蒋丞没说话，这郭旭和卢晓斌是谁，他都不知道。

但是老徐一直用很诚恳的语气跟他商量着说，蒋丞也一时半会儿找不到理由再说别的。

“徐总，我就一个请求，”他说，“队长我肯定不当，我的心灵大概让您误会了，换个人，反正我跟着打就行。”

蒋丞这一答应，老徐跟打了鸡血似的，立马自习课就来找顾飞了。

“顾飞，到我办公室来一下。”老徐敲了敲他的桌子。

“我这阵没迟到，也没旷课。”顾飞说，脑门顶在桌子边上玩着弱智爱消除。

“不是这个。”老徐又敲了敲桌子。

“我不打篮球。”顾飞说。

“也不是这件事，”老徐说，“来。”

老徐转身出了教室，顾飞坚持把这一局玩完了，才很不情愿地站了起来，慢吞吞地晃出了教室。

“哎，蒋丞，蒋……”周敬叫了两声，像是想起来什么，没再继续叫下去，“老徐是不是找你俩说比赛的事呢？”

蒋丞没出声。

“哎，我一看你就肯定会打球，是吧，你会打篮球吧？”周敬又问。

“你们班是不是从来没赢过比赛？”蒋丞问。

“是没赢过，”周敬说，“文科班嘛，赢不了也正常。”

蒋丞看了他一眼：“放屁。”

顾飞十分钟之后回了教室，坐下之后，拿出手机继续玩游戏。

蒋丞本来以为他会说点什么，结果他一直没吭声，估计老徐是失败了。

他往王旭那边看了一眼，如果没有顾飞，要他跟王旭那种缺心眼的一块儿打球……想想还挺没劲的。

“没想到老徐这么纯良的老大叔也会骗人了。”顾飞在旁边小声说了一句。

“嗯？”蒋丞转过头，“骗你什么了？”

“还说不是打球的事，”顾飞一边玩一边说，“他说你上场，是吗？”

“……嗯，”蒋丞应了一声，“他说得挺可怜的。”

“你看谁都可怜。”顾飞说。

“嗯，我看你就挺可怜的。”蒋丞斜了他一眼。

“可怜我玩爱消除吗？”顾飞问。

“可怜你玩爱消除四天了，一关都过不去。”蒋丞说。

顾飞放下了手机，转脸看着他：“我发现你真挺欠的啊。”

蒋丞堆了一脸假笑冲着他：“说不过可以闭嘴，反正斗嘴也没意思。”

“你原来打什么位置？”顾飞低头继续玩游戏。

“后卫。”蒋丞条件反射地答了一句。

“那试试吧，”顾飞说，“我没跟老徐说死。”

“不是，”蒋丞觉得有点莫名其妙，“不就打个球吗，又没让你去就义，至于这么费劲吗？”

“烦，”顾飞说，“你就想想，九日那样的都要上场。”

“他上场怎么了。”蒋丞看了一眼王九日同学，他正抱着胳膊，一副老大的样子，在闭目养神。

“这种人每个班都有……”顾飞把手机往桌斗里一扔，估计是又没过关，“场上没事，下了场谁知道，我烦这个。”

“那你到底是打还是不打？”蒋丞问，“我也烦，试个鹅蛋啊试，要就打，要不打就拉倒。”

“行吧，”顾飞说，“你打我就打。”

19

顾飞答应了老徐这次篮球赛上场，蒋丞感觉老徐的兴奋程度不亚于顾飞考上了北大，下午一放学，就把他挑出的五名上场队员叫到了办公室里。

蒋丞看了一眼这几个人，总算把郭旭和卢晓斌对上了号。

“没替补吗？”王旭问，“就这五个人打全场啊？”

“替补你们自己再看看有没有合适的同学嘛，”老徐说，“这个队长就……”

老徐说这话的时候，眼睛往顾飞那边看了过去，顾飞竖起手指，然后向王旭身上一指：“他。”

王旭立马扬了扬脸，一脸不情愿的样子：“哎，我不行，我不想当什么队长，烦不烦啊。”

蒋丞看着他那样子都想乐，演技不行啊。

“那就王旭了，你们从明天开始就先练习着，”老徐把桌上的篮球拿过来，递给了王旭，“这个球好，我去咱们体育馆器材室看了一下，球都不行，就给你们买了这个，比赛肯定也用新的好球，咱们练习就也用好的适应着。”

“谢谢徐总。”郭旭从王旭手里拿过球，在地上拍了两下。

蒋丞看了看他的动作，还成，虽然感觉不是特别厉害，但起码是会打的。

王旭看着挺嘚瑟，应该也是会打的，可能自己还觉得打得不错，另一个卢晓斌一直没说过话，但这人个子最高，目测得有一米九，还壮，往那里一杵，跟块门板似的，挺好。

替补队员很好找，虽然是个文科班，但男生并不少，王九日队长把后排几个一米八的大个子一叫，就齐了。

想参加的人不少，毕竟自习课不用上，可以去打球。

老徐已经帮他们占了一个球场，蒋丞看着他积极的样子都替他累，一个破学校里的烂班，成绩上不去，体育还这德行，关键是老徐还充满了干劲。

“我先看一看你们的水平。”王旭拿着球，一派队长风范地站在球场中间。

“都一块儿打过多少回球了，”有人说，“什么水平还用看啊？”

“总得相互熟悉一下！”王旭板着脸，又看了看蹲在场边的蒋丞，“要不蒋丞你先试一试，你刚转来的，我也不清楚你的实际水平。”

“嗯，”蒋丞站了起来，脱掉了外套，“怎么试？”

“你带球过我，”王旭把球扔了过来，然后摆了个拦截的姿势。

"好。"蒋丞接住球，拍了两下，感觉了一下球的弹性，然后运球对着王旭冲了过去。

王旭站在原地没动，等伸手要拦的时候，蒋丞已经从他左侧晃了过去，然后三步上篮，球进了。

"可以啊！"郭旭喊了一声。

"等等，"王旭脸上有点挂不住了，"我还没说开始呢，你偷袭啊。"

"哦。"蒋丞拿了球，回到他对面站着。

王旭又摆了半天架势，然后一抬下巴："来！"

蒋丞刚一动，他就冲了过来，挥着胳膊，边拦边想抢球，蒋丞犹豫了一下，拿着球直接起跳投篮，球又进了。

"三分。"顾飞坐在场边的凳子上，说了一句。

"牛！我们班这回有戏了！"有人兴奋地喊着。

王旭脸上的表情有点不太好看，正想说话，顾飞打断了他："抓紧时间吧，冷。"

体育馆的暖气不行，大家这会儿又都已经把外套脱了，穿的单衣，王旭只好点点头："这样吧，先分两队，打个半场试一下感觉？"

大家表示同意。

老徐一直在旁边看着，这会儿过来说了一句："顾飞和蒋丞各在一边吧。"

"为什么？"王旭问，"他俩厉害，在一起配合一下。"

"他俩配合起来不难，关键是他俩在一边，我们就不用打了啊，"卢晓斌说，"分开两队，大家可以都练。"

"那行吧。"王旭这次没有摆队长架子，把两边的队员给分配好了。

顾飞、卢晓斌和郭旭，再加俩蒋丞不认识的，蒋丞这边是王旭自己，还有三个蒋丞不认识的。

到了这会儿，蒋丞对自己最近的情绪状态不好到什么程度才算有了新的认识，这么长时间了，人都没认全。

上场十个人，五个不认识，都得靠衣服认，还有俩是今天才分清的……

老徐拿了个哨子，往场边一站："我做裁判吧。"

"半场还裁什么判。"顾飞说。

"半场也按正规的来，"老徐一手叉腰，一手拿着哨子，"从跳球开始，就是时间短点，别的都按正规的来。"

"好，"王旭把这边的几个人叫到了一起，"人盯人，盯死大飞，拿了球都给蒋丞，不要自己带，大飞一靠近就传球，他断球太厉害。”

“好。”几个人点点头。

“拿分就靠你了，”王旭抬起手，准备往蒋丞肩上拍，要落下去的时候，又收了回去，“忘了你个事多的不让拍了。”

蒋丞叹了口气。

跳球一点意外都没有，蒋丞和顾飞跳。

老徐把球拿到他俩中间：“集中注意力，我要扔了。”

“哪个裁判还说这个。”顾飞说。

“注意！”老徐瞪了他一眼。

蒋丞看了一眼站在自己身后的王旭，不知道这小子反应怎么样。

他一直打后卫，正式比赛就没跳过球，这个球估计会被顾飞那边的人拿到。

老徐的手一扬，把球抛了起来。

蒋丞盯着球，计算着下落的点，然后起跳。

跳起来的时候，他觉得自己对起跳时机把握得还不错，但当他伸手就要碰到球的时候，顾飞的手已经拍在了球上。

果然。

当蒋丞落地回过头时，球已经被郭旭拿到了，正往篮下带过去。

而王旭正跟着他，蒋丞一眼看过去，就觉得很无语，开场前才刚说好“人盯人”，球一出去，王旭跟着也就算了，还有俩也一块儿追着球跑，只有一个蓝衣服的跟在了顾飞的旁边。

倒是自己被卢晓斌盯死了。

郭旭还成，带球很稳，就是速度不够，蒋丞追过去的时候，他刚进了三分线，准备传球。

估计他们的计划跟王旭的一样，拿了球就给顾飞。

蒋丞看了一眼顾飞的位置，往右猛地一晃，然后从拦在前面跟着他假动作晃了一下的卢晓斌和另一个人的中间强行冲了过去。

这个提前量算得不错，郭旭看到他的时候，球已经出手了。

蒋丞一伸手，把球给拦了下来。

“回去，回去！”王旭反应很快，立马就往回跑。

蒋丞转身就往回带，但卢晓斌马上堵了上来。

这家伙块太大，一贴上来，蒋丞就有点遮天蔽日的感觉，他带了两步，看准机会，把球从侧面传给了王旭。

但王旭这个傻子，居然正埋头往前跑，根本没看到球过来。

“王旭！”蒋丞只得喊了一声。

王旭这才赶紧扭头追了过去，在球出界之前拿到了。

蒋丞趁着卢晓斌扭头看球的时候，一个转身摆脱了他，往篮下跑过去，王旭这会儿没人盯，如果能把球带过来，他可以找机会拿分。

结果没跑两步，就在顾飞顶上来拦在他面前的时候，王旭把球传了回来，还吼了一声：“蒋丞！”

喊个屁啊！这球是打算传给顾飞吗?

蒋丞简直无话可说了，接住球的同时，他就看到顾飞的手已经伸了过来，而且速度惊人。

他赶紧把球往胯下运了一下，左右手倒了倒，调整了一下之后，他降低重心，想从旁边过去。

但顾飞没给他机会，几乎是跟他同时移动，他起跳的假动作也没骗到顾飞，丫连晃都没晃一下。

好在猪队友不是只有自己这边才有，顾飞那边也有。

蓝衣服这会没人跟着，居然轻松地就到了顾飞身后，蒋丞从顾飞胯下把球传了出去。

顾飞回头看到蓝衣服拿到球已经到了篮下，估计也挺无语的。

蓝衣服拿到了球，却犹豫了，蒋丞一眼就看出来他站在篮下那样子，是还想传球。

“直接投了！”蒋丞喊了一声。

蓝衣服这才跳起来把球扔了出去。

没进。

蒋丞就知道进不了，那姿势没把球扔出底线就算运气好了。

球在篮板上砸了一下弹开了，离着篮筐还有八百里地。

篮下一帮人，全跳起来抢篮板，有快有慢，好几只手对着球就是一阵你死我活，自己人跟自己人都能抢起来，蒋丞从人缝里拿到了掉下来的球，并带到了边线。

但这会儿对方三个人同时围了个半圆过来了，他需要个队友接应。

“传球。”右边有人说了一句。

蒋丞迅速把球压着边线传了过去。

球已经在空中飞过去的时候，他才猛地反应过来，这他妈是顾飞的声音！

果然，他转头看过去，球被顾飞稳稳地拿在了手里。

蒋丞没忍住骂了一声。

这人居然这么阴险！

顾飞勾着嘴角笑了笑。

“蒋丞你干什么！”王旭吼。

“盯死他！”蒋丞也没好气，“他一个人满场跑，你倒是跟着啊！”

但这会儿再盯已经晚了，顾飞带球相当快，蒋丞这里被两个人缠着过不去，当猪队友们去拦顾飞的时候，他已经到了罚球线。

蒋丞眼睁睁看着他起跳，手一递，将球轻轻抛起，进了篮。

这个球是自己送到顾飞手里的，蒋丞觉得自己简直想过去拽着顾飞的衣领，问他“你怎么能如此狡诈”！

“蒋丞，你一会儿看清人啊，”队友黄跑鞋说，“是不是对我们的人还分不清？”

“嗯，”蒋丞说，“不好意思。”

“传球给队友，”王队长看着他，“不是传球给同桌！”

“你最好站在我能传球的地方，”蒋丞扫了他一眼，“空当全是他们的人，我不传给同桌也只能扔出界。”

王旭眉毛一扬，看表情就知道相当不爽，正要说话的时候，球从旁边弹了过来。

“抓紧时间。”顾飞说。

蒋丞接住球，把球递给王旭：“你发球，我带过去，你拦着人，不要让顾飞靠近我，缠死他，拽胳膊踩脚都行，犯规也别让他空出来。”

“嗯。”王旭瞪了他一眼。

卢晓斌大概是所有队员里最忠于职守的了，王旭发球的时候，他就一直跟在蒋丞身边，王旭拿着球半天都没能扔出来。

蒋丞最后不得不猛地冲起来，在王旭面前跑过，王旭这才有机会把球给了他。

不过，王旭打起球来，也还算可以，蒋丞带球过去的时候，他一直在边上护航，卢晓斌跟他挤成一团，感觉如果时间再长点，他俩得去打一架。

顾飞这次没有上来堵他，蓝衣服和黄鞋子一前一后夹着他，就差上手搂了，但过了中线之后，他看到顾飞还是找到机会摆脱了那两人。

没时间慢慢上篮了，蒋丞带着对顾飞这个阴险狡诈之徒的怒火，带球直接冲到三分线，却没有停球调整，就在顾飞起跳盖帽之前，把球投了出去。

球投得很高，在空中划出一条很大的弧线，然后落进了篮筐里。

“好球！”王旭吼了一声。

蒋丞舒出一口气，看了顾飞一眼。

“漂亮。”顾飞说。

半场打起来根本没什么感觉，特别是这种完全没有配合、满场乱跑着的打法，看上去都挺拼的，但拿的分都少得可怜。

老徐吹了哨之后，鼓了鼓掌：“不错，不错！”

蒋丞特别想问，哪里不错了？

“咱们现在是有两员强将的队伍，”老徐说，“不过，你们打这么半天，连一个规都没犯，这不行啊！要犯规，勇敢点！胆子大点！顾飞，你觉得打得怎么样？”

“乱七八糟。”顾飞说。

老徐对他的回答并不太满意，于是，又转头看着蒋丞：“蒋丞，你觉得呢？”

“同上。”蒋丞说。

“今天才是第一天训练嘛，”老徐只得继续说自己的，“提升空间还是很大的！要对自己有信心！有没有啊！”

大家都没出声。

“有没有！”老徐挥了挥胳膊，“大声回答我！”

还是没人出声。

其实蒋丞打了这半场，也看得差不多了，除了他和顾飞，其他的这些人，平时根本就不打篮球，会打的那几个，打得也都一般。

“有没……”老徐继续鼓劲。

“有。”蒋丞实在不忍心看老徐这么卖力都得不到回应，回答了一声。

“有。”王旭也应了一声。

一帮人都半死不活地“有”了一遍。

“就是嘛！这就对了嘛！”老徐立马愉快地笑了起来，“我们这次的目标是进半决赛！有没有信心啊！”

大家继续半死不活地“有”，老徐满意地点了点头：“还有半个月比赛，时间还是够的，除了体育课，下午的自习，你们也可以练球。”

这个特批的吸引力还是很大的，一伙人顿时兴奋地表示会好好练习。

接下去的时间，王队长没让大家继续打比赛，而是三对三，进球算赢，然后输的一边换人上。

顾飞一直没再上场，而是坐在场边的凳子上看着。

虽然这些人的水平都不怎么样，但蒋丞实在是太久没有这么放松了，居然觉得打起来还挺过瘾。

“别盖帽了行吗！”郭旭抱着球无奈地说，“蒋丞，你要不要下去休息一下？”

“蒋丞下去休息，”王旭说，“你往这里一杵，人都不用换了。”

“行吧。”蒋丞笑了笑，换了卢晓斌上去，他坐到了老徐旁边看着。

“怎么样？”老徐问。

“什么怎么样？”蒋丞看他。

“这个队。”老徐说。

蒋丞没说话，他能感受到老徐那份强烈的期待。

“明天你俩配合一下，看看效果？”老徐又问。

“嗯。”蒋丞点点头。

“进半决赛难吧，你别抱太大希望，”顾飞在一边说，“看淘汰赛碰哪个班吧，要是碰（2）班，直接就回家了。”

“乐观点！”老徐说。

“嗯，”顾飞看着老徐，“哈哈。”

放学的铃声一响，体育馆里进来了不少人。

“走，”王旭说，“都是来训练的，我们要保密。”

“保什么密？”蒋丞问。

“实力要保密，要保持我们在别的班眼里菜鸟队的形象，”王旭一本正经地说，“而且不能让别人知道这次大飞上场，也不能让人知道蒋丞打球厉害。”

“对，我们现在有两张王牌。”大家纷纷点头，脸上都带着忍辱负重的兴奋表情。

“现在进来的人，全看见我在这里了。”顾飞说。

“不怕，”王旭说，“我们演场戏。”

顾飞叹了口气，站起来，穿上了外套，转身就往门口走过去。

“喂！”王旭喊了一嗓子，蒋丞在旁边被他吓了一跳，他瞪着顾飞的背影，“你能不能有点集体荣誉感！”

顾飞没回头，只冲身后竖了竖中指。

“王旭，”那边刚进来的人一边脱外套一边笑着说，“这回有进步啊，大飞起码来了一趟，是吧。”

“走。”王旭起身，带头走出了体育馆。

蒋丞简直要给王旭鼓掌了，这戏足得，这演技突飞猛进，比他之前假装推托队长职务的时候强了一百倍。

“今天顾淼没来等你吗？”蒋丞在学校门口没有看到抱着滑板的顾淼。

“她也不一定每天来，有时候自己就玩去了，”顾飞说，“你现在还是走路回去吗？”

“嗯。”蒋丞应了一声。

“我带你？”顾飞问。

蒋丞犹豫了一下：“哦。”

顾飞拿车的时候，他又想起来打球时候的那句“传球”，顿时又有点来气：“哎，我发现你太阴险了。”

“我就随便说一句，”顾飞跨到车上，往前一蹬，“谁知道你能真传过来。”

“你没事随便说这么一句干吗啊！”蒋丞跟着也跨上了车，“有病。”

“打比赛的时候好使，万一对方哪个傻子就把球传过来了呢。”顾飞说。

蒋丞骂了一声。

“明天我叫几个人过来陪练吧，”顾飞说，“这么打着，真没意思。”

“叫谁？”蒋丞想起了上回顾飞带着来打球的“是”和“鸟”，问了一句，“‘不是好鸟’他们吗？”

“什么？”顾飞愣了愣。

“……没，”蒋丞赶紧说，“是之前跟你来打球的那几个吗？”

“‘不是好鸟’是谁？”顾飞笑了笑，“是把我也算在里头了吗？”

蒋丞没说话。

“就是他们，”顾飞没再追着他问，“‘不是好鸟’他们。”

蒋丞叹了口气。

一路上，他俩都没再说话，蒋丞盯着路边的小雪堆出神，最近他老这样，一安静下来就走神，想点有的没的，以前他就不会这样，走神就是走神，走哪里去了自己都不知道。

不知道什么时候他才能摆脱现在这种情绪上的放纵。

顾飞的车骑得很快，没多久就到了街口，他捏了捏闸，车速降下来之后，蒋丞跳下了车："谢了。"

顾飞没说话，看着街那边。

蒋丞同时听到了咒骂声和尖叫声，是从李保国家那条街上传过来的，他回过头，看到了街边有几个人正围着一个倒在地上的人，又踹又踢的。

蒋丞皱了皱眉，这条街真是天天没完没了地鸡飞狗跳："又怎么了……"

顾飞下了车，把车往路边的树上一锁，看着他："地上那个是李保国。"

20

顾飞平时怕麻烦，不爱管闲事，但从小长大的这个地方，每天都在上演各种麻烦，所有电视剧里的狗血情节，都能在这里看到，相比之下，有过之而无不及。

他无聊的时候，会像看电视剧一样，看着这里的一幕幕，有很长一段时间里，他给丁竹心写歌的灵感都来自这些无望地挣扎在底层，而不见得会有感觉的人。

你看着他绝望，他却活得生机勃勃，笑你矫情。

像李保国这种被人打得满地滚的事，也是隔三岔五就会碰上，主角有时候是同一个人，有时候会换一换，并不稀奇。

换了平时，他就会在这里，坐在车的后座上，看上一会儿。

但今天却没办法就这么看着了，蒋丞看清了那人的确就是李保国之后，脸上的表情有些变幻莫测，说不上来是莫名其妙还是茫然。

如果他跟蒋丞再熟一些，到了王九日那个程度就行，他绝对会拉住蒋丞，让他不要过去。

这种情况，一般打不死人，反正两边都不是好人，谁打谁都不冤，断点骨头出点血算是教训，有时候还能解决一些事情。

蒋丞什么话也没有说，沉默着转身向那边走过去的时候，顾飞有种说不清的感觉，同情说不上，这世界上需要同情的人太多，也就无所谓谁同情谁了。

大概是无奈吧。

顾飞不知道李保国曾经有过一个小儿子，也不知道是不是真的像李保国所说的那样，养不了就送人了，像李保国那样的人，说是卖掉的都不奇怪。

蒋丞的感受无从得知，他身上的那种气质，跟在这里长大的人有着最本质的区别，这样一个人，在面对这样的环境和这样的……父亲时，天知道他会有什么样的体会。

反正他就那么沉默着走了过去，也许因为他跟李保国的关系诡异，所以看上去既没有焦急慌乱，也没有愤怒。

顾飞伸了个懒腰，慢慢隔着十几米距离也晃了过去，掏出眼镜，戴上了。

蒋丞过去没有拉架，甚至没有一句话，把书包往墙边一扔，过去对着正往李保国脑袋上踹的那个人后背就是一胳膊肘。

蒋丞的胳膊肘用得很熟，而且力量也很大，顾飞感受过。

这一砸，那人吼了一声转过了脸，顾飞认出了这人是钢厂那边的，外号“大屌”，至于这个外号是不是根据他真实身体情况起的，便无从考据了，反正这帮人经常过来打牌，一般情况下，许他们耍赖，不许别人耍赖。

没等大屌做出反应，蒋丞对着他刚转过来的脸就一脑壳撞了上去，正中鼻梁。

顾飞顿时感觉自己的鼻子有点隐隐地发酸。

接着，蒋丞抓着大屌衣领狠狠往后一推，他踉跄着撞在了身后的两个人身上。

几个本来在埋头揍李保国的人立马发现了有人偷袭，骂骂咧咧地短暂混乱之后，迅速把注意力放在了蒋丞的身上。

“干什么的？”有人骂了一声，扬手对着蒋丞，一拳砸了过去。

顾飞有些惊讶地发现，蒋丞根本就没躲，迎着拳头就过去了，在这一拳擦着他眼角砸过去之后，他的拳头重重落在了这人的左眼上。

这一下把还有一些没弄清状况的人都激怒了，几个人同时放弃了还在地上缩成一团的李保国，抡着拳头，都扑向了蒋丞。

顾飞皱了皱眉头，往四周看了看，地上居然挺干净，万一蒋丞被揍得实在不行了，他要帮忙，连块砖都没有。

“别打！”李保国团在地上，一边抱着脑袋一边喊着，“别打了！”

几个往蒋丞那里围过去的人没谁理他，虽然手上都没拿家伙，但这帮人块头都大，一拳下去，就够人受的了。

一、二、三、四，顾飞数了一下，围着蒋丞的四个人，还有一个人没挤进去，在外头蹦着。

不过，没等这人蹦到三下，其中一个人就弹出了包围圈，摔在了地上。

是被蒋丞一脚蹬出来的。

紧跟着，蒋丞也冲了出来，对着地上这位的肚子，又一脚踩了下去。

大屌一脸鼻血糊着，边吼边跳起来，一脚踹在了蒋丞的背上，姿势很难看，但力道不小。

蒋丞往前冲了好几步才停下来，抬手抹了一下嘴角。

转过身的时候，大屌又助跑准备来第二脚，他站着没动，在大屌起跳之后，才猛地弯下腰，身体前冲，对着大屌的……大屌一胳膊顶了过去。

大屌连声音都没发出来，就那么倒在了地上，张大嘴，喘着气，一脸痛苦。

顾飞推了推眼镜，感觉自己没看错的话，蒋丞这一下其实并没有正顶在关键部位上，要不大屌这会儿直接就应该疼晕过去了。

是顶歪了呢，还是蒋丞在这种情况下都还能控制住自己的情绪，拿捏好分寸呢？

不过，由于大屌倒地的方式看上去太过惨烈，他的同伙顿时有了一瞬间的犹豫。

这些人就这样，打李保国那样的人，一个个神勇如老大，碰个硬茬，立马㞞，单挑不敢，一窝蜂上，还得等别人起头。

就他们这一点犹豫的时间，蒋丞已经再次冲了过去，对着站在最前面的那个人，狠狠一撞。大概是学霸都善于学习，他这一撞是跳起来撞的，向大屌学习，但姿势要漂亮得多。

而且他用的是肩，跳起来肩膀直接往这人下巴上一顶。

这人被顶得立马往后猛地一仰，蹦起来摔在了地上，不知道这一顶，是咬了舌头还是磕了嘴唇，那人在地上捂了捂嘴，手拿开的时候，嘴里都是血。

倒了两个之后，剩下那仨，大概是感觉到了威胁，而且从人数上看，他们还是占了绝对优势，于是，三个同时对着蒋丞冲了上去。

估计蒋丞刚才被围着的时候，身上哪里被打伤了，这一下，他没躲开，被几个人围在了中间。

顾飞能看得清他的肚子上腰上，被砸了好几拳，他叹了口气，往对街走了过去。

刚走下人行道，就看有人被蒋丞扑倒了，按在地上，对着脸就一通抡拳，其中，有两下还砸在了脖子上，那人挣扎着一通边咳边号。

还有两个人拉不开蒋丞，于是在他身后抬起脚就踹，蒋丞挨了几下之后，一回手抄到了其中一条腿，猛地一拽，接着就转过身扳着腿，压了过去。

那人柔韧性不好，被这么强行大劈叉，明显扛不住，叫了一嗓子，想蹬腿又使不上劲，只能两只胳膊往蒋丞身上抡过去，却也抡不出劲。

另一个站着的，抬起了腿，顾飞看出了他瞄的是蒋丞的后脑。

“嘿。”顾飞喊了一声，从书包里摸出了一本词典。

当那人抬头看过来的时候，顾飞把词典狠狠地对着他脸砸了过去。

英汉词典，英语课谁不带着，老鲁就跟谁急，价格不贵，还很实用，硬壳的，顾飞从来都没翻开过，所以还保持着刚买来时的那种结实，飞过去的时候，都不带打开的，砸在脸上，跟砖头的效果有一拼。

这几个人被这一词典砸完之后，都停了手，看着顾飞。

顾飞也没再说话，过去把词典捡起来，在裤子上蹭了蹭灰，放回了书包里。

蒋丞这时也松开了地上那人的腿，站了起来。

“你……”挨了一词典的那个人，瞪着蒋丞不知道想说什么，但话没说完，就被蒋丞打断了。

“还有什么事吗？”蒋丞问。

站着的和坐在地上的都愣了，没人说话。

“没事我走了。”蒋丞转过身去，捡起了书包，拎着就往街口那边走了。

“你认识他？”有人问了顾飞一句。

顾飞看了他一眼：“散了吧。”

疼。

全身都在疼，都分不清到底是哪里疼了。

蒋丞咬着牙，每往前走一步，都觉得费劲。

但是挺爽的，像是跑完一个马拉松似的，又酸又疼又发软，但喘气都是通透的，吸一口气，能一直凉到肠子。

李保国到底为什么挨打，他本来是想问的，但打完这一通之后，他已经不想知道了，只知道这个人就是这么活着的，就这么匍匐在地上活着，无论是他，还是李保国自己，都无法改变。

很泄气，也很无望。

烦躁，痛恨，都源自于这些。

他并不是个多么伟大的人，他并不想拯救谁，也不想改变谁，他只想着这个人是他的亲生父亲，他没办法抹掉这一点，那么就努力适应吧！

但他可以努力适应李保国的粗俗，他的邋遢，他的直男癌，他的脾瘾，他的酒瘾，却发现李保国呈现出来的并不只是这些，还有太多他无法适应也接受不了的，正一点点地展现在眼前。

偷东西，被人在街上打得满地打滚。

还有什么，还有多少？

身后有人吹了声口哨。

不用转头他都知道是顾飞，于是他就没转头，转头脖子会酸。

“去医院看看吧。”顾飞在后面说。

“不用。”蒋丞闷着声音说。

“打个赌怎么样。”顾飞也没追上来，还是跟在后头。

“什么？”蒋丞说。

“你肋骨断了，”顾飞说，“去检查一下，如果断了，你帮我写一星期作业，考试的时候让我抄，没断的话，我请你吃饭。”

蒋丞停下了。

顾飞走上来跟他并排站着：“是不是断了？”

“不知道，没断过，没经验，”蒋丞扫了他一眼，“你这么有经验，是不是总断？”

顾飞笑了起来：“我刚刚就该让那人把你的脖子踹断。”

“刚刚谢谢了。”蒋丞说。

肋骨应该是断了吧，蒋丞感觉平时打架什么的也会被砸到肚子，但没有过了这么长时间了还疼得这么厉害的情况。

“最近的医院是哪个？”蒋丞问。

“有个煤矿医院，”顾飞说，“打车过去五分钟。”

“嗯，”蒋丞往前走了几步，又咬着牙，回过头说了一句，“谢了。”

“这么客气，我都想给你鞠躬说不用谢了。”顾飞说。

蒋丞没再说话，走出街口之后，站了不到两分钟，运气不错，有辆出租车开了过来，他伸手拦下了车。

“我交班呢，你再叫一辆车吧。”司机说。

“我要去医院，晚了会死在街上，”蒋丞看着他，“我大概得了急性肠炎。”

司机盯着他看了两眼：“上车吧，我带你去医院再交班。”

“谢谢。”蒋丞上了车。

坐到后座上的瞬间，他差点疼得喊出声来，姿势的变化，让右边肋条疼得像是又被人打了一拳似的。

“跟人打架了吧，”司机一边开车，一边从后视镜里看了他一眼，“急性肠炎也伤不着脸啊。”

“我脸伤了吗？”蒋丞问，嘴里伤了他是知道的，一直有血腥味。

司机笑了笑：“有伤，不过看上去不重，毁不了容。”

“哦。”蒋丞应了一声。

“年轻人啊，别太冲动了，”司机说，“出点什么事，就算你自己无所谓，家里人也着急啊，你说是不是。”

“……嗯。”蒋丞扯着嘴角笑了笑。

嘴角估计也有伤，这轻轻一扯，疼痛就顺着耳根蔓延过去了。

家里人也着急啊。

你说是不是。

是吗？

家里人是谁啊？

曾经的家里人，根本不会知道他的现状，以前打架也不会让家里知道，而现在……他亲爹就在旁边，全程双手抱着脑袋，一声不吭。

他离开的时候，李保国看都没看他一眼。

谁着急啊？

真逗。

到了医院，他去了急诊，没什么人。

跟医生说自己肋条可能断了之后，医生用手在他胸口前后用力按了按：“有什么地方疼吗？”

蒋丞认真感受了一下：“……没有。”

“不疼？”医生说，“我看看。”

蒋丞把自己外套的拉链拉开，低头刚想掀衣服的时候，突然看到自己毛衣上有血迹，他愣了愣。

医生掀起他的衣服：“你这是被划伤了吧？看外表不像有骨折……我再听听有没有骨擦音。”

“……哦。”蒋丞对于自己衣服没破，但身上受伤了还出了挺多血这一灵异现象有些茫然。

医生检查了一通，最后又用手在他的伤口旁边按了按：“骨头疼吗？”

“肉疼。”蒋丞回答。

“没骨折，”医生说，“你要不放心，就再拍个片子。”

蒋丞松了口气：“不用了。”

肋条上的伤口也不严重，医生给处理了一下，贴了块纱布之后，就没事了。

蒋丞在医院的椅子上坐下，发了很长时间的愣，身上的疼，慢慢地消退了不少，一开始那种炸着的酸疼已经缓解了。

他又隔着衣服，在自己的肋条上挨个又摸又按地试了一遍，都没什么感觉了。

顾飞是个神经病，说得那么肯定，跟多有经验似的，吓得他本来不想上医院的都没敢硬扛！

不过，知道肋条没断，他的第一反应居然是不会影响篮球比赛了，真好。

自己居然这么有集体荣誉感，真神奇，也许是老徐伟大的爱，润物细无声了吧。

手机在书包里响了起来，他掏了出来，看到屏幕上的号码时，愣了愣。

是老妈的电话，虽然他已经把这一家四口的电话号码都删掉了，但老妈的号码，他却没法在短时间内从脑子里删掉。

“喂。”他接起了电话。

“小丞啊？”老妈的声音传了出来，“这段时间一直没联系你，家里事情多，你现在情况怎么样？”

蒋丞沉默了很长时间，他不知道该说什么，也不知道能说什么，脑子里乱得跟刚才的打架现场似的，就剩下“嗡嗡”了。

“给你寄的东西都收到了吗？”老妈又问。

“收到了。”蒋丞闭着眼睛吸了口气。

“你跟你……爸爸一家，处得怎么样？”老妈问。

“挺好的，”蒋丞咬了咬嘴唇，嘴角的疼扯得他皱了皱眉，“毕竟是亲爹。”

老妈笑了笑：“那就好，我本来有些担心，感觉他比较大老粗，怕你……”

“我很好。”蒋丞说。

老妈那边沉默了，似乎在找话题。

“我真的挺好的，”蒋丞低下头，看着鞋上不知道什么时候被踩上去的一块泥，“不用担心。”

“小丞……”老妈叫了他一声，又叹了口气。

“我现在过得很好，还挺适应的，我还有事，”蒋丞说，“先挂了。”

没等老妈说话，他挂掉了电话。

盯着黑了的手机屏幕，又出了一会儿神，他站起来走出了医院。

“本来我没想过来的，”易静站在收银台前，抱着书包，“但是正好路过……徐总说你们要打篮球赛了，我估计你期中考试前没时间复习了吧？”

“有没有时间，我都不复习，”顾飞给她倒了杯热水，放了片柠檬进去，“你比老徐还操心。”

“也不是，”易静有些不好意思地笑了笑，“我就是闲的。”

顾飞也笑了：“那行吧，要不你把今天的作业让我抄一下，我……”

“抄不行，”易静马上说，“你不会，我可以教你。”

顾飞想说“那我抄蒋丞的得了”，但还是从书包里拿出了课本：“行吧，那你给我讲一讲英语就行了，我今天只打算写英语作业。”

“好吧，”易静叹了口气，“你不敢不写的作业也只有英语了吧。”

“嗯，”顾飞起身把旁边的小桌子支了起来，“老鲁的作业，没谁敢欠着。”

易静拿了凳子坐下，拿过了卷子，开始给他讲题。

顾飞有点走神，凡是跟学习有关的事，他都会走神，就算这会儿是老鲁坐在他的面前，他也会神游天外。

易静是老徐的得力助手，跟老徐一样对这个班级充满热情，哪怕是上个学期刚上任不到一周就被王旭气得在自习课上哭了两次，也依旧初心不改。

“这个就是……”易静用笔在草稿纸上写着，“你看啊……”

店门的帘子被人一把掀开了，顾飞转过头，看到蒋丞一手掀着帘子，定在门口。

“蒋丞？”易静回过头，有些吃惊地看着他。

“啊，”蒋丞应了一声，似乎有些尴尬，指了指外面，“要不我先……”

“别啊，你找顾飞有事吗？”易静赶紧说，也有些尴尬地站了起来，“我就是给他讲一下作业……你要有事的话，我就先走了……要不你给他讲吧？”

“啊？”蒋丞愣了。

“鲁老师说你英语成绩可好了，”易静笑了笑，把自己的东西都收拾好了，“那我走了。”

“哎，你……”蒋丞话还没说完，易静已经有些不好意思地从他身边挤了出去。

“去医院看了？”顾飞问。

“嗯，”蒋丞走了进来，站在货架旁边，犹豫了一下，“请我吃饭吧。”

“没断？”顾飞有点意外。

“怎么，没断你挺失望啊？”蒋丞说，“要不你过来给我砸断了呗。”

“想吃什么啊？”顾飞问。

“不知道，什么都行，”蒋丞皱着眉，“饿死了，烦躁。”

“行吧，”顾飞站了起来，想了想，“带你去吃我最喜欢吃的东西。”

撤對 | Chapter 3

P167 – P248

三　春天来了

21

蒋丞不知道顾飞要带他去吃的最喜欢吃的东西是什么，他也没问，他这会儿的心情根本连胃口都没有，吃什么估计都一个味道。

他过来找顾飞，只是不想一个人待着。不想回去，不想见到李保国，不想知道他被人打成了什么样，也不想听李保国说被人围着打的原因，不想不想不想，一大把的不想，足够把他本来空了的脑子里和心里塞得满满当当，堵得气都喘不上来了。

而他在这座城市里，除了李保国的家，除了学校，唯一能去的地方就只有顾飞家这个店了，想想有点可悲，但也没什么办法。

顾飞把店里收拾了一下，然后关了门："你在这里等我一下，我去拿车。"

"哦。"蒋丞想问是自行车还是摩托车，摩托车的话，这么冷他还真不想坐，宁可走着去，但是顾飞直接向店旁边的一个小胡同里走进去了。

随便吧，再冷还能冷到哪里去，春季篮球赛都要开始了，从理论上说，春天来了呢。

多么神奇。

一阵马达声从小胡同里传了出来，但这马达声听着很单薄脆弱，跟顾飞那辆250的摩托车很不匹配。

正有点疑惑的时候，一辆长得像个馒头，而且还是小号馒头似的黄色小车，从胡同里钻了出来。

蒋丞有些震惊地看着这个"玉米面小馒头"晃晃悠悠地开出来停在了他面前，然后打开了小巧的车门。

"上来吧。"顾飞在"小馒头"里看着他，说了一句。

“这是……什么玩意？”蒋丞瞪着这辆车，如果他没看错的话，这就是一辆小号的老年代步车。

“车啊，”顾飞说，“能遮风能避雨的，还是烧油的，比电瓶的那些车有劲。”

“……哦！”蒋丞走过去站在车门外，看了半天，“我怎么进得去？”

顾飞往后看了看，下了车：“你先……爬进去。”

蒋丞有些犹豫，顾飞补充了一句：“我就算开辆甲壳虫，你想上后头也得爬过去，对不对。”

“甲壳虫我就坐副驾驶了，好吗！”蒋丞说。

“赶紧的，”顾飞拿出手机看了看时间，“他家九点就关门了。”

蒋丞只得从车门和驾驶座之间一尺宽的空间里，挤了进去，一身的伤，又酸又疼的，挤得他眼泪都快下来了。

他还见过老头拿这玩意带着老太太上街玩的，但老太太到底是怎么上去的呢？

坐好之后，顾飞伸手把驾驶座的靠背扳了一下放倒了：“你把这个放下来不就好上了吗？”

蒋丞看着顿时宽敞了不少的空间，有一种想要下车跟顾飞再打一架的冲动，他指着顾飞：“你闭上嘴。”

顾飞关好车门，发动了车子，向街口开了过去。

车里的空间很小，蒋丞坐在后座，感觉就跟坐在顾飞自行车后座上没什么区别。

不过，的确是遮风避雨，从小小的车窗看出去，有种莫名其妙的流浪在街头的错觉，要了一天饭，坐上玉米面小馒头车，找个便宜小摊吃碗面什么的。

“这车你家的？”蒋丞敲了敲塑料车壳问了一句。

“嗯，”顾飞应了一声，“我妈买的，有时候用这车拉个货什么的，还挺方便。”

“……哦，”蒋丞看了看自己这个位置，“这点空间能拉什么货啊？”

“我们家那个店也没多少大货可拉啊，”顾飞说，“一般都有人送过来，有些需要自己拉一下。”

蒋丞没有再说话，看着顾飞把车一路开过了那天的那座桥，他估计这片要有什么好吃的东西，也都得在桥那边了。

会是什么呢？那天他去吃饺子的时候，倒是看到不少店，火锅烤串中餐西餐的种类不少，不过，他倒并不希望顾飞请他吃太贵的，还得回请，麻烦。

小馒头车从两边各种大小馆子的路上一路开过，却没有停，而是一直往前，又拐进了旁边的小街上。

“还没到？”蒋丞感觉已经离开了吃东西的地方了，没忍住问了一句。

“马上到，就在前面。”顾飞说完，又把车拐进了另一条街。

蒋丞往外看了看，这边跟李保国家那边一样，破败的老城区，特别特别特别具有落魄的生活气息。

车子减了速，停在了几个小馆子跟前，蒋丞盯着看了几眼，一家卖包子的，一家卖面的，还有一家是……

“下车。”顾飞打开车门，跳了下去。

“不是，”蒋丞一边往下挤，一边有些迷茫，“我怎么感觉这几家是卖早点的？”

“早点也卖。”顾飞把车门一关，还按了一下遥控。

“这小馒头车还有遥控锁？”蒋丞很吃惊。

“人家好歹也是个烧油的，电瓶车都有遥控呢，它为什么没有，”顾飞往其中一个店走了过去，“就这里了。”

蒋丞看着这个虽然还亮着灯在营业，但无论是门脸、光线还是环境，看上去都很像黑店的店铺。

看清门边挂着的用毛笔随便写上去的，丑得能跟自己的字一决高下的四个字时，他愣住了。

“王，二，馅，饼？”他指着招牌，“你大晚上的带我来吃馅饼？”

“超级好吃，”顾飞掀开帘子，“你闻。”

蒋丞没有心情闻，他第一次晚饭跟人一块儿吃馅饼，还在震惊中没有回过神来，不过，店里的桌子居然基本是坐满了的，生意非常好。

而当他跟着顾飞走进店里，看到一个正端着一盆汤给客人送过去的服务员时，震惊叠加，他差点没把眼珠子瞪出来。

“大飞，你来了啊！”王旭把汤往桌上一扔，转头再看到蒋丞的时候，他也愣了愣，“蒋丞？你也来了？”

“啊。”蒋丞应了一声，看到王旭给客人拿的汤，洒了能有一碗到桌上。

“哎！搞什么，洒一半出来了！”客人很不高兴地说。

“一会儿给你再拿个小盆的，”王旭抓过抹布，往桌上胡乱一擦，就算完事了，走到顾飞和蒋丞跟前，“上里边包厢吧，正好空着。”

“包厢？”蒋丞感觉自己一直就回不过神来，一个馅饼店还有包厢。

包厢还真是个包厢，四面都用木板隔开了，还有个小空调。

“蒋丞，你的脸怎么了？”王旭把包厢里的空调打开了，盯着蒋丞的脸，“跟人干仗了？是不是猴……”

“不是。”蒋丞打断他，有点风吹草动，王旭都能想到猴子，他感觉自己要是再不去跟猴子打一架，都对不住王旭。

“牛肉，五花，羊肉，驴肉，一样都来几个，”顾飞看着王旭，“还有羊肉汤，你吃了没？没吃一块儿。”

“等着，给你们拿，”王旭说，“我爸藏了两瓶好酒，被我找着了，一会儿喝点。”

他出去之后，蒋丞看着顾飞：“这是王旭家开的？”

“嗯，”顾飞点点头，“王二就是他爸，在市里很有名，有人大老远从开发区那边开车过来吃的。”

“啊！”蒋丞应了一声，感觉也说不出什么别的话来了。

“我去拿汤，”顾飞起身也出去了，“先喝点汤。”

过了两分钟，他拿个大托盘端着三个中盆的羊肉汤回来了，蒋丞觉得自己大概是缓过来了，闻到羊肉汤的时候，有一种能把盆子也都吃了的感觉。

没过多大一会儿，王旭拿着个很朴素的小箩筐，装着七八个馅饼也进来了：“刚做出来的，趁热吃，一会儿再拿。”

蒋丞拿了一个，咬了一口，顿时觉得有些感动，几乎没怎么嚼就咽了下去。

“这个驴肉的，”王旭看着他，“怎么样？”

“非常，”蒋丞又咬了一口，“好吃。”

王旭很得意地笑了起来：“那必须好吃，驴肉的是必点的，谁来了都得吃两个驴肉的，大飞能吃十个。”

蒋丞估计自己不止能吃十个。

王旭家的这个馅饼，个头不大，半个手掌大小，皮薄，肉馅超级大，又厚又软，一口咬下去，全是肉香，油而不腻……

王旭又偷摸把他爸私藏的酒拿了一瓶过来，不知道是什么瓶，瓶子上连标签都没有，看上去脏兮兮的。

“喝点？”王旭把一个杯子放到了蒋丞面前。

蒋丞摇了摇头，他没有喝白酒的习惯，家里没人喝酒，他跟潘智出去也就喝点啤酒。

“没劲，”王旭给自己和顾飞一人倒了一杯，“学霸还挺节制。”

蒋丞懒得跟他呛，毕竟吃着他家的馅饼，而且还这么好吃。

这顿饭吃得很爽，各种大肉馅饼，浓浓的羊肉汤，吃得心满意足还热乎，身上那些分不清是哪里疼的伤，都缓过来不少，从边跳边炸着疼，变成了埋在肉里的疼痛。

三个人里面，就王旭一直在说话，蒋丞不怎么吭声，王旭说的都是班上的事，他人都分不清，想说也接不上，顾飞也不太出声，就是一边吃一边“嗯嗯”应两声，王旭的兴致倒是一直没受影响。

“听说这次二班要弄外援，”王旭说到了篮球赛的事，“咱是不是也弄啊？要不怎么赢。”

“你是想让我和蒋丞带仨外援上去打吗，”顾飞说，“赢了有意思？”

王旭皱着眉，想了想：“没意思，要是这样，我都上不了场了吧？”

“你那个水平，有了外援，还能轮上你吗。”顾飞说。

“靠！”王旭有些不爽。

“明天我叫几个朋友过来陪练就行，”顾飞说，“现在也不指望能提高水平了，多打几次练练配合，熟悉一下人头。”

“对！”王旭看了蒋丞一眼，“别又把球传给了别人。”

“我是传给同桌，没传给别人，”蒋丞喝了口汤，“我的同桌跟我是一个队的。”

“……狡辩。”王旭说了一声。

“不服来辩。”蒋丞说。

在王旭家的店里吃馅饼吃了一个小时，蒋丞走出店门的时候，隐约觉得肚子上的伤都被胃给撑裂了。

“有空多来啊，”王旭的妈妈把他们送了出来，“阿姨给你们打折！王旭的同学都打折！”

“谢谢阿姨。”蒋丞说，偏过头，打了个嗝。

真是吃多了。

坐回车上的时候，他都是半躺着在后座上的了。

“我酒驾啊。”顾飞发动了车子。

“废什么话。”蒋丞说。

虽然吃得很愉快，但当他从小馒头上下来，看着通向李保国家的这条街时，一种疲惫的感觉还是重新从身体里透了出来。

他低头慢慢裹着风走着，一步两步，最后还是无可奈何地走到了楼道口。

打开房门的时候，屋里黑着灯，他在墙上摸了半天，才找到开关。

李保国家灯的开关比之前家里的开关位置要高一些，不知道为什么，他一直都没有习惯。

李保国没在家，是去医院了还是去打牌了，他不知道，拿出手机犹豫了一会儿，他最终还是没有拨号。

随便洗漱了一下，就回了屋。

把作业写完，他看了一眼时间，快十一点了。

楼上不知道谁家在打孩子，小孩又哭又叫的，听得人心惊胆战，总觉得下一秒就会被打死。

他躺到床上，拿出耳机戴上，闭上了眼睛。

老徐对于这次篮球赛起码要赢一场的决心有多么大，蒋丞总算是体会到了，他居然在一早就通知参加篮球赛的人，今天的语文课可以不上，去体育馆训练。

顾飞不得不一早就给“不是好鸟”打了电话，让他们上午就过来。

“反正你们在教室也没人听课。”老徐说。

蒋丞想说：“其实我要是在教室里还是会听的，毕竟我是一个学霸。”

上午的体育馆里是没有别人的，蒋丞看着课间就兴致高涨起来了的一帮人，有些感慨，说实话，他对这些人能赢比赛，一点信心都没有，能不能赢，完全取决于别的班有多差。

“一会儿我们的特别陪练队就过来，”王旭蹲在场边，“按照那天说好的，先发队员上场先打打看，找找感觉。”

“如果有人问起来这件事，就说是顾飞带人给咱们陪练，”王旭说，想了想，又补充了一句，“记着要说的话，得说得特别气愤，让人觉得是我们求了半天才求来的，这人一点集体荣誉感都没有。”

大家纷纷点头，一脸沉痛。

顾飞叹了口气。

“不是好鸟”进来的时间点挺合适，上课铃响过之后进来的，避开了满学校都是人的课间。

只是这样几个一看脑袋上就顶着“找碴儿专业户”牌子的人，居然可以就这么大模大样地走进四中大门，蒋丞觉得学校的管理有些不可思议，明明早上迟到都得爬铁门才能进来……

“开始吧，”顾飞说，“抓紧时间。”

蒋丞看了一眼，“不是好鸟”四个人，还加上李炎……李炎也上？

“刘帆、罗宇、赵一辉、陈杰、李炎，大家认识一下吧，”顾飞指着人，一口气不带停地把人给介绍了一次，“记不住也没事，反正是对方的队友。”

大家把外套一脱，就都上了场，替补队员里有两个人拿了哨子当裁判，还有一个把记分牌都推过来了。

蒋丞一看这阵势，再看对方的人，突然有一种久违了的兴奋感。

“我跳球，”顾飞低声说，“一会儿刘帆要盯死。”

“刘帆？”蒋丞问。

“戴大铁链子的那个。”顾飞说。

“嗯。”蒋丞扫了一眼，是第一次看到他们打球时“不是好鸟”中的“是”。

“那个链子是铁的？”郭旭问。

“我哪里知道，不是铁的就是银的不锈钢的铝的，”顾飞看着他，“要不你过去问问？”

蒋丞忍着笑，偏过了头。

“不问了，我觉得是不锈钢的。”郭旭说。

顾飞叹了口气：“盯死不锈钢大链子。”

跟顾飞跳球的就是刘帆，刘帆个子比顾飞稍微高一点，不过，这点高度不能决定什么，主要还是看反应和弹跳。

蒋丞盯着球。

球被抛起之后，几乎是在最高点还没有明显下落趋势的时候，顾飞和刘帆同时跳了起来，但先碰到球的是顾飞。

蒋丞就觉得挺神奇的，顾飞每次都能在同时起跳时，先碰到球。

不过，虽然顾飞先碰到了球，球也往卢晓斌的方向飞过去了，而拿到球的却是李炎，他在卢晓斌手摸到球的瞬间，从旁边一掠而过，手一带，就把球给勾走了。

蒋丞有点吃惊，上回看他们打球的时候，如果自己没记错，顾飞是把李炎算在“老弱病残不上场”的老弱病残里的。

一个老弱病残，居然这么轻松地就把球给扫走了！

卢晓斌明显也震惊了，立马飞快地追了上去，张牙舞爪愤怒的样子，要不是有规则在，他能把李炎拎起来扔出去。

蒋丞没急着追，李炎带球速度不快，看样子也不是要直接带球过去，在他往右边微微偏头的时候，蒋丞看到了正一边伸手一边往右边线跑过去的不锈钢链子刘帆。

他猛地加速，往前冲出去，在李炎球脱手往刘帆那边传过去的时候，他往前蹿了一下，把球给截了下来。

但球并没能拿到手上，而是弹向了挥着胳膊的卢晓斌。

卢晓斌这次反应不错，一把抱住了球。

“给我。”蒋丞说。

卢晓斌在李炎再次过来截球的瞬间，把球对着蒋丞的脸就砸了过来。

蒋丞接住球的时候，都想谢谢老天爷没让力道如同铅球的这个球砸到自己的脸上。

李炎想过来拦他的时候，被郭旭缠住了。

看谁拿球就一块儿上去缠着谁的这种二傻子风格，在这时起到了作用，李炎相对来说瘦弱一些，被郭旭和卢晓斌这么一夹，人都快看不见了。

蒋丞带着球往篮下跑去的时候，看到了已经甩开人，同时往篮下跑的顾飞，顾飞也正看着他。

他没犹豫，算好提前量，把球传了过去，球在刘帆脚边一弹，顾飞稳稳地接住了。

但“不是好鸟”这种水平的对手，是昨天班上的替补们无法相比的，顾飞拿到球的同时，那个不知道是叫罗宇还是叫赵一辉的，已经一个转身，断掉了顾飞上篮的路线。

顾飞把球往后一带，蒋丞赶紧从人缝里穿了过去，这人也不知道是对队友太有信心，还是顾不上别的了，都没回头看一眼，就把球向身后传了出来。

蒋丞接住了球。

“不是好鸟”应该是长期配合，攻守都打得严丝合缝，篮下根本进不去，蒋丞拿到球之后，直接被逼到了三分线之外。

这个快攻没打成，“不是好鸟”已经全部回到了篮下，在这种情况下，就以他和顾飞，根本不可能再进得去。

就在他带着球，掐着时间找机会的时候，顾飞突然举起了手，蒋丞看到他伸出了三根手指。

行吧，三分就三分！

他带着球，猛地往前一冲，刘帆立马顶了上来，他压着三分线，借着惯性，猛地起跳，刘帆就他妈跟他的影子似的也起跳，直接就要盖帽。

蒋丞不得不在这一瞬间把球往回收了收，做了个拉杆，再单手把球从刘帆身体的左侧投了出去。

腰扭过去的一瞬间，肚子上的那个伤口被猛地撕了一下，蒋丞没忍住吼了一声。

太有气势了！

刘帆落地就马上转了头，看到球进了的时候，又看了蒋丞一眼：“牛啊。”

“好球。”顾飞双手举过头顶，拍了拍手，跟蒋丞目光对上之后，他又竖了竖大拇指。

22

虽然蒋丞进了一个非常拉风并且技术高超的球，还吼了一声，很有气势。

但毕竟“不是好鸟”加上李炎长期配合的水平高出他和顾飞太多，而且本身技术比他们队的另外三个人要强得多，上半场他们只拿到了15分。

蒋丞两个三分，剩下的基本都是顾飞进的球，只有王旭罚了个球，得了1分，对于王旭撅个腚，诡异得如同小学生的双手罚球姿势也能罚进，蒋丞表示很吃惊。

中场休息的时候，他看了一眼记分牌，28：15，这样的分数实在有点伤感，这个分差，就以这样的技术和配合，是绝对不可能追得回来的了，如果这是正式比赛，下半场打的时候，大概只能怀着一种“不能让分差拉得更大”的高尚情怀去拼了。

“换两个人下来，”李炎坐在球场地板上说，“罗宇、赵一辉休息，换两个他们的替补上去打一下，都练一下。”

“我看行，”王旭队长点头，“不换人，没法打了，我看二班也没这个水平，陪练太牛，打得自信心都稀碎。”

蒋丞在一边坐着，没吭声，刚投篮的时候，只觉得伤口疼，落地的时候就没太大感觉了，但现在休息了两分钟，又觉得伤口跟火烧的似的，辣着疼。

他看了看旁边热情高涨的队友们，也没说要换人，他要是换下来，就靠顾飞一个人，连个配合都打不出来，也就没什么练习的必要了。

再说了，他也不想让王旭知道他身上有伤，王旭对“你跟猴子又打了一架”这种场景，着魔了一样的执着，他有点吃不消。

“要换你休息吗？”顾飞在他面前小声问了一句。

“不用，”蒋丞说，站起来活动了一下胳膊，“打完再说吧。”

“行吧，”顾飞看了他一眼，把几个队员叫过来，“适应了半场，有点数了吧，下半场我从边线到篮下，你们还是人盯人，多传球，别老带，他们断球都厉害，球给蒋丞，我负责拿分。”

“好，就按大飞说的执行。”王旭作为队长，没能分配任务，只好强行做了个总结。

上半场的时候，蒋丞总觉得顾飞打得有点收着，似乎是在试探王旭那几个人的技术，下半场从开始他就跟之前不太一样了，跟撒欢似的。

蒋丞这才发现顾飞的移动速度挺惊人的，刘帆他们几个虽然跟他很熟，但打起来根本盯不住他。

他的路线很简单，边线直插篮下，接传球上篮，有人拦他，就把球分出去给蒋丞或者别的队友，最后再由蒋丞把球传回给他。

这种打法他倒是很爽，而蒋丞打得就有点费劲了，得时刻注意场上人的位置，还要注意顾飞看都不看就出手的传球。

比分倒是一下追了五六分，但蒋丞还是忍不住：“你传球的时候，看看我在哪里行吗？”

“我看了。”顾飞说。

“我还在十步之外，你就传了。”蒋丞压着声音。

“那你不是都跑到了吗？”顾飞说，“也没传丢啊。”

“……丢了呢？”蒋丞有些无语。

“算我的。”顾飞很淡定地回答。

“放你的屁，”蒋丞说，“分丢了，算你的就没丢了吗？”

“丞哥，”顾飞笑了笑，看着他，“你原来是你们校篮的队长吧？”

“与你何干，”蒋丞也看着他，“我就跟你说，你看着点。”

“知道了。”顾飞说。

顾飞说完知道了之后稍微有所改变，会拿眼角扫一下蒋丞的大致位置，但就算扫完这一眼，他也还是那么个传法，反正你让我看看你在哪里，我就看看，看完了该怎么传还是怎么传。

蒋丞已经懒得再说了，反正顾飞和“不是好鸟”这帮人，打球都是一副街头篮球范儿，没什么规矩，强行要求队友默契百分百，而且打球都跟撒欢似的，带的俩替补也如同嗑了药，没十分钟，就犯了三次规。

“注意分寸，”蒋丞有些无奈，“我们统共就这几个人，都毕业了让老徐上吗。”

“爽！”郭旭跑过他身边的时候，挥了挥胳膊。

比赛还在继续，蒋丞也没时间管那么多，跟了过去。

王旭从对方队员里的己方替补队员手里断到了球，顿时如同天神降临一般地吼了一声：“啊——”

蒋丞看他拿着球，还沉浸在兴奋当中，似乎没有传球或者进攻的意思，不得不拍了拍手：“传球！”

王旭回过神来，一抡胳膊，把球传了出去。

蒋丞顿时有种即将心梗的错觉，他好不容易摆脱了那个陈杰的纠缠，这会儿没人盯着他，这时，正常人都应该知道这个传球是传给他的。

怎么也没想到王旭一抡胳膊，把球传给了顾飞，而顾飞这会儿被刘帆缠得都快跳贴面舞了。

蒋丞只能无语地看着这一幕。

估计顾飞也没想到在这种情况下，王旭还会把球给他，百忙之中，他反应倒是相当快，伸出手在球被刘帆碰到之前，一巴掌拍了过去。

这如同排球扣球般的一巴掌，改变了球的轨迹，球对着蒋丞的脸，就飞了过来。

蒋丞吓了一跳，感觉自己的心脏都要从肋条的伤口那里蹦出来了。

还好他条件反射地抬了一下手，球正好砸进了他的手里。

“都他妈瞎了吧！”他骂了一句，拿了球也懒得管别的了，直接带着怒火跟坦克似的就往篮下冲。

反正时间马上就没了，也没时间再做调整。

冲到篮下之后，他发现没有投篮机会，刘帆贴身盯人的技术超级熟练，跟着他一路过来，一个转身就把他罩了个严实。

蒋丞的余光里没有看到顾飞，只有被盯死了的王旭和卢晓斌，而这个时候，他也没办法回头，刘帆的手就在他的眼前晃着，只要一分神，球就会被抢。

"没时间了——"场外有人喊了一声。

再不出手这两分就没了，蒋丞没别的办法，只能是猜测这个时候顾飞应该会来接应，不在篮下，就在身后。

于是，他手往后一勾，把球向后传了出去，紧跟着，一边顶住刘帆一边回过了头。

顾飞一步跨过来，稳稳地接到了球，无缝衔接地一个三分跳投，球在空中划出了一道长长的弧线。

"进了！"王旭喊了一嗓子，"三分！"

蒋丞竖了竖拇指，虽然这个球对于战局没有什么改变，但的确是投得漂亮。

哨声响了，全场结束。

"不错，不错！我觉得很好，虽然比分……"王旭抹了抹脑门上的汗，往记分牌上看了看，"居然还差11分？哎，不过还是很好了！"

大家纷纷一边抹汗，一边表示赞同。

"配合差点，"蒋丞扯了扯衣服，感觉伤口大概是因为碰了汗水，有点火辣辣的疼，"眼睛不看队友也不看对方，只盯着球，这个得改改。"

"嗯，说得很对，"王旭点头，重复总结了一遍，"要看自己人，也要看对方人，不要只看着球。"

"不是好鸟"完成陪练任务之后都走了，一帮人又兴奋地讨论到老徐过来。

"赶紧收拾一下，换换衣服，"老徐说，"一会儿政治课，我已经帮你们请了十分钟的假，回教室的时候，不要影响别的同学。"

大家都去了体育馆的厕所，洗脸的，尿尿的。

蒋丞一直等到人都出来了才进去，洗了洗脸之后，对着镜子把衣服掀了起来，看了看，在看到伤口那里的纱布上有血渗出来时，他忍不住小声骂了一句。

这会儿，他身上什么能处理伤口的东西都没有，又不想去校医那里，校医一看这种伤就得汇报，老徐知道了，不定会怎么用爱感化他……

身后传来了一声口哨。

蒋丞赶紧把衣服放下来，往镜子里瞅了一眼，顾飞正走进来。

"有创可贴吗？"他松了口气。

“这伤用创可贴？”顾飞说，“我……去校医室帮你拿点纱布吧。”

“不好吧，”蒋丞皱皱眉，“校医要问呢？”

“我去拿，没人会问的，”顾飞又看了看他的伤口，“昨天你怎么没说伤成这样了？”

“有什么可说的。”蒋丞说。

“等我一下吧。”顾飞转身出去了。

蒋丞撑着洗手池，叹了口气，本来打球的时候注意力分散了，便没觉得怎么疼，现在放松下来了，就觉得一阵阵的火辣辣，中间还夹着被锥子扎似的尖锐疼痛。

他小心地把纱布揭下来，看了看，稍微有点发红，有血渗出来，但看上去还好。

挺长时间没受这种见血的伤了，高中之后，也打过几次架，多半都是身上有点青紫，猛地看到自己身上有血，还挺郁闷的。

这算是为了李保国吗？

不算吧，李保国现在什么情况，他都懒得去问。

关键是从昨天到现在，李保国也没跟他联系过，是又去打牌了，还是又被那帮人截了，也不知道。

细想起来，他又有些心里发慌，李保国到底干了什么？这个麻烦是解决了还是没解决，以后还会不会有别的麻烦？

这次是被在街上打，下次会被人找到家里去吗？

砸个翻天覆地，还是打个头破血流？

想想都觉得身上发冷。

顾飞回来得挺快，进厕所的时候，手里拿了个小袋子，里面装着酒精碘伏和纱布胶条之类的。

“我帮你？”顾飞问。

“我……自己吧。”蒋丞拿了点药棉，倒了点酒精上去。

他不太愿意跟人有什么肢体接触，除了潘智，任何人碰到他，他都会不自在。特别是像顾飞这种长得不错，手还挺漂亮的。

不过，一只手掀着衣服，一只手拿药棉往伤口上弄，不是太好控制，换药棉的时候，一松手，衣服又滑下去蹭到了伤口。

“王旭说你事多。”顾飞在旁边看着说了一句。

"嗯，"蒋丞应了一声，"怎么，你要给他点个赞吗？"

"是啊，你真挺事的，"顾飞说，"是要表现你自强不息吗？"

蒋丞叹了口气，举着酒精瓶子，看了他一眼："我怕你手上没数，你打球就挺没数的了。"

"我四岁就自己处理伤口了，"顾飞拿过了他手里的瓶子，一边往药棉上倒，一边说，"熟练工。"

蒋丞没说话。

四岁？

吹呢，他四岁的时候都还不记事呢。

不过，顾飞动作倒的确是挺熟练的，药棉碰到伤口上都很轻，而且速度很快，没怎么感觉到疼，就弄好了。

蒋丞把目光投到旁边的水龙头上。

"你这个伤，到比赛的时候好不了，"顾飞把纱布盖到伤口上，"自己按着点。"

"也没什么大影响。"蒋丞按住纱布，飞快地往顾飞手指上扫了一眼，顾飞手指挺长，尤其是小拇指，弹钢琴很合适……他继续看着水龙头。

顾飞很快用胶条把纱布固定好了："行了，这些你拿着吧，自己换一换。"

回到教室的时候，政治老师正在讲台上发火。

底下的"嗡嗡"声却没有因为她发火而被压制，一帮"篮球队队员"刚打完一场球，这会儿正是兴奋得不行的时候。

"你们徐总简直就是轻重不分！"政治老师拍着讲台，"我看期中考试是不打算要成绩了！你们去考篮球得了！居然用上正课的时间去打什么球！不是我不看好你们班，就你们班这个样子……"

蒋丞低头飞快地坐到自己位置上，他这样的学霸，一般还是给老师面子的，老师生气骂人了，他都会表现得老实一些。

但顾飞就没这么配合，在老师的骂声中慢吞吞地回到位置上，还整理了一下外套摆放的位置，才坐下了。

"哎，大飞，"周敬侧过头，小声地叫着，"哎，大……"

话还没说完，政治老师往讲台上猛击一掌："周敬！你给我出去！"

"啊？"周敬愣了。

“出去！”老师指着他，继续吼。

周敬犹豫了一下，站了起来，拿了外套穿上，从后门出去，站在了走廊里。

“后面那两个！也给我出去！”老师又指着蒋丞和顾飞，“别人都回来了，就你俩最慢！我看也是不想上课！不想上课就出去站着吧！”

蒋丞看着老师，他虽然一直上课漫不经心，而且还会旷课，但还是第一次被老师指着鼻子从课堂上赶出教室。

顾飞倒是很听话，比老师让他上课听课的时候听话多了，老师刚一说完，他就站了起来，拿了衣服，走了出去，跟周敬一块儿往走廊栏杆上一靠。

“你！”老师继续指着蒋丞。

蒋丞有些无语地叹了口气，也起身出去了，他都不用拿衣服，外套都没来得及脱。

“听王旭说，你们现在很牛？”周敬一点也没有因为被赶出教室而郁闷，趴在栏杆上，继续他之前的问题。

“牛个屁。”蒋丞说。

王九日队长要求大家扮演前途无望的苦闷队员，结果自己还没怎么样，就忍不住开吹了。

“大飞上场吗？”周敬问，“王旭说，老徐求你，你都没答应。”

蒋丞听着差点没忍住乐出声来，王旭还算是坚守住了顾飞不上场的设定，但是没事瞎加戏，让人实在想采访一下他。

“是啊，”顾飞转过头，“我是一个没有集体荣誉感的人。”

顾飞站在蒋丞右边，转头时，呼吸从他脸上扫过，他迅速地躲了一下，原地蹦了两下，不动声色地绕过周敬，抓着栏杆，往楼下看。

“真的？”周敬有些疑惑地又看着蒋丞，“没骗我？”

蒋丞看着他，周敬不是什么坏人，但一看这德行，就是嘴跟喇叭似的那种人，跟他说点什么，估计转身都不用，就已经给宣传出去了。

“嗯。”蒋丞点点头。

“但是王旭又说你们现在很厉害……怎么可能，我又不是没看过他们打球，”周敬皱了皱眉，想了想，又眼睛一亮，“这是不是你们的战术？跟别人说自己特别厉害！”

虽然蒋丞很想问他这种吹牛说自己很牛恐吓对手的行为，意义何在，但还是点了点头。

“啊……”周敬还想说什么，顾飞的手机响了，打断了他的话。

电话是老妈打来的，顾飞接起电话：“喂？”

“你放学了没啊！”老妈焦急的声音传了出来，“二淼不知道怎么……”

顾飞听到了顾淼的尖叫声，心里猛地抽了一下：“我马上回去。”

挂了电话之后，他转身直接冲向了楼梯。

顾淼尖叫的原因有好几个，这两年一般都是因为水，但并不是一定会有反应，偶尔而已，而且老妈是知道的，平时也会注意。

现在，顾淼这样的反应应该跟水没关系，那是又怎么了？

他冲出校门，门卫想拦住他问一下，都没来得及伸手。

骑着自行车往回赶的时候，顾飞觉得很累，这种疲惫的感觉，每次都是很突然地袭来，就那么一瞬间，他觉得自己一闭眼就可以一觉睡到天荒地老了。

身体上的累，他没有感觉，现在也不觉得什么时候累了，只有心累是他无法排解的，老妈他可以不管，可以吼几句带着发泄，而顾淼却不行。

他小心翼翼，一边让顾淼可以自己对抗各种有可能出现的伤害，一边还要时刻保护着，防备着随时会突然出现的意外。

跑上楼的时候，隔着门，他都能听到顾淼的尖叫声。

对门的老太太开了门，一脸担忧地看着他：“二淼她……”

“没事。”顾飞打开门，进了屋子。

老妈正抱着顾淼坐在沙发上，顾淼把脸埋在她胸口，不停地尖叫着。

“二淼，二淼，别喊了，你看你哥哥回来了，”老妈拍着顾淼的后背，“顾飞回来了……”

顾飞过去从老妈怀里接过顾淼抱着，一只手在她背上揉着，一只手在她脖子后边轻轻捏着：“没事了，二淼，没事了。”

顾淼搂住他的脖子，还是尖叫，身上有些发抖。

顾飞皱了皱眉，顾淼这不是害怕，是生气。

“怎么了？”顾飞轻声说，“告诉哥哥，你为什么生气？”

“生气？”老妈有些不解地看着他。

他指了指顾淼的书包，老妈把书包拿到他的手边，他拿出顾淼的书和本子，一边翻一边问：“是书吗？还是本子？有人撕你的书了吗？”

顾淼的尖叫声低了下去，但还是在叫，中间夹杂着含混的两个字：“画画。”

顾飞翻开了她的生字本，没翻两页，就看到了其中一页用红色的笔画得乱七八糟，摔跤的小人，旁边还能看得出画的是滑板，两边还配了字。

猪，哑巴，笨蛋……

“二森，停下，”顾飞放下本子，扶着顾淼的肩，“看我，看着我。”

顾淼的尖叫终于停止了，抬起头看着他，眼睛瞪得很大。

“知道是谁吗？”顾飞问。

顾淼点了点头。

“这件事，”顾飞看着她的眼睛，“哥哥帮你处理好吗？哥哥去找这个同学谈一谈。”

顾淼瞪着眼睛看了他好一会儿，摇了摇头。

“不要？”顾飞问。

顾淼继续摇头。

“那你是怎么想的？”顾飞问，“告诉哥哥。”

顾淼过了很长时间，才很轻地说了一句：“自己。”

顾飞不知道她要怎么自己去处理这件事，但无论他再怎么问，顾淼都不再说话，也不再给他任何回应，转身进了自己的房间，关上了门。

“我这辈子是怎么了……”老妈捂着脸，坐在沙发上低声哭着，“嫁了个王八蛋，带不好自己的孩子……我上辈子是不是做了什么坏事……想再找个人做伴也……”

“妈，你先回屋。”顾飞说。

“儿子也对我这么狠心……”老妈捂着脸，边哭边进了屋子。

顾飞捏了捏眉心。

屋里一片安静，什么声音都没有了。

他悄悄从门缝里看了看顾淼，顾淼抱着被子，躺在床上，似乎是睡着了，老妈那边也没了动静。

他坐回沙发上，闭上眼睛。

休息了差不多半个小时，他睁开眼睛，拿出手机，打了个电话给丁竹心：“心姐，晚上有空出来坐坐吗？”

23

顾飞政治课直接闪人，连书包都没拿，政治老师气得冲到办公室，把老徐骂了一顿，老徐在放学的时候进了教室。

“蒋丞。”他堵住了刚拿着书包要走的蒋丞。

“我不知道。”蒋丞回答，他知道老徐要问顾飞怎么回事，但他的确是什么也不知道。

“他突然跑掉，总得有个原因吧？”老徐说。

蒋丞只知道顾飞接了个电话，说了一句马上回去，别的他也没有听见。

不过，他却并不想跟老徐说，谁知道顾飞是怎么回事，又愿意不愿意这事被老徐知道，他不想多嘴。

不过，周敬显然没有他想得多，老徐拎着他一问，他就说了：“他接了个电话，说要回家，就跑了，是家里有事吧？”

“是吗，”老徐皱了皱眉，周敬走了之后，他又揪着蒋丞，“周敬都知道，你不知道？”

“我知不知道有关系吗？您现在不是已经知道了吗？”蒋丞拿着书包就往外走。

“你帮顾飞把书包送回去？”老徐在后面说。

“不，”蒋丞回过头，“徐总，如果我半道上从学校跑了没拿书包，您千万也别让谁给我送回去。”

“为什么？”老徐问。

“因为很烦，”蒋丞说，“不是谁都愿意别人碰自己的东西，还给送回家的，真的，他要拿，自己就来拿了，学校连流氓都进得来，还怕自己学生进不来吗？”

老徐看着他，似乎有些没反应过来。

蒋丞也没再说别的，转身就走了。

老徐就跟个老妈子似的，管得多，管得细，但这个年纪的人，偏偏最不需要的就是这种老母鸡式的爱的呵护。

特别是顾飞这种一看就是单独惯了的。

蒋丞觉得老徐一会儿肯定还得给顾飞打电话，但是顾飞肯定不会理他，这种师生关系，就以老徐目前的情商，还真是改善不了。

在这一点上，蒋丞突然有些怀念以前的班主任。

回忆刚开了个头，他迅速地抬头吸了口凉气，把这个头给切掉了。

其实，中午他还挺想去王九日家吃馅饼的，但是又觉得自己这么跑过去，见着九日队长有点没话可说，他也不愿意九日队长一直拉着他，兴奋地说战术。

于是，他还是在街口的小店吃了碗面。

回到李保国家的时候，有些意外地发现李保国居然在家，正坐在沙发上抽着烟，手里还拿着张纸，正就着昏暗的光线看着。

李保国的房子被前后两栋楼夹在中间，还是个“凹”字形的结构，光线特别差，外面阳光明媚，进屋就跟黄昏了似的。

每次蒋丞一进来就觉得一阵压抑，他伸手打开了客厅的灯。

“哟，”李保国这才吓了一跳似的抬起头，“丞丞回来了啊？”

“嗯，”蒋丞看了他一眼，脸上青一块紫一块的，嘴角还肿着，看来昨天被打得不轻，自己要是没过去，说不定李保国这会儿得进医院，“你……伤没事吧？”

“没事，没事，”李保国摸了摸脸，“这点伤算什么，想当年，我还在厂里上班的时候，就他们那样的小年轻，都不够我一只手……”

“我已经吃过了，”蒋丞打断了他的话，进了里屋，“你自己吃点吧。”

蒋丞刚把外套脱掉，想上床躺一会儿的时候，门被推开了。

“丞丞，”李保国探进来半个身子，“昨天，你没事吧？”

蒋丞有些无奈，自己没有锁门的习惯，因为从小到大只要关了门，就不会有人随便打开他的房门，看来现在得记着锁门。

“没事，”蒋丞说，“我想睡会儿。”

“你爸没用，”李保国说，没有关门出去的意思，“你爸被人在街上揍，还得你来救，让你觉得丢人了吧？”

蒋丞没说话，李保国这个“你爸”说出口的时候，他第一反应都没想起来这个“你爸”指的是李保国自己。

“但是你放心，”李保国又接着说，“你爸有啥事也不会扯到你身上的！”

“嗯，我知道了，”蒋丞耐着性子，“我睡会儿，我有点困了。”

李保国点点头，转身出去了，但没关门。

蒋丞只得又过去把门关上，犹豫了一下，没有上锁，李保国就在外面，锁门的声音他能听得见，蒋丞不想弄得太尴尬。

躺到床上的时候，只觉得累得很，也不知道是因为带着伤打了球，还是昨天没睡好。

李保国今天中午难得地没去打牌，蒋丞一个中午都能听见他在客厅里咳嗽，几次都想起来让他去医院看看是不是得了咽炎，从放寒假的时候，到现在都快期中考试了，李保国的咳嗽一直都没好过。

午睡的时候，听着这样的声音是没法睡着的，而且楼上又在打孩子，不是昨天那家了，换了一家。这楼里有孩子的好几家，每天都轮着打孩子，今天你家，明天我家，赶上了就一块儿打。

每个孩子都喊得撕心裂肺，中途有邻居听不下去了，出来劝两句，就会跟着一块儿被骂，被骂的要是气不过，就会演变成一场“嘴仗”。

总之，这一片的老楼，每天都很热闹，充满着蒋丞从来没有接触过的生活气息。

李保国的咳嗽声终于随着客厅门的一声响消失了，蒋丞摸过手机，看了看，自己也该起床去学校了。

顾飞下午也没来学校。

就开学这段时间，顾飞不是迟到就是旷课，似乎是一种常态，同学不好奇，老师也不太过问。

只有老徐会坚持追问。

下午放学的时候，蒋丞又被老徐拦住了。

“蒋丞，你是不是不太愿意跟老师沟通？”老徐身上带着酒味。

蒋丞这段时间也发现了，老徐虽然不会喝醉，但身上经常会有酒味，周敬说他吃个早点都会喝两口。

还因为这个被校长当着全校师生的面，点名骂过，但一直也没什么收敛。

“就这一点上，他挺江湖的。”周敬说。

蒋丞不知道老徐是不是因为这一点，特别喜欢李白，上课的时候经常会发散，无论什么内容的课文，他都能发散到李白身上去。

“说起这个××来啊，我就想说一说李白，”他一般是这么开头，“李白这个老东西……”

“你是不是喝酒了？”蒋丞问。

“中午喝了点，”老徐嘿嘿笑了两声，“蒋丞，我看你打球的时候，跟顾飞配合挺好的，平时关系也不错吧？”

“……就打个球而已，会打的，都知道怎么配合。”蒋丞说。

“我下午打了几个电话给顾飞，他都没有接，”老徐说，“我之前对他关心还是不够……”

蒋丞无奈地打断了他的话：“行了，我知道了，我放学后，去他家店里看看，别的我也干不了什么了，其实，我跟他不怎么熟，而且我也不知道他家在哪里。”

“好好好，”老徐很愉快地点了点头，“让他明天来上课……本来我是想让王旭去的，但是他住得没你近，而且这个浑小子不靠谱……”

“知道了。”蒋丞点点头。

去顾飞家的店里看一眼，倒是没什么大不了的，但如果不是老徐一直找他，他绝对不会去的，谁乐意总是被老师和同学盯着，还上家里去打听。

他溜达着出了学校，在门外的车站，看了看站牌。

今天伤口被撕开了一次，如果这些天训练一直这样，那他这伤到比赛也好不了，他想去医院换药的时候，弄点什么伤口黏合剂之类的，能好得快一点。

车站有直达医院附近的车，等了没几分钟车就来了。

他在四中的学生里挤上了车，一辆空车，过了这一站之后，就满了一半，下一站是个什么职专，过了这两站，车上就上不来人了。

满车说笑聊天的学生。

蒋丞挤在后门旁边的铁杆上，后面的人一动，他就得往铁杆上撞一下，没过两站，就烦得想把旁边的人都摁地上去。

前面又经过一所学校，蒋丞看了一眼，还好是个小学，小学生都有人接，不会有人来挤车，而且现在这个点，小学生已经放学挺长时间了。

他用脑门顶着铁杆，耳机在书包里，这会儿想掏出来不太可能了，只能闭目养神，听着四周的学生或吹牛或交流八卦。

开出去半站地，他听到车厢里一阵骚动，睁开了眼睛。

“哟！现在小学生也这么猛了！”有人说。

“哎哟，这一下打着了是要开瓢啊。”又有人边乐边说。

蒋丞往窗口外面看了一眼，顿时愣住了。

三个小男孩正尖叫着边跑边骂，身后一个抱着滑板的……小姑娘正在追。

这个滑板小姑娘，蒋丞不用细看就知道是顾淼。

顾淼追了几步，小男孩跑得快，她没追上，于是把滑板放到了地上，踩上去，蹬着几下就冲到了前面。

蒋丞在她经过车旁时，看到了她脸上从未有过的说不清是冷漠还是愤怒的表情，心里顿时“咯噔”了一下。

车开得慢，好在没多长一段路就到站了，医院还有三站地，但蒋丞还是急急忙忙地从这一站挤着下了车。

顾淼和那三个小男孩已经没有了踪影，他顺着小孩们刚才消失的方向，快步追了过去，在一个岔路口停下了，直走是大路，右转是条破旧的小街。

正想着往哪边走的时候，他听到右边传来了一阵叫喊声。

刚一转脸，就看到三个小男孩只剩下了两个，从一个胡同里跑了出来，另一个不知道怎么摔到了地上。

而顾淼，正骑到了他的身上，抡着滑板就往他脑袋上砸了下去。

蒋丞吓得腿都有些发软，立马向那边狂奔了过去。

旁边几个店铺里的人都出来了，都是先惊叫，然后有人过去想拉开顾淼，但只要有人靠近，顾淼就会拿着滑板对着人抡，连着两人都没能靠近她。

被按在地上的小男孩也不挣扎了，就抱着头大喊大哭着。

顾淼抽空对着他的脑袋又用滑板砸了一下。

这次有一个男人从身后抱住了顾淼，一下把她拎了起来。

顾淼开始疯狂地挣扎，发出了刺耳的尖叫声。

蒋丞到来的时候，那个男人拎着她有些手足无措，扔也不是，拎也不是。

“顾淼！”蒋丞冲过去，喊了一声。

顾淼闭着眼睛，像是什么也听不见，只是不停地尖叫，手里还紧紧地揪着自己滑板的一角，不松手。

“二淼！”蒋丞吼了一声，“我是蒋丞哥哥！我是丞哥！”

“你认识她？”有人问了一句，“这孩子怎么回事！疯了吗这是！”

蒋丞看了一眼被人从地上抱起来的那个小男孩，能看到脑袋上有血，正放声号哭着。

“给我，”蒋丞跟拎着顾淼的那个男人说，“把她给我。”

“你不能走！这是你家孩子吗！”那个男人说，“把人家孩子打成这样！这得报警，叫你家……”

“我说把她给我！”蒋丞吼了一声，瞪着那个男人。

顾淼拼命挣扎尖叫的样子，他从来没见过，看上去疯狂，而又让人揪心，蒋丞知道顾淼有些问题，现在看到她这样，顿时就急了。

男人被他吼得愣了愣。

蒋丞过去搂住顾淼，把她抢到了自己怀里。

“你不能走！”围观群众变得多了起来，大家围成一个圈，把他和顾淼围在了中间。

“你们报警。”蒋丞搂着尖叫声已经低了下去，但全身在不停发抖的顾淼。

小男孩头上的伤不算太严重，有个大妈拿了些酒精过来，给他脑袋上冲了一下，后脑勺有个小口子，但不知道会不会有别的问题。

有人报了警。

蒋丞一边紧紧搂着顾淼，在她背上用力搓着安抚她，一边掏出手机，拨了顾飞的号码。

但那边响了半声就断了。

顾飞居然设了免打扰！

他只能又给顾飞发了条消息。

——顾淼出事，快联系我。

接着他又拨了王旭的号码。

“哟！”王旭倒是接电话接得很快，“蒋丞？你个事多的，居然给我打电话？”

“马上去找顾飞，”蒋丞压着声音，“马上立刻！他妹妹出了点事！他不接电话！”

“啊？”王旭吃了一惊，但还是马上能听到他跑了起来，“等着，等着，我刚到家，我再出去！我过去找他！你们在哪里？”

“不知道，现在在一所小学……一会儿警察来了就不知道了。”蒋丞看了看四周愤怒震惊的人民群众，感觉要不是自己护着，顾淼这会儿准得挨打。

“我知道了！”王旭喊了一声，挂了电话。

警察来得挺快的，一到现场，马上就被群众围住了，纷纷解说。

“先把这个小孩送医院，”一个老警察说，又看了看蒋丞，“你是那个孩子的家长？”

“不是，”蒋丞说，“我是她哥哥的同学。”

“通知她的家里，”老警察说，“你现在跟我们去医院，然后去派出所。”

“行。”蒋丞抱着顾淼，过去把滑板捡了起来，然后向警车走了过去。

顾淼已经没有了声音，只是死死搂住他的脖子，手指用力地掐着他脖子后边，感觉指甲都快掐进肉里了。

“顾淼，顾淼？”蒋丞轻声说，“我的肉都快被你掐掉了，没事了，你别害怕，你哥哥马上就来了。”

顾淼没有反应，手上劲也没松，身体还是在抖。

这个状态让蒋丞很担心，一是不知道她现在到底怎么回事，揍那个小孩揍得那么狠又是为什么，二是他毕竟不是顾淼的亲人，这样处理也不知道对不对……万一没处理好，顾飞是不是还得找他寻仇……

医院的钱蒋丞先垫上了，处理伤口和各种检查，钱倒是不算多，麻烦的主要是对方的家长。

那孩子的父母一到医院，就跟疯了一样，冲过来要打顾淼和蒋丞，警察过来拦的时候，他俩差点连警察一块儿打了。

"别拦着我！"男的吼着，"赔钱！赔钱！她把我儿子弄成什么样，我也要把她弄成什么样！疯子啊！变态啊！我跟你说，我知道这个疯婆子，是我儿子同学！变态！班上有她，我就说要出事！有种别让她出门！我见一次我打一次！"

"该怎么处理，听警察的，"蒋丞知道这事顾淼肯定不对，但对方说的话实在勾火，他压着往上蹿的怒火，"你碰她，我就碰你，这事完不了。"

女的尖叫了起来："警察叔叔！你听听他说的这是什么话！"

顾飞的电话终于打了过来："在哪里？我马上到。"

"医院，快。"蒋丞说。

对方家长一听这边有家长要过来了，顿时又激动起来，顾飞到的时候，警察正要带着他们去派出所。

"怎么个意思！"那男的一看顾飞就喊上了，"这架势是要打架啊！"

顾飞身后跟着李炎和刘帆，还有王旭和丁竹心。

"顾淼，哥哥来了。"蒋丞小声地跟顾淼说。

"二淼？"顾飞半跑着过来。

顾淼听到他的声音，终于松开了蒋丞的脖子，转过脸，看了他一眼，然后扑进了他的怀里，紧紧搂着。

"她把那孩子打了，"蒋丞小声解释着，"滑板砸脑袋。"

"对不起，"顾飞转头看了看那两口子，"我妹妹……"

"对不起个屁！对不起有屁用！"女的马上指着他，"我不抽她一顿，这事没完！"

顾飞沉默地看着她，过了几秒钟之后说了一句："来。"

那女的像是受了惊吓，退了两步："天哪！这是什么态度！这是什么态度！"

"先去派出所吧，"丁竹心走了过来，"听警察怎么说，这事该怎么处理就怎么处理，治疗，赔偿，只要是合理的，我们都配合。"

“你……”女的还想说什么，被丁竹心打断了。

“大姐，”丁竹心看着她，“您这闹得警察都没法说话了，如果您不想通过正当渠道处理，我们也可以配合，那您就未必能捞着好处了。”

“你说话注意点。”警察提醒丁竹心。

“不好意思，”丁竹心对着警察，歉意地笑了笑，“孩子出了事，我们都着急，但我们一定会配合的，但配合也不能只靠一方配合吧？”

警察带着一帮人要回派出所，顾飞问了一句：“我同学不用去了吧？”

“他也要去。”警察看了蒋丞一眼。

“嗯。”蒋丞应了一声，看了看靠在顾飞肩上的顾淼，现在她看上去平静多了，没有了之前那种疯狂和冷漠的愤怒。

“谢谢。”顾飞看着他。

“先别说这些，”蒋丞说，“顾淼……没事吧？我看她刚才……”

“没事，”顾飞犹豫了一下，“我找时间跟你慢慢说。”

“嗯。”蒋丞应了一声，跟在警察后面往外走。

走了几步之后，顾飞在他身后叫了他一声：“蒋丞。”

“你……”顾飞指了指他脖子后面，伸手拉了拉他的衣领，“这里破了。”

大概是顾淼掐的，一个小丫头，这么大劲。

不过蒋丞没顾得上想这些，顾飞拉他衣领这个动作，让他条件反射地一巴掌甩在了顾飞的手上。

“……没事。”他有些尴尬地说。

24

在派出所待了快两个小时，终于把事情处理完了。

被打的男孩并不承认他惹了顾淼，只说顾淼无缘无故地追打他，顾淼不说话，只是趴在顾飞肩上，闭着眼睛，于是，这个话也没有办法证实。

蒋丞并不相信这个小孩的话，顾淼这种状态，搁哪所学校都会被人欺负。

不过，这次事件的重点并不是顾淼打人的原因，就算是小男孩欺负了她，警察也做不了什么，重点是顾淼把人家脑袋砸开了口子，缝了两针。

好在没有什么别的大问题，对方家长狮子大张口地想要赔偿，被丁竹心半讲理半威胁地逼了回去，中途她被警察警告了好几次，要她说话注意点儿。

顾飞一直没太说话，注意力只在顾淼身上。

李炎那几个就负责抱着胳膊冷着脸，配合丁竹心的威胁，展示出“如果你们敢乱来，我们肯定也乱来，反正你看我们长得就不像好人”的气质。

最后协商好，警察让他们走人的时候，蒋丞才长长舒了一口气。

肚子这会儿才苏醒了，饿得“咕咕”叫唤，但却没有吃东西的胃口。

从派出所出来，外面挺冷，刮着风。

“你们自己回吧，辛苦了，”顾飞看了一眼蒋丞，“我们打个车走吧，还有王旭一块儿。”

“好。”蒋丞点了点头。

分头上了车之后，几个人也都没说话，蒋丞是觉得有点郁闷，估计顾飞也没什么心情说话，王旭个话篓子都没怎么开口，边骂边叹气，被顾飞看了一眼之后，也没了声音。

“都没吃饭吧？”车快到街口的时候，顾飞问了一句。

“你别管我们了，赶紧回去吧，”王旭说，“车也别绕了，我在这儿下了，拐个弯就到家……蒋丞，你去我家吃馅饼吗？”

“算了，我现在不想吃东西。”蒋丞说。

到了街口，顾飞抱着顾淼下了车，蒋丞拎着顾淼的滑板，走了几步之后，顾飞回过头：“今天谢谢了。”

“不用说这个，”蒋丞看了看顾淼，“这两天让她请假吧，我今天看到有三个小男孩，那俩没挨打的没准……”

“不请假也不一定还能去学校了，”顾飞叹了口气，“你明天上午帮我跟老徐请个假吧，我得去二淼学校。”

“行，理由呢？”蒋丞点点头。

“我发烧了，”顾飞摸了摸自己脑门，“烫手了都，今天下午烧到明天中午。”

“……好。”蒋丞笑了笑。

看着顾飞一手抱着顾淼，一手拿着滑板转身顺着路往前走过去的背影，蒋丞有些感慨。

之前，他一直觉得顾飞这人活得很随意，随意地让妹妹满街踩着滑板跑，随意地旷课迟到，随意地打篮球，各种随心所欲，无所顾忌。

而现在又觉得也许不是这么回事，顾飞家似乎所有的事都是他一个人在处理，这样的人，又怎么可能真的随心所欲。

没有人可以随心所欲，顾飞不可能，自己也不可能。

就像他不愿意待在李保国的家，不愿意待在这座陌生而破败的城市，不愿意面对眼下的生活，但却无可选择。

每一次改变，都会牵一发而动全身。

哪怕是夜不归宿这种他以前干惯了的事，现在也没法随便再干出来了。

因为他没地方可去。

没几个人能真的做到什么都不管就埋头“做自己”吧。

李保国这个晚上没有去打牌，在家咳了一夜，连呼噜带咳嗽，还吧唧嘴、磨牙，热闹非凡，人神共愤。

蒋丞在自己完全能听清楼上穿的是拖鞋还是球鞋走路的屋子里，瞪着眼睛，愣了一晚上。

早上起床的时候，觉得困得走路都打飘。

“你要不要去医院看看，”他跟正穿鞋准备出门赶早场牌局的李保国说，“你咳得也太厉害了，是不是咽炎？”

“看看！这就是亲儿子！”李保国很愉快地大声说，“没事，我都咳了多少年了，老毛病，不用去医院，什么问题都没有！”

蒋丞想说“你这话有语病”，但张了张嘴还没出声，李保国就已经急匆匆地一甩门出去了。

靠，爱病病吧，李保国这个样子，让他感觉自己像个矫情的弱女子。

在去学校的路上，蒋丞进药店买了一盒洋参含片，吃了能稍微提点神，他以前考试前复习的时候，经常吃。

现在吃了，起码上课的时候睡觉能不睡得那么死，他不想在上课的时候打呼噜，丢人。

顾飞上午果然没有来上课，下了早自习之后，他去了趟老徐办公室，把顾飞告诉他的请假理由说了一遍。

“烧死了快，从昨天下午开始，一直在烧，烧到中午能烧完。”蒋丞说完，就感觉自己一夜没睡，严重影响了智力。

不过，老徐似乎没有注意到他奇特的表达，而是沉浸在顾飞请假而不是直接旷课的喜悦当中。

“你看，我就说他还是有救的，”老徐激动地说，“你看，这不就请假了吗？我就知道跟你们这些孩子沟通啊，还是要讲究技巧……”

不过，顾飞并没有到下午才来上课，上午最后一节语文课的时候，他进了教室。

老徐很关心地看着他：“你不是发烧了吗？下午再来也可以的。”

“已经好了。”顾飞说。

老徐点点头，手往讲台上一敲，意气风发地说：“接下来，我们继续刚才的内容……”

“你没睡觉吗？”顾飞坐下之后，看了蒋丞一眼。

“……很明显？”蒋丞半趴在桌上，眼睛都有点睁不开了。

“嗯，”顾飞说，“没法看了都，不知道的得以为是你发烧烧了一天。”

“昨天晚上没睡好。”蒋丞打了个哈欠。

“不好意思，”顾飞低声说，“让你跟着折腾了好几个小时。”

“不是因为顾森的事，”蒋丞摆摆手，“李保国……昨天没去打牌，咳了一晚上，吵得没法睡。”

“哦，”顾飞掏了掏兜，拿出了一个小纸盒，放到他面前，“吃吗？”

“什……”蒋丞打开了小纸盒，里面是一小把奶糖，他顿时有点无语了，“奶糖啊？”

“嗯，你不是喜欢吃吗？”顾飞从兜里又摸出一颗薄荷糖，放进嘴里。

“我没说我喜欢吃，我那天是饿了。”蒋丞说。

“这样啊，”顾飞一副夸张的吃惊表情看着他，然后表情一收，拿走了他面前的糖，“那还给我。”

“不是，”蒋丞瞪着他，“我发现你这个人很有趣啊？”

“你就说你要不要就行了。”顾飞说。

蒋丞张了张嘴，半天才说了一句：“给我颗薄荷的吧，提神。”

顾飞看了他一眼，在兜里摸了半天，抓出来一把，用手指扒拉着，找了一下：“没了，要不吃这个吧，这个也提神，相当提。”

“哦。”蒋丞从他手里拿了他指的那颗小圆糖。

糖是橘子味的，并没有什么特别提神的味道，蒋丞用舌头把糖舔了舔，橘子味提什么鬼的神，起码也得是柠檬……

这个念头还没闪完，他的舌尖突然尝到了一点隐隐的酸味，可能是外面裹着的橘子味外衣化完了，里面有点酸？

没等他反应过来，这酸味猛地全蹿了出来。

他的眼睛一下子瞪圆了。

酸酸酸酸酸酸酸酸酸酸！

酸死了！

满嘴酸得发苦，直击内心和泪腺的酸味，让他痛不欲生！

“这个……”顾飞看他猛地坐直了，问了一句。

但话没说完，蒋丞已经“噗”的一下，把嘴里的糖狠狠地吐了出去。

糖像一颗小子弹，急速地喷射而出，打在了前面周敬的脖子上。

“啊！”周敬喊了一声，吓了一跳，立马也坐直了，一边回头，一边伸手摸脖子，压着声音问，“什么东西？掉衣服里去了！”

蒋丞说不出话，这颗糖虽然已经不在他的嘴里，但它存在过的痕迹，却还没有消失，满嘴酸得发苦，让人忍不住哆嗦的味道还在。

“坐好。”顾飞说。

“周敬同学，”老徐在讲台上说，“注意课堂纪律。”

虽然这一个班上注意了课堂纪律的人加一块儿都凑不出一个篮球队，但周敬还是坐好了。

过了两秒，才又偏过头：“怎么是黏的？什么玩意？”

“糖。”顾飞说。

“……你们有病啊？”周敬很悲痛，把衣服扯开，抖了半天，那颗糖才掉在了椅子上。

“不好意思。”蒋丞说了一句，终于缓过劲之后，他转过头，看着顾飞。

顾飞正低头玩着手机，但蒋丞能看到他脸上强忍着的笑容。

“你找死呢吧？”蒋丞压低声音说。

“你说要提神，”顾飞手指在手机屏幕上划拉着，“你现在还困吗？”

蒋丞骂了一句。

“不困了吧？”顾飞偏过头看着他。

“要不我给你写个奖状呗？”蒋丞说。

“不用了，”顾飞转头继续玩手机，“你那个字，写了也没人能看懂。”

蒋丞不得不承认，自己这会儿神清气爽，睡意全无。

但是，想抽顾飞两棍子的冲动，让他连问问顾淼学校要怎么处理顾淼的心情都没有了。

放学的铃声响起时，顾飞放下了手机：“请你吃个饭吧，谢谢你昨天帮忙。”

蒋丞看着他，没说话。

“中午还是晚上，看你方便，”顾飞又说，“有时间吗？”

"……不用这么客气。"蒋丞说。

"也不是客气，"顾飞说，"昨天要不是你，二森不知道会怎么样，我想想都后怕。"

蒋丞沉默了一会儿："那晚上吧，中午我要补觉。"

"好。"顾飞点了点头。

下午照例是自习课练球，这段时间的自习课，大概是王旭那几个最热爱的课了。

中午，蒋丞去了趟医院，伤口换了药，让医生给他用了点据说是进口的什么黏合剂。

下午主要是练习配合，没有正式打比赛，伤口的状态还行，没什么感觉。

"我觉得这回咱们有戏，"练习结束的时候，王旭队长蹲在球场边，用手指在地板上一下一下地戳着，"就按现在的状态……不过，保密工作还是要做好，要让大家像以前一样，不把我们放在眼里。"

"你别满大街吹牛去就行。"蒋丞说。

"没事，"王旭满不在乎地说，"只要不暴露你和顾飞就行，我反正怎么吹也没人信。"

"……哦。"蒋丞看着他，第一次感觉王旭是如此真诚，而且有点吃惊他居然能如此直面残酷的现实。

"大飞，"王旭转过头看着他，"哪天有空，再把那几个哥们儿请过来跟咱们练一场吧，我觉得效果还是不错的。"

"嗯。"顾飞应了一声。

"好了，解散，"王旭一挥手，"一会儿别的班该来了，都记得我们现在的口号呢吧！"

"口号？"卢晓斌愣了愣，"咱们还有口号呢？"

"哦，我没说是吧，"王旭说，"我们的口号是——我们有秘密武器！"

蒋丞在他说完之后，都没反应过来这是他的口号，愣了愣才忍着想要爆发出来的狂笑，偏开了头。

大家一块儿沉默地看着王旭。

"我们有秘密武器！"王旭又重复了一遍，然后再次一挥手，"解散！"

放学走出校门的时候，蒋丞习惯性地看了看四周，没有看到经常抱着滑板，像个小老大一样在门口等着的顾森。

他看了一眼顾飞，顾飞也没解释，手往兜里一揣，顺着路就走了。

“今天没骑车？”蒋丞看他没去取车，问了一句。

“嗯，”顾飞拉了拉衣领，“破车早上骑一半，车轮方了。”

“什么？”蒋丞一下没听懂，“车轮有什么方的，又没人揍它……”

“……你好可爱哦，”顾飞看着他，“车轮没有好方好方，它是真的从圆的变成方的了。”

“哦。”蒋丞也挺佩服自己的。

“摔死我了。”顾飞叹了口气。

蒋丞看了看他，没说话，如果是潘智，这会儿他肯定得好好鼓掌，并且欢庆一番。

“想吃什么？”顾飞边走边问。

“不知道，也没什么特别想吃的，你也不用弄得太正式，”蒋丞说，“平时你跟朋友怎么吃的，就怎么吃得了，也不是什么答谢会。”

“我跟我朋友啊……”顾飞笑了笑，“我们吃得挺奇妙的，怕你受不了。”

“吃屎吗？”蒋丞顺嘴问了一句，这是他跟潘智的习惯性对话，他俩有许多无聊而幼稚的习惯性对话。

有时候觉得不看本人，会以为他俩只有七岁。

“不吃，”顾飞说，“你要想吃的话，我也可以给你安排。”

“还是吃普通的吧。”蒋丞叹了口气。

现在想起潘智都会叹气了，也真是一件神奇的事。

最近潘智的爷爷住院了，全家轮流去医院陪着，他俩都没怎么联系，有时候看到静默的手机，蒋丞会觉得很孤单。

“先去趟超市吧。”顾飞说。

“超市？”蒋丞愣了愣，“买什么？”

“买吃的啊，”顾飞说，“原料什么的。”

“自己做？”蒋丞很吃惊。

“嗯，”顾飞点了点头，“我跟我朋友一般都自己做，你要想吃现成的，我们就……”

“不用，”蒋丞觉得还是按照顾飞的习惯来就成，他根本也没想着因为昨天的事就要吃顾飞一顿，“不过，我得先说，我煮面条都只能煮方便面。”

“没事，简单，烧烤。”顾飞说。

蒋丞又吃惊了一次，这种天气，自己烧烤？上哪里烧去？

超市里转了一圈，顾飞买了一只切好的鸡，又买了一些做好了的烧烤用的牛羊肉，又拎了两袋饺子。

“饺子怎么烤？”蒋丞看不明白。

“饺子是煮的。”顾飞一脸严肃地给他解释了一下。

“我知道饺子是煮的，我就是……算了，我等着吃吧。”蒋丞说。

“你喝什么？酒还是饮料？”顾飞问。

“什么也不喝，”蒋丞脑子里全是他俩站在刮着老北风的荒地里，守着一堆一点就灭的柴火，冻个半死的场景，此时一想到喝什么，就一阵发冷。

买好东西之后，顾飞带着他，向回家的那个方向走过去。

虽然觉得如果顾飞是让他上家里烧烤……他真有点不习惯，他跟顾飞最近交集不少，但感觉上依然并不熟，跑家里去，会相当不自在，潘智家他都不愿意去。

走到顾飞家店的时候，顾飞没停，只是往里看了一眼，就继续往前走了。

蒋丞也往里看了一眼，透过玻璃能看到收银台那里站着个女的，看发型应该是顾飞他妈。

再往前走，这条街和李保国家的那条街就会到了一起。

蒋丞来过这边，挺荒凉的，走过前面的那个废厂之后，有一条路一直通到一个没什么水了的湖边……他打了个冷战，如果顾飞是要去那个湖边烧烤，那他估计会选择请顾飞下馆子。

但顾飞直接从一个小门走进了那个废厂里。

“这里？”蒋丞跟着进去了，“这是个什么厂子吧？”

“嗯，以前的钢厂，”顾飞说，“已经倒闭很久了……这片很多人以前都是这个厂的，李保国也是。”

“哦。”蒋丞看了看四周。

进了大门之后，发现这个厂子非常大，厂房什么的都还在，看上去还很结实，但已经荒废了一片，肯定也没人清扫了，地上全是没化的冰。

顾飞一直带着他往里走，经过了几个篮球场之后，进了一栋看上去应该是旧办公楼的建筑里。

“我跟……‘不是好鸟’他们，”顾飞一边上楼一边说，“平时不想在店里待着的时候，就在这里聚会。”

“这里连电都没有吧？”蒋丞看着脚下乱七八糟的东西。

“自己接了根线，”顾飞说，“其实这里夏天的时候挺热闹，外面空地大，老头老太太的街舞活动都在这附近。”

“街舞？”蒋丞重复了一遍。

“嗯，还斗舞呢，非常时尚，走在时代的浪尖上。”顾飞上了三楼，拿出钥匙打开了一扇门。

蒋丞往里看了一眼，居然是一间收拾得很干净的空屋子，屋子中间用砖头搭了个灶，旁边有很多矮凳和棉垫子，还有一张没腿了的沙发。

墙边放着烧烤架和电磁炉，居然还有锅、油盐什么的，一堆瓶子。

“我靠？”蒋丞很震惊，“这都能过日子了吧。”

“怎么样，好玩吧，”顾飞把菜放到桌上，“锁是我们自己配的，你想要的话，给你一把钥匙，以后不想回去，又没地方可去的时候，可以在这里待会儿，李炎他们过来一般是周末，别的时间没人。”

蒋丞没说话，靠在墙边，看着顾飞，对于自己经常“无处可去”的境况，被顾飞一句话给点了出来，有些郁闷。

虽然不爽，但他意外地没有生气，只觉得连个同桌都能看出自己的状况，实在有些……好笑。

25

这间屋子是以前钢厂的会客室，带个厕所，虽然废弃了，但还是有主的，水也一直有，所以，当初李炎最先抢的就是这个屋。

这地方看着挺荒凉，但除了靠近厂子那边，天暖的时候挺热闹，里面也并不是完全没人过来的，跟他们一样找地方闲待着的人也有，只是没他们来得勤快。

顾飞不经常过来，但今天想请蒋丞吃个饭，又不想离家太远，附近也没什么像样的馆子了，蒋丞说无所谓的时候，他就想到了这里。

“这里没暖气吧？”蒋丞坐在沙发上，跺了跺脚。

“自己生火吧，”顾飞从桌上拿了个点火器，扔过去给他，“沙发旁边那个袋子里是炭，外面找点什么破布条的……你会生火吗？”

“会。”蒋丞起身出去了，过了两秒，猛地一撞门又进来了，手里拿了块破布，一脸僵硬的表情。

顾飞拿着一包一次性的盘子，正想把菜先分一下，被他这动静吓了一跳：“怎么了？”

蒋丞用两个指甲盖掐着那块破布：“我刚把这东西捡起来……下边居然有一只死耗子！给我吓得够呛！”

“那你还坚强地拿着它？”顾飞有些不理解。

“我觉得它应该好用，所以就坚强了……”蒋丞把破布扔进了砖头灶里，“用它点火，应该够了。”

“你多走十步就能找到别的东西点火，下边没有死耗子的那种。”顾飞继续把菜往盘子里放。

“齁冷的，不想动，”蒋丞蹲在灶跟前，“我看我现在也练出来了，李保国家的锅里都有蟑螂。”

“他平时都不做饭，打牌那里管饭。”顾飞说。

“看出来了，”蒋丞点着了那块布，“要管床的话，估计他这套房子就可以卖了。”

“卖不了，”顾飞拿着锅，到厕所的水龙头那里洗干净，接了一锅水出来，“房子都是原来钢厂的，这里的人，多数都穷得只剩自己。”

“……哦。”蒋丞往火里放了两块炭，盯着它们似乎有些出神。

炭都着好了之后，顾飞把一锅水放了上去，然后拍碎了两块姜，扔了进去，接着是一小包配好的枸杞和红枣。

“煮汤吗？”蒋丞问。

“嗯，”顾飞拿着锅盖，“你是爱喝汤还是爱吃肉？”

“……什么意思？”蒋丞有些迷茫地看着他，“你煮一锅鸡，然后只让我在喝汤和吃肉之间挑一样？”

顾飞叹了口气：“不是，鸡肉冷水放呢，汤就浓一些，好喝，水开了，再放鸡肉呢，鸡肉的味道就比较足。”

“哦，”蒋丞有些惊讶地应了一声，“为什么？”

顾飞觉得蒋丞的反应，完美体现了一个真学霸的素质，没常识，有求知欲，但他并不想给蒋丞解释：“你就说你喜欢哪种。”

“汤。”蒋丞简单回答了，摸出了手机。

“嗯，”顾飞把鸡肉放进了锅里，盖上了盖子，“鸡就煮着了，先烧烤吧。”

“好的，”蒋丞一边看着手机，一边站了起来，“我能干点什么？”

“吃。”顾飞回答。

李炎他们一帮人特别喜欢在这里烧烤，所以，东西挺全的，顾飞把烧烤架支好了以后，从灶里夹了点炭过去，今天买的都是现成做好的肉，直接刷了料，烤就行，很简单。

“凉水放鸡肉，鸡肉的味道会随着温度升高，一点点完全地释放出来，所以汤就会很浓，”蒋丞坐在灶边，一边烤着火，一边看着手机，“开水放鸡肉，鸡肉外皮瞬间熟了，会把味道封在里面，这样的话，鸡肉味道会更浓……是吧？”

“……是，”顾飞看了他一眼，“你是不是还要做个笔记？”

“这种一般不会要求原文背诵，理解意思就行了。”蒋丞也看着他。

顾飞转过头，开始给肉刷料，蒋丞在说这种话的时候，很有学霸范儿，属于那种他开了口，你就接不下去话的类型。

“你们总在这里聚吗？东西这么全，”蒋丞站到了烧烤架旁边，“连孜然都有？”

“孜然、胡椒粉、辣椒粉全都有，就是不知道过没过期，不知道他们什么时候买的。”顾飞说。

蒋丞拿过瓶子：“我看看……保质期三十六个月，应该没问题，你们总不会是三十多个月之前来吃的吧。”

“三十六个月是多久？”顾飞头也没抬地拿过瓶子开始撒粉。

“三年。”蒋丞说。

“顶多半个月前，”顾飞说，“你真讲究，我一般是闻着没怪味就吃。”

“你是因为算不明白保质期才只好这么吃的吧。”蒋丞说。

“是啊，”顾飞扫了他一眼，“跟学霸细致的生活不能比。”

肉串烤了没多大一会儿就开始往下滴油了，屋里弥漫着的烟里，开始散发出浓浓的香味。

烤串不是什么有难度的技术活，而且顾飞看上去很熟练，所以，蒋丞也就没动手帮忙，坐回了鸡汤旁边，烤着火。

屋外一片寂静，天色已经完全暗了下去，开着的窗口，像一块黑布，让人觉得有些冷，但面前的灶和烧烤架却透着明亮的火光，又很踏实。

这种感觉很奇妙，就像那天坐在“玉米面小馒头”里，外面是清冷的街，还有寒风，而车里是一片安静。

现在，窗外就是黑色的未知和不安，而眼前却是明亮和温暖。

蒋丞挺喜欢这种感觉。

他到这里这么长时间了，带着压抑和愤怒，不解和迷茫，还有种种不适应，一直到今天，到现在，他才突然有了一种踩在了实地上的感觉。

虽然这感觉也许只是暂时的，也许只是感官上的错觉，而这一刻，他还是忍不住想要安静地体会。

“能吃辣吗？”顾飞问。

“有点就行，别太多。”蒋丞说。

顾飞撒了点辣椒粉，把几串肉放到盘子上，递给了他：“尝尝，我喜欢有点煳的，这几串是没怎么煳的。”

“我也喜欢有点焦煳的，”蒋丞拿了一串，咬了一口，“味道挺好。”

“我以为你们学霸都不吃焦煳的东西呢，保质期要看，怎么不担心煳了的吃了致癌啊？”顾飞继续烤着架子上的肉串。

“你烦不烦？”蒋丞边吃边说，“你对学霸有多大的怨念啊，如此耿耿于怀。”

“活了快十八年，头一回见着真学霸，心潮起伏难平呗，”顾飞把剩下的肉串一块儿放到了盘子里，堆得老高，再往灶边一个倒扣着当桌子的木箱上一放，“学霸的嘴还特别欠。”

天气冷的时候，守着火，吃着烤串，是一种非常愉快的享受，蒋丞暂时不想跟顾飞斗嘴，没出声，只是埋头吃着。

“喝点吗？”顾飞在旁边一个纸箱里翻着，“我记得上回买的酒没喝完。”

“白的？”蒋丞问。

“废话，这么冷的天气喝啤酒吗，”顾飞拿出了一瓶酒，往木箱上一放，“这种时候，一瓶牛二感动你我。”

蒋丞看着那瓶酒，犹豫了一会儿，点了点头：“行吧，来点。”

顾飞倒酒的时候，蒋丞心里小吃了一惊，纸杯一倒一满杯，他还没这么喝过白酒，不过，鉴于他跟顾飞随时有可能对呛起来的聊天方式，他没有说话，沉默地看着顾飞把一满杯酒放到了他的面前。

“可能你觉得没必要说谢谢了，”顾飞拿起杯子，“但还是得正式再说一声谢谢。”

“可能你觉得没必要说不客气……”蒋丞也拿起杯子，“但我还是得说不用这么客气。”

顾飞笑了笑，拿杯子往他的杯子上磕了磕，喝了一口酒。

蒋丞看了一眼他的杯子，这王八蛋一口白酒喝得跟啤酒似的，只好按着规格，也喝了差不多的一口。

酒从嗓子眼一路烧到了胃里，然后再从胃里往上，一路着了起来，点燃了脖子和耳朵根。

顾飞看了他一眼："你平时不喝酒吧？"

"不跟喝啤酒似的喝白酒。"蒋丞说，低头吃了一口肉，其实，在这种寒天里，守着火，来这么一口，还挺过瘾的。

"你随便喝两口得了，"顾飞说，"不是还有伤吗。"

"今天没什么感觉了，"蒋丞按了按伤口的位置，的确是没什么感觉，他犹豫了一下，问了一句，"顾淼……怎么样？"

"暂时在家里待着了，"顾飞又喝了一口酒，"昨天那个家长，又叫了另外俩孩子的家长，一块儿去学校闹了。"

蒋丞皱着眉："肯定是他们干了什么，顾淼才会那个反应，平时她根本不正眼看人的好吗。"

"他们在二淼本子上画画来着，"顾飞打开了汤锅的盖子，里面的汤已经滚了起来，他尝了尝，往里加了盐和味精，"二淼要自己处理，我就没去学校问，我也没想着她会这么处理。"

蒋丞差不多能想象得出来本子上会有什么样的画，这么大的孩子，大人嘴里的"他还只是个孩子"的孩子，往往是最残忍的。

他还记得自己上小学的时候，班上有个智商稍低一些的孩子，受到了几乎全班的排挤和欺负，他甚至也参与过，仿佛是害怕自己如果跟大多数人显得不一样，就会有同样的待遇。

"那学校就让顾淼回家吗？"蒋丞说，"不管前因后果？就算是打人不对，也不至于不让去学校吧！"

"学校本来就不同意接收她，我求了校长很久，"顾飞顿了顿，沉默了一会儿，又看了他一眼，"二淼应该去特殊学校。"

"……是吗。"蒋丞猜测过顾淼应该是有什么问题，但听到顾飞说出"特殊学校"四个字的时候，又还是有些不知道该怎么接下去。

"她生下来就……有点问题，"顾飞往一串肉上又撒了点孜然，"说话不行，两三岁了才开口，两三个字那么往外蹦还说不利索，学东西也学不会，好像也不会表达，饿了渴了难受了，都是尖叫。"

“那她……”蒋丞开了口之后又没说下去，顾飞说这些话的时候，一直盯着自己手上的东西，看上去毫不在意，却又能感觉得到他的郁闷。

蒋丞没再追问，顾飞也没有再往下说，顾淼是什么问题，她脑袋后面那条疤又是怎么来的，是不是真的像李保国说的那样，被顾飞他爸摔的。

还有，关于顾飞的江湖传言是真是假。

这些他都好奇，但也都不打算再问下去了。

鸡汤很好喝，不知道是不是因为在寒天里，热鸡汤显得格外诱人，一口下去，他感觉暖得头都有些晕了。

“这鸡汤上头啊。”蒋丞感叹了一句。

“你这学霸买的吧，”顾飞喝了口酒，把杯子拿到他眼前晃了晃，“上头的是它。”

“……哦，”蒋丞顿了顿，拿起酒，也喝了一口，又点了点头，“是的。”

这酒度数虽然高，蒋丞平时也不怎么喝白酒，但这会儿边吃边喝的，一纸杯的酒居然也快见底了。

不知道是不是因为这个原因，他突然就很想笑，就跟那天在顾飞店里说起打架的事一通傻笑似的，现在他就非常想傻笑。

“我……”他转过头看着顾飞。

顾飞正喝了口汤，跟他对视了一眼之后，偏开了头，接着一口汤全喷了出来。

这一喷，他俩的“傻笑开关”就这么打开了。

蒋丞笑得筷子都拿不住，筷子掉到桌上，他想放好，但筷子又滚到了地上，他边乐边伸手去捡，捡了根小木棍上来放到了碗边。

顾飞端着碗，一看那根小木棍，笑得碗里的汤都洒出来了一半。

“我不行了，”蒋丞边笑边用手按着肋骨上的伤口，“我一个伤员，不能这么笑……”

顾飞没说话，靠着身后的墙，“嘿嘿嘿”地又继续笑了一会儿，最后终于长叹一口气：“差点上不来气了。”

笑完这一通，本来蒋丞还觉得因为开着窗，有风灌进来，后背偶尔有那么一丝冷，现在后背都出来汗了。

“唉，”蒋丞掏了掏兜，想找点纸擦擦嘴，摸了半天也没摸着，“累死我了。”

“找纸啊？”顾飞指了指他后面的桌子，“那里有。”

蒋丞回过头，身后的破桌子上放着几卷纸。

他伸手够了一下，拿过一卷，从桌子上被带下来的一张纸，落在了脚边。

捡起来想放回去的时候，他又停下了，看着纸上的东西愣了愣。

这印着五线谱的牛皮纸，是从五线谱的本上撕下来的，这纸他非常熟悉，他最喜欢的就是这种牛皮纸颜色的五线谱本。

一张五线谱的纸并没有什么太奇怪的，像顾飞这种学渣，没准是当成英语本买回来的……

但让他吃惊的是，纸上写着东西。

大半页的谱子。

蒋丞眨了眨眼睛，手扶着桌沿，努力把眼前的重影都对齐了，然后哼了两句："挺好听啊，什么曲子？"

顾飞还是靠着墙，盯着他看了一会儿，才说了一句："你还识谱啊？"

"废话，"蒋丞拿着谱子也往后一靠，靠在了桌腿上，低头看着，"我们学霸，什么都会……这个，是谁写的曲子吧？"

顾飞没出声。

蒋丞又看了一会儿，抬头瞅着他，还用手指了指他："你写的？"

"嗯？"顾飞喝了口酒，"为什么是我，你看我像会写曲子的人吗？"

"不像啊，但是……"蒋丞弹了弹纸，"但是这个调号，你看这个b，跟你写的一样，下边长一截，跟单手叉腰似的。"

"什么鬼。"顾飞笑了笑。

"你写的？还是你帮别人抄的？"蒋丞捏着纸，冲他晃了晃，又哼了两句，"挺好听的。"

"学霸就是学霸，五线谱是初中时候学的吧，这都还能记得。"顾飞没有回答他的话。

"小看我们学霸，"蒋丞站了起来，把纸往桌上一拍，觉得这会儿自己大概是真的喝爽了，兴致高昂的，说话都带着风，"我给你开开眼。"

"你要唱歌吗？"顾飞也挺有兴致，站起来靠着墙，给他鼓了鼓掌。

"等着，"蒋丞到沙发上拎起了自己的书包，"我不记得我带了没有……一般我都带着……哦，在。"

顾飞看着蒋丞在书包里翻了半天，抽出来一个细长半透明的塑料盒子，笛子？

蒋丞识谱，而且对着谱马上就能哼出来，这让他挺吃惊的了，像蒋丞这种人，就算老徐说他是学霸，成绩没出来，估计也没多少人能信，打架损人都是长项，会打球不奇怪，识谱才是真的意外。

就跟自己似的，写了曲子，就算在作曲那里写上顾飞，不熟的人也以为得是他把作曲的打了一顿强抢的。

蒋丞应该是喝兴奋了，一纸杯酒大概二两半，蒋丞的杯子已经空了，对于平时不常喝酒的人来说，二两半以这个速度下肚，差不多就得是这副德行。

“笛子吗？这么细。”顾飞看着他手里细长的黑色金属管子。

“嗯，哨笛，”蒋丞清了清嗓子，“爱尔兰哨笛，我挺喜欢的，不过平时不太吹，以前在家也不吹。”

“为什么？”顾飞问。

“因为看着不如钢琴什么的有格调，”蒋丞笑了笑，“我妈……反正看不上，说吵，她喜欢钢琴。”

“你还会钢琴？”顾飞看了看蒋丞的手，平时没注意，这会儿蒋丞的手指都按在了笛子气孔上之后，才发现还挺长的，瘦长的手指，指节清晰但不突兀。

“是的，要跪下吗？我看沙发上有个垫子，你拿过来吧，”蒋丞拿着哨笛，指了指自己面前的地面，“在这里跪就行。”

顾飞笑了起来，摸了根烟，点上了叼着。

他觉得自己以前应该没听过哨笛，但蒋丞吹出一小段之后，他反应过来了，有段时间，丁竹心很喜欢凯尔特音乐，成天听，里面各种木笛风笛，应该也有哨笛。

蒋丞吹的是什么，他不知道，但听着很熟悉。

刚刚感叹没想到蒋丞还玩这个，而且吹得很好，手指在气孔上灵活跳动……蒋丞突然停下了，偏过头，咳了两声：“不好意思，重来。”

顾飞只得重新鼓了一次掌。

蒋丞看了他一眼，把笛子重新放到嘴边，垂下眼睛，手指跳动之间，音符再次滑了出来。

这是顾飞第一次听别人在自己面前吹笛子，有种说不出的感受。

平时蒋丞的脸上常带着的不爽和烦躁，在第一个音符跃出时，就消失了，轻轻颤着的睫毛，看上去安静而沉稳。

这一瞬间，顾飞突然真心实意地接受了“蒋丞是真学霸”的这种设定。

26

笛声挺响亮的，加上室内空间的共鸣，听起来悠扬而灵动。

顾飞不知道为什么会有人觉得这样的乐器没有钢琴格调高，蒋丞靠着桌子，站在那里，手里拿着这根黑色小细管的样子，挺有逼格的。

他吹的曲子听起来挺欢快，但顾飞莫名其妙地能听出几分寂寞，不知道是因为乐器本身还是吹奏的人。

最后一个音符在跳跃的火光里回响着，慢慢消失之后，蒋丞拿着笛子的手垂下了，两个人都没有说话。

过了一会儿，蒋丞才抬起头，嘴角带着一丝不明显的笑容："怎么样？"

"好棒哦。"顾飞回答，"啪啪"地鼓了掌。

"好好说话不行吗，"蒋丞拿了块小绒布，在笛嘴上擦着，"一开口就这么欠抽。"

"很棒，"顾飞重新回答，"应该是学了很久吧？"

"嗯，"蒋丞应了一声，想了想，又摇了摇头，"好像也没多久，没我学钢琴的时间长。"

"没多久吹得这么好，"顾飞说，"不愧是……"

顾飞说了一半没继续说下去，蒋丞叹了口气："是啊，学霸嘛，这哏什么时候能玩完啊？"

顾飞笑了一会儿，才又说了一句："真吹得挺好的。"

"其实不难，入门很容易的，"蒋丞把笛子拿着在手上转了几圈，往他这边一递，"要不要试试？"

"……那我试试，"顾飞走到他面前，拿过笛子，"直接吹了啊？"

"不然呢？"蒋丞问。

"我意思是，你有没有洁癖。"顾飞说。

蒋丞笑了起来，感觉自己这一晚上就怎么也收不住了，笑了好半天，他才往四周指了指："就这环境，谁有洁癖的进来了早就崩溃了吧。"

"也是，刚刚还拿了死耗子的破布条，"顾飞拿过哨笛看了看，学着他的样子，把手指按在了气孔上，"对吗？"

"嗯，"蒋丞轻轻拨了一下他的指尖，"按紧，漏音了。"

顾飞按好之后，试着轻轻吹了一声。

笛子发出了一声开着岔的紧而刺耳的尖叫声，他皱着眉偏开头："哎怎么出这种声，吓我一跳。"

蒋丞忍着笑："放松点吹，气放出去，别收着，声音得全出来了才好听。"

"好。"顾飞鼓了鼓气，然后又对着吹了一声。

这次就好得多了，声音又响又长，但是听着……

"算了，"顾飞松开了笛子，"入门容易，也不表示随便吹两下就能听，就这动静，不知道的以为带了条二哈过来呢。"

"还是紧了，"蒋丞拿过笛子，把笛嘴往自己的裤子上随便蹭了蹭，"你看我的脸，要松弛一些。"

顾飞认真地看着他，他吹了个音阶："明白了吗？"

"我要说没明白，"顾飞笑了笑，"你会骂人吗？"

蒋丞没说话，拿着笛子继续吹，音阶、小段的曲子，吹了一会儿之后，顾飞抬手在他脸上戳了一下："你说的这个松弛……"

乐声猛地停了，蒋丞手里的笛子直接抽在了他的手上。

顾飞缩回手，边甩手，边搓着手背，骂了一句："你什么毛病？"

蒋丞顿时有种想从窗口跳出去的尴尬感觉，不知道是因为喝了酒，还是这种近距离的面对面，他始终觉得四周的空气里都透着暧昧。

顾飞的声音和顾飞说话呼吸时的气息，让他觉得有些发晕。

指尖在他脸上的触碰只有轻轻一下，面积小到可以忽略不计，但这个动作还是让他有些反应过激。

这一瞬间，他都有点分不清这是自己的条件反射，还是下意识的回避。

关键是顾飞被他一管子抽得莫名其妙，他还没法解释。

你好，我不太喜欢别人碰我。

你好，王九日说我事多，其实是一个非常正确的判断……

"王旭说你不让人拍肩膀，"顾飞看着他，抢了他的台词，"你还真挺事的啊。"

"啊，"蒋丞也看着他，"你刚发现吗？"

顾飞没说话，瞪着他。

蒋丞也不知道该怎么说了，只好也站那里跟顾飞瞪着。

瞪了能有十秒，蒋丞感觉大事不妙，他想笑。

非常想笑。

这种抽了顾飞一管子，然后狂笑不止的事情如果发生了，顾飞应该会过来跟他打一架吧。

所以说，酒不能随便大口地喝，容易坏事。

这一通思绪万千之后，他咬牙挺着没笑，顾飞大概是瞪他瞪累了，又搓了搓手："你得亏不是个女的，要不会嫁不出去的。"

蒋丞就在这一秒爆发出了狂笑。

笑个屁啊！

到底有什么好笑呢！

一纸杯牛二就能把你变成弱智！

蒋丞你傻吗？是啊。

他一边在心里狂风暴雨地教训自己，一边把靠在身后的桌子都给笑哆嗦了。

"你信不信我抽你？"顾飞说。

蒋丞捂住肋条上的伤口继续乐，顾飞终于再次被他的弱智传染了，也跟着笑了起来。

不过，这一通笑，除了很弱智之外，也还是有好处的，包裹着蒋丞的那份尴尬，总算被笑没了。

就是笑得腰酸。

"哎……"他往沙发上一倒，"不好意思，我大概是喝多了。"

顾飞舒出一口气，估计在等着笑劲过去，然后走过来往他身边的沙发上，重重地坐了下去："王旭说他拍你肩膀一下，你就要跟他动手？"

沙发虽然很破旧，但弹性还是有些惊人地好，顾飞跟炮弹似的这么一砸，蒋丞被弹了起来，头晕乎乎的感觉自己跟要起飞了似的。

"我没兴趣跟他那个㞞货动手。"他拍了拍沙发，起身也往下一砸。

旁边的顾飞也弹了弹。

"你幼稚不幼稚？"顾飞说，然后起来又砸了一下。

"你先开的头……"蒋丞这次被弹得有点歪，往顾飞那边倒了过去。

这沙发不大，就一个双人小沙发，这一倒，两人直接就挤一块儿了，脑袋都差点磕上。

"靠。"蒋丞小声说了一句，撑着沙发想坐正了。

手一撑，直接按在了顾飞的手上。

顾飞的手很温暖，指节顶在他掌心时的触感非常清晰。

但这次蒋丞却没有条件反射，自己都不知道是为什么，就这么跟被按了暂停似的，僵在了原处。

顾飞没说话，也没动，转过脸的时候，呼吸扫到了他的耳际。

“你……”蒋丞开了口，却不知道自己想说什么。

“什么？”顾飞问。

这简单的两个字，在酒精和近距离的作用之下，像一把滋着火花的电流，声音一出来，蒋丞就感觉自己半边身体的毛孔全炸开了。

他转过脸，嘴唇在顾飞脸上蹭了一下。

疯了。

这是蒋丞脑子里唯一还在闪动着的内容，除此之外，全都被清空了，脑浆都没了。

顾飞还是没动，也没再说话，这一刻，他俩像是凝固在某个被定格了的空间里的雕塑。

顾飞没有反应，而因为头很晕，蒋丞也看不清他的眼神，于是，只希望这一瞬间来一道雷，把他俩都劈失忆。

蒋丞早上醒过来的时候，手机上的时间显示已经十点半了，还有老徐的三个未接电话。

这是他开学以来第一次迟到，再晚一点，就能凑成旷课半天了。

他撑着床，坐了起来，垂着脑袋，半闭着眼睛。

他不想去学校，非常不想。

因为昨天晚上的事。

他最后的记忆是嘴唇碰到顾飞脸，之后就什么也不记得了。

就算能记得，也不记得了。

强行喝断片，强行失忆。

如果不是功力不够，他应该把这一幕也忘掉。

这一夜他没睡踏实，做了很多已经全忘掉了的梦，现在想起来就是一团黑白灰混杂着的烟雾，让他觉得很疲惫。

而清醒之后的第一个感觉就是丢人，以及不安。

跟顾飞认识也就半个寒假加半个学期，喝个酒就发疯往人家脸上亲……对，撒酒疯了。

他的酒量不足以支撑他在那么短的时间里喝掉一大杯牛二，所以，他就喝高了。

喝高了就撒野。

很完美的解释。

蒋丞下了床，穿上了衣服，这个合理的解释让他突然就安心下来了，洗漱完了之后，给老徐回了个电话，就拎着书包往学校赶了过去。

进学校的时候，正好是课间，蒋丞拎着书包从后门进了教室。

本来一路上都气定神闲，但一踏进教室的时候看到顾飞居然没旷课，正低头玩着弱智爱消除，他突然就有了一些不踏实。

他向学霸之神发誓，在亲顾飞那一下之前，他对顾飞没有任何想法，除了正常地觉得他长得不错，手挺好看之类的大众款欣赏之外，没有别的想法。

但他不知道顾飞会不会介意。

虽然蒋丞不太愿意承认，但顾飞是他在这座城市待了这么些日子，唯一一个让他愿意去相处的人，可以当成“朋友”的人。

他隐隐地感觉到有些害怕，如果跟顾飞的关系断了，他还能跟谁聊天。

周敬？王九日？

这种突如其来的茫然，让他莫名其妙地有些心慌。

如果跟顾飞一直没有交集，他始终游离在人群之外，那么这种感觉反倒不会如此明显。

“我进去。”蒋丞在顾飞的椅子腿上踢了踢。

“哟，”顾飞抬头看到是他，有些意外，“以为你今天不来了呢。”

“睡过头了。”蒋丞从椅子后面挤过去坐下了，顾飞看上去一切正常，这让他放心了不少。

顾飞从抽屉里拿出了他的哨笛：“昨天你没拿这个。”

“哦。”蒋丞接过哨笛，“昨天”这两个字让他差点手一哆嗦。

“钢厂那里的钥匙，你还要吗？”顾飞一边在手机上划拉着一边问。

“……要，”蒋丞想了想，“‘不是好鸟’他们会有意见吗？”

“有什么意见，”顾飞掏出自己的钥匙，从上面取了一个下来给他，“反正都不是好鸟了，有意见也可以忽略。”

蒋丞看着他。

“他们不会有意见的，又不是不认识的人。”顾飞说。

“谢了。”蒋丞接过钥匙。

“有时间请我吃饭，”顾飞继续玩游戏，“九日家的馅饼就行。”

“……为什么？”蒋丞愣了愣。

“我给了你钥匙，”顾飞说，“你还有把柄在我手上。”

“什么？”蒋丞转过身。

“不请我吃饭，我就跟九日说你对我耍流氓。”顾飞说。

“我……耍流氓？”蒋丞感到万分震惊，都顾不上尴尬了，“我他妈那是喝多了好吗！”

“你问问我们这里有人喝二两半牛二就高的吗。”顾飞笑了起来。

“那我就是二两就高了啊，”蒋丞觉得很神奇，“怎么你们还不让别人酒量小啊？还有按酒量排外的啊？”

“也是，你是南方人嘛。”顾飞说。

“……我不是南方人。”蒋丞提醒他。

“从我们这里，”顾飞放下手机，手在自己面前的空气里划了一道，“往南都是南方。”

“放屁。”蒋丞说。

“就放了，我都同意你酒量不好了，你还不同意我放个屁吗？”顾飞说。

“我……”蒋丞看着他。

“别笑，”顾飞指了他一下，“我是说真的，你再笑，我真的要约你学校后门见了。”

这话不说还好，一说出来，蒋丞就感觉自己要笑。

好在周敬在这时转过了头：“蒋丞，蒋丞？蒋……哎，跟你商量个事呗。”

“什么事？”蒋丞叹了口气。

“快期中考试了，”周敬说，“考试的时候，你让我看看答案吧。”

“你们考试怎么坐？”蒋丞问，这种请求他以前就听得挺多了，但是以前学校无论什么考试，都是分开坐，分半个班到实验室什么的地方考，还会打乱顺序，不按学号，碰在一块儿，能抄个答案都算有缘之人。

现在想来潘智能跟他关系这么好，大概也是因为每次考试他俩都能在一个教室里，卷子还都能一样。

“桌子拉开点就考了，还能怎么考？”周敬说。

“哦，分AB卷吗？”蒋丞又问。

“不分。”周敬说。

“……哦。”蒋丞觉得潘智肯定无比希望到四中来考试，这简直就是不抄白不抄。

“你就放桌子上，我自己看就行。”周敬又说。

“哦。”蒋丞应了一声。

周敬心满意足地趴回自己桌子上去了。

蒋丞转过头，看着顾飞，他记得在周敬打岔之前，他俩正在说话，但转过头之后，他又忘了要说什么了。

“我不抄。”顾飞看着他。

“哦，”蒋丞转开头，想了想又转头看着他，“你考试都自己写吗？”

“嗯。”顾飞点点头。

“能写得出来吗？”蒋丞感觉顾飞桌上的书从来就没翻开过，上课不是睡觉就是看视频、听音乐，要不就是玩弱智爱消除。

“写是能写出来的，挑个合眼缘的答案填上就行，有什么写不出来的，”顾飞拿出一把糖，“吃吗？”

蒋丞一眼就看到了昨天的那种小圆糖：“不吃！”

顾飞拿了颗奶糖放到嘴里，笑了半天。

从这天之后，连续几天，顾飞都没再提起喝酒那天的事，每天差不多都一样，迟到，上课玩手机，一帮人去练球。

偶尔旷课还是不请假，蒋丞都能感觉到老徐深深的怅然。

蒋丞把小屋的钥匙串在了自己的钥匙上。

他的钥匙挺大一把，以前家里大门的钥匙，车库的钥匙，房间的钥匙，抽屉的钥匙一大堆，来了这里之后也一直带着。

把小屋钥匙往上串的时候，他犹豫了一下，取下了原来的那些，看着钥匙圈上只剩下孤单的一把，他叹了口气。

李保国家就一把钥匙，房间门有锁，钥匙早就不知去向，屋里的柜子抽屉全都没有锁。

把小屋钥匙挂上去之后，蒋丞把钥匙握在手里抓了抓，挺不是滋味，但之前那种孤独感和茫然无措，却没再那么强烈。

日子总要往前走，人总是在变，不知道是淡忘还是适应。

顾淼在打人事件之后，有一个星期没去学校了，蒋丞知道得非常清楚，是因为她每天都会在第三节课就溜进四中，然后跑到他们班门口的走廊上站着。

而今天来得更早，第二节还有几分钟下课的时候，蒋丞就看到了抱着滑板从教室门口探出半个脑袋的她。

顾飞打了个手势，示意她去走廊边上。

她转身踩着栏杆趴在了走廊边。

蒋丞觉得那天打架和不能再去学校的事似乎对她没有什么影响，还是老样子。

他趴在桌上，目光从窗口看出去，却在中途被顾飞的侧脸拦截了。

顾飞也正往窗外看，明亮的阳光溢进来，在他侧面勾出一条淡淡的光晕。

蒋丞猛地想起了那天晚上。

本来已经非常模糊，连碰到顾飞脸时是什么感觉都已经记不清了，而这一眼却全部想了起来。

他是怎么尴尬地倒回沙发另一侧，顾飞是怎么一派平静地点了根烟，还给了他一根，他俩是怎么一块儿抽完烟，又是怎么神奇地一块儿把鸡汤给喝光了……这些他明明都记得却强行失忆的内容全都趁他不备的时候从眼前跑过。

现在脑子都这么不听话了！

“馅饼。”顾飞转头说了一句。

“啊，”蒋丞回过神应了一声，“啊？”

“什么时候请啊，明天就比赛了。”顾飞说。

“今天吧，”蒋丞说，“带着顾淼？”

“嗯。”顾飞点点头。

明天就要比赛了啊？

蒋丞拿出手机，看了看日期，还真是，这段时间过得似乎有些快，但也过得不是太专心，学校比赛的大红横幅都拉出来好几天了。

顾淼今天情绪不错，踩着滑板，围着他们转圈。

“我得先打个电话，”王旭一边走，一边掏出手机，“驴肉馅饼得让我爸先做着，把咱们要的留出来……对了，今天下午也上我家来吧，咱班球队的人，老徐帮咱们借的队服都分一分，再讨论一下战术。”

“嗯。”蒋丞看着顾淼，小丫头的头发长得还挺快，帽子边缘都能看见了，就是没什么型，顾飞自己剃个骚破天际的头，还往上头绣花，自己妹妹不是光头，就是一脑袋乱七八糟……

“你的伤好了吧？”顾飞在他身边小声问。

“嗯，”蒋丞摸摸肋条，“基本没什么问题了。”

顾飞没说话，突然伸手往他肩膀上拍了拍。

蒋丞看着他：“干吗？”

“条件反射休眠了？”顾飞又拍了一下。

蒋丞这才反应过来，半天都没说出话。

27

蒋丞跟顾淼走在最前头，顾飞和王旭骑在自行车上，用腿划拉着跟在后头。

王旭一直在边上说着他的比赛安排，顾飞也没细听，反正王旭要的只是说，听众不是最重要的。

顾飞拿着手机一直在玩游戏，他的爱消除打到了最后一关，想在下次更新关卡前把这关过了，但是三天了都没成功。

“给我送颗心。”顾飞说。

“然后你就可以带着球……”王旭停下，“什么？”

顾飞把手机屏幕冲着他晃了晃。

“哦，等着，”王旭拿出手机，给他送了一颗，又往前看了看，“哎，看不出来蒋丞这样的，还挺招小孩喜欢，你妹妹正眼都没瞅过我吧？”

“这年头，干什么都看脸，”顾飞继续玩游戏，“逗小孩也看脸。”

“是吗，”王旭踩着脚踏站起来，往路边商店的玻璃上照了照，“我觉得我长得不比蒋丞差，就是长得没什么亲和力。”

“嗯。”顾飞应了一声。

其实，王旭长得挺有亲和力，这大概也是他一直以来为了当老大想装酷，却始终不怎么成功的原因。

要说没亲和力，蒋丞那种长相，才是真的没什么亲和力。

顾飞一直觉得眼角稍微有点下垂的人就两种感觉，一种是可怜巴巴的，一种就是蒋丞这种，跩上天让人想抽的，加上平时还总一脸不耐烦，看着就比王九日不好惹得多。

不过……那天在钢厂喝酒的时候，蒋丞有那么几次变成了第一种的，喝高了之后带着兴奋的样子，看着挺乖。

可惜这种状态的时间很短，一叼上烟，就变回了平时的状态。

就连尴尬的时候都是那德行。

顾飞看着蒋丞跟顾森轮流在滑板上蹦上蹦下的背影……那天蒋丞亲过来是什么感觉都已经忘光了，或者说当时就没来得及有什么感觉，倒是蒋丞猛地砸到另一边沙发上靠着，一副什么也没发生大家什么都不记得的样子很好笑。

如果蒋丞什么动静都没有，他倒是不会多想，“不是好鸟”……好吧，“不是好鸟”那帮人，喝多了比这夸张得多，刘帆还有过当众脱裤子表演的愿望，他都准备好相机了，可惜这厮裤子还没脱下来，就倒在地上睡着了。

蒋丞的反应有点大，但鉴于他被人拍一下肩、拉一下衣服、戳一下脸就会发出重击的一贯作风，也未必能说明什么。

顾飞不打算再多想，愿意展现出来的，没人会刻意藏着，不愿意被人察觉的，知道了对于他来说也没什么快感。

那种被刨开来的试探，有一次，就能记一辈子。

他对蒋丞也没想过什么别的，有好奇，有欣赏，有好感，愿意走得近一些，而且顾森这小丫头也很喜欢蒋丞……顾森在一开始对只认识了没两天的蒋丞表现出好感的时候，的确让他很吃惊。

有人招猫，有人招狗，蒋丞大概招怪小孩……

王二馅饼的生意还挺不错，中午晚上过来，人都是满的。

今天没包厢，王旭妈妈把他们安排在了自己平时吃饭的屋里。

“外面太乱了，”她说，“你们坐这里就行，还能聊天。”

“谢谢阿姨。”蒋丞说了一句。

王旭因为要跑进跑出拿东西，所以坐在了靠门那边，他和顾飞坐在里边，顾森直接坐到了他俩中间。

“擦擦手，”蒋丞从书包里拿了一包湿纸巾，抽了一张给顾森，“你手心都黑了，今天是不是摔过啊？”

顾森摇头，拿着纸在手上胡乱搓了几下就放下了。

蒋丞叹了口气，看了顾飞一眼：“你要吗？”

顾飞笑了笑：“其实，我的理念是不干不净，吃了没病……”

蒋丞没理他，抽了纸出来，准备自己擦擦，刚一抽出来还没拿稳，顾飞的手就伸了过来，手指一夹，把纸给挑走了。

“能不能不要这么口是心非啊？”蒋丞看着他，“耿直一点世界会更美好的。”

“听见没，”顾飞看着王旭，一边擦手一边说，“耿直点。”

“我不要！”王旭立马很耿直地说。

蒋丞叹了口气。

顾淼不是第一次来吃馅饼了，当王旭把装着馅饼的小筐递到她面前，她准确地拿了一个驴肉馅的。

“你每次就吃这一种，”王旭笑了，“要不要换一种馅尝尝啊。”

顾淼没理他，低头咬了一大口。

“说谢谢。”顾飞说。

顾淼马上站了起来，一边吃一边对着王旭鞠了个躬。

“哎哎哎，不用谢，”王旭刚坐下，又从椅子上弹了起来，也对着顾淼鞠了个躬，“女王，您慢用。”

“出息。”顾飞说。

“她太冷酷，”王旭说，“我是由衷的。”

“老大范儿都不要了啊。”蒋丞说。

“你俩往这里一杵，还有什么老大，”王旭斜眼瞅了瞅他，“不过，下午排兵布阵，你们不要拖我后腿。”

“哦。”蒋丞低头往桌子下边看了看。

“找什么？”王旭跟着也往下看。

“找你后腿呗。”顾飞边吃边说。

“呸！”王旭很不爽地喊了一声，“同桌就是不一样啊，一块儿练了几天球，就配合这么默契了。”

蒋丞今天不算太饿，没吃到上次的量，就打嗝了，感觉都没顾淼吃得多。

顾淼吃得脸都红了，一脑门汗。

“哎，”蒋丞摘下了她的帽子，看到了一头乱七八糟的头发，“你这头发……”

顾淼放下手里的馅饼，抬手在头发上抓了抓。

“哎！”蒋丞抓住她的手，“都是油！”

“没事。”顾飞在一边说。

“她好歹是个姑娘吧。”蒋丞看着他。

“你把她当小子就行，”顾飞拿过顾淼的帽子看了看，“破了啊？摔的吗？”

顾淼看了一眼帽子上的洞，点了点头。

“再给你弄个新的好不好？”顾飞问。

顾淼想了想，掀起自己毛衣一角，向顾飞示意了一下。

“要黄的了？”顾飞说，“行吧。”

“你……给她织？”蒋丞忍不住问了一句。

“是啊。”顾飞看了他一眼。

顾淼对于要有新帽子这件事非常激动，从王旭家出来，就拽着蒋丞要去买毛线。

“我带你去，”顾飞说，“丞哥就不去了。”

顾淼没反应，还是紧紧抓着蒋丞的手，半斜着身体拽着。

“丞哥每天都要午休，要睡觉的。”顾飞蹲下看着顾淼轻声说。

顾淼也看着他，眼睛睁得很大，但是依旧没反应。

“没事，”蒋丞说，“去就去吧，我今天不睡了。”

顾淼还是保持着那个姿势，像是没有听到蒋丞说话。

“你……”顾飞抬头跟他招了招手，“让她看着你，你再说。”

“哦，”蒋丞蹲下，凑到顾淼眼前，“我跟你去，今天我不午睡了。”

顾淼这才有了反应，转身拉着他就往前走，顾飞在旁边轻轻叹了口气。

“去哪里买？”蒋丞问他。

“过桥那里，有个毛线一条街，”顾飞说，想想又问了一句，“你天天午睡？”

“是你说我天天午睡的。”蒋丞说。

“哦，”顾飞笑了笑，“我天天得午睡，不睡就困。”

“你可以上课睡，反正你也不听。”蒋丞拽着踩在滑板上的顾淼往前走。

“不行，”顾飞一本正经地说，“我要过了爱消除那一关，我跟李炎较着劲呢，我得比他先过关。”

“有病，”蒋丞想了想，冲他一伸手，“拿来，我试试。”

“你不是不玩吗？”顾飞拿出手机。

“我是玩腻了，才不玩的，”蒋丞接过他的手机，“而且我运气一直挺好的，有运气、有智商的学霸，懂吧。”

“现在这个哏是你自己没完没了了啊，别再说我，”顾飞说，“我好像只有三颗心了，够吗？”

蒋丞没说话，低头开始玩。

从王旭家的馅饼店走到过桥卖毛线那里，挺长的一段路，蒋丞一直低着头，盯着手机。

顾飞玩这东西没什么耐心，懒得一步一步去想，一般看哪里能消了就消，但蒋丞跟他不一样，盯着屏幕好半天才会扒拉一下。

花了平时他玩一局起码三倍的时间才抬了一下头。

“过了？”顾飞问。

“没，”蒋丞继续低头看着手机，“死了。”

顾淼拽着他的衣角，兴奋地东张西望不看路，他也不看路，带着顾淼，就朝着桥边一个断了的台阶过去了。

顾飞赶紧蹬了一下车，过去拉住了他的胳膊。

蒋丞猛地一僵，胳膊对着后边就抡了过来，顾飞骑在车上，来不及躲，眼看着他的拳头带着小风飞向自己的鼻子。

条件反射休眠结束了？

但离着他的脸还有一段距离的时候，蒋丞的手停下了。

“胳膊没让你刹车刹折了啊？”顾飞松开了他的胳膊。

“不好意思，”蒋丞扭头看了一眼台阶，“靠。”

“二淼帮丞哥看路，带着他走。”顾飞在顾淼脑袋上弹了一下。

顾淼点了点头，一手抱起滑板，一手揪着蒋丞的衣角，继续往前走。

过了桥，到了毛线一条街顾飞经常买的那家门口，蒋丞还盯着手机。

“三颗心玩这么久？”顾飞说，“到了，过不了就算了吧，虽然没成功，但你依然是学霸。”

“看着。”蒋丞把手机杵到了他眼前，屏幕对着他，还只剩下一步。

“嗯？”顾飞看着屏幕。

蒋丞伸出一个手指，在屏幕上滑了一下，一阵噼里啪啦的爆炸和消除之后，过关了。

“……厉害。”顾飞由衷地感叹。

“不鼓掌了啊？”蒋丞问。

顾飞“啪啪啪”地一通鼓掌。

“那个……”蒋丞把手机还给他，“刚刚你有消息进来。”

“哦。”顾飞低头把手机放回了兜里。

蒋丞想再说一句“我没看”，但又觉得有点刻意，毕竟消息进来的时候，他是看了一眼的，而且看到了发信人和内容……

竹心：今天过来听我唱歌吧

后面还有什么，就没看到了。

蒋丞本来总觉得顾飞跟丁竹心像是情侣关系，那种能感觉得出来的熟悉和默契，再加上身上都带着音符的图案，那天顾飞手机免打扰之后，也是跟丁竹心一块儿来的医院。

但现在看丁竹心的消息，那个“吧”字，又显得他俩之间似乎有些疏离。

关系很近的人，大概会直接说“来听我唱歌”。

蒋丞跟着顾飞走进毛线店里，又觉得自己没事老琢磨人家的私事有点不地道，人家是不是一对，有他什么事。

“又来挑毛线啦？”老板娘一看顾飞进来，就打了招呼，“正好这两天进了新的线，这批织出来没那么厚，正好春天了能用，颜色可多了，绿色的也有。”

“她又不要绿色了，”顾飞笑笑，拍拍顾淼的肩膀，“你去挑个颜色吧。”

顾淼跑到一排排码着的毛线跟前，来回看着。

蒋丞对毛线一窍不通，以前在家也没见谁织过毛衣，现在看着一团团一卷卷的线还挺有意思，他也走过去，伸手在毛线团上抓了抓。

又厚又软还毛乎乎的，真舒服……

“是不是很好摸？”顾飞在他旁边问了一句。

“啊，”蒋丞点点头，“感觉一团线和一件毛衣摸起来不一样。”

“手织的，摸起来就跟线团一样了，”老板娘笑着说，“机器织出来的，手感不如手织的好。”

“是吗，”蒋丞有些迷茫，“我没穿过手织的。”

“让你朋友给你织一件呗，”老板娘拿起一团深蓝色的毛团子，在他手上蹭了蹭，“这个线多舒服，颜色也合适男孩子。”

“啊？”蒋丞愣了，感觉这老板娘为了推销她的毛线，也是简直了。

“要吗？”顾飞靠着旁边的台子，笑着问。

“不不不，不用，”蒋丞赶紧推开那个毛团子，“我毛衣挺多的，天气都暖了，也不需要了。”

“明年还能穿啊，”老板娘又拿起一团线，“这个线合适的……”

“别别别别……”蒋丞脸都快红了，跟躲什么似的，一直都快退到门外边去了，“我真不用。”

顾飞在旁边一直乐，也不出声，就那么笑着看戏。

“你朋友都没说不帮你织，”老板娘非常热切地举着毛线，追着蒋丞，“你看看这种呢……”

“姐，姐，姑，大姨，”蒋丞真诚地看着她，“真的不用他织，那什么，我……我吧，我也会织。”

顾飞很有兴趣地挑了一下眉毛。

“真的啊？”老板娘很惊讶，又回头看了一眼顾飞，“你会织，你朋友也会织，现在的小伙子真是不得了啊。”

“嗯，是的，”顾飞点点头，“我们是新时代的小伙子。”

“那你不买点吗？”老板娘又看着蒋丞，“哎哟，我跟你说，会织毛衣的啊，一天不织着玩玩，手都痒痒呢。”

蒋丞说完那句话就什么都不想再说了，在心里对自己挖坑埋自己的行为，表示了强烈不满。

老板娘推销起毛线团来，势不可当，蒋丞为了脱身，最后只能点了点头：“好吧，那我就……要一团。”

“一团？”老板娘看着他，“一团织毛衣？”

“不是，我就织……”蒋丞实在不知道一团能织什么，只好往顾飞那边扫了一眼求救，顾飞举了举手，他赶紧说，“手套。”

从店里买好毛线出来的时候，蒋丞感觉身上累出了毛毛汗。

“你也不帮我点忙，”他叹了口气，“这老板娘简直了。”

“你自己说你会织的。”顾飞说。

“你看我，”蒋丞指了指自己，“我这样的，像是会织毛衣的人吗？”

“你觉得我像吗？”顾飞问。

“……好吧，”蒋丞无言以对，把手里装着那团毛线和一套竹针的小袋子递给他，“这个送给你吧，我拿着也没用，你给顾森再弄副手套小围巾什么的。”

顾飞笑了笑，接过袋子：“谢谢。”

买完毛线也没时间再回家了，顾飞在路口让顾淼直接回店里，然后拎着一兜毛线，跟蒋丞一块儿往学校走。

“这个不让她拿回去吗？”蒋丞问。

“不用，”顾飞说，“弱智爱消除的关让你过完了，我下午没事干，正好……”

“你要在教室里织毛衣？”蒋丞震惊了。

“怎么，”顾飞说，“你要想学，我可以教你。”

“不用！”蒋丞赶紧说。

顾飞果然是一个神奇的人，真的一个下午都低着头给顾淼织帽子。

下午的课，蒋丞都没太顾得上听，老忍不住要往顾飞那边瞅，一边震惊顾飞技术的熟练程度不亚于那些一边带着孙子一边织着毛衣聊天的大妈们，一边震惊顾飞的手……一个剃着寸头，还是刻着花的寸头，一只胳膊能把人抡在树上贴着的人，手拿着毛衣针时，能这么漂亮。

而更神奇的是，四周的人没有一个对他的行为有什么诧异，估计早就已经诧异过了，现在已然习惯了。

"唉。"顾飞小声叹了口气。

"怎么了？"蒋丞问。

"漏针了，"顾飞说着把针退了出来，"得……"

"我靠！"蒋丞忍不住小声喊了一声，"这么多，要重新来吗？看不出来吧。"

"你大概看不出来吧，"顾飞低声说，"二淼比较讲究，线头大点都不能接受，会发脾气的，哄都哄不住。"

"……哦。"蒋丞想到顾淼那天疯狂的尖叫，感觉顾飞这哥哥当得着实不容易。

顾飞的速度挺快的，下午放学的时候，已经织出了一小片，居然还带着扭扭花，蒋丞有种对着他抱拳叫一声"牛逼"的冲动。

"一会儿别走啊，"王旭说，"我去老徐那里拿衣服，你们等一会儿，晚上去我家吃馅饼，顺便讨论一下明天的战术。"

打球的一帮人，都围到顾飞桌子的四周，边聊天，边等着看老徐借来的衣服。

"我觉得还是不要有什么期待比较好，"郭旭说，"想想去年的衣服吧。"

"去年什么样的衣服？"蒋丞问。

"第四监狱篮球二队。"顾飞边织边说了一句。

"……这都能借到？"蒋丞愣了。

"今年我们这么有希望，应该不至于还穿牢服吧？"卢晓斌说。

"谁知道，老徐的审美一直与众不同。"

大家聊了一会儿，王旭拎着两大袋子衣服，回到了教室，一看脸上的表情，就知道这衣服估计比第四监狱好不了多少。

"我觉得我们主要还是得靠气质。"他把袋子放到桌上。

大家把衣服拿出来看了看，顿时集体崩溃。

"五星……农贸？"郭旭扯着一件衣服念着上面的字，"五星农贸是不是咱学校再往北两站地的那个农贸市场？"

“是。”顾飞把毛线收起来，看着这堆衣服，叹了口气。

“还他妈有广告呢，”王旭指着衣服，“面条鲜。”

蒋丞实在忍不住笑了起来，一边乐一边拿出手机对着衣服拍了张照片，然后发给了潘智。

——孙子，我们明天篮球赛，让你欣赏一下队服。

“衣服收起来吧，”顾飞说，“明天我带衣服过来给你们。”

“那太好了，”王旭马上把衣服都塞回了袋子里，“什么样的？”

“我朋友他们队的，”顾飞说，“也有队名什么的，不过起码不是农贸市场队。”

“你早说嘛，早说都不让老徐去弄了，”王旭把衣服塞进桌斗里，“走走走，吃饭去，商量战术。”

蒋丞收拾了东西，跟着一帮人一块儿出了教室。

下楼的时候，潘智的消息回了过来。

——爷爷，我觉得好欣慰啊，都快泪流满面了，你终于变回原来的爷爷了。

28

顾飞开着车，向刘帆家那边开过去，半路的时候，手机响了，他塞上耳机，接了电话，那边传来了丁竹心的声音：“可以啊小子，真不来？”

“不是，我……”顾飞这才想起了之前丁竹心发来的消息，“忘了，要不我现在过去，你在哪里？”

“没事，也就是随便唱唱，”丁竹心说，“之前在野火，所以叫你，现在跟朋友出来喝酒了，你肯定不会来的地方。”

“嗯。”顾飞应了一声。

“刚一进来就碰上小冰他们一帮人，”丁竹心说，“主唱又换了。”

“没叫你回去吗？”顾飞说。

“叫了我也不会回去啊，”丁竹心笑了起来，“我这么不好说话的人。”

“你跟他们在一块儿那会儿，是你发挥最好的阶段，”顾飞说，“不用为了我，跟他们较劲，都三年了吧，差不多得了。”

“那你‘得了’吗？”丁竹心问。

“我记仇，这种事，我记一辈子。”顾飞说。

“那不就行了，”丁竹心说，“我倒不是记仇，我是硌硬……对了，什么时候有空，帮我拍点照片？”

“你？”顾飞转了个弯，看到了正拎了两个大袋子在路边走着的刘帆，他加了一把油门，过去吹了声口哨。

“我靠，”刘帆转过头，“我正想看哪个人敢这么调戏大爷我呢。”

“走路去拿的？”顾飞问。

“人家给送到路口了，”刘帆看到了他戴着耳机，“打电话呢？”

“嗯，心姐，”顾飞腿撑着地，偏了偏头，“上来。”

刘帆跨到了他的后座上：“开慢点，晚上风太冷了。”

“不是我要拍照，”丁竹心说，“我店里之前找的那个摄影师回老家结婚去了，不知道什么时候能来，平时用惯的那个模特也……你过来给我救个急，我一堆衣服没拍呢。”

“嗯，行，”顾飞说，“模特也要我找吗？”

“对，临时找一个拍完这批就行，不过别找刘帆了，他身材倒是好……”丁竹心说。

“脸不好吗？”顾飞笑了。

“不合要求，我这批货有点偏‘坏’，刘帆长得太实诚，像老流氓，不像坏小子，”丁竹心说，“你有合适的人吗？时间紧，所以我价格给得比平时高不少的。”

坏小子？

“我找找吧。”顾飞说，丁竹心说到“坏小子”的时候，他眼前不知道为什么会闪过蒋丞的脸。

在他认识的人里，不“坏”的没几个，但不知道为什么，如果是“坏小子”这个词，却感觉只有蒋丞最合适。

四中的球赛阵仗挺大的，下午第二节课才开始比赛，但除去高三，一二年级的第一节课就没多少人上了，全部在球场上堆着。

四个球场，全围着人。

除了临时因为有球赛而被激起了对篮球的兴趣在场上胡乱打着球的那些人之外，不少班的队伍已经开始在场上热身……或者说是已经开始在场上显摆。

顾飞拿来的队服果然比牢服和农贸市场面条鲜要强得多，红色的衣服，背后除了数字，只印了一个做成火焰燃烧效果的“飞”字。

“用你名字命名的球队吗？”王旭一把扒掉了自己的衣服，拿了一件套上了，“挺不错。”

蒋丞赶紧往四周看了看，教室里除了他们，已经没有别人了，都去了球场。

“我建议你穿件T恤在里边，”顾飞看着他，“别一会儿比赛没开始，队长先冻坏了。”

“都换上，都换上，顾飞和蒋丞捂严实点，”王旭一边换衣服，一边说，“一会儿他俩先不上，秘密武器还是尽量藏着，不行了再让他俩上。”

王旭一直以来都是想把“秘密武器”压到最后，但昨天“对阵表”一出来，他就无语了，他们第一场淘汰赛对（5）班，（5）班的技术水平跟（2）班不分上下，（2）班去年差点拿下当时高二的队，但也差点在路上输给（5）班。

“我觉得吧，”郭旭有些不踏实，“还是别拖得太久才上场，分数一拉开，就不好追了，是（5）班啊，那么强的队。”

王旭没说话，想想又非常郁闷地对着桌子拍了一巴掌：“这对战表也不知道怎么弄的，抽签就算强弱分开抽，起码也应该是一个差队对一个强队吧，这样才能保证后面的比赛好看啊！”

“队长，抽签没问题，强队是（5）班，”顾飞换好了衣服，穿上外套，指了指旁边的一帮子人，“我们就是那个差队。”

“我们……”王旭梗了梗脖子，半天才叹了一口气，“唉。”

老徐也挺激动，跑到教室来催他们去球场。

一帮人走出教室的时候，蒋丞跟在最后头，感觉他们一个个的，走路都带着风，仿佛是一直以来都让世人看轻而今天即将扬名天下的扫地僧……

“（5）班的那个中锋厉害，”顾飞在他旁边走着，小声说，“比卢晓斌壮一圈，跟座塔似的，球到了他手里，我们基本没机会再拿。”

“嗯，”蒋丞点点头，看了一眼走在前面的卢晓斌，想象了一下那个中锋的体形，“你只管往篮下去，我掩护……”

“传球还需要看你在哪里吗？”顾飞问。

蒋丞转过头看着他，过了一会儿，才说了一句：“不用，我跑得到。”

顾飞给他竖了竖拇指。

（8）班一直以来都是“超级小弱鸡”的形象，别的班队员到场，都会引起小小的骚动和围观，但他们的人过去的时候，只有他们自己班的人在班长易静的带领下，挥了挥手。

群众对王旭队长带过去的队员们完全不感兴趣……也不准确，还是有能让他们感兴趣的人，那就是顾飞。

为了贯彻执行王旭队长“秘密武器”的计划，蒋丞和顾飞没跟队员们走在一块儿，到了场边的时候，好几个女生举起手机，一点掩饰都没有地对着顾飞拍照。

“你离我远点。”蒋丞有点受不了，以前在学校的时候，女生也喜欢扎堆讨论哪个班的谁谁帅，他也经常被拍，但女生多少还有些羞涩，拍照也是偷偷的，起码得装着是在自拍。

现在这一堆四五个手机举着，他顿时感到有些别扭。

“也不全是在拍我，”顾飞无所谓地笑了笑，“你是不是不知道你来的第二天，学校贴吧里就有人打听你了？”

“……你们学校还有贴吧？”蒋丞挺吃惊，重点都歪了。

“有啊，你可以去看看，”顾飞说，“挺热闹，各种八卦、约架。

“哦。”蒋丞在场边的椅子上坐下了。

“起来，起来，”王旭走过来，冲他挥了挥手，一脸嘚瑟，“这是队员休息的地方，观众去旁边。”

蒋丞看着他。

“秘密武器，”王旭冲他使了个眼色，努力控制着自己说话的时候嘴不动，“配合一下。”

“唉……”蒋丞无奈地叹了口气，到后边找了把椅子坐下了。

以前学校有看台，四中的球场挺多，但是想坐着看球，就得自己扛椅子过来，好在他们班的队伍不行，但后勤强，椅子搬来了很多。

“一会儿不行了的话，蒋丞你先上。”王旭站在他旁边，一边活动胳膊腿，一边看着前方说着话。

“不行，”蒋丞说，“我和顾飞要一起上，我一个人上去，打不出配合，没什么作用。”

“大飞？”王旭往顾飞那边偏了偏头。

“听他的。”顾飞说。

“好吧，”王旭蹦了蹦，“你俩准备着点，我有些紧张……”

“紧张什么？”蒋丞看他的样子，有点想笑。

“因为我突然觉得，可能打不了十分钟你俩就得上。”王旭说。

“你抓紧时间一展风采。”顾飞说。

“嗯！”王旭点了点头，小跳着站到了场边，对着侧面努力地摆出了各种热身姿势。

蒋丞顺着往那边看了一眼，顿时乐了，那边有一个拿着摄像机的老师，正对着球场，转圈拍着。

今天的开场比赛，大概是为了吸引人，高二安排的是最强的两个队的比赛，1号场地是（5）班，2号场地是（2）班，对手分别是“头号弱鸡”（8）班，和被（8）班一比就不那么弱鸡了的（3）班。

选完场地之后，比赛就开始了。

（5）班的人又是尖叫又是鼓掌的，相比之下，他们（8）班的气势就弱了很多，大概是因为“秘密武器”保护得太好，连自己班的人都没抱任何希望。

只有老徐叉个腰，站在场边，冲着王旭他们喊：“好好打！打出你们的水平来——让他们见识一下你们的厉害——”

蒋丞觉得挺佩服老徐的，在这种所有人都觉得（5）班是来表演赛的气氛里，能喊得仿佛（8）班就是未来的冠军队。

“放松打！放开了打！”身后突然传来了喇叭声。

声音还挺大，蒋丞吓了一跳，大家一块儿回过头，看到了正拿着上课的麦，站在后排的老鲁。

“鲁老师！”裁判席那边有人喊了一声，“鲁老师！不要用喇叭，会干扰比赛。”

“比赛又没开始！”老鲁对着麦说。

“你放下，放下，”老徐指着老鲁，“好好看比赛。”

“你要不要用这个？”老鲁依然对着麦。

易静站了起来，走到老鲁身边，笑着说了几句，老鲁把麦和扩音器都给了她，过去跟老徐一块儿叉腰站在了场边。

“老鲁还挺看好王旭他们？”蒋丞说。

“他跟老徐关系好，”顾飞说，“一直搭档，老徐要是（5）班的班主任，那他这会儿肯定就看好（5）班。”

比赛开始，跳球的是卢晓斌和那个“塔”。

“塔”是有名字的，顾飞说了一遍，但是蒋丞没记住。

球往空中抛起的时候，蒋丞就知道卢晓斌碰不着这个球，“塔”虽然个子大，但反应并不慢，而且比卢晓斌还高了小半头。

球落下来之后，果然被（5）班的人拿到了，然后迅速往篮下压了过来，对面（5）班的人，顿时喊成了一片。

蒋丞有些无语地看着人家轻松将球带到篮下，在几乎没有防守的情况下，拿到两分。

“周敬，”顾飞踢了踢坐在前面疯狂拍着大腿的周敬的椅子，“去喊，让他们盯人。”

“好，”周敬马上跨过几把椅子，冲着场上吼着，“盯人！你们盯人！回防要快！抢球要拼一点啊！”

周敬很卖力地喊了一阵。

但王旭他们看得出来从上场就很紧张，放不开，对方十几秒就进了球，他们顿时就被一直压着了，场边的人都在喊，而他们却像一句也听不见似的，打得一团糟。

没到五分钟，（5）班已经进了四个球，王旭他们没办法阻止“塔”拿球，也就挡不住人家进球，好不容易拿了一次球，带到篮下的时候，（5）班立马嘘声四起，球都没出手，就被人给抢了。

蒋丞看着记分牌上的时间和比分：“平时打得也没这么烂啊。”

“李亚东现在就是中线直插篮下，没人拦得住他，走位相当嚣张啊，”顾飞抱着胳膊，靠着椅子，“上半场就这么下去，王旭他们打个蛋出来也有可能。”

“一会儿你也中线，”蒋丞看着场上越打越紧的王旭他们，“杀杀他们的风头。”

“在中线，我两边都受威胁。”顾飞说。

“有我。”蒋丞说。

在王旭第三次往顾飞这边看过来的时候，顾飞站了起来。

王旭马上跟老徐打了个手势，要求暂停。

虽然还没有到能暂停的时机，但场上几个人看到王旭这个手势之后，顿时就像打了强心针似的，都比之前跑得快了。

顾飞站起来没两秒钟，对面和四周的观众就都发现了，有人立马喊了一声：“（8）班这次有顾飞？”

“顾飞、蒋丞，准备。”老徐这时过来说了一句。

班上的人这时才反应过来，顿时一片欢呼，全都站起来开始喊。

蒋丞看了顾飞一眼，莫名其妙地就觉得有点激动，以前打校队比赛的时候，都没有过这种心情。

大概是被王旭这段时间以来不断地用“秘密武器”洗脑，他站起来的瞬间，真就感觉他跟顾飞背负着什么重大的历史使命。

场上叫了暂停，蒋丞一边脱衣服，一边觉得很无语。

顾飞在学校算是个带着神秘色彩的牛逼人物，云游天外的老大，没跟谁干过架，却谁都不敢惹，从来没有参加过任何集体活动，现在居然要上场打比赛。

所有人的目光都投了过来，连摄像的老师都直接走到了他俩身边，还有好些手机对着他们。

而这时，他和顾飞正站在两排椅子中间脱裤子。

这滋味真是太美好了……

“我发球，”蒋丞说，“王旭过来拿球，按照以前配合过的那样，多跑动，把人盯死，卢晓斌，你缠死那个‘塔’，你体力好，他在哪里，你就在哪里，不用管球。”

“塔？”卢晓斌问，他的确是体力不错，这会儿连喘都不带喘的。

“李亚东。”顾飞说。

“嗯。”卢晓斌点点头。

“传球都从下边传，”蒋丞说，“对（5）班我们没有身高优势。”

王旭这会儿对于他队长的活被蒋丞抢了，完全没有怨言，站在一边拼命点头，最后上场的时候，也没顾得上像平时那样做个总结发言。

顾飞和蒋丞一上场，场上双方队员和场边的观众，态度全变了。

（5）班的人对蒋丞的水平不清楚，但顾飞打球什么样，他们都知道，没比赛的那些班的人，全都挤到了1号球场。

场边顿时挤满了人，啦啦队的声音此起彼伏，把（5）班视为对手的人，这会儿都在给（8）班加油，喊成一片。

“队长。”蒋丞在王旭身后叫了他一声。

王旭顿时很愉快地转过身：“什么事？”

“这个球很重要，”蒋丞说，“靠你了。”

“放心。”王旭一脸沉稳地说。

蒋丞站到边线，从裁判手里接过球，往地上拍了几下，试了试手感，还不错。

哨声响起时，王旭甩开对方的一个人，往蒋丞这边冲了过来，蒋丞拿着球，正要出手给他，（5）班个子最小的那个，突然斜插过来，拦在了王旭身前。

这人的风格跟李炎很像，速度快，灵活，这个球没办法再给王旭，蒋丞抬起头，往中场看了过去，顾飞被“塔”缠住了。

但卢晓斌很忠于职守，迅速挤了过去。

顾飞脱身的那一瞬间，冲蒋丞伸出了手，蒋丞把球对着他扔了过去。

顾飞拿到了球，就按之前说好的那样，转身从中线带球，开始往篮下冲。

场边的声音，顿时提高了至少能有20分贝，喊得跟掀起了浪似的。

蒋丞加速跟上，王旭在他身后很伤心地喊了一声：“怎么没给我！”

“跟过去！”蒋丞说。

王旭跟被踹了一脚似的，突然加速，从蒋丞身边带着风地冲了过去，跟在了顾飞身后，跟（5）班防顾飞的两个人，你挤我我挤你地纠缠上了。

（5）班的人回防挺快，跟（8）班之前的回防速度一比，简直是光速了，顾飞相当拉风地直接从中线冲到篮下时，他们的人已经全部压缩回了三秒区。

顾飞上篮的路线，已经被双人封死，他退出来的同时一回手，把球从身后传了出去，蒋丞一个大步过去接住了球，带球晃过李炎二号和另一个人，在顾飞再次找到空隙进去的时候，把球传回给了他。

不得不说（5）班的那个“塔”比他们班的“塔”要强，卢晓斌就快上去搂着他了，却还是被他脱了身。

“塔”在顾飞拿球的时候，像一床棉被似的盖在了顾飞跟前。

蒋丞迅速移动，防止有人盯死自己，他看了一眼计时器，还有时间，这个时候，顾飞应该还是会把球分出来。

但下一秒，顾飞却突然起跳了。

蒋丞立马做好了断球和回防的准备，“塔”像泰山压顶一样，跟着顾飞也跳了起来，如果顾飞手上的球出手，那么这一个“盖帽”妥妥的。

或者……他要个花活的话，还有机会。

果然，顾飞的手在空中猛地一沉。

只要再从“塔”的胳膊下边一勾，球就有可能进。

这两分非常重要，能把（8）班的士气激起来。

但顾飞的下个动作就让蒋丞在心里骂了一句“大黄狗”，居然是传球！

虽然在球对着自己飞过来的时候，蒋丞马上就明白了顾飞的意思，但还是忍不住要骂。

蒋丞接住球，迅速退了一步，带出三分线，没有犹豫地把球高高地投了出去。

球落进网里的那一瞬间，球场边再次掀起了浪，（8）班的人蹦起来，叫得嗓子都快破了。

“漂亮！”老鲁不知道什么时候，又把扩音器拿到了手里，“这个球漂亮！”

王旭激动地过来对着蒋丞耳朵吼了一声：“真爽！”

这一个配合加三分，顿时让所有人都跟嗑了药一样，嗨了起来，回防的时候，一个个脚底下都像是有弹簧似的。

“有什么意见吗？”顾飞跑过蒋丞身边的时候，说了一句。

“没意见，看你浪呢。”蒋丞说。

“上都上来了，打都打了，”顾飞说，“那就让他们死透了。”

“嗯。”蒋丞应了一声。

跟着往回跑的时候，他突然想起潘智昨天的那条消息。

还真是……突然就有点找回了以前的感觉。

29

（5）班毕竟是去年的强队，虽然因为没有心理准备，被突然上场的蒋丞和顾飞打了个措手不及，但几个回合跑下来，也慢慢适应了，并且对他俩有了针对性的防守。

跟（8）班这种只靠两个主力打配合的形式不同，（5）班没有特别拔尖的队员，但技术很平均，连替补都比王旭那几个强。

有时候，蒋丞就觉得挺神奇的，任何学校任何年级，都会有这种情况，会打球的都集中在某一两个班里。

他和顾飞在对方没回过神来的几分钟里，迅速把比分追到了只差一分，这期间，（5）班只拿了一次两分，这边蒋丞进了一个三分之后，顾飞连续上篮得分，球场边的观众差不多都达到了兴奋的顶点。

估计看（5）班和（2）班打都没有这么激动，毕竟（8）班这种“弱鸡”横空出世，打得（5）班好几分钟时间就只进了一个球，场面太难得。

最关键的是，这是淘汰赛，输了的直接就结束，然后加入观众行列了。

第一场淘汰赛，弱鸡队输了没有什么感觉，能进决赛的队，输了才精彩，吃瓜群众喜闻乐见的黑马款。

“我们能赢！”王旭在（5）班叫暂停的时候，红光满面地一边喝水，一边说，“我们能赢！我们肯定能……”

“别废话浪费时间，”蒋丞一点面子没给队长留，直接打断了他的话，“郭旭休息，换那个谁上。”

“谁？”王旭问。

“他，”蒋丞指了指他们的一个替补队员，这小子没什么技术，但是跑步特别快，“不用干别的，盯死那个……那个谁，他们班小个子那个。”

“他叫张远，”王旭说，“那个小个子叫唐希伟。”

“嗯，张远，你就盯着糖稀，”蒋丞说，“你速度快，你就跟着他，可以犯规，拦不住你就推他，别推得太明显，不要让他有机会碰球，但是他手上有球，你不要碰他。”

“好，”张远点点头，“他叫唐希伟不叫糖稀。”

“知道了，”蒋丞应了一声，“糖稀拿不到球的话，对我们就有利很多，‘塔’投篮的球，有一半是他传过去的。”

“那我们呢？”王旭问。

“那个李亚塔已经两次犯规，”蒋丞直接忽略了他，看着顾飞，“让他再来个一次两次的。”

“嗯，”顾飞喝了口水，“李亚……东。”

“我呢？”王旭又问，这次问得更明确一些了。

“队长，”蒋丞扯了扯手腕上的护腕，“我带球的时候，有人干扰我，你过来收拾他……”

“好！没问题！”王旭一拍胸口。

“还有，我们回防太慢，”蒋丞说，“我们训练的时候不是练过吗，对方进攻的时候，我们要马上回篮下，三秒区两个，别的顶在三分线，不让他们进来。”

“明白了，打起精神，训练的那些现在都要用上了，”王旭说，在每个人的肩上拍了拍，拍到蒋丞时，他很注意地越过了，最后在顾飞肩上也拍了拍，“大飞，打起精神！”

“嗯。”顾飞看了他一眼。

“喝水吗？”蒋丞身边有人问了一句。

他转过头，看到易静手里拿着一瓶水，先看了一眼顾飞，顾飞在喝着水，她又转头看着蒋丞。

“谢谢。”蒋丞接过了她手里的瓶子，拧开喝了一口。

“你们打得太棒了，”易静小声说，“班上的人，从来都没这么激动过。”

蒋丞笑了笑，没说话。

的确打得还不错，他跟顾飞强行耍帅的这种配合，是很能鼓舞人心的，但……也容易拉仇恨。

他转头往（5）班那边看了一眼，好几个人都盯着他们，眼神里全是怒火。

李亚塔跟他的目光对上之后，突然双手都举了起来，竖起中指，往他这边一指。

指完了，也没有收回目光，还是跟他对视着。

蒋丞没什么反应，球场上，他很少会被激怒，带着情绪打比赛，是大忌。

不过，激一下对手还是可以的，他跟“塔”对视了一会儿之后，隔空给了“塔”一个飞吻，还是在手上亲了一下，再吹过去的那种。

“塔”顿时就怒了，骂了一句。

蒋丞笑了笑，没再理他。

“我发现你真挺欠的啊。”重新上场的时候，顾飞在他身后低声说。

“记着让他犯规，”蒋丞说，“他放得太开，我们下半场就不好打了。”

“遵命。”顾飞说。

距离上半场结束，还有不到7分钟，球权在（5）班手上，必须在这点时间里，把比分拉开，下半场他们调整好了，也不那么好追。

蒋丞盯着准备发球的那个人，留意观察着场上的人都在什么位置上。

张远不错，李炎二号，不，糖稀……糖稀什么来着的移动速度很快，别人盯他的时候，他很快就能脱身拿球，但现在张远跟个蹦枣似的跟着他，他晃了几个来回，都没能甩掉。

（5）班打球也有套路，发球都给糖稀，他再组织进攻，现在他拿不了球，其余的人，全被（8）班“人盯人”跟死了，发球的人举着球，居然不知道该怎么办了。

最后压着5秒时，蒋丞身后的那个人，总算绕开了他，冲过去要球，发球的赶紧把球扔了出来，但因为距离有点远，球还没飞到一半距离，蒋丞已经冲过去在中间一断，把球拿到了。

“瞎的吗！”糖稀喊了一声。

蒋丞刚一拿到球，顾飞就已经往篮下跑过去了，他都没怎么多带，直接就狠狠一抡，把球扔给了三分线外的卢晓斌。

这个配合，他们训练的时候练过，卢晓斌有身高优势，上空接了球之后，一个跳投的姿势，把球给了顾飞。

顾飞接到了球，但（5）班的回防依然神速，“塔”在顾飞带球的几步里，已经拦在了他的面前。

蒋丞准备过去接应，不过，王旭已经冲到了三秒区，而且暂时没有人防守，随时可以接到顾飞的传球。

这一连串的反应，这一连串的配合，蒋丞感觉非常欣慰，顿时都觉得王旭要这会儿过来拍他肩，他都不会觉得反感了。

但紧接着王旭就喊上了：“大飞传球！大飞传球！”

蒋丞瞬间有点想过去抽他一巴掌的冲动，在他喊完这句话之后，传球的路线就被封死了。

顾飞篮下投球相当准，但现在这种跟“塔”贴着的姿势，他很难上篮，不被“塔”把球抢了，就已经不错了。

蒋丞感觉时间上来不及投篮了，投了也很难进，有“塔”在，篮板也不好抢，这时，顾飞还是得传球或者先退出来。

但就在这个时候，顾飞突然做了个要起跳投篮的动作。

“塔”跟着就跳了起来，比顾飞快了那么一瞬间，顾飞在他跳起来之后，才起跳，而这时，他已经因为这个微小的时间差，把胳膊压了上来，顾飞从他双手之间，强行把球投了出去。

球几乎是直着向上飞起，快速旋转着落入了篮筐里，四周立刻发出一阵爆发式的叫喊声。

裁判的哨声几乎是跟球进篮同时响起：“5号打手犯规！”

蒋丞感受了一连串的震惊。

这姿势这角度都能进！这厮一开始的投篮动作，居然是个假动作！

那个李亚塔打手犯规了！

进球带引诱、犯规带加罚一球同时完成，蒋丞差点都要跟场外观众一块儿吼叫了。

顾飞慢慢退到罚球线上，冲“塔”伸出三根手指：“三次了。”

“靠！”“塔”咬着牙，从牙缝里挤出一个字，脸都涨红了。

顾飞这个罚球能不能进，基本没有任何悬念，但他也不知道是欠的还是要气人，强行制造了个悬念。

举起球准备罚球之后，他转过头看着那个“塔”，然后出手投篮。

球进了。

全场尖叫起来，女生的尖叫把男生的掌声和欢呼都快给盖没了。

蒋丞看着顾飞，虽然顾飞这个动作简直帅爆，但也嘚瑟到了极限，他都想替小塔说一句了。

“你挺能嘚瑟啊。”蒋丞跟他一块儿回防的时候，说了一句。

“跟你学的，他禁不起激，这会儿已经要疯了，”顾飞说，“看吧，到不了下半场，他就得四次。”

顾飞的判断没错，这个李亚东……蒋丞对于自己突然想起了他的名字而感到万分愉快，李亚东脾气火暴，而且蛮劲大，之前王旭他们被压着打的时候，他都能犯规两次，现在这种情绪状态之下，让他犯规，简直没什么难度。

如果他是（5）班的队长，那么这种时候他会换人了，但（5）班明显还是依赖他的篮下得分能力，没有选择换人。

在上半场马上要结束的时候，顾飞带球，刚过中场，就被他拦住了，顾飞甚至没有假动作引诱，只在他的手扫过来的同时，偏了一下身体，他就收不住，一巴掌拍在了顾飞的胳膊上。

“5号打手犯规！”裁判吹了哨。

“要毕业喽！”观众里有人喊了一声，接着就有好些人跟着起哄。

蒋丞听出了这个声音是周敬的，看了一眼，周敬正躲在老徐身后。

上半场结束的时候，李亚东四次犯规，无论他有多牛，下半场都不会先上场了，要留到关键时刻。

但现在（5）班比分落了他们9分，如果李亚东不上场，那么追回比分的希望也会变得渺茫……

好纠结哦。

蒋丞喝了一口水。

“只要下半场我们继续这么打，稳中有放，我们就能拿下！”王旭说，“想一想，这不光是我们第一次赢比赛，这可是把（5）班给淘汰了啊！淘汰了啊！淘汰了（5）班，离我们把（2）班踩在脚下那天，也就不远了！”

大家纷纷激动地点头。

“战术还有什么要调整的吗？”王旭问蒋丞。

“郭旭上，张远休息，”蒋丞说，“一会儿李亚东应该不会上，上了也放不开了，糖稀……伟，也不会再一直给他传球，估计会自己先带过去，他交给我，别的照旧。”

“好！”王旭点头。

下半场，李亚东没有上场，换了一个跟他身高差不多，但要瘦了不少的队员，这个人的弹跳不如李亚东，顾飞上篮的时候，他根本盖不住。

（8）班全员都像打了鸡血，鸡血都不够形容，简直是凤凰血，场上场外都一片沸腾。

观众们也像吃了药，大概是怎么也没想到在比赛的第一天，就能看到这么让人意外的比赛，喊成了一片，也不知道该帮哪边了，总之，一进攻就吼，一进球就尖叫，不分你我，你中有我，我中有你……

蒋丞是个不容易激动的人，特别是打比赛，他一直打后卫，需要冷静观察，耍帅也只靠技术，不靠激情。

但现在场边喊得像是火山爆发了，而他们这样的一个队，居然能打到这个程度，他实在不太能保持冷静了。

“最后一节，最后一节，”老鲁不知道什么时候又拿到了麦，裁判席也顾不上他了，他喊得跟上课骂人似的充满力量，“稳住了！不急不躁！稳扎稳打！”

还有十分钟，算上加时，也没多少时间了，（8）班拼了，（5）班也一样是拼了的状态，所以，比分一直没有拉开到蒋丞希望的15分，现在是13分。

（5）班重新换了李亚东上场，蒋丞拿到了球，这个球如果能保证顾飞进了，那么15分，光从心理上就能打垮（5）班的人。

郭旭在他右前方，糖稀过来堵他的时候，他迅速把球传给了郭旭。

郭旭这会儿也有如神助，拿到球，甚至都没有带，在糖稀转头看的时候，他从上方又把球传回给了已经从糖稀身边绕过的蒋丞。

“传得漂亮！”王旭吼了一声。

蒋丞拿了球，继续往前带，但糖稀速度快，再次拦在了他面前。

蒋丞这一瞬间挺希望糖稀在（8）班的，这种速度和反应……他往左边看了一眼，糖稀果然马上往那边微微斜了一下身体，情绪太亢奋，反应又太快的缺点，就在这里了。

我这是个假动作哟！

蒋丞带着球，从右边冲了过去，看到了已经进了三分线的顾飞……还有从右边拦截过来的李亚东的脚。

蒋丞左脚一脚踩在了李亚东的脚上，右脚又迈不上来，整个身体顿时失去了平衡，往左倒了下去。

但在倒地之前，他还是咬牙把手里的球，对着顾飞抡了出去。

接着就重重地摔在了地上，胳膊肘撑着地，猛地往旁边滑开了一米多远。

四周的叫喊声再次响起，不知道是在喊顾飞那个漂亮的上篮，还是在喊他摔了跤，好几秒都没能站起来。

“蒋丞！”王旭急了，冲了过来。

蒋丞推了他一把：“回防！”

（5）班发球相当快，这会儿，糖稀已经带着球，从他们身边跑过。

“没吹犯规！”顾飞喊了一声，“王旭回防！”

王旭起身往那边跑了过去。

蒋丞站了起来，顾飞回头看了他一眼，他摇了摇头，脚上问题不大，他有防护，就是摔到了之前肋骨的伤，震得有点发蒙。

这个球，大家都带着怒火，蒋丞刚过中线，那边投篮的李亚东已经被顾飞一个完美的“盖帽”压了下去，球到了卢晓斌手里。

“蒋丞——”卢晓斌吼了一声，气贯长虹，把球对着蒋丞传了过来。

不知道是不是因为之前五打四，（5）班觉得这两分肯定能拿下，这个球传到蒋丞手里的时候，离他最近的糖稀都还在他们篮下的三分线那里。

蒋丞拿了球，转身带了几步，脚尖压着三分线停下了。

在投篮的时候，他回过头，看了一眼这时才猛冲过来的（5）班的几个人，然后不急不慢地把球投了出去。

球在空中划出了一道长长的弧线，蒋丞竖起三根手指，随着球落入篮筐，他把手指往下一压。

漂亮。

场边的叫好声里，他听到了老徐破了音的那声“好球”，他往老徐那边看了一眼，一片兴奋的面孔里，老徐的最显眼，脸激动得比他们打球的都红。

比分被拉开了16分，现在最后一节也没剩多少时间了，哪怕没有他和顾飞，这分也不太可能追得回来。

“放慢节奏。”顾飞看了一眼计时器。

这种时候，不用再急着拿分，可以打得更稳，球压着时间出手。

（5）班的人已经泄了气，虽然一个个怒气值都是满的，却没有机会再爆发。

顾飞和蒋丞控球，稳稳地往篮下压，这期间，（5）班拿了四分，但顾飞放弃两分，两次传球给蒋丞投三分，蒋丞都能感觉得到自己每次三分出手时身边的音浪。

他之前打校队的比赛都没这么嘚瑟过。

最后，在全员极度兴奋的气氛里，全场结束的哨声响起。

手里还拿着球，站在三分线外好几步的顾飞，把手里的球往篮筐那边用力扔了过去。

“浪个没完了啊！”蒋丞看着在篮板上弹了一下进了的球。

“啊——”在一片欢呼声里，王旭的声音特别响亮。

蒋丞一回头就看他张着胳膊冲了过来，没等反应过来，他已经搂住了顾飞，在顾飞脸上狠狠地亲了一口。

“滚！”顾飞推开他，在脸上搓了好几下。

“别碰我！”蒋丞一看王旭转身，马上指着他，喊了一声。

“啊——”王旭奋不顾身地扑了上来，搂着他就是一口。

“你大爷！”蒋丞像是被人抽了一鞭子似的，胳膊腿全上了，把王旭抡到了一边。

王旭并不在意，狂喜之中，搂着所有队员挨个亲了一遍。

全班都乐疯了，拥到球场上，逮着人就搂成一团地喊，这种心情，大概只有这种从来没有在学校任何比赛里赢过任何一场的“超级弱鸡班”才能体会到了。

“哎，”顾飞走到了他面前，张开了胳膊，“好久没打这么爽的球了。”

蒋丞看着他，犹豫了一下，过去张开胳膊，跟他搂了搂：“我也是。”

“脚没事吧？”顾飞在他背上拍了拍。

“没事。”蒋丞笑笑。

这个拥抱的感觉很……舒服。

带着默契和欣赏，也带着跟所有人都不一样的“近”，虽然蒋丞在碰到顾飞身体的那一瞬间，眼前闪过了那天晚上顾飞几乎贴在他眼前的脸，闪过了在阳光下带着光晕的顾飞的脸……但他还是觉得，坦然。

他不知道自己为什么会用“坦然”来形容一个拥抱，但这真的是他这么久以来，除了潘智，第一次跟人这样没有距离地接触。

甚至感觉到自己的头发梢扫到了顾飞的脸。

却没有尴尬和抗拒。

“走走走，”老徐在班上的人散掉之后，激动地挥着胳膊，“我跟鲁老师请客，请你们去吃点好的！”

“想吃火锅，”王旭说，“不，想吃烤肉……啊，涮羊肉也不错……”

一帮人跟着老徐和老鲁往外走，热血沸腾的劲还没过，这会儿全用在了讨论吃什么上。

“那个，有件事，想问问你。”顾飞跟蒋丞并排走着。

“嗯，什么事？”蒋丞说。

“你想赚钱吗？”顾飞问。

“啊？”蒋丞愣了愣，看了顾飞一眼。

顾飞突然这么没头没脑的一句“想赚钱吗”问出来，让他顿时有种妈咪跟无知少女对话的感觉。

他差点想说“不，我还小”。

30

“我是说，你……”顾飞像是也被他“啊”迷糊了，有点不知道该怎么说，“你要不要赚点零用钱？”

“嗯？”蒋丞看着他，零用钱？不知道为什么，听上去还是很奇怪。

“就……拍点照片什么的……”顾飞解释。

蒋丞知道顾飞不可能真有什么奇怪的事要介绍他去干，但这会儿刚疯狂地打完一场球，他脑子有点缺血，陷入“这是一个不怀好意的陷阱”的泥潭里无法自拔，好半天都没绕出来，最后脱口而出一句：“我是一个正经人。”

“就你这智商还学霸？”顾飞实在忍不住了，“其实，你以前上的是启智学校吧？”

“哦！”蒋丞终于回过神来，“拍照片啊？拍什么照片？”

“裸照，”顾飞没好气地挥了挥手，边走边掏了根烟出来点上了，“等你清醒了再说吧。”

“我现在是清醒的……”蒋丞一眼看到他嘴上叼着的烟，愣了愣，他知道顾飞经常课间去厕所抽烟，但没想到他会在光天化日朗朗乾坤的操场上就这么点烟。

"要吗？"顾飞问。

"不要。"蒋丞果断地拒绝了，虽然他跟潘智有时候也会躲在厕所里抽烟，可总体来说，他们是正经人。

"什么照片？"走在前边的王旭，突然回过头，"是有人拍了我们的照片吗……肯定会有人拍的啊，我们今天这么帅！晚上回去看贴吧，肯定各种姿势都有……唉，不过可能都是你俩……"

"下一场，我请人过来专门拍你。"顾飞说。

"真的假的？"王旭笑了起来，"得了吧，别逗我……"

"顾飞——"后面有人叫了一声。

"哟，"王旭一抬眼，"班长大人。"

蒋丞转过头，看到了易静手里拿着个小袋子跑了过来。

"叫我？"顾飞也回过头。

"这个……"易静把手里的袋子递给蒋丞，"我刚去医务室拿的，酒精什么的，你比赛的时候不是摔了吗，一会儿检查一下吧。"

"哦，"蒋丞有些意外，胳膊肘是有点火辣辣的，但是今天大家都在球服里穿了T恤，胳膊肘在地上蹭的时候，是隔着袖子的，应该不严重，他接过袋子，"谢谢啊。"

"别客气。"易静笑笑。

"你给蒋丞拿东西，叫顾飞干吗？"王旭一脸意味深长地笑了笑。

"我一下没想起来蒋丞的名字。"易静有些不好意思地拢了拢头发，转身走了。

王旭对着她的背影一通啧啧啧："只记得顾飞的名字啊？"

"只是记不住蒋丞的名字。"顾飞说。

老徐和老鲁还是挺大方的，今天这场比赛大概太出乎他们的意料，居然打了几辆车，把一帮人拉去吃自助烤肉。

"徐总，"进门之前顾飞拦住了老徐，"太贵了，换个随便什么一般的店就行，主要就是聚一聚，也不是干吗。"

"聚什么一聚，"老鲁在一边说，"是庆功，顾飞你进去，别管了，这点钱，我跟你们徐总还是有的。"

"好孩子，"老徐一脸感动地抓了抓顾飞的胳膊，"好孩子！知道替老师着想！就知道你……"

“还有救。”顾飞帮他把话说完，转身进了店里。

蒋丞一直忍着笑，跟在后头。

店里有个超大包厢，估计平时都不太能用得上，一帮人进去了正好合适。

“先去拿吃的，”老徐跟上课似的撑着桌子，“今天让你们吃个够，吃过瘾，酒也可以拿，但喝多少，得经过我同意！”

大家又挤了出去拿菜。

蒋丞脱了外套，正想看看自己胳膊肘时，手机响了一声。

他摸出来看了一眼，是这个月话费自动扣费的通知，一百块。

平时真不觉得这一百有多少，但现在看着通知短信，突然又觉得有点心疼，要不要换个便宜些的套餐？那流量就不够了，李保国的家又没有Wi-Fi……那去拉条网线？又得花一笔钱。

他皱了皱眉，虽然卡上有钱，但这种完全没有进账的状态，让他有些不踏实，李保国提供给他的只有一个房间，别的什么都没有，现在，他一周得去买一次菜，搁冰箱里，平时自己做着吃。

他叹了口气，走出包厢去拿吃的。

顾飞在他前面，手里拿了个盘子，正对着一排冰柜里的肉发愣。

蒋丞走过去，站到他身边，也拿起个盘子，拿过夹子，五花肉、肥牛、肥羊，几夹子就把盘子堆满了，然后他把盘子摞到顾飞的盘子上，又拿了一个盘子继续，五花、肥牛……

“你是怎么保持身材的？”顾飞看着他。

“天气暖了跑步，”蒋丞说，“我平时又不这么吃。”

“哦。”顾飞应了一声。

“刚你说的……那个照片，”蒋丞看了看旁边，没有同学，“是怎么回事？”

“就是心姐，”顾飞拿着夹子犹豫了半天，夹了几个虾，堆到了盘子上，“她有个店，卖男装的，想找人拍点照片。”

“啊，”蒋丞想了想，“他们这些店不是都有自己固定的模特吗？”

“就一个，别的都是临时请，那个有事请假了，”顾飞说，“这两天上了新货，没有人拍照片了，让我帮找找合适的人。”

“这样啊，”蒋丞有些犹豫，“我完全没经验，行吗？”

“没什么问题，你有脸有身材，而且你很上镜，”顾飞说，“以前刘帆也去帮着拍过，他都行，你肯定没问题。”

“什么样的衣服？”蒋丞问。

“一会儿给你看，”顾飞冲餐台抬了抬下巴，“劳驾帮夹点青菜，全是肉，受不了。”

“嗯。”蒋丞拿了个小筐，装了满满一筐青菜。

回到包厢的时候，出去拿菜的人基本都回来了，一屋子热气腾腾的。

他俩一进去，老徐就拿着一杯酒，站了起来：“快，功臣坐好，我有话要说。”

蒋丞和顾飞坐下之后，老徐举了举杯子：“今天辛苦各位了，我从高一开始带你们，当然，有些是高二才带的……我们（8）班，连广播操比赛都拿不到名次，今天总算是扬眉吐气了！不容易！我相信，以你们目前的实力，进决赛没有问题！加油！来，喝一口！”

大家都拿起杯子稀里哗啦一通碰，刚喝了一口，老徐又开口了：“今天还要谢谢顾飞和蒋丞同学的努力……”

“老徐，老徐，”老鲁叫了他两声，“行了，让他们先吃，都饿了，你煽情煽得一会儿该把自己煽哭了。”

“喝！”王旭一扬头，把杯子里的酒喝了。

蒋丞看了一眼杯子，倒的都是啤酒，就老徐和老鲁两人的是白酒。

他跟着一块儿喝了两口。

“明天是女生比赛，”王旭说，“不知道怎么样。”

“没戏，咱们女生一向不就是上去输一场算完成任务吗，球一带就飞，也没人喜欢打篮球。”郭旭说。

大家为女生队感叹了一番，开始讨论后面的比赛。

“你看看，”顾飞拿手机找了一会儿，递给了蒋丞，“差不多都是这种风格，挺小众的。”

蒋丞拿过他的手机，翻了几张都是刘帆的，拍得还挺有范儿，又往后翻了几张，是另外的人了，应该就是丁竹心平时固定的模特，一对比还是能看出区别来的。

“蒸汽朋克啊？”蒋丞问。

“也有别的，各种复古怀旧，”顾飞说，“怎么样？费用按件或者按天都可以，按照专业模特的价格，她现在急着拍，还能比平时高一些。”

蒋丞几乎没有犹豫，毕竟都是钱，他点了点头：“行吧。”

“那我跟她说，这两天我们没比赛，下午和晚上可以过去拍。”顾飞说。

"嗯，"蒋丞又看了看照片，"这衣服能有人买吗？出门得被围观吧，嘚瑟一点没准就得挨顿揍……"

顾飞笑了笑："你还替人担心这个呢？"

"是啊，我挺善良的。"蒋丞说。

四中的管理挺松的，下午有比赛，想去看比赛的人，都不上课了，挤在球场上，不想看比赛的，走了也没人管。

不过，蒋丞还是给老徐打了个电话，说昨天摔了一下，有点疼，要去医院看看，老徐批准了，顺便又感叹了一声"好学生就是好学生"。

其实，蒋丞以前不去学校也从来不请假，只是老徐这种老母鸡一样张着翅膀每天"咯咯"着的班主任，他不说一声，感觉老徐有点可怜。

"地方有点远，不过，坐公交车过去正好，"顾飞带着蒋丞去了车站，"她的工作室兼仓库兼卧室那里有个小影棚。"

"哦。"蒋丞点点头。

有点紧张，让他去帮别人考试赚钱他都不会紧张，但拍照当模特……这种事离他有点太远，从来没想过。

上车的时候，他注意到顾飞背的不是书包，而是个一看就挺沉的背包，他问了一句："你扛的什么？"

"相机、镜头。"顾飞走到最后一排坐下。

"你……拍？"蒋丞愣了。

"嗯。"顾飞拽了他袖子一下，在一个大叔挤过来坐下之前，把他拉到了旁边的座位上。

"你拍？"蒋丞又问了一遍。

"是啊，是啊，"顾飞看着他，"我拍，很奇怪吗？你又不是没被我拍过。"

"我不是这意思，我以为只有摄影师。"蒋丞说，其实，要说顾飞拍，也没什么奇怪的，他看过顾飞的照片，他朋友圈里也经常发照片，的确都拍得很专业。

"丁竹心有自己的摄影师，忙不过来的时候会找我，"顾飞说，"我一直帮别人拍照片。"

"……啊。"蒋丞看了看顾飞。

车开起来以后，蒋丞就没再说话，开着暖气的公交车，慢吞吞地晃着，耳边有人说话，有人笑，车厢里的人都在原地，车窗外的风景一直在变化。

这种时候，就会觉得昏昏沉沉地特别想睡觉，尤其是午后，光看着暖洋洋的太阳，眼皮就开始打架了。

顾飞也一直没出声，蒋丞往他那边看了一眼，发现他抱着胳膊，眼睛是闭着的。

困。

本来还能撑一会儿，一看顾飞居然已经睡了，他立马觉得眼睛都睁不开了，把外套的帽子拉过来，往脑袋上一扣，也低着头，闭上了眼睛。

不过，说是困，也不可能真的就睡着了，一直是迷迷瞪瞪的，身边有模糊的声音和不断掠过的阴影。

不知道迷糊了多长时间，蒋丞觉得肩膀有点沉，扒拉开帽子，看了一眼，发现顾飞的脑袋不知道什么时候靠到了他的肩上。

顾飞的睫毛还挺长的，不过没有顾淼的浓密。

虽然他觉得自己对顾飞没什么想法，特别是还有个疑似顾飞女友的丁竹心……但这一瞬间，他心里还是莫名其妙地觉得有些发痒。

这种痒从肩上慢慢如同被阳光晒得蓬松起来的绒毛一样，一点点地蹭向全身。

他重新闭上眼睛。

孤单的感觉，他一直以来都能品尝得到。

在他有家、有父母兄弟、有同学、有朋友的时候，这种孤单虽然存在，但感触却并不深刻。

到了这里之后，才一点一点重叠地压在了一起。

他不需要同类，不需要那种随便就靠在一起取暖的同类，但吸引力是客观存在的。

顾飞，和顾飞现在无意识的这个姿势，让他恍惚有种与孤单相对的、“两个人”的温暖。

是什么滋味，说不清。

“到了，”车上的广播报了个站之后，顾飞抬起了头，“下一站。”

看了看蒋丞的肩膀之后，他又愣了两秒才说了一句：“不好意思，太困了。”

“没事，”蒋丞活动了一下肩膀，“你今天耍帅是耍得挺累的。”

顾飞笑了笑，站了起来：“走。”

蒋丞跟在他身后，就迷瞪了这么一会儿，他走路都觉得腿发软……估计是今天拼得太凶，他入冬之后，就没再有过这么大的运动量了。

下了车之后，风一吹，全身没劲的感觉才慢慢消退了。

丁竹心的工作室兼仓库兼卧室还兼影棚，在一条很有文艺气息的街上，就是街上各种涂鸦，各种井盖画、电话亭画、配电箱画，还有两边装修得如果你没点格调都怕进去了就露怯的小店。

这条街不长，规模也不大，但蒋丞感觉还是挺意外，一座破败而土气的小破城市里，居然还会有这样的地方。

顾飞带他进了一栋楼里，这楼跟一般的小型写字楼差不多，外边还挺旧的，只是看墙上的楼层指示牌，这里面公司之类的名字都努力往让人看不懂的那个方向奔着。

蒋丞等电梯的时候，扫了两眼，反正是一个也没能念出来，字母的都不知道是哪个国家的，中文的一眼过去也不是常规组合。

"这什么地方，一个个都装上天了，钢缆都他妈拉不住。"进电梯的时候，就他和顾飞两人，他忍不住说了一句。

"这一片叫'九零汇'，"顾飞靠着轿厢笑了起来，"是想弄个年轻人聚集的地方，特潮特时尚的那种，有点跑偏了，除了装逼的，谁都不来，不过，房租很便宜。"

丁竹心在工作室等着，他俩一进门，她就笑了："就知道你会叫他过来。"

"是吗，"顾飞把背包扔到地板上，"都认识，就不介绍了。"

"喝点这个，"丁竹心拿了个果茶的壶过来，给蒋丞倒了一杯茶，"我自己煮的，放了一堆乱七八糟的东西，还挺好喝。"

"谢谢。"蒋丞接过杯子，看了看这个工作室。

很乱，到处都是布料和海报，还有不少没有拆开的大包裹，估计都是衣服，不过，透过这些乱七八糟，还是能看出来底子是大众款的性冷淡工业风，水泥墙、水泥灯、水泥工作台，还有裸露的红砖和交错的水管。

"抓紧时间吧，"顾飞倒在沙发上躺着，"你先让他看看衣服。"

"来，"丁竹心把蒋丞带到一排衣架前，指着上面挂着的衣服，"这次的风格是返璞归真，全是针织……"

"针织？"顾飞打断了她的话，"这种风格，你让我找个'坏小子'？"

"针织材质，"丁竹心靠在架子上，"设计走的'坏小子'风，对于模特来说，是有点难度的……”

丁竹心上上下下看了看蒋丞：“但是他可以。”

“你说了算。”顾飞坐了起来，拉开了包，开始准备相机。

“今天争取拍30套，”丁竹心说，“怎么样？”

“……好的。”蒋丞看着架子上的衣服，就这么排着挂着，除了所谓的针织，丁竹心说的设计什么的，全都看不出来，就觉得挺多长款。

而且他也从来就没穿过这种他一直觉得是老头和中年长发艺术家们才穿的东西。

“换衣服，”顾飞走过来说了一句，“内搭都是配好了的，直接都换了就行。”

“你……”蒋丞转过头，话还没说出来，顾飞举起相机，对着他按了快门，咔咔嚓嚓的，“大爷。”

“换吧，”顾飞指了指旁边的一间屋子，“一会儿在那里拍，她会告诉你要什么感觉的姿势，我保证把你拍得……很帅。”

“哦，”蒋丞应了一声，看了看架子上的衣服，“随便哪件吗？”

“随便。”顾飞说。

“嗯。”蒋丞又应了一声，脱掉了外套，扔在一边的椅子上，再要脱的时候，又有些尴尬，顾飞拿个相机站在旁边也就算了，丁竹心也在一边儿抱着胳膊肘拿着杯茶，边喝边盯着他。

如果只是换件外套，他还没什么感觉，但他看了看，这一套套的架势，基本他得脱得只剩内裤。

顾飞回头看了一眼丁竹心，冲她摆了摆手。

丁竹心笑了笑，转身进了里面那间小屋：“换好了就过来，你底子好，妆随便弄一弄，到时让大飞给修修就行。”

“还要化妆？”蒋丞脱掉了上衣，问了一句。

“嗯，”顾飞拿起相机对着他，看着镜头里蒋丞匀称的上身，的确是一直锻炼的身材，很紧实，“要不光一打，脸上会暗。”

“能不拿这玩意对着我吗？”蒋丞抓着皮带，看着镜头。

“从现在开始，一直到晚上，”顾飞还是举着相机，“这玩意会一直对着你。”

蒋丞有些无奈地把裤子给脱了，拿过衣服，一边穿一边说：“我跟你说，也就看在钱的分上，我不抽你。”

顾飞笑了笑。

蒋丞腿挺直的，跟上身一样紧实，他看着镜头里穿上了上衣的蒋丞：“你还挺适合这种风格。”

“不能吧，”蒋丞有些怀疑地低头看了看，“我活了快18年，也没穿过这种东西。”

顾飞没说话，拿着相机，慢慢退后了几步，丁竹心看人还是挺准的，蒋丞这身衣服一换上，整个人的感觉就变了。

他一向觉得长款针织外套无论男女，穿上都可以拿个碗到街上敲着去了，但蒋丞把外套一穿上，转脸看过来，他那一瞬间，呼吸都暂停了。

这气质，还真不是平时身边的那些人里能看到的。

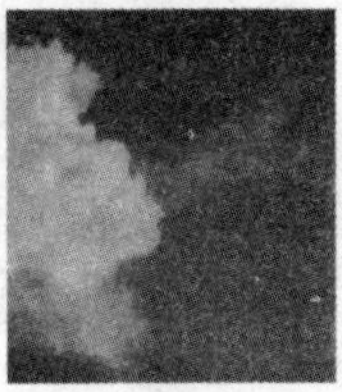

四　里脊肉

P249 – P332

31

蒋丞觉得自己随手一套就拿了这么一身莫名其妙的衣服也算是本事。

这套衣服不看外套还是挺好的，修身的裤子，一件黑色的宽松T恤，虽然也是针织的，但起码是穿出门不会被人围观的那种。

不过，外套一穿上他就愣了，回头看着顾飞："哎，确定我没拿错衣服吗？"

"没，"顾飞还是在镜头后边看着他，"怎么了？"

"不是，这衣服你不觉得像黑客帝国针织版吗？不不，在腰上系根草绳就是传教士？"蒋丞扯了扯衣服，小声说，"有镜子吗？我又觉得像个法师……"

顾飞没说话，笑着指了指后面的墙。

这衣服做得挺长，到小腿了都，料子是比较薄软的，穿在身上，带着几分垮，就是传说中的慵懒随意范儿，不过，要换个瘦点矮点的人穿上出门，就得让人逮回青山去了。

"这衣服要脸要身材要高度还要气质，"丁竹心靠在门边，"你穿着比大飞有范儿，他穿上就是个流氓。"

"哦，他不穿成这样也约等于流氓，"蒋丞站到镜子前看了看，其实也……还成吧，虽然他是肯定不会买这样的衣服，但现在他也不是在挑衣服，"这衣服的设计师不知道是谁，得给他个微笑。"

"是我。"丁竹心说。

"……啊？"蒋丞愣了，再看着丁竹心一脸"我知道你在想什么"的表情，熟悉的尴尬感顿时油然而生，拔地而起，跟着她进屋的时候，走路都有点顺拐了。

丁竹心在他脸上涂涂抹抹的时候，顾飞把拍照用的光源都打开了。

“不用紧张，随便动一动就行，”丁竹心在蒋丞脸上又用刷子扫了几下，“好了。”

蒋丞按照她的指示，站到了拍照的那块地方，布景倒是挺酷的，就是他站过去以后，就不知道该怎么办了。

“来回走几步吧，”顾飞举着相机对着他，“从左到右，再从右到左走。”

“嗯，”蒋丞点头，转身往旁边走过去，刚一动，顾飞手里的相机就“咔嚓”了一声，他忍不住扭头，“这就拍了？我感觉我刚刚有点顺拐呢？”

“走吧，不用管我拍没拍。”顾飞又按了一下快门。

蒋丞吸了口气，从左边往右边走了过去。

搭了布景的地方统共就这么几平方米，走过去都没用几步就到头了，他又转身，又从右往左走了回去。

“低着头走，”顾飞一边拍一边说，“走快一些，迈大步。”

蒋丞略微低了低头，再次走过去。

顾飞盯着镜头里的他，按下了连拍。

蒋丞的身影定格在了画面里，低着头，大步迈出的腿，在身后微微扬起的衣角……帅气而充满动感。

“戴上帽子吧，”丁竹心说，“帽子也是要突出的设计。”

“哦，”蒋丞把衣服后面的兜帽戴上，边整理边往前走，“现在自我感觉像死神来了……”

“蒋丞。”顾飞叫了他一声。

“嗯？”蒋丞转过头。

顾飞按了快门。

依旧是往前迈出的姿势，抬起的手和帽子边缘遮住了半张脸，只能看到阴影下的眼睛和直挺挺的鼻梁。

“这张太棒了。”顾飞说。

“正面。”丁竹心喝了口茶说。

“不用笑，不需要表情，”顾飞看了蒋丞一眼，“也不要任何动作。”

这种没有任何表情和动作，双臂下垂的站姿，一般人很难站得不傻，顾飞也不知道为什么自己会要求蒋丞这种别说非专业，根本就跟模特没有一毛钱关系的人用这个姿势。

“不蠢吗？”蒋丞叹了口气，按照他说的站好了。

“不。”顾飞简单回答，按了快门。

蒋丞一定是个从小到大都臭美得不行的人，这种“大傻子”式的站姿，他居然能把握得住。

没有紧绷着跟立正似的，也没有不自在地刻意放松。

重心微微偏在了右腿上，肩也是很自然的松弛状态，这点很重要，不会站的人，肩不是往后绷着，就是往前缩着……

这小子绝对对着镜子练过站姿，这种挺拔而又随意的……长胳膊长腿的，看上去舒展而惬意。

“下巴抬一点，”丁竹心说，“跩一点。”

“怎么……跩？”蒋丞问。

“你第一次进（8）班教室的时候，”顾飞说，“就那样。”

“我那是烦躁。”蒋丞一想到那会儿自己跟个二愣子一样站那里接受全班检阅，顿时就有些不爽。

顾飞按了快门，几声咔嚓之后，他放下了相机：“你哪天混不下去了，可以考虑这行。”

“这话说的，非得混不下去才能干吗？”丁竹心笑着说。

“人家是学霸，”顾飞说，“跟你们那帮前辍学儿童不一样。”

“边去，”丁竹心拍拍手，在他胳膊上捶了一下，“蒋丞，换套衣服，拍那件单的。”

“哪件？”蒋丞脱掉这件外套，往外边走边问。

“就一件的，长的套头的衣服。”丁竹心说。

蒋丞出去了，顾飞站在原地，低头一张一张翻着刚才拍的照片。

如果说蒋丞身上有什么东西特别吸引他……除去什么学霸笛子弹弓的，就是这种怎么着都有范儿的气质，你说是坏小子也行，说是烦躁也行，说是不屑都行，骨子里带着的那种自信最让人服气，老子就是最牛的那个范儿。

相比别人，这种直观而直接的吸引力，才是最有力量的，不需要你去发现，不需要你去察觉，你只要看着就行。

只要看着就行。

视觉动物，就是这么肤浅。

顾飞轻轻叹了口气，也只能看着。

他已经记不清多长时间了，对身边的人，来来往往地走了的留下的，都没有心情多看一眼。

绝对杜绝早恋。

没心情，也不敢，他保护着的一切，都经不起任何波动。

“不好意思，”蒋丞拎着一件亚麻色的衣服进来了，“是这件吗？”

“是。”丁竹心点头。

“我想问问，这个怎么穿？”蒋丞把衣服撑开，捏着两个肩抖了抖，“里面穿什么？”

“内裤。”丁竹心说。

蒋丞又抖了抖手里的衣服，脸上的表情写满了大大小小的问号。

顾飞转过头，用相机挡着自己的脸，强忍着笑，感觉自己都快能听到蒋丞心里的咆哮声了。

这是件织得很稀疏的套头衫，还挺长，估计能到蒋丞膝盖，领口也挺大的，顾飞之前看过这个设计，一度以为丁竹心是给她自己设计的，没想到是男装。

“换吧，”丁竹心说，“你穿上应该很好看。”

“空心穿啊？”蒋丞不死心地又问了一遍。

“是啊，”丁竹心说，“你有腹肌吧，没有的话，我帮你画。”

蒋丞依然是一脸难以描述的表情。

“他有吗？”丁竹心又转头问顾飞。

“啊？”顾飞转过脸，脸上的笑都没来得及收起来，“好像是有的。”

“换吧，我以为你是怕没有腹肌不好意思呢。”丁竹心又对蒋丞说。

“嗯，”蒋丞下定决心似的点点头，出去之后，又探了头回来，“心姐，我就想问问啊，这衣服会有人买吗？”

“有啊，”丁竹心喝了口茶，“我每次的设计都卖得不错。”

“太神奇了，都什么人买啊？”蒋丞小声说。

“神经病吧大概。”丁竹心说。

脱得只剩一条内裤，把那件跟破渔网一样的衣服套到了身上，蒋丞觉得自己跟光着膀子没什么区别，他迅速走到镜子前扫了一眼。

我的妈啊。

蒋丞坚定地相信这件衣服如果能卖得掉，只能归结于自己身材实在太他妈好了……

他咬牙走了进去。

顾飞正低头弄着相机，一抬头看到他，立马吹了声口哨。

“你闭嘴。”蒋丞指了指他。

“内裤黑的正好，”丁竹心打量了他一下，很满意地说，“我还想如果不是黑的，就找一条给你换呢……开始吧。”

“嗯。”蒋丞往布景那边走，布景换掉了一部分，看上去比之前要清爽很多。

“鞋脱了，光脚。”丁竹心又说。

蒋丞穿着这么身衣服已经无力反抗了，一言不发地把鞋和袜子给脱了，光着脚，站在了中间。

“这套不用太多动作，”丁竹心说，“这件衣服的名字叫‘哑’，你找找感觉。”

哑巴。

这是蒋丞此时此刻根据这一个字能想出来的唯一的内容。

至于感觉。

感觉有点冷，毕竟身上穿的衣服全是洞，别说内裤是黑色的都能被丁竹心看出来，估计是什么牌子都他妈快能看清了。

但这个感觉还是得找，丁竹心是付钱请他来拍照片的，是他的雇主，他必须得找出这个所谓的感觉，再说，顾飞也还一直举着相机等着他呢。

哑巴。

好吧不是哑巴，是哑。

没有声音。

很寂静。

他莫名其妙就想起了一首歌，以前很喜欢的俄语歌。

Тихо, тихо, тихо, тихо тает в ночи...

整首歌都让人沉静。

跟家里人吵架之后，他经常戴上耳机听。

闭上眼睛，听着不知道意思的歌词，能听到心里的声音。

想得真远啊，这个感觉都找到西伯利亚去了……

镜头里，蒋丞闭上了眼睛，右手轻轻放在了胸口偏左的位置。

顾飞按下了快门。

这一瞬间，蒋丞给人的感觉很远，包裹在身上的是浓浓的距离感。

迷茫和倔强，写在不动声色之中。

他按下快门之后，举着相机很长时间都没有动，就那么定定地看着镜头里蒋丞的脸。

一直到丁竹心轻轻地清了清嗓子。

蒋丞才像是被惊醒了一样，睁开眼睛，手往下放的时候，手指勾到了衣领，轻轻地一带，衣领被拉开再弹回去。

顾飞手里的相机一连串的快门声响起。

蒋丞有些没有方向的眼神，微微张开的唇，被手指勾住的衣领，掠过身体的指尖……

“我觉得很好，”丁竹心说，“很性感，也很感性。”

顾飞没说话，拿着相机，低头看了半天，最后吸了口气，像是叹气似的慢慢呼了出来。

“我去……”顾飞放下相机，“去趟厕所。”

坐在马桶盖上，顾飞点了根烟叼着。

看着往窗口飘过去的烟雾。

人生呢，总是充满了各种意外。

比如顾淼意外地被蒋丞捡到，蒋丞意外地在他家店门口亲吻大地，又意外地成为他的同桌……

这些意外都不是太意外，让顾飞意外的意外是，他一直觉得自己对所有的事都控制得很好，却会在拍照的时候又有了意外。

这种事真是太意外了。

太意外了。

就连他这种一向无所谓的人，都得躲进厕所平复心情。

想到这里，他忍不住又想了想，这事要换了蒋丞……可能会自绝于马桶吧。

当顾飞叼着烟，从厕所出来的时候，蒋丞正站在那排架子前，跟一件衣服做着殊死搏斗。

战况还挺胶着，他撕扯着衣服，而衣服锁了他的喉。

听到身后门响的时候，他举着胳膊，从衣服的缝隙里看了看，看到是顾飞，他都顾不上尴尬了，压着声音：“赶紧的！快过来帮我一下。”

“……怎么了这是？”顾飞赶紧把烟掐了，走过来，伸了好几次手，却不知道该揪哪里才能让他解脱。

“不是，”蒋丞还是举着胳膊，从胳膊和衣领之间露出半张脸，一脸愤怒和无奈，“这衣服就不是让人穿的，这领口，婴儿才进得去吧！”

“你等等，”顾飞绕着他转圈，“我先看看。”

“你再晚点出来，我就要把这衣服给撕了，赔钱我都认了。”蒋丞说。

“我觉得……”顾飞把他左边的衣服拎了起来看了看，“你是不是钻到袖口里了？”

“……你这么一说，”蒋丞僵在了原地，“我突然觉得很有道理。”

顾飞没说话，他也没出声。

过了两秒，他就知道他和顾飞的傻笑轮回又要开始了。

丁竹心从里面出来的时候，他俩正笑得不可开交，顾飞笑得几次想帮他把衣服扯下来，都因为手发软而没有成功。

而蒋丞自己笑得感觉都快被袖口勒死了，也停不下来。

“不好意思，”丁竹心拿出手机对着他俩拍了一张，“我要发个朋友圈。”

“什么？”顾飞靠着架子，边笑边问。

“我的兼职摄影师，和我的兼职模特，”丁竹心说，“疯了。”

“马上好，他钻到袖子里去了。”顾飞终于缓过来了，拉着衣服，拽了拽，蒋丞往后退着，努力让胳膊和脑袋成为一体，总算把衣服给脱了下来。

“哎！”他蹲到地上，“累死我了。”

“抓紧时间，晚饭姐请你们吃外卖。”丁竹心转身又进去了。

一开始，蒋丞并没觉得30套衣服有多少，毕竟有时候出个门他还得折腾个两三套的配着看看。

今天才算知道穿衣服和脱衣服有多烦人了。

不停地穿，不停地脱，站在灯光前，各种找感觉，打球之后，腿有些发酸的感觉简直过不去了，每次一穿脱，他都想把衣服直接撕掉。

关键是丁竹心这些衣服，都是成套配的，不是30件衣服，换个两三次裤子，配着点就行，一换就是一身从上到下。

天黑的时候，丁竹心说先吃饭，蒋丞都拒绝了，他觉得如果自己停下来休息了，吃完饭了，打死他都不想再继续了，加钱他都提不起干劲来。

于是，三个人谁也没吃饭，一直折腾到九点多，才总算把今天的任务完成了。

“饿了吧？”丁竹心把今天的钱转账给了蒋丞，“去楼下吃点东西，想吃什么？”

“我……不吃了，”蒋丞换回自己的衣服之后，觉得无比亲切，整个人都放松下来，然后就困了，“我回去睡觉，困死了。”

“不饿吗？”丁竹心说，“随便吃两口吧，要不晚上饿了怎么办。”

“谢谢心姐，”蒋丞打了个哈欠，“我实在是困得都不饿了，估计晚上饿了也不知道了。”

丁竹心笑了笑：“那行吧，明天还有力气过来吗？”

“睡一觉就好了。”蒋丞说。

“那你打个车回去，”丁竹心说，“路费我报销。”

“不用，”蒋丞赶紧说，“真的不用，没多少钱，我自己付就行。”

丁竹心还想说什么，被顾飞拦了一下：“钱给我吧，我跟他一块儿打车回去。”

“你也不吃？”丁竹心有些意外地看着他。

“嗯，”顾飞掏了根烟点上了，“我妈今天在家做了饭，给我留了，我得回去吃掉，要不她又要哭了。”

“那行吧。”丁竹心点了点头。

蒋丞去了路边拦车，顾飞跟丁竹心一块儿沉默地站着。

“大飞。”看到一辆出租车靠过来的时候，丁竹心开了口。

“嗯。”顾飞应了一声。

“我第一次见你那样大笑，”丁竹心看着蒋丞的背影，“我是看着你长大的，今天是第一次看到。”

“什么叫看着我长大的，”顾飞笑了笑，避开了丁竹心的话，“就大我几岁，口气跟我妈似的，我也是看着你长大的。”

“上车吧，”丁竹心说，“明天我有事不在，要拍的衣服我会准备好，助理会过来化妆，别的你就帮我处理吧。”

“好。”顾飞扔掉烟头，过去上了车。

蒋丞上车就睡着了，自我感觉睡得跟猪似的，顾飞推了他好几下，他才终于反应过来这不是车子的晃动，睁开了眼睛。

“到了啊？”蒋丞搓了搓脸，打开了车门，准备下车，“我睡得都快做梦了。”

“那个……”顾飞拉了拉他的胳膊。

蒋丞刚想问他怎么了，就听到前面传来了吵闹的声音，男人喊、女人叫，还有女人的哭声。

顺着声音看过去的时候，他整个人都陷入了无尽的烦躁，一个下午带半个晚上的疲惫，在这一瞬间简直要把他天灵盖都掀掉了。

李保国、李辉，还有李倩，他的亲爹、亲哥、亲姐，他一眼就认了出来，还有一个腿有些瘸的女人，他没见过，不知道是谁。

这个女人正瘸着腿跟李保国撕扯在一起，边哭边叫骂着，但似乎说的是方言，口音太重，听不懂说的是什么。

李保国一改那天躺地上抱着脑袋任人踢打的尿样，非常霸气地跟这个女人对打着，一边的李辉和李倩怎么拉都拉不住。

“信不信我打死你！”李保国的话倒是吐字清晰，中气十足，“你是没被老子收拾够吧！今天看我还给不给你留活路！”

蒋丞突然感觉喘不上来气，猛地倒回车里，把正想跟他下车的顾飞往里推了推，关上了车门。

“怎么？不下？”司机问。

“先送你回去。”蒋丞低声对顾飞说，嗓子有些发紧。

“行吧，”顾飞没多问，“师傅麻烦拐一下北小街。”

“好。”司机掉了头，把车开到了旁边的街上。

经过了顾飞家的店，再往里又开了一段路，顾飞在几栋居民楼前，叫司机停了车。

“还去哪里？”司机问。

“就这里了，”顾飞掏出钱，给了司机，推了蒋丞一把，“下车。”

蒋丞下了车，整个脑子都有些发木，看了看眼前的楼：“你家？”

“嗯，”顾飞说，往楼道口走过去，“去看我修图吧。”

“什么图？”蒋丞犹豫了一下，跟在了他身后。

“你的照片啊，不想看看吗，那么帅。”顾飞说。

“好。”蒋丞笑了笑。

32

顾飞家的楼，比李保国家那栋要新，虽然也是建在街边，没有围墙，没有物业，应该也是单位的房子，但看上去要顺眼不少。

没有那种特别浓郁的市井气息，楼道里的墙都还是白色的，也没有蜘蛛网。

不过，也一样是楼层不高，没有电梯，进去了就爬楼梯，一直爬，到了五楼的时候，蒋丞实在忍不住问了一句：“你家在几楼啊？”

“七楼，顶层，”顾飞转过头，瞅了他一眼，嘴角带着不明显的笑，“怎么，爬不动了？要不要我背你。”

“算了，你也不比我强多少，尿个尿都要尿三分钟才出得来，”蒋丞说，“肾虚呢吧。”

顾飞又看了他一会儿，没说话，转身继续往上走了。

七楼四户，顾飞家在最里面，开门的时候，蒋丞定了定神，那天顾飞他妈妈在店里发火的样子他还记得。

一进门就看到了顾飞他妈妈站在客厅里，拿了手机正在打电话，手上夹着一根烟，看到他俩进来，有些吃惊的目光越过顾飞的肩，落在了蒋丞的脸上。

“阿姨好。”蒋丞赶紧说了一句。

“烟掐了。”顾飞说。

“怎么这么晚，”顾飞妈妈掐掉了烟，挂了电话，打量着他俩，看了一会儿，又盯在了蒋丞脸上，“你是上回在店里的那个吧？”

“是的，”蒋丞点点头，犹豫着要不要换鞋，“我叫蒋丞。”

顾飞从鞋柜里拿了双拖鞋，扔到蒋丞脚边，又转头看着她：“还有吃的吗？”

“有，我留了挺多的，够你俩吃。”顾飞妈妈回答。

“你坐会儿。”顾飞跟蒋丞说完，就走到了客厅旁边的一扇门前，轻轻推开了一条缝，往里看着。

“看二淼呢，”顾飞妈妈跟蒋丞解释，“我们家二淼……他当个哥比当爹还操心。”

蒋丞笑了笑，没说话。

“没睡？”顾飞靠着门框，对着门缝里头说，“丞哥来了，你要起来跟他打个招呼吗？”

屋里几秒钟之后就传来了趿拉着拖鞋的声音，接着就看到穿着秋衣秋裤的顾淼，从门里跑了出来。

“晚上好。”蒋丞笑着说。

顾淼没什么表情，就是挺着急地跑到他身边，在沙发上挨着他坐下了。

“快十点了都还没睡吗？”蒋丞看了看她，把她脑袋上乱七八糟的头发理了理，“明天要有黑眼圈的。”

顾淼揉了揉眼睛，笑了笑。

现在小姑娘的头发长长了不少，虽然还是横七竖八没个规矩，但跟光头时小男孩的模样一比，还是漂亮了很多。

这兄妹俩都长得像妈妈，特别是顾淼，再长大点打扮一下，就是个标准的大美人。

“现在吃吧？”顾飞妈妈跟顾飞一块儿往厨房走，“我给你们热热菜吧。”

“嗯，”顾飞应了一声，“饭有吗？”

“有的，”顾飞妈妈说着，又回头看了一眼蒋丞，“这孩子是李炎的男朋友吗？”

这句话声音并不高，但蒋丞还是听到了，然后震惊地猛一抬头，niania！风太大，我听不清，你再说一遍？

“……不是，”顾飞说，“你想什么呢。”

“那他化妆？”顾飞妈妈说。

“化妆跟李炎有什么关系，李炎又不化妆……今天丁竹心请他拍照片，化了妆没卸……对了，”顾飞从厨房里探出头，“蒋丞，你用我妈的卸妆水什么的洗一洗吧。”

“哦。”蒋丞站了起来。

顾飞妈妈把他带到浴室，拿了卸妆水给他：“用这个吧，卸得挺干净的，洗面奶你用上面那瓶，那是大飞的。”

“哦，谢谢阿姨。”蒋丞看着卸妆水。

“卸妆棉在那个粉盒子里……”顾飞妈妈看着他，“会吗？”

蒋丞很想说“我会”，这样她能快点走开，不再一直盯着自己，但如果回答“会”，也许会再次成为“李炎的男朋友”，虽然他不知道李炎跟化妆有什么关系……最后他只能老实地说：“不会。”

“二淼，”顾飞在厨房里喊了一声，“去给你丞哥卸妆。”

顾淼很快就跑了进来，顾飞妈妈出去之后，她踮着脚，拿下那个装着卸妆棉的粉色盒子，拿了两个棉片，往上面倒了点卸妆水，招了招手，示意蒋丞蹲下。

“然后呢？”蒋丞蹲下。

顾淼看着他，用力地闭了闭眼睛，然后睁开盯着他。

“闭眼是吧？好。”蒋丞闭上了眼睛。

顾淼开始用棉片在他脸上一下一下地擦着。

外面厨房里，顾飞和他妈妈没再说什么话。

但刚那句“李炎的男朋友”还回荡在蒋丞的耳边，顾飞妈妈说出这句话时的语气就像是在说李炎的女朋友一样平常，李炎……是？而且似乎还挺公开？

如果是这样，那天天跟李炎混在一起的顾飞，对这个应该很了解，那么……蒋丞猛地睁开了眼睛。

顾淼捏着棉片，皱着眉摇了摇头。

他赶紧又闭上眼睛。

如果顾飞身边有这样的人，接触过这样的事……那自己那天亲他的那一下，就会多了一种解释！

也许就不会像一般人那么简单理解成是喝多了发酒疯。

如果是这样，那事情就很尴尬了！

顾淼帮他卸好妆之后出去了，他拿过顾飞的洗面奶看了看，清爽不紧绷……真会胡扯，这个他用过，一样紧绷，要清爽就肯定紧绷。

洗完脸出来就挺紧绷的了，再一看到顾飞，简直绷得眼睛都睁不开了。

“你有什么乳啊霜啊水啊之类的吗，”蒋丞问，“我的脸要裂了。”

没等顾飞开口，顾淼飞快地跑回了自己屋里，拿了一瓶儿童霜，递了给他。

“哟，”蒋丞接过来，“你还挺臭美，有这个啊。”

“李炎给她买的，她天天推荐别人用，自己从来不抹，嫌麻烦。”顾飞说。

“你认识李炎吗？”顾飞妈妈看着蒋丞又问。

“……不熟。”蒋丞一边抹脸一边回答，感觉有些无奈。

“他俩就见过两三次，李炎也没有男朋友，”顾飞估计也挺无语，“你睡吧……二淼也回屋睡觉去。”

顾淼很听话地回屋去睡觉了，顾飞妈妈拿着手机，一边拨号一边又看了蒋丞好几眼，才回了屋，还把门关上了。

顾飞妈妈做的饭菜意外地很好吃，虽然是凉过一次又加热的菜，依然很香，特别是排骨，蒋丞一连吃了四五块，最后还是因为不好意思才停了手。

“你都吃了吧，”顾飞说，“我饿过头了，吃不下。”

“我也……”蒋丞犹豫了一下，还是又夹了一块放进嘴里。

“我妈做菜挺好吃的是吧。”顾飞笑笑。

“嗯，”蒋丞点点头，想想又叹了口气，看着碗里的菜，“我好像挺长时间……没吃过家里做的饭菜了。”

顾飞没说话。

蒋丞也没再说话，埋头吃着。

自从来到这里之后，他差不多一直吃外卖，要不就是出去随便吃点，现在为了省钱自己做，一般也就是煮面条。

现在猛地吃到这么好吃的“家里的菜”，他心里一阵发酸，虽然努力地想要让自己不这么矫情，却依然控制不住，鼻子跟着也酸了起来。

好在这时顾飞起身拿了自己的碗去厨房洗，他才赶紧抬手抹了抹眼睛，又深呼吸了好几下，才把情绪慢慢压了下去。

吃完饭，他也没跟顾飞抢着洗碗，不想动。

“你困了就睡我床吧，”顾飞打开了另一间屋子的门，“我睡沙发。”

“不用了，”蒋丞站了起来，跟着走进屋子，“我睡沙发就行，我反正怎么都能睡着……你这屋子很……不错嘛。”

顾飞家客厅的装修一看就是十几二十年前的风格，没有再修整和更新过，虽然比李保国那搁五十年前都会被人嫌弃的房子要强得多，但也就是极其普通也谈不上富足的家庭风格。

但顾飞的卧室，却让他有些意外。

屋子不大，也没有任何装修，就是刮了个大白，但每一件家具都看得出是精心搭配过的。

床、书柜、书桌、椅子、懒人小沙发、小地毯，还有窗前的吊床，东西很多，但却不凌乱，而是有一种温暖而舒适的感觉。

“喝茶吗？”顾飞拿过桌上的一个小电茶壶，往里放了点茶叶，“还是白开水？”

“白开水，”蒋丞在小沙发上坐下，“喝茶我会睡不着。”

顾飞拿了一片柠檬放进杯子里，倒了点水给他。

热乎乎的柠檬水、松软的沙发，很久没有感受到舒适温馨的房间，蒋丞靠在沙发里，捧着杯子话都不想说了。

“我妈那人情商低，说话不过脑子，”顾飞坐到电脑前，把相机内存卡接上，“她说的话，你听听就行，不用在意。”

“嗯，”蒋丞应了一声，顿了顿，又还是忍不住问了一句，“李炎……”

“李炎真没男朋友，”顾飞说，看了他一眼之后，又笑了起来，“不过，李炎的确是……喜欢男人。”

“哦，”蒋丞捧着杯子，用腾起的热气挡住了自己的脸，“都知道他……吗？”

“朋友知道，我妈不知道从哪里知道的，不过也不会上外头说，”顾飞一边传照片一边说，“这事没有谁愿意让别人都知道吧。”

“是啊。”蒋丞叹了口气。

这口气刚叹完，他猛地回过神来，赶紧清了清嗓子，想把这声叹息给掩饰过去。

顾飞看了他一眼，没说话。

蒋丞简直没法控制自己不把他这一眼过度地解读，那种很久没在他和顾飞之间出现了的尴尬，坚强地再次包裹住了他。

他不得不捧着杯子站了起来，在屋里来回转着。

但是屋子也没多大，能溜达的地方三步就走到头了，他觉得自己看上去就跟瞎扑腾似的，比坐着还尴尬。

最后，他停在了书柜前。

“书柜我能看看吗？”蒋丞问。

“……我都不知道怎么回答了，”顾飞回过头看着他，“书柜有什么不能看的，还要问啊？”

“啊，”蒋丞笑了笑，“我习惯了。”

“你以前……家教也太严了点吧。”顾飞说。

“可能吧，全家都特别严谨，规矩，礼貌，教养，”蒋丞看着书柜上的书，“我也是迟钝，早就该知道自己不是他们家的人了，全家四口人，就我最没样子……”

“你挺好的。”顾飞看着照片传输的进度条。

“在这里，大概是挺好的吧。”蒋丞想起了刚才看到的李保国一家和那个瘸腿的女人，是啊，在充斥着这样的人生和这样的生活的环境里，自己这样的人，才能算得上“好”吧。

“有些事不需要比较，就能看得到，”顾飞笑了笑，倒了杯茶喝了一口，“一个人是不是真的‘挺好’，只看这个人就行，不需要看他在哪里，身边是谁。”

“……你，”蒋丞有些吃惊地看着他，“这会儿突然不怎么像交白卷的人。”

“废话，我什么时候交过白卷，我都是填满了才交的。”顾飞说。

“哦。”蒋丞没忍住乐了。

顾飞拿起相机，镜头对着他。

“你拍了大半天了，还没烦吗？”蒋丞说。

“拍你的话，不烦，”顾飞说，“你笑起来挺好……看。”

蒋丞脸上的笑容僵了僵，顾飞举着相机，骂了自己一句“缺心眼”。

前半句话说出来的时候，他就觉得自己这话说得不太合适，特别是在李炎的性向“暴露”了的情况下，这样说话，未免也太暧昧了。

但偏偏为了解围，他又多说了一句，还没说完就后悔了，一句比一句不合适，但又不得不坚持着说完，要不显得更假。

但全都说完之后，他跟蒋丞都僵住了。

他拿相机挡着自己的脸，不知道该再说点什么来缓和气氛。

对于一个从来不会有任何尴尬，也很少去介意别人会怎么想的人来说，会有眼下这种两难的局面，本身就够让他无语的了。

“拍完这次，丁竹心应该会再找你拍别的，”顾飞还是举着相机，盯着镜头里蒋丞的脸，“你要觉得价格合适，可以跟她长期合作，她对模特总是各种不满意，今天对你倒是很喜欢。”

“哦，”蒋丞左看看，又往右看了看，然后看着镜头，“那什么，我问问你啊，就，那什么……那个，心姐是你……那个，她跟你……呃，她是你……”

“女朋友？”顾飞打断他，“不是，我说过吧，我跟她是发小，我叫她姐。”

“哦！”蒋丞像是想从尴尬里解脱出来似的，很大声地应了一声。

“这么费劲，”顾飞都忍不住替他叹了口气，“我以为你要问李炎跟我呢。”

“啊？”蒋丞愣了愣，很震惊地看着他，“你跟李炎？是……”

“不是！”顾飞放下了相机，“哎，我跟李炎就是朋友，你看我跟他像一对吗？”

“不知道，”蒋丞靠在书柜上，看上去对这种谈话有些无力调整了，“不太像吧，我看他跟刘帆更像。”

顾飞靠在椅子上，笑了半天：“这话让刘帆听见要跟你急。”

“……是吗？”蒋丞看了他一眼，笑了笑，没再说话。

“不是好鸟”还有李炎和顾飞，几个人看上去关系挺好的，没事就会混在一起，还在钢厂有个共同的小聚点。

但听顾飞的意思……关系这么好的几个人，也还是会有人接受不了吧。

是啊，潘智的话说得很对。

宽松和宽容，只存在于二次元，现实就是这么无情。

那顾飞呢？

蒋丞的头往后枕了枕，轻轻靠在书柜的玻璃门上，看着靠在椅子上玩着相机的顾飞。

他是什么样的态度，倒是看得清，他不反感，能接受。

那除此之外呢？

那天自己在顾飞脸上亲的那一口，顾飞甚至没有任何反应，换了潘智，至少会愣一愣，然后还会嘲笑他。

顾飞虽说是个喜怒不怎么形于色的人，但那种平静和淡定，在两个并没有熟到可以这么发酒疯的人之间，怎么都还是有些反常。

而现在想想，第二天的反应，也过于自然了。

太自然了。

蒋丞喝了一口柠檬水。

顾飞是个学渣，但是个聪明的学渣。

蒋丞突然有一种其实一切都已经被看透了的乏力感。

顾飞可能什么都知道，这个最新的情报，让他有些没法应对，甚至连继续平静地聊天都进行不下去了。

照片传完了，顾飞建了个文件夹，标好日期，然后开始修图。

鼠标在密密麻麻的照片缩略图里慢慢滑过，他修图不喜欢按照顺序，他喜欢挑着来。

鼠标最后点在了蒋丞手指勾着衣领的那张照片上。

照片打开的时候，他往后靠了靠，相对于现场镜头里那一瞬间，这种猛地出现在眼前的清晰定格更有冲击力。

他胳膊撑在椅子扶手上，手指顶着额角，轻轻吹了声口哨。

“那你呢？”蒋丞突然在这时问了一句。

顾飞条件反射地以为他说的会是“你闭嘴”，等反应过来蒋丞说的不是这句时，他甚至没敢转过头去看蒋丞。

“嗯？”他把照片缩小到全屏，调了一下白平衡，“我……什么？”

“算了，”蒋丞拿着杯子，坐到了沙发上，仰着头，长长舒出了一口气，“不用说了。”

顾飞看着他。

“大飞，”蒋丞偏过头也看着他，“我其实没有别的意思，我就是想跟你说，我的一些事情，替我保密，我不想……让别人知道。”

“嗯。”顾飞点了点头，印象里这是蒋丞第一次没叫他顾飞。

“就像你也有不愿意让别人知道的秘密一样。”蒋丞喝了口水。

“威胁我吗？”顾飞笑了。

“是，”蒋丞笑着点点头，“你有把柄在我手上。”

“我会保密的。”顾飞说。

33

口头保密协议签订完了之后，两个人没再说话。

蒋丞的问题，顾飞没承认，也没否认，蒋丞得出“结论”之后，他依旧是没承认，也没否认。

态度有点模糊，但蒋丞觉得已经够了，他这个问题本来也只是奓着胆子试探，就像是要保护自己的秘密而发出的进攻。

这世界上想要隐藏自己的人那么多，需要隐藏的事也那么多。

顾飞把窗户开了条缝，点了根烟，准备继续修图。

抽了两口之后，蒋丞的手伸了过来：“给我一根。”

“你平时是抽烟的吧？”顾飞把烟盒放到他手上，“怎么总跟我要，我没在的时候呢？”

“抽光了，”蒋丞点了烟，“你没在，我就不抽呗。”

顾飞把窗户缝又开大了一些。

“冷啊。”蒋丞往沙发里缩了缩。

“那你去厨房开抽烟机。”顾飞点着鼠标，把屏幕上蒋丞的脸放大。

其实，服装的图片，模特的脸他一般都懒得处理，或者最后随便弄一下，不少照片如果觉得脸没拍好，直接就截掉了。

但蒋丞这张脸，实在很好，能让他放着衣服细节不修，先修脸。

小沙发挨着桌子，蒋丞坐那里基本是跟他面对面，看不到电脑，他倒是不用担心蒋丞看到他拍个衣服先精修模特的脸会尴尬。

“顾飞。”蒋丞伸手往桌上的小烟灰缸里弹了弹烟灰。

“嗯，”顾飞把烟灰缸往他手边推了推，“又连名带姓了啊？”

“之前求人嘛，总是要套套近乎的，”蒋丞叼着烟，笑了笑，“我问你个问题。”

“问。”顾飞盯着电脑屏幕，其实，蒋丞这张脸，也没什么太多的地方需要修，脸型漂亮，皮肤状态也很好。

蒋丞往书柜那边看了一眼：“上回我看到的那个谱子，是你写的吧？”

“嗯？”顾飞愣了愣，也往书柜看了看。

“作曲的书一大堆，还有各种乐理，你要再说不是你写的，”蒋丞说，“就太不真诚了。”

顾飞笑了起来，过了一会儿，才往椅背上一靠：“是，我写的。”

“太意外了，”蒋丞转了转杯子，“挺好听的，文盲也能写谱作曲……”

“我不是文盲。”顾飞纠正他。

“大号学渣也能写谱，”蒋丞看了他一眼，“有成品吗？”

“没有。”顾飞回答得很干脆。

其实，成品不少，都在电脑里存着，只是他基本不听，说没有，也没什么不对的，偶尔听到的只有丁竹心唱的那一首。

要说这些东西，换个随便什么人，他都无所谓，爱听就听呗，但在蒋丞面前，他不太愿意展示。

就冲蒋丞扫一眼谱就能哼出来，他不想露怯。

“爷们儿点，”蒋丞估计挺无聊的，叼着烟兴致勃勃地说，“我会保密的。”

“保个屁密。”顾飞笑了，犹豫了一会儿之后，还是点开了播放器，找了找，把那首歌点了播放。

吉他声响起的时候，蒋丞靠回了沙发里，他不会弹吉他，不过，一直觉得挺好听，只是他喜欢的东西，什么吉他、哨笛、木笛的，老妈都觉得上不了台面。

然后是和进来的钢琴。

无感。

听得太多，弹得也太多，初中过了八级之后，他简直就一秒钟都不愿意再碰钢琴了。

他这种烂泥扶不上墙的行为应该让老妈……让沈一清非常失望，后来家里有亲戚朋友来的时候，提出想听听他弹琴，都会被沈一清拒绝，满眼的失望。

失望就失望吧，反正他也不愿意弹。

前奏很好，能听出想表达的内容，满满的迷茫。

他忍不住看了顾飞一眼，顾飞给人的感觉不像是会有这种状态的人。

女声很低的哼唱响起，蒋丞马上听出了这个声音。

“丁竹心？”他有些意外地看着顾飞。

“嗯。”顾飞应了一声，还是在修图，眼睛盯着屏幕。

蒋丞忍不住探了脑袋过去瞅了一眼，看到了自己的半张脸和胸口，还有被扯开的领口。

他迅速坐回了沙发上，这种看着别人修自己照片的感觉实在太诡异，明明是对着镜子看了十几年的自己，却跟偷窥了陌生人似的别扭。

“这张拍得特别好。”顾飞看了看他。

“哦。”蒋丞点点头，在丁竹心沙哑而慵懒的声音里，低头喝了口柠檬水。

“我一脚踏空，我就要飞起来了

我向上是迷茫，我向下听见你说这世界是空荡荡……

你说一二三，打碎了过往，消亡

有风吹破了的归途，你有没有看到我在唱……你说一二三转身，你听被抹掉的慌张……”

曲子很迷茫，词也挺迷茫，不过，蒋丞听到“你有没有看到我在唱”的时候，抬了抬头，扫了顾飞一眼。

这个“看”字让他突然找到了丁竹心之前想要的关于“哑”的那个感觉。

有一种无声的压抑。

“词谁写的？”蒋丞问。

“你猜，”顾飞一条腿弓起踩在椅子上，下巴顶在膝盖上，手里的鼠标“嗒嗒”响着，“猜对了给你吃糖。”

“你吧，”蒋丞说，“词曲都是你吧？”

顾飞拿过扔在旁边的外套，从兜里抓了一把糖，放到他面前的桌上。

“你是不是跟丁竹心玩乐队呢？”蒋丞拿了一颗奶糖放进嘴里，有些吃惊。

这歌词他没有仔细体会，但还是能捕捉到这里面的细腻和敏感，这样的内容，跟顾飞实在难以联系到一起。

他盯着顾飞，这个人平静的外表下，究竟是怎么样的内心？

“没，以前她带着我玩而已。”顾飞说。

“挺有意思，”蒋丞说，“不过，你看着真不像能玩这些的，要说你会弹吉他我倒不吃惊，一般来说，不良少年为了装逼，下点功夫都能扒拉几下……”

“我不会弹吉他。”顾飞说。

“哟，一个不会弹吉他的不良少年，”蒋丞说，“那泡妞路上都得算是瘸腿的。”

顾飞看着他没说话。

“……哦。”蒋丞冲他举了举杯子。

“你是不是心情不怎么好？”顾飞问。

“嗯？”蒋丞喝了口水。

“话真多。”顾飞说。

蒋丞沉默了一会儿，把杯子放到了桌上：“刚跟李保国打架那女的，你认识吗？”

"认识。"顾飞回答。

"是李保国前妻？"蒋丞问，"被他打跑的那个？"

"是被他打跑的，不过不是前妻，"顾飞又点了根烟，"是现任，他们没离婚。"

"……啊，"蒋丞愣了愣，靠回沙发里，闭上了眼睛，"这都什么乱七八糟的一帮垃圾。"

"她很久没回来过了，几年也见不着她一次。"顾飞说。

这大概是顾飞在安慰他，这个女人一般不会出现，几年都不会出现一次。

但蒋丞感觉现在任何说法都拯救不了他的心情，无论她几年出现一次，哪怕是一辈子都不会再出现，她也是自己的亲妈。

像李保国一样不可思议，却又货真价实。

他特别想给沈一清打个电话，问问她当初怎么就这么想不开，要从这么一家人手里领养一个孩子。

"丞哥，"顾飞叫了他一声，"你过来，我跟你说。"

"什么？"蒋丞站了起来，走到他身边。

"你明天拍照的话，"顾飞指了指屏幕，"注意下胳膊，稍微可以收一点……"

蒋丞到这会儿才看清了自己穿着那身四面来风的衣服是什么样子，实在有点扛不住，他指着照片："你这修图的速度还敢接活？"

顾飞笑了笑："没，我修图很快，都是流水作业……"

"就这还流水？流了这么长时间了，还是这张啊，水往哪里流了？"蒋丞简直不能理解，"这张是堰塞湖吧？"

"别的都修了一堆了，我就是再拿这张出来给你讲一下。"顾飞说。

"为什么非得拿这张？别的照片上我没有胳膊吗？"蒋丞叹了口气。

顾飞笑了半天，最后也叹了口气："这张真的很好，我估计丁老板会用这张做主打，说不定还会送你一件。"

"滚。"蒋丞说。

"我刚跟你说的，记住了没？"顾飞问。

"记住了，"蒋丞拿了张椅子坐到他身后，"胳膊收一点。"

"那我继续。"顾飞说。

蒋丞看着他鼠标来回在照片旁边的各种选项上点着，照片忽明忽暗、忽大忽小地变化着，变完之后没个对比，他也看不出来跟之前的有什么不同，只知道顾飞的确是“流水作业”中。

看着自己各种姿势表情的照片在顾飞手里来回折腾，感觉有点不能直视，总担心这么清晰的照片会不会有什么眼屎鼻毛之类的被拍了下来……

他起身坐回了沙发上，从书包里抽出了个本子。

“不看了啊？”顾飞问了一句，手上没停。

“不看了，”蒋丞说，“你家还有桌子吗？”

“写作业？”顾飞转过头看着他。

“嗯，”蒋丞点头，“过几天要考试了，还得看看书。”

顾飞还是看着他，手上动作也停了，半天才问了一句：“你还要复习？”

“废话，”蒋丞莫名其妙地也瞪着他，“要考试了，不复习吗？”

“哦。”顾飞扔了鼠标站了起来，把桌上的显示器和键盘往一边挪开，又把音箱拔了，搁到桌子下边的机箱上，给他腾了半张桌子出来。

“你平时没个书桌什么的写作业吗？”蒋丞把书和本子放到桌上。

“有时间在店里就抄了，没时间就不写。”顾飞回答。

“……哦。”蒋丞想起来顾飞是个学渣渣渣渣。

作业这个东西，对于蒋丞来说，不是什么特别讨厌的东西，反正都能写得出来，不过，每次他都写得很认真。

他小学的时候不太喜欢写作业，但家里的管教很严，不写作业的后果很严重，他慢慢也就养成了赶紧认真写，写完了就能疯狂玩的习惯。

相反，跟他完全不一样的弟弟，就从来没让人操心过这些。

所以，遗传是不一样的，基因就是基因。

他如果没有被领养，而是在李保国身边长大，那他就是李保国和李辉。

他轻轻叹了口气，收回思绪，继续写作业。

“唰唰”写着的间隙里，他能看到顾飞拿着鼠标的手，真挺好看。

顾飞不会弹吉他，但应该会弹钢琴，虽然不知道水平怎么样。

蒋丞喜欢看手指在琴键间跳跃的样子，这也是他以前练琴时唯一的乐趣，弹好一首曲子的唯一动力就是希望手指的跳跃更漂亮。

作业快写完的时候，顾飞的手离开了鼠标，估计是把照片处理完了。

“写完没？”顾飞问。

“差一点，”蒋丞一边写一边问，“你要抄吗？”

“你帮我抄吗？”顾飞又问。

“偶尔也要一次脸行吗？”蒋丞瞅了他一眼。

“那不抄了，”顾飞伸了个懒腰，“我困了，你先写吧，我去洗个澡。”

“哦。”蒋丞应了一声。

尽管写作业是一件很能败兴的事，但在和顾飞交换过秘密之后的这种氛围里，蒋丞还是在顾飞走出房间之后，有了些奇怪的联想。

“你要洗吗，”顾飞洗完澡穿着睡衣走进屋，拉开衣柜抽屉，拿出了一个纸盒，“睡衣我有旧的，内裤有没穿过的……”

“好。”蒋丞迅速起身，一把抓过了纸盒，转身就走。

“里面有三条。”顾飞在他身后说。

蒋丞又光速地打开盒子，拿了一条出来，再把盒子扔回给了他，然后走出了房间。

思绪万千地洗完澡之后，他才发现顾飞没给他拿毛巾，犹豫了一下之后，他拿起已经被水打得半湿的衣服，胡乱擦了擦。

穿上了内裤之后，他再次痛苦地发现他走得太急，没拿睡衣。

思想斗争了半天之后，他下定决心，咬牙打开了浴室的门，不就是洗完澡穿个内裤回屋吗？有什么可做贼心虚的？

不过，没等他底气十足地往外走，就看到了浴室门口的椅子上放着一套叠好的睡衣。

顾飞这种照顾人照顾惯了的人，有时候简直就是天使……他抓过衣服，飞快地穿好了，顿时松了口气。

推开顾飞房间的门时，桌上的电脑已经关掉了，顾飞盘腿坐在床上玩手机。

“我……”蒋丞有些尴尬地往沙发走了过去。

“你睡里边吧，”顾飞没抬头地说了一句，“不要睡沙发。”

“为什么？”蒋丞觉得挺奇怪的。

“顾淼梦游，有时候会进来睡沙发，”顾飞说，“你占了她的地方，她会吓着。”

“她还梦游？”蒋丞愣了。

“次数不多，但是今天你来了，她挺兴奋的，我有点担心。”顾飞放下手机看着他。

“好吧，”蒋丞本来想说“那我睡客厅”，但又觉得太刻意，于是点了点头，“你睡里头。”

“嗯？”顾飞没明白。

“你这床，”蒋丞指了指他的床，顾飞卧室这张床，是带着架子的，床头和床尾都是封死的，像以前的中式床，虽然设计得很时尚漂亮，却还是带着很强的私密感，“我睡外头吧。”

“行，”顾飞挪到了里边，把里面的枕头和被子给他换到了外面。

“你干吗买张这样的床？”蒋丞坐到床边，“有安全感？”

“防顾淼，”顾飞指了指床脚，“她有时候不敲门就进来，一进门就能看到床，我要在床上干点什么，都来不及收拾，我要锁了门，她打不开就会生气。”

“……啊。”蒋丞忍不住回头看了他一眼。

顾飞一脸严肃地看着他。

蒋丞笑了起来，虽然这个话题有点那什么，但想想又觉得的确非常好笑。

“有这么个妹妹就是这么累，”顾飞也跟着笑了一会儿，“我大概上辈子干了什么对不起她的事。”

“不会，”蒋丞靠到床头，扯过被子盖上，“其实就是因为你是个好哥哥。”

“是吗？”顾飞低头继续玩手机。

“嗯，虽然你总玩弱智游戏……”蒋丞往他手机屏幕上看了一眼，发现今天顾飞居然没玩弱智爱消除，估计是没心了，“我原来还有个弟弟。”

“弟弟？”顾飞有些吃惊地转过头。

“嗯，他们家亲生的，小我两岁，”蒋丞把枕头垫在背后，“我看到他就烦，他看我也烦，过来之前，很久都没跟他说过一句话了……”

“性格不一样吧。”顾飞说。

“嗯，全家都跟我性格不一样。”蒋丞说。

两个人都沉默了，不再说话。

但这会儿屋里的沉默却没再让蒋丞觉得尴尬，他愣了一会儿之后，拿出了手机，开始跟潘智闲扯。

——爷爷，你还记得（7）班的黄慧吗？

——你终于忍不住要下手了？

——并没有，我是想说她跟梁志勇那个浑蛋好上了，我现在欲哭无泪了。

——刚开始吧，你还有机会，快去插足。

——我也是这么想的，正在考虑勾搭他俩谁比较容易成功。

蒋丞对着手机乐了半天，顾飞转头瞅了他一眼。

“我哥们儿，”蒋丞边乐边说，“提前失恋了。”

“是寒假的时候跟你一块儿去体育馆的那个吗？”顾飞问。

“嗯，”蒋丞点头，想想又笑了，“就是那孙子。”

乐完以后，是再一次沉默，两人继续玩手机，虽然蒋丞一开始觉得这种一块儿靠在床头的姿势，会让他尴尬得寸步难行，但没想到这会儿却是他这么久以来最舒服的一次“入睡之前”。

玩了一会儿，顾飞那边轻轻笑了两声。

蒋丞转头看他，他把手机递了过来：“这两天看贴吧了没？”

“没顾得上，”蒋丞接过手机，“是不是讨论比赛的事？”

“嗯。”顾飞笑着点头。

蒋丞看了一眼屏幕，四中的贴吧还挺热闹，帖子点击和回复都挺多的，他扫了一眼标题。

·大飞我男神，帅到窒息呜呜呜啊啊啊啊啊啊！

·这个！小帅哥！谁！求详细！

·谁说（8）班弱鸡的出来，我保证打死他！！！

·帅哥脱裤，多图，流量党慎

·弱弱地问一句，有人来讨论一下战术吗……

他笑了笑，感觉看标题的风格，四中的人变得比平时看着的可爱多了：“你回帖了没？”

“当然回了。”顾飞说。

“ID是什么？”蒋丞边翻边问。

“花式帅。”顾飞说。

蒋丞呛了一下，偏过头咳了一会儿才转回头：“什么鬼？”

“保密啊，”顾飞说，“没人知道这个是我。”

“是得保密，‘小兔子乖乖’还能推锅给顾淼，”蒋丞啧啧两声，“这ID要是被发现了的话，你的高冷人设，瞬间就得崩塌。”

顾飞笑着没说话。

·不是我腐眼看人基，但那谁和那谁真的有点……懂的进

蒋丞翻到这条的时候，手指抖了抖，这个标题下面带着的小图都能一眼看出来这是他和顾飞。

……贴吧太可怕了。

34

原来学校也有贴吧，但是很冷清，毕竟是一所每天进校门的时候老师就差拿个扫雷探测仪检查手机的重点高中，手机随时都有被没收的风险，所以，一

般也没什么人玩这些，顶多微信群里扯扯小范围的八卦。

这种贴吧里公开各种讨论的场面，蒋丞以前都没体验过。

那个腐眼看人基的帖子开帖时间就是比赛当天，到现在不过一天时间，点击和回帖都已经很惊人了。

蒋丞犹豫了好半天，最后也没有点开帖子看。

虽然这种小姑娘瞎起哄的事很常见，但哪怕是把他跟王九日拉个郎，他都不会有什么感觉，但被跟顾飞扯在一起，他就不自在。

最后他点开了那个讨论大飞男神的帖子。

里面有不少顾飞比赛时的照片，各种角度，这妹子为了拍点照片，不知道围着球场转了多少圈，还有些从下往上拍顾飞上篮的照片，不知道是怎么拍出来的。

前几楼都是照片和楼主的疯狂“啊啊”，还有一串串的惊叹号，往下就是一些附和着一块儿“嗷嗷”的回复。

一直看到30多楼的时候，终于有了不同的声音。

——也就那样吧，街上一抓一把。

这个回复激起千层浪，光这层的回复，就翻了七八页，全是骂的。

蒋丞看了一眼回复的ID，忍不住说了一句：“我……靠！”

花式帅。

“你真够无聊的啊。”蒋丞看着顾飞。

“不无聊谁上这里看来，”顾飞把手机拿了回去，边笑边看了看，“你看你们学霸太有聊了，一般都不去。”

“我也……看的，”蒋丞说，“不过，我以前的高中贴吧跟个鬼吧似的，没人看。”

“你ID是什么？”顾飞偏过头。

蒋丞犹豫了一下：“某丞。”

“什么？”顾飞没听明白。

“大号某丞，小号某某丞。”蒋丞说。

“什么鬼名字，还笑我，”顾飞说，“微信弄个英文，我还得备注，你怎么不统一一下风格叫蒋叉叉。”

“我主要是懒得想名字，”蒋丞说，“你给我备注什么了？”

“丞哥呗。”顾飞看了他一眼。

“我觉得‘小兔子乖乖’才是应该备注一下。”蒋丞笑了笑。

接下来，两人都没再说话，蒋丞拿了自己的手机继续跟潘智胡扯，本来想再进四中贴吧看看，但顾飞在一边，他又觉得还是算了。

潘智挺羡慕四中贴吧如此热闹，表示要进去找妹子，蒋丞笑了半天，看了看时间已经快12点了，于是准备睡觉。

往顾飞那边看了一眼，发现顾飞不知道什么时候已经睡了，冲里侧着身子，被子捂住了半个脑袋。

蒋丞往床头看了看，有个开关，按了一下，灯灭掉了，屋里瞬间变得漆黑一片，过了好几秒，他才又重新看到了从窗帘里透进来的微弱光线。

躺到枕头上之后，蒋丞往右侧了身，他一直习惯往右侧着睡，但一侧身就看到了背对着他的顾飞。

于是，只好又翻了个身冲左边，闭上了眼睛。

顾飞睡觉挺安静，呼吸很匀，听着有催眠的效果，蒋丞跟着他的呼吸，没多大一会儿就迷糊了。

不过不知道是因为换了床，还是因为旁边有人，一直睡得不是很踏实，从小到大，他都没跟人睡过一张床。

身边顾飞翻身他都能感觉到，迷迷瞪瞪地一边做梦一边还知道自己是在做梦。

而且梦都是不连贯的，一次一换。

最后，他梦到了他和顾飞站在球场中间，赤身裸体地被一帮头上套着纸袋的人围着拍照，还有各种谩骂和尖声的嘲笑。

这是梦。

而且还挺神奇的，不知道为什么会突然梦到这种内容。

他提醒自己，不是真的。

但这个梦却不像之前的梦那样，可以任意地前进后退跳过，按部就班地一点一点推进着。

他的视角时而是自己，面对着四周的围观和嘲笑，时而会变成另一个局外人，如同旋转的摄像机，围着球场上的两个人高速地转着圈。

他在一片慌乱和惊恐中，转头看着顾飞。

顾飞没有任何表情地跟他说着什么，他一句也听不见。

你有没有看到我在唱。

你听，被抹掉的慌张。

顾飞听到门响，睁开眼睛发现天已经快亮了，窗帘外透进带着淡淡暖黄色的光，顾淼光着脚，目不斜视地走了进来，然后坐到了沙发上，把沙发上的小垫子放好，躺了上去。

他轻轻叹了口气，轻轻坐了起来。

顾淼以前是跟他睡这个屋的，小学之后，顾飞就让她自己睡了，但每次顾淼梦游都还是会回来，并且还能记得顾飞说过的“哥哥是男生，你现在不可以随便跟男生睡在一张床上”的教育，直接睡到沙发上。

顾飞往蒋丞脸上看了一眼，蒋丞看上去睡得挺踏实，但呼吸却有些不太平稳，估计是在做梦。

他的手撑着床，一条腿跪在蒋丞身侧，另一条腿从蒋丞身上跨了过去，这人睡觉占地面积还不小，为了不踩着他，顾飞这一步跨得差点扯着大腿的筋。

接下来，他撑起身体，准备从蒋丞身上越过。

但他刚经过蒋丞身体正上方时，蒋丞突然皱着眉，翻了个身，两个人顿时变成了面对面。

顾飞感觉蒋丞睡得并不实，皱着的眉和不太平稳的呼吸……他赶紧把自己往上撑了撑，想快点过去。

就在他想用里面的那条腿蹬一下床板直接跳下床的时候，蒋丞睁开了眼睛。

顾飞想说话，但又怕惊醒刚刚躺下还不知道梦游状态有没有结束的顾淼，于是，只能沉默地瞪着蒋丞，想等他清醒。

蒋丞睁开的眼睛从一条缝瞬间瞪成了欧式大双，瞪着他好几秒之后，带着迷茫而又震惊还有几分惊恐地哑着嗓子说了一句：“我……”

声音不小，顾飞吓了一跳，赶紧用手捂在了他的嘴上。

蒋丞的眼睛瞪得更圆了，立马就像被捅了一刀似的开始挣扎，抡胳膊抬膝盖的，顾飞不敢松开他的嘴，但此时自己这个姿势门户大开，又怕蒋丞一膝盖踹到他的裤裆里……

费了半天劲才抓住了蒋丞一只手，然后一屁股坐到了他的身上，压低声音说了一句：“顾淼！”

蒋丞顿了顿，瞪着他好一会儿，才猛地把眼珠子往沙发那边转了过去。

顾飞松开了他的嘴：“刚进来，不知道又睡着了没，我要过去看看。”

“……嗯。”蒋丞应了一声，躺着没动。

顾飞下了床，走到沙发前蹲下，看了一会儿之后，从柜子里拿了条小被子给顾淼盖上了。

蒋丞跟着也坐了起来，瞪着顾飞，已经睡意全无，清醒得如同喝了两瓶风油精。

一睁眼就看到顾飞伏在他身上，对于一个一向都一个人睡觉的人来说，这种事实在是太刺激了。

那一瞬间，他甚至分不清是在做梦还是已经醒了，梦里让他惊恐的画面和顾飞的这个姿势交错着，一直到他看到了躺在沙发上的顾淼，才猛地回过神来，也才发现自己不知道什么时候已经全身都是汗了。

冷汗。

梦里的场景已经让他有些扛不住了，再猛地想到如果顾淼醒过来看到这种诡异的场面……

蒋丞闭了闭眼睛。

他突然明白了自己为什么没有点开那个帖子。

他害怕。

第一次深刻地感觉到了自己的恐惧。

哪怕只是躺在沙发上梦游的小姑娘，也能那么真切地跟梦境结合起来。

“所以我让你睡里边呢，”顾飞给顾淼盖好被子之后，轻声说，“你睡外头，我晚上想要下床，就得从你身上爬。”

“几点了？”蒋丞也轻声问。

“刚六点。”顾飞看了看床头柜上的小闹钟。

“哦。”蒋丞抱着被子坐着没动。

“怎么了？”顾飞从他身后上了床，钻进被子里之后，又坐了起来，伸手摸了摸他身上的睡衣，“你……”

蒋丞回手一巴掌打在了他的胳膊上。

“是不是发烧了？”顾飞收回手，把话说完了。

“没，”蒋丞有些不好意思地扯了扯衣服，“我就是……”

“刚吓着你了？”顾飞躺下了，轻轻叹了口气，“你是我长这么大，见到过的，最一惊一乍的，学霸。”

蒋丞转头看着他，伸手比画了一下，“你那个样子，我没吓死已经是心理素质很优秀的学霸了好吗？”

“不好意思啊。”顾飞笑了笑。

蒋丞没说话，继续坐着，坐了几分钟之后，他打了个喷嚏，无奈地躺下，拉好了被子。

这回是真睡不着了，蒋丞睁眼也不知道该瞪着哪里。

他觉得自己的心理承受力的确是不太好，有点什么事就老忍不住会来回琢磨，影响心情，经常给自己带来很大的压力。

但道理他都明白，偏偏就是很难控制。

有时候，他挺羡慕潘智的，心大得能装下三个半宇宙，无论是考砸了被处分了，还是提前失恋了，睡一觉，吼着抱怨几句就能过去。

而他……也许是受原来家庭气氛的影响，无论如何都做不到。

六点到起床也没多长时间了，蒋丞睡不着，只能闭着眼睛养神，顺便在胡乱琢磨和不要胡乱琢磨之间苦苦挣扎着。

身边的顾飞倒头就又睡着了，回笼觉睡得还挺香。

他清醒地听着顾飞的呼吸慢慢变得平缓，然后过了不知道多长时间，又慢慢从平缓变快，接着翻了个身，应该是醒了，他感觉顾飞从枕头边摸了手机，看了看时间。

该睡的时候睡不着，现在知道该起床了，蒋丞又突然困得不想睁眼。

顾飞动了动，在他犹豫着是现在睁眼还是等顾飞从他身上爬过去之后再起的时候，顾飞的手指在他脑门上轻轻碰了碰。

他压着差一点就一个鱼跃再加一个正踹过去的冲动，咬着牙没动。

“没烧啊。”顾飞小声说了一句，坐了起来。

发烧？

蒋丞愣了愣，想起来之前顾飞问过他是不是发烧了。

他坚持闭眼没动，但突然觉得鼻子有些发酸。

这鼻子他妈切掉得了，动不动就跟个小娘们儿似的，酸个没完。

他很少感受到这样细致的关心，就算以前在家里，他还是“亲儿子”的时候，如果有不舒服，也得要跟父母说。

说了之后，是会得到很好的照顾的，但如果不说，只要没当场晕倒，家里谁也不会发现你病了。

而来了这里之后就更神奇了，他如果这会儿真发烧了，他都不知道能跟谁说，李保国吗？

就算说了，又能怎么样呢。

想来想去也就是给老徐打个电话请假，在那个丝毫没有归属感的小屋里，睡个半天一天的……

“丞哥，”顾飞不知道什么时候站了起来，在他腿上轻轻踢了踢，“起床了。”

“嗯。”蒋丞应了一声，睁开了眼睛。

顾飞在睡衣外面套了件外套，正准备从床尾下床。

蒋丞顺嘴说了一句：“你每天都起得这么利索吗？”

“……我尿急。”顾飞说。

“也不怕尿飞了。”蒋丞没明白自己为什么明明没睡着，这会儿却跟没睡醒似的，会顺着这个话题说下去。

“你会尿飞吗？我教你啊……”顾飞趿拉着鞋，边往外走边说，“你站远点，边尿边往前走就行。”

蒋丞闭了嘴。

神经病。

顾飞出去之后，他起了床，小沙发上的顾淼，脸冲着靠背还在睡，估计也快醒了，他起身下床，拿了昨天的裤子看了看，想趁着顾淼没醒，先换上。

结果拿起来才发现，昨天因为太着急，衣服没顾得上抖开，湿衣服裹在了一块儿，现在所有的衣服都是湿的。

虽然也能穿，穿在身上捂个半小时也就干透了……但挺恶心的。

他正在发愁，顾飞刷着牙进了屋，一边刷牙一边递了一把新的牙刷给他，他接过牙刷：“谢谢。”

顾飞又边刷牙边拉开了衣柜门，指了指。

“不，”蒋丞一看顾飞的一排衣服，马上摇头，“不，不穿你的。”

“嗯？”顾飞有些没明白地看着他。

“你是花式帅，全校都盯着你，我怀疑是不是你内裤什么样人家都知道，”蒋丞说，“上回我穿你的衣服，连老徐都能认出来，我真是五体投地服。”

顾飞笑了起来，边乐边刷着牙又出去了。

蒋丞决定还是恶心点穿自己的衣服。

厕所被顾飞占了，他只能在屋里换，回头看了一眼顾淼，没什么动静，他飞快地脱下了睡裤，抓过自己的牛仔裤往腿上套。

他比较臭美，牛仔裤也得买修身款，但这东西裤腿有点湿，就挺不好套的，套到一半的时候，顾淼翻了个身，接着，没等他反应过来，顾淼就坐了起来。

顾淼这个干脆利落行云流水的起床动作，让他惊得差点摔倒，提着裤子在顾淼转头之前冲了出去，边拉拉链边跑进了厕所。

顾飞正在洗脸，转脸瞅了瞅他："这么急？"

"急个屁，"蒋丞把皮带系好，"我穿一半，顾森突然起来了……她起床怎么没有缓冲的！"

"一直都这样，"顾飞笑了笑，"坐起来以后，再愣五分钟才清醒。"

"哦。"蒋丞松了口气。

顾飞洗漱完出来，把顾森抱回了她自己房间，拿了一套衣服，放在床上，关上门回了客厅。

平时他不会起这么早，一般是顾森自己起床出门去吃早点了他才起，顾森现在没学校可去，但还是严格遵守以前的作息时间，不能有什么改变。

今天基本不迟到的学霸在他家，他就不好睡到上课了才起。

蒋丞洗漱完出来的时候，他问了一句："吃什么早点？一会儿让二淼买回来。"

"不用了，"蒋丞说，"我……不想吃东西，我先去学校了。"

"嗯？"顾飞愣了愣，然后点了点头，"哦，好。"

蒋丞迅速地收拾了东西，跟从屋里揉着眼睛出来的顾森聊了两句之后，拎着书包走出了顾飞的家。

跑下七楼，风吹透了他身上没干透的衣服之后，他才突然回过神，感觉自己一早上这么一惊一乍忽稳忽晃的，这会儿又这么急切地离开，似乎有些……不太好。

顾飞听说他不吃早点还要先走一步的时候，脸上的表情明显是愣了愣的。

且不说顾飞昨晚收留了他，让他吃了很好吃的一顿饭，不说顾飞还关心他有没有发烧，也不说顾森满脸的期待，就只说他这么跑出来，连最起码的礼貌都没了。

他拿出了手机，靠在街边避风的墙边，拨了顾飞的号码。

"东西忘拿了？"顾飞接了电话。

"带顾森下来吧，时间还够，"蒋丞看了看手机上的时间，"去九日家吃馅饼吧？"

"行吧。"顾飞也没问他为什么突然这样，直接答应了。

看到顾飞带着顾森从楼道里出来的时候，蒋丞突然觉得有些后悔，不该把自己的事告诉顾飞。

他不知道什么时候才能像顾飞那么坦然，没有刻意地接近或保持距离，没有随时支棱起来的刺。

“我们现在过去，一会儿就到了，”顾飞给王旭打着电话，“不用特意准备，随便吃个早点。”

“有公车过去吗？”蒋丞问。

从这里去学校走路还成，如果是去王旭家的店，走过去就有点远了。

“开车吧。”顾飞说。

“什么车？”蒋丞愣了，“玉米面小馒头？”

“嗯，”顾飞点头，“怎么，看不起小馒头？”

“没，”蒋丞叹了口气，“行吧，就小馒头。”

估计是顾淼很喜欢小馒头，顾飞把车一开出来，她就抱着滑板跑过去了，很利索地爬了进去，坐到了后座上。

“你俩挤着点，”顾飞说，“二淼，你的滑板放旁边。”

蒋丞这回记着了，先把驾驶座的椅背放下，再钻进去，跟顾淼挤着并排坐在了后座上。

顾淼冲他笑了笑，看上去挺高兴。

小馒头的车门关上之后，蒋丞觉得暖和多了，把衣服扯了扯，认真地捂着，希望下车的时候它们都能干了。

“上次给你穿的那套衣服，”顾飞一边开车一边说，“我想了一下，大概是上学期我穿着在周一晨会的时候，上台念了份检讨。”

“这肯定不是原因，”蒋丞说，“换周敬上去，别说是念份检讨，他就是在上面念完一本小黄书，估计也没人知道他穿的是什么。”

顾飞笑了起来：“谢谢夸奖。”

“我夸你什么了？”蒋丞看着他的后脑勺，“我觉得你要不改个名字吧，别叫‘花式帅’了，你叫‘花式不要脸’合适。”

“行，弄个小号。”顾飞点头。

“你念了什么检讨啊？”蒋丞想想问了一句。

“迟到了总翻墙进学校，把墙边那棵树踩断了一根杈子，”顾飞说，“就为这个。”

蒋丞没忍住笑了：“你就不能换一棵踩吗？”

“就那一棵离得近，”顾飞说，“自打我踩断了之后，翻墙进来的人都少了很多，我们学校的墙太高，不踩树进不来。”

蒋丞没说话，靠着小馒头的车窗一通乐，都不知道自己在笑什么。

其实，这样也挺好的。

不想那么多的时候，顾飞是唯一一个能让他完全放松的人。

35

王旭家的馅饼店，从早上起人就很多，早点来俩馅饼挺享受的，他们到的时候，店里都没地方坐了，只能还是到他们家自己吃饭的屋里坐着。

“驴肉的没有，得中午才做得出来，”王旭拿了两个筐，装着馅饼放到桌上，又拿了一盆羊肉汤，“你俩今天一块儿出门的？”

王旭这话一问，蒋丞立马觉得有点心虚，拿了个馅饼咬了一大口，没说话。

“嗯。”顾飞应了一声。

“你今天起这么早啊，”王旭把小筐推到了顾淼面前，“你不是习惯性迟到的吗……淼淼，今天没有驴肉，你尝尝别的味。”

“淼什么淼淼，”顾飞说，“不肉麻吗？”

“肉麻吗？”王旭坐下边吃边说，“人一个小萝莉，本来就应该萌萌的美美的，你倒好，把她带得跟个野小子似的，我好像都没见过她穿裙子。”

“她要玩滑板，”顾飞说，“怎么穿，你让她穿她都不穿。”

“唉。”王旭叹了口气，吃了几口以后，又掏出手机，手指划拉了几下，手机“咔嚓”响了一声。

蒋丞扫了他一眼，发现这厮的手机摄像头对着自己：“你干吗？”

“拍张照片，以后说不定我家店面要装修，到时挂出来当广告。”王旭笑着说，把手机放回了兜里。

“滚，”蒋丞看着他，“删了。”

“我拍了那么多人的照片，人家也没谁让我删啊，”王旭很坚定地说，“不删，大不了我不挂出来。”

蒋丞懒得再理他，继续吃馅饼。

吃完早点出了店门，顾淼踩在滑板上看着顾飞，顾飞弯腰也看着她：“记得我说的只能在哪里玩滑板吗？”

顾淼点点头。

“去吧，今天哥哥有事不回去吃饭，”顾飞说，“可能要跟昨天差不多的时间到家。”

顾淼再次点点头，又转脸看着蒋丞。

“丞哥今天不去我们家了，昨天是有事才去的。”顾飞说。

顾淼还是看着蒋丞。

蒋丞只得也弯腰看着她："我下次有空再去找你玩？"

顾淼没有反应。

"得说确切时间，"顾飞在一边说，"你说下次，她理解不了。"

"那……"蒋丞犹豫着，想了半天，"明天吧，明天打完比赛，让你哥哥带你跟我们球队的人一起吃饭好不好？我们可以排排坐。"

顾淼总算是点了点头，踩着滑板，往回家的方向蹬着走了。

"咱俩挤挤？"王旭拎着书包出来，看到顾飞的小馒头立马来劲了，"蒋丞，咱俩挤后头吧？"

"……挤得上去吗你。"蒋丞有些无语，这车就这么大点地方，跟顾淼挤后头都已经很费劲了。

"挤得上去。"王旭说。

蒋丞看他一脸不上去坐一回不罢休的坚定表情，只得上了车，尽量往旁边靠，王旭挤进来的时候，这车往下沉了沉。

再等顾飞上来，他有一种底盘要刮平地面了的感觉。

"不会开一半就散架了吧。"蒋丞说。

"不会，"顾飞开着车掉了头往学校开过去，"有时候拉货挺重的也没问题，你俩加起来才多少。"

"这不是还加了你自己吗？"蒋丞说，三个大老爷们儿挤一辆小馒头里，路边都有人往里看了。

"暖和。"王旭说。

"废话，现在本来也不怎么冷，都春季篮球赛了。"蒋丞说。

"哎，对了，下午训练？"王旭问。

"我跟蒋丞有事，"顾飞说，"我叫了李炎那几个过来陪你们练。"

"你们要干吗去？"王旭马上追问。

顾飞没理他，王旭又转头盯着蒋丞，蒋丞盯着窗外假装不知道。

王旭有些不爽地整了整衣服："还保密呢，小学生。"

蒋丞发现顾飞这人还真是对一切目光都无所谓，开个老年代步款小馒头也就算了，车上挤着三个人也就算了，他居然能旁若无人地把车一直开进学校门口的停车棚。

在四周四中学生的围观中下了车。

“万众瞩目啊。”王旭一边往外爬一边说，这语气听上去也挺无所谓的。

或者说并不是无所谓，而是愉快，毕竟他是一个要做老大的人，万众瞩目是他需要的。

像蒋丞这种并不喜欢被人围观，一围观就蹿火的人，下车的时候都后悔没戴口罩。

刚一下车，就听到几米外有女生小声地说了一句：“那是蒋丞吗？”

“是啊。”另一个女生回答。

后面再说什么，他就没再听下去了，这种带着小兴奋和探究的语气，让他有些不安，不由自主地又想起了那个腐眼看人基的帖子，浑身都开始不自在。

“不过，我觉得吧，你俩不训练也是正确的，”王旭一边往校门口走，一边说，“这两天（2）班的一直在研究我们比赛的录像呢，还找人打听蒋丞的实力，咱们还是得藏着点，明天我们要是赢了，考完试就要碰（2）班了。”

“嗯。”蒋丞应着。

王旭继续很有兴致地说：“我觉得我们的战术吧……”

“丞丞？丞丞？”后面传来了一个女人的声音，“蒋丞？”

蒋丞愣了愣，回过头。

“你是蒋丞吧？”身后站着一个女人，有些激动地看着他，“是吧？我一眼就认出来了，长得真像啊……”

蒋丞一眼就认出了这个穿得很土而且看上去有些脏的女人，就是昨天跟李保国在楼道口打架的那个。

他的亲妈。

“你……”这一瞬间，蒋丞有些措手不及，甚至不知道该说点什么了，只能愣在原地看着她。

“谁啊？”王旭在旁边问了一句。

“你还没有上课吧，”女人瘸着腿过来，伸手一把抓住了他的手，“我是……”

她这一抓，劲非常大，蒋丞条件反射加上受惊，猛地一扬手，甩开了她：“别……”

别碰我。

后面两个字，蒋丞狠狠地咬住了没有说出口。

“还没有打铃呢，”女人眼里顿时闪出了泪花，“你还没上课吧？”

旁边已经有不少人看了过来，蒋丞脑子里乱成一团，完全不知道该怎么面对这个女人，愣了一会儿之后，他把书包递给了顾飞：“帮我……拿进去。”

“嗯。”顾飞接过了他的书包。

“去那边说吧。”蒋丞冲街对面抬了抬下巴。

“哎，好，好的。”女人点头，眼睛一直还盯在他脸上。

“这怎么回事？要不要……”王旭大概也是被这场景弄蒙了，跟着就要过去。

顾飞伸手拦住了他：“有你什么事，走。”

蒋丞脑子里一片空白地过了街，走到拐角人少的地方，才停下转过了身。

“我是妈妈，”女人指着自己，手指一下下在自己胸前戳着，“我是你妈妈啊……李保国没跟你提过我吧？他肯定不会跟你提的，肯定不会的，那个脑袋长痔疮的玩意，肯定不会告诉你……”

蒋丞瞪着眼睛，说不出话来，这个看上去有几分可怜的女人，和她嘴里粗俗的话，让他一时半会儿不知道应该做出何种反应。

“当初送走你，他根本没有跟我商量……”女人也没给他说话的空隙，一直不停地说着，说到一半，还开始哭，用袖口抹着眼泪，“我名字都给你想好了，你哥叫李辉，你就叫李明或者李光……他就给送走了，我跟他闹，他就打啊……这狗东西……”

“我……”蒋丞无法形容自己心里的感觉，只觉得想要屏蔽她的声音。

他一向的技能现在算是发挥了最大的功效，以前他不愿意听沈一清的训斥时，就会让自己神游天外，无论有没有听到，他都会不记得内容。

但跟眼前的“亲妈”相比……

“跟我回去吧！”女人突然抓住了他的胳膊，猛地晃了晃，把他给晃了回来，“跟妈过吧！”

“别！”蒋丞猛地抽出胳膊，退了两步，还是没压住那两个字，“碰我！”

“……你是嫌我吧？”女人看着他，“是嫌你亲妈没钱吧？嫌我丢人吧？你爹有钱吗！他就等着花你的钱呢！”

“我没，”蒋丞有些吃力地说，“我现在要上课了，我……”

“领走你的那家挺有钱的是吧？”女人也不哭了，目光在他身上来回扫着，脸上说不清是鄙视还是悲伤，“看看，穿得像个大少爷。”

“我要上课了。”蒋丞吸了口气，转身准备往校门那边走。

“没良心啊！”女人突然扑上来对着他狠狠捶了两下，“你没良心啊！家不像家！儿子也不认！我命苦啊——”

“你疯了吗！”蒋丞实在扛不住，吼了一声，挡开了她的手，“你跟李保国有什么仇，你俩自己扯去！你俩我谁都不想认！”

吼完这句，他转身就走，走了两步，干脆就撒开腿跑了起来，就像是有人拿着刀在后边追着他砍似的。

校门已经关了，他没停，顺着围墙，往前一通狂奔，最后靠在了路边的一棵树上。

那个女人有没有跟上来他不知道，跟了也不可能跟得上，但他却没有回头看一眼的勇气。

愣了一会儿，他拿出手机，给顾飞发了条消息。

——你翻围墙是在哪儿翻的?

四中的围墙的确是高，挨着墙还有不少小店，根本进不去，但他现在急切地想要进学校，非常急切。

顾飞的消息很快回了过来。

——原来那儿翻不了，后门往北，小卖部旁边翻，围墙里面有废砖。

蒋丞找到了顾飞说的那个小卖部，靠围墙那里有个垃圾池，踩着能上墙，上了墙能看到里边有一些乱七八糟堆着的砖。

这跳下去没点水平直接就能把脚脖子给摔折了。

“跳吧，”小卖部老板抱着胳膊，在墙边看着他，大着嗓门说了一句，“这会儿没老师，过几分钟就有人来盯了。”

蒋丞差点没让他这一嗓子吓得直接摔下去。

他看了看四周没人，从围墙上跳了下去。

还好踩在几块砖上踉跄了两下，没一脚踩进砖缝里。

进教室的时候，老徐正站在讲台上，下面一片吃早点的，不知道的得以为他是在这里视察阳光早餐的发放情况呢。

“你迟到了？”老徐看到他，很吃惊。

“尿尿。”蒋丞说。

回到座位上，顾飞看了他一眼，没说话。

蒋丞低声骂了一句。

他非常想说点什么，非常想骂人，非常想抱怨，非常想找个地方大吼几声，非常想抱头痛哭一场。

但他现在只能坐在这里，什么也干不了，只能生生地憋着。

憋屈的火，在身体里熊熊燃烧着，烧得他都快能闻到焦煳味了，那种无从发泄，又忍不下去的火，烧得他浑身发疼。

他想跟顾飞说，但也清楚这会儿和顾飞说了任何一个字，他都会突然爆发。

好在顾飞是一个情商超群的学渣，埋头玩着爱消除游戏一言不发，看都没有看他一眼。

但有时候人生就是这么无情，总有人在不合适的时候干出不合适的事来，这种人就是叫倒霉催的。

“丞丞！”门外传来一个怪腔怪调的声音，“丞丞——”

蒋丞猛地转过头，看到了（5）班篮球队的某一个人，正笑得满脸猥琐地从后门外面经过。

此人要挂。

这是顾飞听到这个傻帽声音时的第一反应。

蒋丞从座位上一跃而起，从他背后跨过去的时候，膝盖砸在了他的背上，顾飞无奈地一边咳嗽一边往外看。

蒋丞的速度很快，班上的人刚转过头往外看时，他就已经冲了出去，一把抓住了那个人的衣领，一拳砸在了他的鼻梁上。

这一拳非常重，顾飞感觉上回他跟蒋丞打架的时候，蒋丞下手始终挺有数，而这一拳，却完全没有控制。

王旭第一个蹦了起来，手撑着桌子一跨，跃过了一个组，再一撑一跨，从他面前的桌上又跃了过去。

这人，为了凑热闹，身手能生生提高起码三个档。

蒋丞的第二拳砸在了傻逼脸上的时候，全班都站了起来，一块儿从前后门往外挤。

“怎么回事！怎么回事！”老徐喊着，也想出去，但很快就被拥出去的人挤到了队伍的最后面，“怎么回事！拉架！拉架！王旭！去拉架！”

“这我他妈怎么拉？”走廊上传来了王旭的声音。

顾飞站了起来，把椅子拖到门边的人群后面，站了上去，往外看了看。

傻帽同学已经倒在了地上，蒋丞一手掐着他的脖子，一手往他脸上抡着，要不是围观群众叫喊声太大，绝对能听到声音。

傻帽是（5）班的，算不上（5）班老大，但也绝对跟王旭一样是班霸候选人，这样被按在地上揍，（5）班很快就有人过来了，吼了一声就准备冲上来。

王旭也吼了一声，撸了袖子，顶了过去："要打我吗？来来来！"

一场两班之间的斗殴，顿时就在没有开幕式的情况下突然开始了，连骂架热身都没有，直接进入了全员肉搏。

走廊上挤满了学生，围观的群众那边的起哄起得震天响，这层几个班的老师别说维持秩序了，就连人都被挤得没影了。

顾飞跳下椅子，往人堆里挤进去，避开几次拳头，到了蒋丞身边。

这时，地上那位已经满脸是血，但估计因为被打得太狠，激起了他昂扬的斗志，正跟蒋丞互相抡着。

"蒋丞，"顾飞叫了蒋丞一声，蒋丞跟没听见似的，他皱了皱眉，"丞哥！差不多得了！"

正想过去拉蒋丞的时候，地上那个一拳抡过来，目标是蒋丞的脸，但扫在了顾飞的脸上。

顾飞抓着蒋丞胳膊，猛地一拽，硬生生地把蒋丞拉得往后一个踉跄坐到了地上，接着，他一巴掌抽在了地上那人脸上。

蒋丞这一屁股坐到地上，才从混乱的愤怒中稍微回了点神。

地上那个一瞪眼，起身就想再扑过来。

顾飞指着他，手指几乎戳到了他眼睛上："再动一下，我让你住院。"

声音很冷，那个人顿时跟急刹车了一样，定在了原地。

蒋丞从来没听过顾飞这样的语气，冷得他顿时就清醒了，慢慢从地上站了起来。

身边的群殴还如火如荼地进行着，他站在人堆里突然有点发蒙。

"顾飞！顾飞！"老徐终于努力地让自己在混乱中现了形，"顾飞！拉架！拉架！拉开他们！"

顾飞没说话，过去随手拎住了一个（5）班人的衣领就往后拽，那人回头就要打，他接住了那人的手，把他往旁边一推。

接着又抓住了王旭的衣领一拽一推。

"我……"王旭没骂完，看清是顾飞之后闭了嘴。

"叫你的人回教室。"顾飞转头看了他一眼，压低声音说。

"行了！"王旭吼着，"都住手！（8）班的都给我回教室！"

顾飞又抓了一个（5）班的人的胳膊一推。

走廊上的人终于慢慢分开了，纠缠着打在一起的人，都改成了骂骂咧咧。

“回教室！”老鲁的声音突然响起，第一节是他的课，估计来了有一会儿了，一直没人听见他的吼声，“昨天睡得太舒服了是吧！想撒野是吧！来！谁想过瘾的举个手，跟我到操场上玩两把怎么样！你！”

他指着被蒋丞砸得满脸是血的那个：“说的就是你，一脸血了呼啦的！开花了挺美是吧！是喇叭花还是向日葵啊！瞪着我干吗！是不是得我扛着你去洗脸啊！”

大家伴着老鲁的声音，慢慢回了教室，大清早的就这么激昂，不少人都有点意犹未尽，教室里一片吵闹，有喊的，有没尽兴还在骂的。

蒋丞坐回自己位子上，还有点昏头涨脑。

顾飞也坐下，在书包里翻了翻，拿了几片创可贴扔到他面前的桌子上。

“干吗？”蒋丞看了他一眼。

“手。”顾飞说。

蒋丞低头看了看自己的手，不知道什么时候破了几道口子，他一点感觉都没有，就是这会儿了也没觉得疼。

他撕了两片创可贴贴上了。

“哎，蒋丞，蒋丞……”周敬一脸兴奋地转过头。

蒋丞盯了他一眼，他的话没说完就老实地转过身坐好了。

“蒋丞，”老徐进了教室，皱着眉，“你跟我来一下。”

蒋丞站了起来，跟着老徐走出了教室。

“你这是怎么回事？”老徐带着他，一边往楼下走一边问，“怎么突然就打起来了？”

蒋丞沉默着不出声。

“是因为打球的事吗？”老徐回头又问，“也不对啊，打球的事，挑头的应该是王旭才对。”

蒋丞还是不出声。

老徐一直走到了操场边才停下了，叹了口气：“蒋丞啊，今天这个事，你肯定要被带去教导处的，你得跟我说说是怎么回事，我才好在教导主任那里帮你说话，这种情况可是要处分的啊！”

处分有什么可怕的。

他身上现在都还背着以前的处分呢。

处分不可怕，可怕的是他根本不知道要怎么说。

我打他是因为他学那个女人说话。

学那个女人说话，就要揍他吗？

为什么呢？

因为那个女人是我亲妈？

这事，按常理解释起来不难，可对于他来说，却很难。

蒋丞看着老徐，很长时间才说了一句："随便吧。"

36

蒋丞觉得老徐挺负责任的，但他实在什么也不想说，也不知道能怎么说，而且就算说了，因为别人一句话就动了手的人是他，要想解释清为什么会这样，需要同步说出来的事情太多，他根本不想去面对。

相比这样，他宁可消消停停地背个处分，只是有些对不起一心为学生着想的老徐了。

老徐费了半节课的时间苦口婆心，晓之以理动之以情，蒋丞感觉老徐的眼泪都快下来了，最后也没从他这里问出什么来，只好让他回了教室。

走到楼下的时候，（5）班那个嘴欠的正好去医务室上了药也过来了。

感觉伤得也不是太重，擦伤和瘀青比较多，最觉得惨的是……肿了。

蒋丞一直用右手砸着他，所以，嘴欠的左眼肿得只剩下了一条缝，左脸也肿了，看上去有点歪。

看到蒋丞的时候，他一又五分之一个眼睛里几乎要喷出火来。

蒋丞停下了脚步，站在离楼梯口两三米的地方没再往前走。

"怎么！"嘴欠的往地上啐了一口，"刚不是挺横的吗！现在怕了？"

蒋丞没出声。

嘴欠又瞪了他二又五分之二眼，骂骂咧咧地上楼了，蒋丞一直听到他的声音低下去听不见了，才进了楼道，慢吞吞地上了楼。

老鲁这节课估计没上，蒋丞进教室的时候，他正站在讲台上骂人，震得天花板上都掉粉末了。

"功臣回来了！"老鲁看到他，教鞭马上指了过来，"蒋丞，我给你个建议！"

蒋丞转头看着他。

"你去写个论文，论如何横跨两个组冲到走廊并在斗殴中避免受伤！"老鲁吼着，"写完了我帮你印出来，贴教室里！"

“……哦。”蒋丞有些无奈地应了一声，回到座位上坐下了。

“不是我说你们，”老鲁的教鞭在讲台上飞舞着，指完右边指左边，“一个个的！也就睡觉的时候像个人！只要一睁眼，就是一坨坨的屎！成天没见你们干过一件不臭的事！爹妈累得半死，就供你们这帮屎坨子到学校来瞎胡混……”

“去教导处了没？”顾飞低着头，一边玩手机一边问。

“没。”蒋丞回答。

“那估计放学了一块儿抓。”顾飞说。

顾飞还是比较有经验的，最后一节课还有几分钟下课的时候，教导主任、老徐，还有（5）班的班主任，一块儿堵在了楼道口。

参与了打架的，一个没落下，全被拎出来带到了教导处。

教导主任先是一通骂，骂完了让交代打架动机，一帮人全都说不上来，反正就是有人打了就上。

最后教导主任的目标锁定在了蒋丞和嘴欠的身上。

“他说你打的他，”教导主任看着蒋丞，“为什么？”

“对，这肯定是有原因的，”老徐马上说，“蒋丞的成绩可是在重点高中都年级前十的……”

“徐老师，我知道他是学霸，”教导主任打断老徐的话，“你等我问完。”

老徐闭了嘴。

但蒋丞始终不说话。

教导主任要发火的时候，王旭举了举手：“我知道。”

“说，”教导主任看了他一眼，“平时上课都没见你这么规矩，还举个手。”

“他跑我们班门口骂人来着，”王旭说，“说什么‘丞丞，丞丞我是你妈妈’的，换谁听了都得火，还怪腔怪调的……”

“你说什么！”嘴欠一听就吼了起来，“我什么时候骂人了？”

“早自习的时候骂的啊，”王旭瞪着他，“不然人家一个学霸揍你？你就是欠的。”

“我靠！”嘴欠怒了，气得左眼都睁开了，“我……”

“主任你听听！”王旭来劲了，“听听，在这里都还骂呢！早自习骂得比这声大，我们都听见了，要不能一块儿出去干仗吗！虽然我们平时不怎么样，但是我们有集体荣誉感！”

“是啊！我们都听见了！”（8）班被拎来的一帮人，全都附和着。

“听见个屁！”嘴欠脸都涨红了，看着自己班的人，“你们听到了没！”

“没有！根本没骂人！”（5）班的也抱团。

“你们当然听不见，”顾飞在最后边靠着办公桌站着，“隔了一个班呢，在蒋丞边上骂的。”

“顾飞！”嘴欠指着顾飞，半天没说出话来。

“后来你喊的时候，他们肯定听见了。”顾飞笑了笑。

“行了。”教导主任瞪了顾飞一眼。

顾飞拿了手机出来，低头玩着。

事实已经清楚了，嘴欠骂人，被揍，引发了两个班的互殴，尽管嘴欠努力地抗议，但教导主任还是觉得这个事实没有什么问题。

像四中这种学校，只要是打起来了，就没哪一个是无辜的。

接下来就是两个班主任据理力争，把错往对方班级的人身上推，老徐争论起来跟上课似的，没什么气场，但扛不住他啰唆，说起来没个完，对方班主任是个女老师，起了几次头都插不进话，最后摆了摆手：“行了，我不说了，徐老师这个口才当个老师真是屈才了。”

“承让。”老徐很客气地点了点头。

“行了行了，都不用争了。”教导主任也是一脸疲惫。

最后的处理结果是参与了打架的，每人写一份不少于800字的检讨，打扫学校两个厕所一周，外加一个警告处分，并且大家得在周一晨会的时候，上台向全校念检讨。

一听要处分，老徐和（5）班的班主任同时急了。

“主任，我觉得这个事情并没有严重到需要处分的程度，”（5）班的班主任说，“再说，按伤情来说，我们班……”

“是的！”老徐高声说道。

这一瞬间，蒋丞仿佛看到了老鲁附身。

但下一句老徐就又变回了自己：“都是十几岁的孩子，有点冲动也是正常的，我们作为一个教育者和领路人，对待他们不能用这种‘一刀切’式的处罚方式，一个处分能起到什么作用？无非是在他们的档案里记上一笔而已，这种方式只是减少了我们教育者的工作量而已，我不赞成这样的方式，我认为我们应该用我们的爱和呵护，用我们的耐心和……”

“徐老师，徐老师，老徐，”教导主任一脸痛苦地伸出了尔康手，另一只手就差捂胸口了，“我知道了，我明白你的良苦用心……”

“我们作为教育工作者，面对这么多孩子，肯定也会觉得力不从心，但是这是我们选择的职业……”老徐并没有停下来的意思，“谁在这个年龄的时候没有过冲动呢，你看，咱俩是同学吧，你高中的时候……”

“徐齐才！”教导主任喊了一声，“我说我知道了！”

蒋丞本来是情绪挺低落的，这会儿不知道为什么，心情突然变得很好，老徐的话挺逗的，但他还是觉得感动，这样的老师，一生能碰到一个，就算是一种幸运，虽然老徐因为情商太低，始终没有找到跟学生沟通的正确方式……

不过，他现在的确很想笑，有这种想法的人，一定不止他一个，他已经听到了王旭那边没压住的几声笑。

“好吧，”教导主任喝了两大口水，“暂时不处分，但要观察，这个学期之内有任何违纪的行为，就叠加处分，不是警告了，是直接记过。”

“报告，”顾飞在最后面说了一句，“我为什么也要写检讨？”

“你没打架吗！”教导主任把杯子往桌上一砸。

蒋丞感觉他快要到极限了。

“没啊，”顾飞说，“我拉架的。”

“是我让他拉架的。”老徐点点头说。

“你打了我！”嘴欠吼了起来，几乎是要跳脚。

“谁看见了？”顾飞眨了一下眼睛，往一帮人的脸上扫了一圈，“谁看见我打你了？”

嘴欠气得手都有些哆嗦了，半天没说出话来。

“没打架你跑这里来干什么！”教导主任冲顾飞吼了一声。

“你们把我拎来的。”顾飞说。

“……你写检讨，”教导主任说，“你就写你这周迟到翻墙又被我抓到！一块儿上台去念！”

从教导处出来，两个班的人气压都挺低的，老徐一直押送他们出了校门到了车棚，想再教育两句，但没能成功开口。

因为一帮人蹲车棚里笑得无法自拔，怎么也停不下来了。

蒋丞坐在小馒头里的时候都还有点想笑，不得不把窗户打开一条缝，吹着点风，让自己的脑袋清醒一下。

“我们就开这车去丁竹心那里？”开了一阵之后，他问了一句。

“嗯，”顾飞点头，“多方便。”

“哎，我就想问啊，人家这车都是老人开的，你一个大小伙子开着，警察不管吗？”蒋丞问。

“管什么，你当是你们那里呢，”顾飞说，“真拦我了，我就说我给我爷爷送车过去，这有什么。”

“你爷爷会开吗？”蒋丞笑着说。

“不知道，死很久了。”顾飞说。

“啊。”蒋丞顿了顿，没再说话。

“自杀的，”顾飞停了车等红灯，靠在椅背上，语气很淡定地说，“喝农药。”

“为什么？”蒋丞有些吃惊。

“因为有个王八蛋儿子，”顾飞说完，沉默了一会儿，绿灯亮了之后，他又开出去了半条街，才又说了一句，“这世界上浑蛋的人浑蛋的事多了去了，只是你以前没碰到而已。”

蒋丞看着他的背影，没出声。

“别想太多，”顾飞说，“活得像个旁观者，会轻松很多。”

“啊。”蒋丞应了一声，闭上了眼睛。

今天丁竹心不在工作室里，一大堆衣服里，只有一个小姑娘在忙着整理。

“心姐的助手，小露。”顾飞介绍了一下，“这是蒋丞，今天的模特。”

“好帅啊……哦，我叫Lucia，他念不利索就给我简化了，”小露笑笑，然后指着架子上的两排衣服，“今天的，都配好了，一会儿我给你化妆。”

小露给蒋丞化妆的时候，他用余光扫了几眼今天的衣服，感觉跟昨天的差不多，都是那种法师款，要不就是要饭款，不过，并不全是针织了，有很大一部分是粗麻……要饭款更像要饭款了。

不过，蒋丞愿意穿这些，起码不会八面来风。

“好了，其实，你都不用怎么化，”小露退开两步看了看他，“这脸型应该特别上镜吧，轮廓很清晰啊。”

“你话真多，”顾飞拿着相机，从里屋探出头，“好了赶紧换衣服，天天拍到晚上，要累死了。”

“可以了，”小露拍拍手，“接下来，就辛苦你们啦，我要去仓库，要是有人打电话到这边，你帮接一下吧，告诉他们打我手机。”

“好。”顾飞点点头。

蒋丞等小露走了之后，才到架子前看了看，想挑一套顺眼的。

“都得拍，”顾飞靠在门边，“先穿后穿都得穿。”

“……我知道。”蒋丞只得随便拿了一套下来。

顾飞转身回里屋了，他研究了一下，这套还挺多层的，不错，暖和。

只是不知道为什么丁竹心设计的衣服感觉都分不清男女，或者说，看上去都他妈是女装。

这套倒是有条宽松款的麻料裤子，但上身是件宽松的长款上衣，穿上之后，感觉手上应该再拿一串念珠。

“嗯，”顾飞看到他走进来，挑了挑眉毛，“这套不错。”

“别逼我吐槽你的审美。”蒋丞站到了已经打开了的一堆灯前，有了昨天的一通拍摄，他现在对于站在这里，已经没有了那种手都不知道往哪里放的尴尬。

“随便走几步吧，转身，回头，”顾飞举起相机对着他，“笑不笑都行。”

蒋丞在他镜头前来回折腾了几圈：“行吗？”

“棒，”顾飞说，“再来一张正脸特写你就换衣服。”

“为什么要有正脸特写？”蒋丞看着他。

“你嘴唇上有点伤……你不会没发现吧？”顾飞问。

“发现了，”蒋丞说，“跟要正脸特写有什么关系？”

“挺带劲的，”顾飞按了快门，“好了，去换衣服吧。”

“不是，”蒋丞没动，“为什么？”

“我拍一张私人的，”顾飞说，“我以前不也拍过你吗？”

“……好吧。”蒋丞走了出去，他这一上午都混乱得很，这会儿也懒得再费神了。

他从架子上又拿了一套，上半身是什么鬼东西没看清，反正下半身还是条裤子，他先把裤子套上了。

套完了以后，就有点无语，这是一条九不九分七不七分的裤子。

不过，现在他已经差不多能摸清丁竹心的风格了，反正看不懂的就光脚。

就是衣服……

“顾飞，”蒋丞拿着一团粗麻的东西进来了，光着膀子，下边穿着条九分裤，“你俩发小，你给我解释一下这个东西是干吗的？”

“嗯？”顾飞放下相机，在蒋丞身上扫了几眼，蒋丞身材的确是不错，特别是肋骨上的那条疤……

蒋丞把手上的东西抖开了：“这是不是原料？没加工呢？”

顾飞看着眼前的一大块长方形的粗麻布笑了起来：“我知道了，给我。”

蒋丞把布扔给他，他接过来拢了拢，拢成了一条，然后搭到了蒋丞肩上，又绕了两圈。

蒋丞愣了："这是围巾？"

"……不是，但是你可以这么理解。"顾飞把布来回扯了半天，让整体看上去像是随意一绕。

"这东西有人买，我就把它吃了。"蒋丞说。

"这未必是要卖的，只是作为设计理念的展示，"顾飞退开两步，"好了，很性感。"

"我觉得我一动，它就会掉下来，"蒋丞僵着胳膊，架着搭在胳膊上的布，"我没法动了。"

"你从我面前跑过去就行，不要管它掉不掉下来。"顾飞举起了相机。

蒋丞跟个机器人似的，往布景那边挪过去，虽然动作很好笑，但光滑结实的后背依然很漂亮，顾飞按了一下快门。

咔嚓。

"有病？"蒋丞偏过头，但没回头，大概是怕动作大了布会掉，"这也是私人拍摄？"

"是的，又没拍到你脸。"顾飞说。

"你怎么跟王旭一个德行。"蒋丞站好了。

"我拍你，你会更帅，"顾飞说，"他拍你，全靠你的脸撑着。"

"……快拍！要掉了！"蒋丞简直不知道该说什么好了。

"跑。"顾飞说。

蒋丞僵着上半身，从镜头前蹿了过去。

"行吗？"他转头看着顾飞，身上的布已经非常顺滑地掉到了地上。

顾飞拿着相机，看着他不说话。

"好吧，我知道了，"蒋丞叹了口气，"是不是有点……"

"你刚跑得跟母鸡似的。"顾飞说。

蒋丞有点不爽："你说什么？"

"你看过鸡跑步吗？"顾飞说，"脑袋不动的。"

蒋丞盯着他，过了几秒钟蹲下了，冲着地一通笑："我不拍这套了。"

"计件的呢，"顾飞笑着说，"敬业一点。"

他只得又站了起来："行吧，争取一会儿跑得不像鸡。"

顾飞过来拿起地上的麻布，重新往他身上绕。

不知道是不是因为光着膀子，顾飞靠近的时候，他感觉到顾飞的呼吸打到了他的肩上……

呼吸扫在脸上，扫在耳朵上，都不会这么敏感，肩膀是在这个季节里不会露出来的部位，是心理上有隐秘感的部位。

他觉得有些不自在，但咬牙没动，也没说话，因为他能感觉得到顾飞很小心，扯那块布的时候，完全没有碰到他。

他不想让自己在顾飞眼里显得太过矫情和敏感。

“好了，”顾飞看了看，“从这边跑过去，正好能拍到疤。”

“拍疤是什么爱好。”蒋丞说。

“一个历经沧桑的……”顾飞举起相机，“小和尚。”

蒋丞刚想说话，他又喊了一声：“跑！”

蒋丞只得拔腿就往对面跑过去，因为不想再跑第三次，所以这次他跑得非常无所顾忌，中途感觉到布正在从身上滑下去，他也没管，迈开大步，几步跑到了对面。

回头再看，那片布掉在了中间的位置。

顾飞看了看相机屏幕：“太棒了。”

抓拍的几张里，有一张是腾空跃起的，腿迈得很舒展，身上的那条“围巾”处于半滑不滑的状态，很有感觉。

“可以换了？”蒋丞问。

“再来一张静态的，”顾飞想了想，指着后面的单人沙发，“坐那里，那个布随便搭一圈就行，多的扔到后头去。”

“嗯。”蒋丞坐下了。

“胳膊放两边扶手上，放松，越懒越好，”顾飞从镜头里看着他，“腿搭到另一条腿上。”

“我从来不跷腿，”蒋丞跷了个二郎腿，“这样？”

“不要这样，娘炮，”顾飞说，“小腿脚踝那里搭着。”

“哦，”蒋丞按他说的搭好腿，然后靠到沙发上，头往后一枕，“行吗？”

顾飞按下快门之后，举着相机，半天都没动。

“行了没？”蒋丞问。

“行了，”顾飞放下相机，“这张我能修一下发朋友圈吗？”

“啊？”蒋丞愣了愣，他知道顾飞经常发照片，有二淼，有景，也有不少人像的，认识的不认识的人都有。

“这还有刚才那张，”顾飞看了他一眼，“行吗？”

“啊，行，”蒋丞点点头，想想又问了一句，“你是不是经常给人拍照赚钱？”

“不是经常，”顾飞说，“是长期。”

“哦，”蒋丞突然有些感慨，这次拍照片，是他人生中第一次赚钱，去年潘智拉他去发传单说体验生活，他都没去，“你挺牛逼的。”

“屁，”顾飞简单地回答，“我家用钱的地方多，靠那个店，是真不够，顾淼还要吃药的。”

“你妈妈……不上班吗？”蒋丞问。

“她太忙了，要谈恋爱，”顾飞笑了笑，“我爸死了以后，她就没再上过班了。”

蒋丞没说话，这是他第一次听到顾飞提起他爸的死，果然是死了。

那是……怎么死的？

他想起了李保国的话，虽然不相信，但是……他也不能问，除非哪天顾飞自己愿意说出来，就像他对自己的事一样。

该换下一套衣服了，蒋丞出去，很快换好了下一套进来了。

顾飞看了一眼，顿时有点想笑，这套真不知道丁竹心是在想什么了。

“疯狂原始人？”蒋丞很无奈地转了一圈，然后从腰后面拿出了一个东西，晃了晃，“居然配了个弹弓？不是我说，这个弹弓是次品吧，打出去肯定是歪的。”

“是吗，”这身打扮连蒋丞这样的身材和颜都撑不出样子来了，顾飞没忍住，放下相机笑了好半天，“那用你的那把吧。”

这话一说出口，他和蒋丞同时没有了声音。

屋里静得连饮水机吐个水泡的动静都像是在打雷。

顾飞有一种感觉。

自己要挂。

37

“哦！耶！谢谢，谢谢。”

“蒋丞选手决定再次提高难度！他决定再次提高难度！哇——”

“×指导，你觉得他这次是失误还是技术达不到呢？”

“我觉得他的技术还是有提高的空间的……”

……

屋里还是很安静，但顾飞的脑子里已经全是蒋丞的声音了，各种精分，各种语气，全情投入的一场戏。

一向善于处理僵持场面的他，这一刻感觉自己面对的是个死局，仿佛能看到通向“被一顿暴揍”的康庄大道在眼前展开。

没人知道蒋丞有弹弓，他唯一一次展示弹弓，应该就是在湖边，空、无、一、人的湖边。

他连找个借口不承认的机会都没有。

蒋丞什么话都没说，就那么站在他的对面看着他，脸上连表情都没有，一瞬间的震惊消失之后，就一直是面无表情了。

他都没办法推测现在蒋丞的情绪状态。

“那个，”但他还是得开口，“我那天……”

蒋丞没说话，似乎是在等他说。

“我是路过。”顾飞说。

“那个湖没有路，”蒋丞说，“我走完了一圈。”

“我的确是去那里有事，”顾飞终于找到了一个比较缓和的说法，“就看到你在那里玩弹弓，那会儿咱俩也不是太熟，我没打招呼就走了。”

蒋丞看了他一眼，抛了抛手里的弹弓，当弹弓转了两圈落回他左手里时，顾飞看到他的右手往旁边的桌上抓了一把。

不妙！

他知道那张桌上放着不少衣服的配饰，还有……扣子。

蒋丞那一把抓的就是扣子。

顾飞转身就想往旁边的布景后面跑。

那不是普通的小扣子，丁竹心的设计用的全是各种“返璞归真”的材料，那是一把木珠子形状的扣子，简直就是完美的弹弓伴侣。

“这就是你说的，旁观者？”蒋丞说。

顾飞听到了“嗖”的一声，接着大腿上就一阵疼，木珠子打中了他。

他回过头，看到蒋丞已经把弹弓再次拉开，站在原地瞄着他。

“你……”他还没来得及说完，蒋丞的手一松，他喊了一声，“啊！”

这回扣子打在了他的肚子上。

说实话，蒋丞没怎么用力，如果像那天在湖边打冰坑的那个力度，那他这会儿估计就喊不出声了。

“你不说这弹弓是次品，打不准吗！”顾飞跳过沙发，把自己下半身藏到了靠背后边。

“看是谁打，”蒋丞又拿了一颗扣子瞄准了他，“我用两根手指加根皮筋也能打得准。”

“别……”顾飞话没说完，蒋丞手再次松开，扣子打在了他的胳膊上，这下很疼，他猛地在胳膊上搓了几下，“靠！”

“你说的旁观者，”蒋丞拉紧弹弓，从木头的分叉之间看着他，“就是这样的旁观者对吗？”

“只是个比喻，”顾飞被连打了三次，实在有些扛不住了，提高了声音，“你讲不讲理啊！”

“讲什么理！”蒋丞吼了一声，手抖得很厉害，“讲什么理？你云游天外，冷眼旁观多潇洒啊，讲什么理！这世界本来就没什么理可讲！我被人领养有理可讲吗！我前脚刚知道自己不是亲生的，后脚就被送回这个鬼地方来有理可讲吗！讲他妈什么理！”

“丞哥，”顾飞从沙发后面跨了回来，“我真不是故……”

话没说完，蒋丞第四颗扣子打在了他的胸口上。

“啊！”他跳了跳，往后退的时候，直接摔在了沙发上，干脆也不起来了，冲着蒋丞也吼了一声，“来来来来来，神射手蒋丞选手！来吧！打爽了为止！这里扣子不够，外面还有！不光有木头的，还他妈有石头的，还有铁的铜的，你要不直接用铁的吧，怎么样！”

“你全都看到了，”蒋丞瞪了他一会儿之后，垂下了手，把弹弓和手里的扣子扔到了地上，“是吧，你全都看到了。”

“看到了。”顾飞回答。

“从哪里看到哪里？”蒋丞问。

“从你打冰坑到×指导到你哭，”顾飞说，“全看完了，你开始哭我就走了。”

“哦。”蒋丞应了一声，往后靠到了墙上。

全看到了，一整场精彩的精分表演，还附赠老爷们儿抱头痛哭。

蒋丞不知道自己现在是什么感觉。

从震惊到尴尬，再到觉得自己丢人现眼，到被偷窥了秘密的屈辱感，最后到愤怒。

而现在，所有的感觉都消失了，剩下的只有难受。

他靠着墙，慢慢蹲到了地上，低头用胳膊抱住了自己的脑袋。

就是这个姿势。

从小到大，不仅仅是哭，他难受、郁闷、不开心的时候，都喜欢用这个姿势，这种努力把自己团起来，缩小，尽量不让任何人看到自己的姿势。

让他觉得安全。

跟“把脑袋扎进沙子里”有异曲同工之妙，并不是真的觉得这样别人会看不到自己，只是不想看到任何人任何事而已。

看不到，听不到，就可以了。

“丞哥。”顾飞不知道什么时候走到了他旁边，叫了他一声。

“丞你大爷丞哥，”蒋丞把自己埋在膝盖和胳膊中间，闷着声音，“你比我小吗？”

“小你一个月。”顾飞说。

“你挺牛啊，”蒋丞实在被这个惊震得都埋不住脑袋了，抬起头，“你还知道我生日？”

“你发烧晕倒那次，我看了你的身份证，”顾飞说，“我莫名其妙弄个人到我屋里，总得弄清是谁吧。”

“下次别管我了。”蒋丞重新埋回膝盖里。

“要吗？”顾飞说。

蒋丞从胳膊缝里往外看了看，顾飞手里拿着烟盒，他闭了闭眼睛，过了几秒钟，才伸手从烟盒里拿了根烟。

“在这儿抽烟要保密，”顾飞也拿了根烟点上叼着，把打火机递给他，“这个工作室禁烟，都是易燃品。”

蒋丞没说话，点了烟之后，转过头向墙角的监控瞅了一眼。

“没事，她一般不看监控。”顾飞说。

“你笑了吗？”蒋丞问，嗓子有点哑，好像受了多大委屈似的，他有些不爽地清了清嗓子，“偷看的时候。”

“心里笑了，”顾飞说，“本来就挺好笑的，我要说没笑，你也不能信吧。”

“嗯，”蒋丞轻轻叹了口气，“我经常一个人那么玩，以前我吹笛子也那样，下面有请非著名的哨笛演奏家蒋丞为我们表演。”

顾飞笑了起来，烟灰都笑掉了，他回手拿了个空饮料瓶子过来，弹了弹烟灰。

“你没这么玩过吗？”蒋丞问。

“没有，”顾飞摇摇头，“不过这样解闷的人肯定不少，之前四中贴吧里有人开了个帖子，说每天躺床上不演完一场大戏都睡不着，下面还有不少人都说有同样的爱好。”

“是吗？”蒋丞笑了笑。

“不过，你知道我看到了也好，”顾飞冲他竖了竖拇指，“我总算有机会跟你说一声了，蒋丞选手，你是我见到过弹弓玩得最牛逼的人。”

“……谢谢，”蒋丞拿过扔在旁边的弹弓看了看，“这个估计就是个道具，没打算让人用。”

“那你打我不也打得挺准的吗？”顾飞说。

“不准，只是能打中而已，”蒋丞说，“我打你腿的时候，瞄的是你的屁股。”

“哦，”顾飞转头看着他，“为什么。”

“屁股肉多啊，”蒋丞说，“不容易打伤。”

“我发现你还挺……有数的，火没憋着，也不会出大事。”顾飞往饮料瓶里弹了弹烟灰。

“我们学霸干什么都有数，”蒋丞叼着烟，“从来不会把人往树上抡。”

顾飞笑了起来。

蒋丞盯着手里的烟头看了一会儿：“你那天去湖边干吗？齁冷的，那里又没路出去了。”

“那天吧，”顾飞停下了，过了好半天才又开口，“那天是我爸的忌日，我去烧点纸。”

“啊。”蒋丞愣了。

“他在那里淹死的。”顾飞手指在瓶子上一下一下轻轻弹着。

“啊，”蒋丞继续愣，顿了顿才接了一句，“我以为那里的水没多深呢。”

“是没多深，那天他喝了酒，没喝酒的话，”顾飞在瓶子上弹着的手指停了，“淹死的大概就是我。”

蒋丞猛地抬起头，瞪着顾飞。

在李保国说顾飞杀了他爸的时候，他根本不信，顾飞说他爸淹死的时候，他也只有“啊，果然是个意外”的想法，但听到顾飞这句话的时候，他吃惊得有些不相信自己的耳朵。

“我爸挺浑蛋的，”顾飞说得很平静，“离李保国那档次还差了十万八千里。”

蒋丞沉默着，脑子里有点乱。

“他倒是没有李保国能赌，但是比李保国能打多了，”顾飞笑了笑，“我妈当初觉得他长得帅就嫁了，然后就是打，喝了酒打，没喝也打，我一直觉得，我爸唯一的表达方式大概就是拳头。”

“我听李保国说……”蒋丞想起李保国说过的话，“他打顾淼。”

“嗯，”顾飞咬了咬嘴唇，之前他一直很平静，但提到顾淼的时候，他的表情才有了变化，“顾淼生下来就跟别的小孩不太一样，没准是因为他总喝酒……当然，他是不会这么想的，他就觉得生了个大麻烦，说话说不利索，学东西学不会。”

“所以就打？”蒋丞听着有点来气。

“是啊，”顾飞偏过头，“抓着她往墙上抡，那次以后，顾淼就再也不说话了。”

“我靠！”蒋丞喊了一声。

顾飞不再说话，两个人一块儿沉默地盯着那个饮料瓶子。

过了很长时间，顾飞才又开口轻声说：“我往树上抡人，就是学他的吧可能……”

“别瞎说。”蒋丞立马打断了他。

“这语气，”顾飞笑了起来，“怎么那么像老徐啊？”

“那我应该用什么语气，老鲁的吗，我已经没力气吼了，”蒋丞靠到墙上，叹了口气，“这地方真疯狂。”

“其实，你养父母把你保护得挺好的，”顾飞说，“感觉你虽然跟个摔炮似的，但还真是……干净。”

“大概吧，”蒋丞轻声说，想了想，又试着问了一句，“李保国为什么说是你……算了。”

“说我杀了我爸吗？”顾飞说。

“啊，”蒋丞突然觉得自己这时候问这个，实在是不合适，“你不用在意，我也没信，我就是……算了，当我没说吧，你别介意。”

“一点也不直爽，”顾飞冲他竖了竖小拇指，“其实也没什么，传闻嘛，什么样的都有，咱这片传闻可多了，有空给你讲讲。”

“嗯。”蒋丞点点头。

“我爸拎着我去湖边的时候，有人看到了，”顾飞说，“他们过来的时候，我爸在湖里，已经不动了，我站在旁边，看上去挺像凶案现场的，凶手连哭都没哭，太凶残了。”

“那是……吓傻了吧。”蒋丞皱了皱眉，不太敢想象那样的场面，那时顾飞不知道是多大。

“不知道，可能吧，”顾飞又点了一根烟，“我要说了，你可能会害怕。”

“说出来吓吓我吧。”蒋丞说。

“我没本事救他，我不会游泳，又快冻僵了，”顾飞的声音低了下去，“我就站在那里，看着他一点点不动的，我看着他沉下去的，就那么……眼睁睁地看着。”

蒋丞突然觉得有些喘不上气来，他两次试着想要深呼吸，都没有成功，像是被什么东西捆住了。

“是不是很可怕，”顾飞声音很低，带着细小的颤抖，“我特别害怕，我救不了他，而且我也怕他还会要弄死我，怕他会弄死二淼，弄死我妈……我不救他，我就那么看着他一点一点死掉……每年他死那天，我都像是被剥掉一层皮，一辈子都过不去这个坎……”

顾飞夹着烟的手，抖得很厉害，连升起的烟雾都像是在挣扎。

“顾飞，”蒋丞没有想到顾飞会有这样的一段故事，本来就震惊得不知所措，现在再看顾飞跟平时永远淡定得像是对任何事都无所谓的样子完全不同的状态，他也跟着手都有些发抖了，不知道自己该怎么办，“顾飞……”

顾飞转过脸，看着他。

没哭。

还好，蒋丞松了口气，虽然他觉得顾飞应该不会像他似的没事就鼻子发酸，宛如一个脆弱的老娘们儿，但还是有些担心。

顾飞这一看他，他顿时更手足无措了，抬起手，犹豫了半天，最后往顾飞肩上一搭，搂住了他：“丞哥抱抱。”

顾飞没有挣扎，只是低了头，脑门顶在膝盖上……当然，大多数的人都不会像他这样被谁碰一下就跟被捅了一刀似的。

“其实……算了，我也不知道该说什么，”蒋丞从来没有安慰过人，没熟到一定程度的人，他也不想安慰，跟他关系最好的潘智也没什么需要安慰的时候，心大得被他爸妈连环揍完睡一觉也能过去，他只能在顾飞背上一直轻轻拍着，然后又搓几下，“没事，都过去了……你觉得害怕也正常，但是这事就是过去了。”

顾飞低着头，一直没动。

“那什么，”蒋丞搂搂他的肩，在他胳膊上又搓了搓，“你这也算是经历了大事的人了，对吧，以前我妈……就是我养母，她总说，人这一辈子，任何经历都是有价值的，无论好坏……”

顾飞还是低着头。

蒋丞一边在脑子里想词，一边着急自己安慰人这方面的知识储备跟学霸这个头衔还是有些不匹配。

就在他没词可说，只能一个劲在顾飞背上胳膊上搓着，准备说出“呼噜呼噜毛，吓不着”这种幼稚安慰词的时候，顾飞终于动了动，偏过了脸。

“你……”蒋丞赶紧看他，一眼过去就愣了，顾飞正勾着嘴角笑着，他猛地缩回胳膊，吼了一嗓子，“你有没有人性啊！你居然笑？”

“啊，”顾飞笑得更厉害了，“我第一次感受这么低段位的安慰，实在忍不住，本来好悲伤的……”

“滚！”蒋丞吼了一声，从地上蹦了起来，“你信不信我现在就揍得你悲伤起来？”

“别别别……”顾飞也站了起来，迅速一脚把地上的弹弓踢开了。

“不是，我刚是真担心你，我都急得快给你呼噜毛了你知道吗！”蒋丞简直无语，“你玩人玩得好开心啊，是不是应该给你鼓个掌……”

“谢谢。”顾飞说。

“不客气，”蒋丞条件反射地接了一句，回过神来之后，话都懒得说了，“……你大爷。”

“真的。”顾飞抬起手，用手指在他肩上轻轻点了一下。

蒋丞没说话，莫名其妙地往自己肩上看了一眼。

“谢谢，”顾飞靠过来抱住了他，“真的。”

跟那天在球场上庆祝胜利的拥抱不同，顾飞这一下抱得挺紧的，他迟到的条件反射都没能跳出来。

“还有，”顾飞搂着他轻声说，“我说的旁观者，请用你学霸的脑子思考一下，不要再往偏了去理解。”

“我理解得肯定没偏，”蒋丞说，他能闻到顾飞身上混着淡淡烟草味的气息，突然觉得这样的拥抱，让人很舒服，这种舒服说不清是不要脸的那种，还是踏实的那种，还是别的什么种，总之，他并没有推开顾飞的冲动，“你在湖边看到我的时候，就是觉得自己是个旁观者，看别人哭，看别人笑，看别人分裂成八瓣。”

顾飞笑了好半天：“行吧，我就是观了一会儿，也没想别的，也没嘲笑你。”

“这就对了，”蒋丞说，“真诚一点，这个世界多明亮。”

顾飞在他背上拍了拍，松开了他：“我刚都以为今天要死在你手上了。”

“不至于，”蒋丞叹了口气，“我倒是有点担心，我好像知道得太多了……”

“没事，”顾飞拿起相机看了看，“我有你的内裤照。”

“什么？”蒋丞瞪着他。

“我有，你的，内裤照，”顾飞晃了晃相机，“带脸，高清无码。”

“你个臭不要脸的，”蒋丞指着他，“我刚就不该安慰你，你这么变态，你的同学知道吗？”

“我同桌知道。”顾飞笑笑。

蒋丞板着脸，板一会儿就乐了。

顾飞那里有没有他的内裤照，他并不是太有所谓，又不是没穿内裤照，相比之下，他更在意的是……

“还有你的奔跑鸡照。”顾飞说。

“你给我删了！”蒋丞吼了一声。

没错，相比内裤照，他更在意的是跑得跟鸡似的那张照片，那张要是让人看见了，才真的是丢人现眼。

“可以，”顾飞回答得很干脆，“帮我把周一的检讨写了吧。”

蒋丞瞪着他，最后有些无奈地说：“你连个检讨都不会写吗？就你这德行，从小到大没少写吧？”

“我真写不出，以前我让李炎帮我写过，还有周敬，能抓的人都抓遍了。”顾飞说。

“哎，”蒋丞倒了杯水，喝了几口，“说真的，我挺佩服你，就你这样混日子，连检讨都要混，高考怎么办。”

“想得真远，还有一年多呢，”顾飞说，“我没想过高考的事，我就想混个毕业证。”

“那你念个中专技校的多好，”蒋丞扫了他一眼，“还能有个一技之长。”

“我有啊，”顾飞又晃了晃相机，想想又笑了笑，“初中的时候，我是真想过考个大学的，后来觉得没什么意义。”

蒋丞没说话，感觉顾飞并不是真的觉得没意义，就他家这种情况，他根本没办法离开去上学吧，本地似乎也没有能见人的学校可考……

“你应该能上个牛逼大学，”顾飞说，“不过，在四中这种垃圾学校念完两年，会不会影响你？”

“不会，”蒋丞把杯子里的水都喝了，“无非都是书上的东西，谁教都一样。”

顾飞冲他竖了拇指。

“也许是跟我妈……跟我养母较劲吧，”蒋丞皱了皱眉，虽然她不会知道，“我不会因为她把我放哪里，我就烂在哪里，我会离这里远远的。”

“是啊，”顾飞伸了个懒腰，“这个破地方，没人愿意待。”

38

疯狂原始人的这套衣服，估计也不是主打，顾飞拍了几张之后，就让蒋丞去换衣服了。

他在里屋把被蒋丞打得飞散的木头扣子都找到，放回了桌上。

想想又搓了搓胳膊，打胳膊上那一下是真不轻，感觉起码会青一片，他叹了口气，都多久没被人打得在身上留痕迹了，就这半个学期，居然让蒋丞咬一口不算，还弹弓追杀一回。

不过……他伸了个懒腰，现在的心情倒是很好。

家里的事，他身边知道详细情况的只有李炎和丁竹心，他不愿意跟人提起这段往事，心里会很不舒服，他也不习惯接受别人的同情和安慰。

但现在他告诉了蒋丞，突然感觉很轻松。

不知道算是看到了蒋丞秘密的交换，还是他就是想找个人说一说。

蒋丞没有明显地表现出同情，安慰也安慰得乱七八糟，但是让人觉得挺舒服。

他不是逗蒋丞，他一开始的确是情绪低落，后来也的确是听着蒋丞的所谓“安慰”，实在忍不住想笑。

“这是什么玩意？”蒋丞换好衣服进来了。

“我感觉你每套衣服都要问一次这句话。”顾飞笑着说。

“丁竹心有自己的品牌吗？牌子是不是就叫‘什么玩意’，”蒋丞张开胳膊，展示了一下身上的衣服，“这个应该是怎么个感觉？”

这套衣服还是粗麻的，裤子是宽松长裤，但整条裤子竖着剪了无数条口子，长长短短，一走动起来，就能从大大小小的破缝里看到腿。

上身是正常的上衣，但长袖被剪断了，两截袖子像个长手套一样，套在胳膊上。

“挺好看的，”顾飞举起相机从镜头里看了看，“这套能拍得出很倔强的感觉。”

“好吧，”蒋丞转身往布景走过去，“你跟我说说这个倔强是怎么个状态。”

蒋丞这一转身，顾飞才注意到这衣服后面也有好几条长长的口子，动起来的时候，结实的竖脊肌能看得很清楚……顾飞清了清嗓子。

刚说完那么悲惨的身世，扭头就对着别人的后背盯个没完，还真是春天到了。

顾飞转身装着调相机，扯了扯裤子。

竖脊肌，就是平时说的里脊肉。

他举起相机，这么一想，顿时就美感全无了。

“抬胳膊，”静态垂手站立拍了两张之后，顾飞说，“两个胳膊都抬起来……不是投降姿势，像遮太阳那样……”

“从来不遮太阳，”蒋丞抬起右胳膊，挡在了额前，“你直接说擦汗的姿势就可以了。”

“嗯，另外一条胳膊放低些，就是一上一下，露出眼睛就可以了，”顾飞说，“好，你不动，我来找角度。”

蒋丞定着不动：“要倔强的眼神吗？”

“就你刚拿弹弓打我的时候那眼神就可以，”顾飞调整着距离，蒋丞的眼睛一直自带不屑气场，这么一突出，就很有气势，倔强……没有，但挺勾人，他又清了清嗓子，弯了点腰，按下了快门，“很好。”

“完事了？”蒋丞看着他。

“低一些，我再拍一张只有嘴的全身照。”顾飞说。

“嗯。”蒋丞继续抬着胳膊。

顾飞退后了几步，按了快门：“再转身吧，转身侧脸，不用动作。”

蒋丞照做了。

拍完之后，他出去换衣服，顾飞满脑子都是里脊肉里脊肉里脊肉……

今天的衣服数量跟昨天的差不多，但因为已经熟练了不少，所以，就算中间连打人带交换秘密耽误了时间，拍完也还是比昨天要早。

顾飞开着小馒头，带着他去附近一家味道不错的小店吃了碗拉面。

吃完面往回开的时候，顾飞还没忘了又交代一句：“记得帮我写检讨啊。”

“不是，”蒋丞看着他后脑勺，“我什么时候答应帮你写了？”

“不用写太长，上去念的时候，太长了念得难受，”顾飞说，“你应该没有给全校念检讨的经验吧？”

“……没有，”蒋丞叹了口气，“也没有扫厕所一星期的经验。”

“随便扫扫就行，厕所平时也有保洁打扫的，”顾飞说，“你会扫地吗？”

“你是不是觉得我是哪个大户人家扔出来的落魄少爷啊，”蒋丞有些无奈，“我家……我养父母家，也就是条件稍好一些的工薪家庭，加我四口人呢，你以为有保姆吗。”

“现在还有联系吗？”顾飞问。

“没有，”蒋丞拧着眉，“上回把我的东西都给我寄回来以后，就没联系了，有什么可联系的，聊聊我在这个破地方过得多难受吗？”

“过得很难受吗？”顾飞笑了笑。

“其实……也还凑合吧，一开始我觉得我一秒钟也待不下去，多待一秒，我就能跟李保国打起来，但也没办法啊，现在倒是适应点了，反正也没人管我，跟一个人过差不多，”蒋丞看着车窗外面，“能认识你，也算是幸运。”

顾飞偏了偏头。

“呃，认识你们，你啊，顾淼啊，九日啊……”蒋丞赶紧补充说明，“老徐也挺好的，还有老鲁……”

顾飞笑了起来，过了一会儿才说：“我是从来没想过有一天能认识你这样的人，你跟我的朋友还有同学都不一样。”

“是吗？”蒋丞想了想，“是因为我比你帅吗？”

“我在这里出生，在这里长大，”顾飞抬起一条胳膊，在四周画了个圈，“高中之前，我没有离开过这里，旅游就不说了，亲戚都在这里，连去外地走个亲戚的机会都没有。”

“高中之前你没出过这座城市吗？”蒋丞有些意外，说实话，要说王旭周敬那些没出过门，他并不太奇怪，但顾飞身上的气质，并不太像从小就圈在这个破地方的人。

“嗯，高中之后，我旷课过几次，出去玩了玩，”顾飞说，“没去太远，钱不够，而且时间也不能太长，主要是拍点照片……哦，还去了一次星巴克，进去都不知道怎么点东西。”

蒋丞笑了起来，笑了好半天才拍了拍腿：“哎，其实我也没去过星巴克，你现在知道进去怎么点东西了吗？”

“知道了，”顾飞笑着回过头看了看，“有机会去的话，我教你。”

“好。”蒋丞严肃地点点头。

两人一通乐，过了一会儿，蒋丞才缓过劲来：“你想过离开这里吗？”

“想过啊，”顾飞说，“怎么会没想过。”

“哦。”蒋丞应了一声，顾飞语气里淡淡的失落，让他有些不好受。

“看看以后有没有机会吧，”顾飞说，“等顾淼长大点，她现在很固执，不能接受改变，我很多时候都摸不透她，你给她新衣服、新帽子，她会高兴，但你给她换个新被套，她又会生气地全剪碎，滑板不让动，就差抱着睡觉了，轮子坏了只能换轮子，给她买新板子，直接就会往地上砸，直到砸坏为止……我根本不知道她能接受什么，不能接受什么，你看她跟李炎他们认识挺久了，也不太搭理，但是跟你就见过一面，又那么喜欢……”

“所以那次我给你说你妹跟我在一块儿，你压根不信是吧？”蒋丞问。

“嗯，她不会跟陌生人待在一起，”顾飞笑着说，“其实，她玩滑板有固定的路线，很固执，就算去了火车站，也不会迷路，她知道从那里怎么回来……你当时就特别像骗子。”

“我那会儿觉得你像神经病，”蒋丞也笑，想想又觉得能感觉到顾飞的无奈，“她这样子能治吗？”

“很难有大的改变，”顾飞说，“只能慢慢来，也许好几年才能有一点点进步，你看她玩滑板玩得多好，但是两位数的加减法，她算不明白，十以下的有时候都错。”

“唉，”蒋丞摸了根烟出来点上，“我挺喜欢她的，我觉得她一点都不怪，非常帅气。”

“比我帅吗？”顾飞问。

“要点脸吧，跟自己亲妹妹都要比一下，”蒋丞乐了，“怎么会有你这样的人。”

“不能比吗？我一直觉得我很帅。”顾飞一本正经的。

“是啊是啊，你是花式帅，”蒋丞竖起拇指，伸到他旁边晃了晃，“你最帅。”

“谢谢。”顾飞说。

“不……”蒋丞咬住了后面的两个字。

回到李保国的家的时候，依旧是空无一人，不过，蒋丞觉得这样挺好的，他也并不想跟李保国两个人待着，虽然不尴尬，但是难受。

他又想起了今天的那个女人，他的亲妈，他甚至连她叫什么都没来得及问，她也没有给他问的机会。

不知道她还会不会再去学校堵着，一想到这里，蒋丞就觉得有点害怕，明天都想直接翻墙，不走门了。

他进了自己的屋子，把门关好，坐到桌子前，开始写今天的作业。

四中的作业挺少的，用不了多少时间，蒋丞有时候都觉得老师布置作业不太科学，很多上课讲到的重点都没在作业里出现。

他写完作业之后，给潘智发了消息，让他把这学期用的所有资料都给他拍照片发过来，打算照着买。

——我直接给你寄过去，爷爷，你这回在四中是不是得考个全校最高分?

——应该没问题。

——不愧是我爷爷，这自信，我喜欢。

分数是多少，排名是多少，蒋丞其实不是特别在意，他在意的是自己真的能写出来，真的懂了的有多少，在这之后才是分数，当然，越高越好，毕竟学霸这种称呼已经流传出，甚至会有人用来调侃他，一个高分就能让这些人通通闭嘴。

蒋丞把作业收好，开始准备复习。

他打开书，一边看着笔记一边小声说："现在，学霸蒋丞准备从英语开始复习，他复习一向很有计划……从最拿手的学科开始，容易建立一种'一切尽在掌握'的心理状态……好，现在，我们保持安静，看看他的脑电波里都有些什么内容……"

晚上一直看书看到一点，蒋丞才上床睡觉了，但第二天起床的时候，精神还不错，也许是很久没有这样安静地看书，像是回到了他习惯的生活节奏里。

走到路口的时候，他往顾飞家那边看了一眼，没看到顾飞，按照顾飞去学校的时间，这会儿应该连床都还没起。

他的亲妈没有在学校门口堵他，这让蒋丞狠狠地松了口气，但他还是琢磨着找时间问问李保国，他得解决这个事，每天提心吊胆的，容易脱发。

他这么帅，不能秃。

顾飞迟到一节课，第二节数学课上了十分钟了，他才从后面晃进了教室，蒋丞正一边听课一边写检讨。

顾飞在身边坐下时，他看了顾飞一眼，突然觉得两个人之间有种莫名其妙的……亲密感。

也许是接触得比别人多，也许是相互知道的秘密比别人多，也许是昨天他们都有过的"认识你是个意外，却很幸运"的感触……

"今天下午比赛可能有点难度，"顾飞小声说，"我刚在外边看到外援了，（7）班的。"

"还真有找外援的啊?"蒋丞愣了愣，"太不要脸了吧。"

"估计有两个，我以前跟他们打过球，手黑，下午注意点，"顾飞说，

“中午拉上九日他们再练会儿。”

“嗯，裁判不管吗？”蒋丞问。

“不太管，比赛精彩就行。”顾飞说。

“那我们……”蒋丞话没说完就被讲台上的老师打断了。

“蒋丞，你聊得挺热闹，上来把这道题做一下吧。”老师一脸不爽地看着他。

数学老师经常叫人上去做题，所以，数学课大家都还比较收敛，毕竟谁也不愿意上去拿根粉笔傻站几分钟还挨顿骂的。

蒋丞站了起来，慢吞吞地一边看着黑板上的题一边往讲台上走。

顾飞扫了一眼他的桌子，书都没翻开，只有一页没写完的检讨放在桌面上。

展现学霸能力的时刻到了？

蒋丞上了讲台，拿了根粉笔，在讲台上摁断，然后定在那里继续看题。

“怎么，要不要上一节语文课？看不明白题？”老师抱着胳膊说。

“上节就是语文课。”蒋丞说。

班里一阵低低的笑声。

在老师准备发火的时候，蒋丞开始在黑板上答题。

以顾飞这种学渣来看，这题说的是什么，要干什么，他都不知道，就看蒋丞一边写，一边在旁边的黑板上打着草稿，没多大一会儿就把题给答完了，最后还很认真地把草稿擦干净，才转身走下了讲台。

蒋丞的粉笔字非常丑，比钢笔字更丑，一看就是领养的字，但是，从老师的表情上能看出来，他题答得很完美。

“你这字该练练了。”老师说。

“……这已经是练过的了。”蒋丞说。

全班顿时笑成了一片，老师愣了半天，才敲了敲讲台：“安静！一个个这么兴奋，是都想上来做题吗？”

“我以为你一直写检讨，做不出来呢。”顾飞低头摸出手机，点开了弱智爱消除。

“我一直玩弱智游戏也能写得出来。”蒋丞说。

顾飞笑了一会儿：“这脸也不比我的小。”

本来想着一放学就去打会儿球，为下午热热身，结果教导主任堵到了门口。

大家得先去打扫厕所。

情节没那么严重的，扫干净一些的教工厕所，情节严重比如蒋丞和嘴欠这样的，就得去扫“进去连呼吸都是错”的学生厕所。

蒋丞平时来上厕所都憋气，速尿速撤，今天算是领教了这个厕所的味。

一个个上厕所都那么随性，而且平时都以自己尿得稳准狠为荣，也不知道怎么一到学校厕所里，就总有人能尿到便池外边。

蒋丞从放清洁用品的那个厕所门里拿了个拖把出来，嘴欠马上把另一个拖把抢到手里，再进去的嘴欠手下就只能拿抹布了。

蒋丞都不忍心多看他拿着抹布时脸上那种即将英勇就义的悲痛表情。

拖地相对来说还算轻松，毕竟手不跟地面直接接触，蒋丞跟嘴欠一人一边，开始埋头拖地，本来这种时候，以嘴欠的德行，应该打打嘴仗，但此时此刻连呼吸都已经很残忍了……

厕所里还有几个学生，看他们拖地擦墙的，都先是一脸震惊，接着就开始笑。

“笑什么！”教导主任站在门口，“觉得好玩的可以去替替他们！或者就在这里打一架，我给你找拖把。”

蒋丞在家也拖地，慢吞吞地拖几下玩玩手机，现在是他此生第一次如此投入而又神速地拖地。

拖到最里一间厕所门口的时候，门打开了。

他正想把拖把移开，里面的人一脚踩在了拖把上。

蒋丞直起身看了这人一眼。

不认识。

“神投手啊，这么巧，”这人一脸假笑地看着他，“手劲都是拖厕所练出来的啊？真没想到。”

蒋丞拽了拽拖把，这小子踩得很用力，随便拽两下没拽出来，他看了看这人的脚：“蹄子挪一挪。”

“是不是觉得自己挺牛逼？”这人继续一脸让人生厌的笑容。

蒋丞不想在这种环境里说话，于是，扶着拖把不出声，只是看着他。

“在四中，想拿篮球说话，”这人手往他脸上指了指，“还轮不上你。”

蒋丞一直觉得自己有时候挺中二，虽然乐在其中，但并不想改变，但今天，在这个厕所里，看着眼前这个从厕所最后一格里走出来的男子，他有了一个全新的认知——还有中二成这样的。

“我一般说话都直接说，不拿篮球。”蒋丞说，忍下了这人用手指他的事。

“你是不是觉得自己很幽默？”这人明显不爽了，又用手指往他的肩上戳了戳。

这一戳，正好戳在了蒋丞的开关上。

他一扬手，抓着拖把杆狠狠一拽，把拖把从这小子脚底猛地抽了出来。

这人立马往后一仰，踉跄着退后好几步，幸亏扶着墙了才没摔进蹲坑里，回过神来之后，顿时就一脸怒火地扑了上来。

蒋丞拖把杆往前一指，顶在了这人的喉咙上，逼得他一个急刹。

春天多湿润啊，怎么一个个都像顶着炮捻子似的。

蒋丞在心里叹了口气，一把抓住他的衣领，压着声音，以免被站在外面的教导主任听见："（7）班的吧？你想拿球说话是吧？下午我等你来跟我说。"

松开手之后，这人还想动，蒋丞立马冲着门口喊了一声："主任！我拖完了，能走了吗！"

"我检查一下！"教导主任走了进来。

这人只得瞪了他一眼，扯了扯衣服，转身出去了。

从厕所出来，王旭和顾飞正在外面等着。

一见他出来，王旭就迎了上来："刚你是不是跟胡建碰上了？"

"胡建？"蒋丞差点想提醒王旭是福建，愣了愣才反应过来刚那小子的名字叫胡建，"嗯，怎么了？"

"他刚出来的时候，火挺大的，"王旭说，"下午有好戏了。"

"没事，"蒋丞说，"戏再足也不如赢一场。"

"这话说得好！"王旭冲他一竖拇指，"走吧，去旁边技校的球场保密练习，我跟那边的朋友说好了，给我们留场地。"

一帮人出了校门，边走边讨论。

蒋丞和顾飞并排走在最后头，默契地沉默着听王旭兴奋地说战术。

沉默有什么可默契的呢，蒋丞觉得自己的思维有些神奇。

"今天下午不能人盯人了吧，"王旭说，"他们有外援，起码一个，也可能两个……"

"不盯人可以，但是眼睛要看着我们，"顾飞说，"（7）班水平不如（5）班，就算有外援，也未必能配合到一块儿，我们毕竟一起练了那么久……"

"没错！我们现在的配合已经很好了，"王旭一挥手，"那下午我们怎么弄？"

"全力保我和丞哥进球。"顾飞说。

这话说完之后，所有的人都没了声音，一块儿转头看着顾飞。

蒋丞都愣了愣。

“我和……”顾飞清了清嗓子，指了指蒋丞，“他。”

39

“丞哥！”王旭反应很快地接了一句，“嗯！知道了！传给你和丞哥！”

“蒋丞。”蒋丞说，他并不习惯一帮人围着他叫哥，虽然潘智都叫他爷爷了。

“蒋丞，就蒋丞，蒋丞，”王旭摆摆手，“都是哥们儿，就不讲究那么多规矩了……先去我家拿点吃的，我让我妈都准备好了，然后直接去技校练球。”

蒋丞想问哪里就来了规矩了，但没问出来，吃了王旭家那么多好吃的馅饼，他还是愿意力保王旭坐稳（8）班“班霸”位置的。

当他们一帮人轰轰烈烈到达王旭家店的时候，王旭妈妈已经帮他们把馅饼装好了，大概王旭从小到大都没干过“带领一个篮球队获胜”这样的事，所以，他妈妈非常热情。

“吃完再去吧，一路吹着风吃，多难受啊。”她说。

“不用了，我们赶时间，”王旭说，“时间短，任务重，你不懂。”

“谢谢阿姨。”蒋丞接过馅饼。

“就你最有礼貌，每次都这么客气。”王旭妈妈笑着说。

一帮人没有多做停留，拿了馅饼，又轰轰烈烈地往技校那边走。

“大飞，”王旭把一袋馅饼递给顾飞，“牛肉的，里脊肉的，你要哪种？”

“……牛肉。”顾飞说。

“里脊肉的也好吃，你上回不是还挺爱吃的？”王旭说。

“我今天就想吃牛肉的。”顾飞说。

“那蒋丞呢？”王旭又把袋子递到蒋丞面前。

“我尝尝里脊的。”蒋丞按王旭的指示，拿了个里脊肉馅的。

旁边顾飞突然呛了一下，偏开头咳了半天。

蒋丞从书包里抽了自己的水杯出来：“喝点水吗？”

“哦。”顾飞接过瓶子灌了几口。

“哎，这杯子不错，”王旭说，“运动范儿，一看就是运动员用的，不是我说，蒋丞你真挺能装的，难怪人们都看你不顺眼。”

“……一个水杯也算装，”蒋丞说，“你们的标准是不是有点低？”

“也不是，”郭旭在旁边说，“我们这里小地方，你这种一看就不是本地人，肯定是哪个大城市来的，本身就是一个大写的‘装’。”

大家纷纷表示同意。

蒋丞有些无语。

技校的场地不如四中的好，不过，大家还是很认真地先蹲在场边讨论，然后严格按讨论结果进行练习赛。

不得不说，（8）班这帮人，上课学习的没一个样子，但受到鼓舞之后，练球的进步却非常大，最开始人跟着球跑，到现在已经知道几个人配合着带球和保护队友了，蒋丞简直感动得想为他们写一篇英文广播稿。

下午有比赛，所以，第一节课照例乱七八糟没人管，他们在技校一直练习到第一节课都过了一半了，才一块儿回了学校。

球场上已经有很多人，向来没人理会的（8）班队员这次到场立刻引起了围观，蒋丞发现就这么几天，他们居然已经攒下了不少“粉丝”。

还没到他们班的休息区，王旭就已经很潇洒地把外套拉开，一脱一甩，扔到了旁边的卢晓斌身上。

“自己拿。”卢晓斌打算把衣服扔回给他。

“你帮我拿一下！”王旭转头瞪着他。

“……应该给你配个专职摄影师。”卢晓斌说。

“你话怎么那么多，让你帮拿拿衣服，看你这不服气的，”王旭瞪眼训着他，“你是队长还是我是队长？”

卢晓斌没说话，转脸看别的地方去了。

让蒋丞吃惊的是，老徐和老鲁都换上了运动服，站在场边等着他们。

“这不会是我们的外援吧？”蒋丞忍不住问。

“其实，”顾飞也看得好笑，“老徐老鲁都是我们班的，真上场了，都不用说是外援……老鲁球打得还不错的，过段时间会有教师篮球赛，你可以看看。”

“校长是真爱篮球啊。”蒋丞感叹。

刚说完，就看到了校长。

校长姓刘，蒋丞都没跟他面对面过，这会儿他猛地就拦在了跟前，蒋丞吓了一跳，发现刘校长的鼻子边上有颗痘，不知道是不是看球兴奋了长的。

“蒋丞同学，”刘校长笑着拍了拍蒋丞的肩，“不错，我看你们打球了，打得真不错啊，你的水平完全可以去我们校队啊！”

“刘校，”王旭没等蒋丞出声，抢着说了一句，“不要拍他的肩。”

“我……”蒋丞看着王旭，感觉这家伙脑子里缺了不止一根弦，他是缺了一张琴。

“好好，不拍，”刘校长并不在意，表扬完了之后，又拍了拍顾飞的肩，“你的肩能拍吧？”

“不能。”顾飞笑笑。

“你小子，”刘校长笑着指了指他，“你就打球的时候，我才看着你顺眼，你跟蒋同学算得上是完美搭档，下回我们学校老师出去打比赛的时候，你俩要来！”

“不。”顾飞还是笑。

刘校长指了他两下，没说出话来，于是，又扭头冲后面招了招手：“记者，采访一下黑马搭档嘛！”

一个一看就是文艺青年，还长了满脸痘的男生和一个一看就是校园小喇叭，个子小得站在人跟前都能偷拍的女生马上挤了过来。

“你们好，我们是校广播站的记者，”文艺男生先拿着个傻瓜相机，对着他俩“咔咔”一通拍，然后拿出个小本子，“想采访一下你们。”

这种连考试都比别的学校少的破学校，居然有广播站，还有记者？

“……你好。”蒋丞对于在毫无防备的情况下被人对着脸连拍，感觉非常不爽，有点想抢下相机，看看自己被拍成了什么鬼样子。

顾飞直接转身走开了。

“顾飞同学，”小喇叭有些着急，赶紧追着喊，“顾飞同学！我有两个问题想问你……”

“蒋丞同学，”文艺男生立马提前拦住了蒋丞去（8）班休息区的路，“请回答我两个问题。”

蒋丞挺想问“你们准备问题都是成对准备的吗”。

“你们班上一场比赛非常出人意料，”文艺男生看着他，“我想问问……”

“王旭！”蒋丞一眼看到了正非常期待地往这边看着的王旭，“队长！”

“哎！什么事？”王旭以光速蹿到了他身边。

“这是校广播站的记者，”蒋丞介绍，“我觉得他的提问由队长来回答比较好，队长才是我们一个队的灵魂……”

“什么问题？”王旭马上瞪着记者，“我可以回答。”

蒋丞立马撤离，文艺男生想拦他，但被王旭堵住了：“你问吧，不过，我时间比较紧，你可以挑重点问。”

（7）班的人已经到了，蒋丞坐在凳子上，努力不去看四周冲他和顾飞举着的手机和相机，盯着（7）班的队员。

“找胡建吗？”顾飞在他身边，一边换鞋一边问。

“那个是不是他们的外援？”蒋丞抬了抬下巴，那边有一个把板寸剃出了野猪花纹的人。

“嗯，”顾飞也看了看，“只来了一个，不知道后边还会不会有别的。”

“手黑吗？”蒋丞问。

“黑，”顾飞说，“我和‘不是好鸟’跟他们打球的时候，多半都会输。”

蒋丞有些吃惊地看了顾飞一眼，说实话，“不是好鸟”加上李炎和顾飞，六个人的水平正常情况下应该能横扫所有一般的队伍了。

“他们会有人专门犯规，”顾飞说，“（7）班替补多，情况一有不对，肯定会换人上来犯规，只要干扰得我们进不了球就行。”

“不怕，”蒋丞脱掉了外套，“只要不拿刀捅，有多少干掉多少。”

“你掩护我，”顾飞说，“九日他们现在配合得挺好的，我们不用超常发挥都肯定能赢。”

“嗯。”蒋丞点点头。

完美搭档?

蒋丞还挺喜欢这个称呼的。

“笑一个。”顾飞转头。

“嗯？”蒋丞看了他一眼，跟着转过头，看到易静正拿个相机对着他俩，于是，笑了笑。

“加油！”易静握了握拳头。

现在，比赛都是单场，为了让大家看得过瘾，每天的两场不同时进行，所以，现在所有的观众和选手把球场围了个水泄不通。

因为没有观众席，所有人都是围着边线站着，这种近距离的围观，让人紧张，却也会让人兴奋。

蒋丞还没有在这种紧紧的包围圈里打过比赛，莫名其妙地有些亢奋，如果潘智在就好了，场上再多一个潘智，他们就能拿下冠军。

裁判吹了哨。

双方队员进了场，队长选了场地之后，开始跳球。

（8）班是王旭跳球，蒋丞不想把主力浪费在跳球上，相比王旭的抢球能力，不如让顾飞去抢。

“九日，”顾飞跟在王旭身后，“靠你了。”

王旭没回头，只是往自己胸口上捶了捶。

野猪头没有上场，现在是（7）班正常队形。

蒋丞跟对面的顾飞交换了个眼神，弯下了腰。

哨声一响，球被抛起，全场观众有一瞬间的安静，在这个空隙里，就听到王旭一声怒吼，一巴掌甩在了球上。而且王旭很争气地把球拍到了顾飞那个方向。

顾飞一扬手就把球勾到了手里，他转身的时候，（7）班的人已经迅速往篮下回防，他身边只剩了胡建盯着。

顾飞带球往前冲了一步，胡建跟着一动，他反手就把球往后传了出来。

在蒋丞拿到球的同时，顾飞已经往前冲了出去，蒋丞迅速跟上，先把球分给了郭旭，郭旭拿着没有多带，几步之后，就回传给了已经进了三分线的顾飞。

这个速度不错。

蒋丞在心里给这帮人竖了大拇指，半个月前的他们，根本不可能打出这样的配合。

（7）班的包围圈迅速缩小回防，速度也挺快，但说实话，比不上（5）班，毕竟（5）班是仅次于（2）班的强队，想想就这么没有心理准备地被他们淘汰，也够憋屈的。

顾飞往前一步，压着三分线举起了球。

蒋丞冲了上去，压着声音喊了一声：“到。”

顾飞手腕一翻，球传了过来，蒋丞跃起接球，在（7）班的人反应过来防他之前，直接一个跳投三分。

这个球蒋丞投得非常紧张，这是开场第一个球，必须进。

好在他长期是学霸，拥有过硬的耍帅专业心理素质……

球进了。

场上的声浪顿时从（8）班休息区那边向四周推开来。

（7）班开球，顾飞在他前面往回跑，手垂在身侧，掌心向后。

蒋丞追过去在他手上轻轻拍了一下。

在顾飞要收回手的时候，王旭也追了上来，“啪”的一声拍在他手上：“好样的！”

“哎！”顾飞吓了一跳。

“注意防守！”蒋丞喊了一声。

开场就让对方进了球，（7）班的人顿时被勾起斗志，以胡建为首，拿了球就迅速压了过来。

鉴于中午跟胡建有过“拿球说话”的约定，蒋丞迎上去，拦住了胡建。

胡建的技术他不了解，而且他放过牛哄哄的狠话，但在蒋丞看来，能在他面前带球过人的，在这里，除了顾飞和李炎，没有别人了。

胡建算是灵活，而且戏很多，蒋丞定在原地，看着他忽进忽退忽左忽右地一个劲晃，有点想提醒他不要浪费体力。

晃得他感觉裁判都该吹哨了的时候，胡建突然往左一偏，带着球就冲。

蒋丞叹了一口气，一步跨过去，伸手往球上一推，球立马改变方向弹了出去，那边王旭接住球，转身带着就往他们篮下冲了过去。

因为有些意外，（7）班的人回防慢了一拍，王旭意气风发地带球冲着，身边是各种叫喊声，到了篮下，他强压着对方唯一的防守队员，上了篮。

“好球！”拿下这两分之后，王旭吼了一声，握着拳，两眼圆瞪，“好球！”

相比（5）班，（7）班的水平差了不少，第一节结束的时候，他们已经领先了6分。

“看看，”暂停的时候，王旭喝了两口水，冲着对面斜了一眼，“（2）班的人，现在在盯着我们呢，头号对手。”

“（5）班都去给（7）班加油了。”卢晓斌说。

“一会儿没什么要变动的，”蒋丞看了看那边，“就按刚才这么打，保持住就行。”

“他们换人了。”顾飞说了一句。

几个人都往那边看了过去，（7）班换了两个人上场，一个满面油光的大个子，一个是野猪头。

“尽量不要跟他们有肢体接触，”蒋丞说，“多传球，有人靠近，马上传球。”

按照顾飞的说法，野猪头是来拿分的，那个油脸，应该就是上来犯规的了，（7）班的替补的确是多，（8）班的替补凑三五个都费了大劲了，（7）班凳子上穿着队服的能拉出去踢场足球了。

（7）班发球，球直接给了野猪头。

野猪头像坦克一样，带着球就往篮下冲，速度惊人，而且带得很稳，蒋丞切过去拦在他面前，他急停过人，没有假动作，直接撞开蒋丞胳膊，冲了过去。

蒋丞想再缠上去的时候，油脸对着他就撞了过来。

他想要侧身避开继续往前，但油脸的肩已经顶到了他的右肩上，并不算非常隐蔽地狠狠撞了他一下。

蒋丞被他撞得几乎要弹开，肩膀上一阵发木之后带着疼，他皱了皱眉。

一般这种班级比赛，无球犯规只要不是拉着胳膊不让人走，裁判基本都不会吹，甚至都不一定能注意得到。

蒋丞被撞开了之后，野猪头已经到了篮下，顾飞被两个人锁死，没办法阻止，野猪头上篮成功。

（7）班顿时一片欢声鼓舞，一帮人拿着凳子往地上敲。

“大胆一点！”老鲁的声音突然响起，还伴随着洒水车的音乐。

蒋丞看了一眼，老鲁正拿着个喇叭，不知道为什么，没关喇叭音乐，一直响着跟配乐似的。

老鲁一手叉腰继续吼：“奔放一点！人家撞你！你就撞回去！大胆多……”

“鲁老师，鲁老师！”校长在裁判席也举起了一个喇叭，“你再干扰比赛，（8）班就是技术犯规！”

老徐一把抢下老鲁的喇叭，递给了身后的学生。

“我要去撞人了，”顾飞跑过蒋丞身边，“你甩开张威拿分。”

“是油脸吗？”蒋丞问。

顾飞往油脸那边看了一眼：“……是。”

“其实不用。”蒋丞说。

“你只管拿分。”顾飞说。

顾飞撞人的目标是野猪头，蒋丞不用问都知道，目前这小子跟油脸一个干扰一个上篮，配合得还挺默契。

这让他有些不爽，完美搭档在这里呢，轮得着你们嘚瑟？

但是故意犯规，他并不是太赞成，只是这会儿跟顾飞没法多说，只能先打着。

蒋丞守在中线，（7）班的拿了球就马上快攻，依然是把球给了野猪头，顾飞没有找到机会撞他，并且再一次被两个人锁死了，没办法防守。

蒋丞没管那么多，直接切了过去，从那两个人中间强行一冲而过，顾飞脱身之后，他一个转身，和顾飞一块儿拦在了野猪头面前。

这个时候，蒋丞在心里给自己和顾飞鼓掌欢呼带尖叫了一回，他俩同时站稳时，野猪头离他们还有一步距离，吹不了防守犯规。

很完美。

不过，野猪头不是新手，没有直接冲撞过来，倒是比较自信地在面对两个身高跟他差不多的对方队员时，依旧选择了投篮。

顾飞和蒋丞同时跳起盖了下去。

球被打飞，落到了卢晓斌手上。

这个火锅盖得挺漂亮，蒋丞再次进行了内心的自我赞美，特别是跟顾飞的这种默契配合，让他打得很舒服。

但场边一片女生的尖叫，让他又有些不自在，老有一种被人当场捉了奸似的心虚感。

也不知道自己怎么就这么没出息了。

卢晓斌拿到球，也很快地就跟大家配合着进攻，蒋丞和顾飞几乎是缠在了野猪头身边，如影随形，让他没有办法过去截球。

那边卢晓斌和王旭不停地传球，打乱了（7）班防守的节奏，王旭拿着球，又是一声怒吼，再次拿到2分。

上半场还有几分钟结束，（7）班又叫了暂停。

顾飞拍了拍手："九日疯了啊。"

"人家再怎么说也是个队长，"蒋丞说，"还能让你们把风头都给抢了吗？"

"撑完上半场，现在，分数他们还是不好追，"顾飞说，"我撞人也不是太好撞，他太熟悉我了。"

"不撞也能赢，"蒋丞看了他一眼，目光顺着顾飞的脖子、锁骨、肩一路往下，看到胳膊上的时候，他愣了愣，"这是撞的吗？"

顾飞低头看了看胳膊："这是弹弓加木头珠子打的，肚子上还有一块儿呢，你要看吗？"

"不是，"蒋丞有些无语，"你也太嫩了吧……我应该也没用多大劲……"

"这是肉啊，"顾飞拍了拍胳膊，"不是树干。"

"……不好意思。"蒋丞叹了口气。

"没事，"顾飞接过易静递来的水，"当我交门票钱了。"

蒋丞咬着牙，骂了一句。

上半场并不算非常难打，（7）班只靠野猪头一个外援并没有提高太多实力，二十分钟下来，蒋丞也看出来了，胡建就是个自信爆棚的中二少年，技术比王旭好不了多少，真拿篮球说话，他顶多是个结巴。

不过，下半场一开始，（7）班就跟集体打了针似的，一个个横冲直撞，估计是豁出去了，就算赢不了，也不能让比分拉得太大。

蒋丞对别的人都无所谓，换上来犯规的人，也没人敢在进攻时随便就犯，罚个球只要进了，他们就不划算。只有野猪头，这人技术有，不要脸也有。

卢晓斌拿球，往对方篮下压的时候，他把球传给了蒋丞。

其实，这个时机不是太好，顾飞没有来得及掩护，倒是野猪头冲了过来。

蒋丞放低重心，把球从右手倒到了左手，用身体护住了球，野猪头贴上来挡在了他右侧，并且不断地挤过来，不明显地用胳膊肘往他身上顶。

蒋丞被他弄得有点烦躁，但这种情况，裁判不吹，你就得稳着心情继续控制。

好在顾飞很快靠近，准备好了接应。

蒋丞余光扫到了顾飞的鞋，手一勾，把球传了过去。

但就在这时，野猪头猛地往前一扑，右手伸出去，做了一个断球的动作，但蒋丞马上明白了他并不是要断球。

他右手伸出去的同时，左胳膊肘借着惯性，重重地砸在了蒋丞的肚子上。

蒋丞从牙缝里挤出来一句骂人的话。

这一下砸过之后，从胃里弥漫出来的那种难以忍受的带着强烈呕吐感的疼痛，让他头脑瞬间一片空白，差点脚一软跪下去。

脑子里被疼痛搅得乱七八糟，好几个声音在齐声高唱——我受伤的心真的好痛！为什么受伤的总是我！啊啊啊，总是我！

裁判吹了哨：“阻挡犯规！”

野猪头很轻松地笑了笑，举起了手。

很多观众们并没有看清这一幕，只觉得是正常碰撞，只有（2）班的队员喝了倒彩，还有几个人把拇指冲下晃了晃。

王旭就在蒋丞身后，冲过来扶住了他：“怎么样？严重吗？”

“没事。”蒋丞半天才倒上气来，说了一句。

顾飞走了过来，什么也没说，直接一把掀起了他的衣服。

虽然对顾飞的接触他已经没什么反应了，但这么大动静的动作，他还是差点一巴掌抽过去。

“你够黑的啊。”顾飞转过头看着野猪头。

“怎么，”野猪头冷笑一声，“碰瓷啊？我能有你黑吗？”

顾飞没说话，沉着脸就往野猪头跟前走过去。

"顾飞！"蒋丞赶紧捞了一把，抓住了顾飞的胳膊。

顾飞转过头，一脸不爽地皱着眉："干什么？"

蒋丞沉着声音："打球就是打球，比赛就是比赛，他们不要脸是他们，我们要赢，就要赢得让人无话可说。"

"丞哥说得好！"王旭也压着嗓子憋着声音，一脸悲壮。

顾飞看着他，过了好一会儿才开了口："知道了。"

40

下半场从比分上来看，其实已经没有多大悬念，只要（8）班没有站在原地等着（7）班投篮，他们就肯定能赢。

王旭他们也已经预见到了这个胜利，一个个身上都像着了火似的，跑起来像被火燎了尾巴，冲得嗖嗖的，上篮和抢篮板都像是夹了个二踢脚，一蹦三尺高……还把替补队员都挨个换上来练了一把。

（8）班的观众们也是喊得全情投入，这种在比赛里给自己班加油的机会，实在是来之不易，老鲁不用喇叭都能在众多尖叫里用吼声抢占一席之地了。

（7）班并不服气。

球场上比赛，的确没有服气这回事，不到最后一秒，谁都不会放弃。

但（7）班不服气的表达方式，却让蒋丞觉得烦躁。

各种冲撞，各种阻挡，各种明里暗里的小动作不断，第三节的几分钟里，全队犯规次数都攒够了一次罚球的。

他们现在已经无所谓能不能拿分，分是追不回来了，他们的目标大概就是在干扰（8）班进球的同时，尽情地泄愤。

"不能忍了，"卢晓斌一向话少，但暂停的时候，他抹了抹汗，"我大腿根都被撞到了。"

"但我们赢要赢得干净，"王旭抢篮板的时候，被胳膊肘砸了一下脑袋，但还是坚持着蒋丞的话，"他们乱来，我们不能乱来，要不赢了，人家也要说我们打得脏。"

"那就再忍忍吧，"郭旭叹了口气，"反正我们是肯定赢了，就还不到十分钟了，他们再乱来也没机会了。"

"野猪头四次了吧？"蒋丞问。

"嗯。"顾飞应了一声，一脸不爽地看着那边的人。

“你去引他再来一次，”蒋丞说，“记住是引诱犯规，不是你恶意犯规。”

“嗯。”顾飞还是一脸不爽。

“一会儿我告诉你们这种时候该怎么干。”蒋丞抬起胳膊，伸了个懒腰，举着胳膊一直到对面（7）班的人看了过来之后，才竖起拇指往下一压。

胡建马上指着他，嘴里骂了一句不知道什么。

蒋丞又把胳膊举过头，摆了个心，还冲他歪了歪身体。

四周一阵笑声。

“靠！”胡建骂得很响，一甩胳膊就要过来，被他们班的其他人拉住了。

“就这么干？”王旭有些迷茫，“我们一块儿来？”

“……我说的是一会儿上场的时候，”蒋丞有些无奈，收了胳膊，“我现在就是活动一下，顺便感谢一下给我们加油的人。”

“哦！”王旭恍然大悟，拍了拍旁边几个队员，然后转身冲着自己班的人，举起胳膊摆了个心，“快，谢谢我们班的啦啦队！”

几个人不知道是兴奋过头，还是认可了王旭的班霸地位，居然只是稍微犹豫了一下就一块儿举起了胳膊，冲自己班上的人摆了几个心形。

（8）班的人顿时全喊了起来，带得别的观众也全都在鼓掌。

“大飞。”王旭看着抱着胳膊在一边看热闹的顾飞。

“不。”顾飞简单地拒绝了。

“大飞！有没有点集体荣誉感了啊！”王旭瞪着他，“快！”

“智障。”顾飞继续简单地拒绝。

“顾飞——”班上的女生全喊了起来，“顾飞！顾飞！”

“人家蒋丞丞哥都摆了心了！”王旭又说。

“蒋丞丞摆了我就得摆吗？”顾飞有些无奈。

蒋丞丞什么鬼！一边喝水的蒋丞差点呛着。

裁判吹了哨，最后几分钟的比赛准备开始，女生还在喊，声音里带着些许失望。

蒋丞感觉这个面子，顾飞大概是不会给了，便转身往场上走，突然听到四周掀起了一片疯狂的尖叫，对面的女生都蹦起来喊着。

他转过头，看到顾飞胳膊举过头顶，摆了个心。

……都疯了。

（7）班的比分落后了快20分，还有几分钟时间，无论如何都不可能追得回来了，所以一上场，他们的架势就是不准备拿分，而是人盯人地把（8）班一个一个咬死。

球一到（8）班手上，拿球的立刻会被至少两个（7）班的缠上，野猪头和胡建这对无赖搭档是主力，有没有小动作不一定，但就是缠得你连球都传不出来，很容易24秒。

蒋丞唯一还能佩服的就是（7）班的体力了。

这种情况下，只有靠蒋丞和顾飞的配合来进攻，快速移动，见缝插针地以刁钻角度传球。

好几次蒋丞给顾飞传球的时候，都顾不上时机只管出手，还有过差点砸在顾飞脑袋上的情况。

顾飞拿了球，刚过中线，野猪头就拦在了他面前。

蒋丞离着好几步远都能看到野猪头眼睛里喷射出来的火气，得有蜡烛头那么大。

这是个好机会，以顾飞的技术，引诱野猪头犯规没有问题，特别是野猪头现在根本就是抱着犯规的目的来的。

“传球！”蒋丞摆脱了盯他的人，冲到顾飞左前方喊了一声。

顾飞看了他一眼，双手拿着球，猛地往前一伸，在野猪头一巴掌往球上拍过去的瞬间，顺势转了个角度。

野猪头一巴掌拍在了他的手腕上，“啪”的一声脆响。

顾飞手里的球飞了出去。

紧跟着裁判的哨声响起：“打手犯规！五次犯规！”

四周顿时响起了一片起哄声和掌声。

野猪头被罚下了场，王旭挨个跟每个队员都击了掌，一脸兴奋，就好像野猪头是被他打下去的似的，简直是斗志昂扬。

不过，野猪头换下去并没有浇灭（7）班的无耻气焰，换了人上来之后，比赛只剩下了最后不到四分钟。

以胡建为首的横冲直撞还在继续。

其实，（7）班这种没到最后一秒都还在拼命的执着劲头，还是挺那啥的，有些队一看分追不上了，最后一个环节都能打得跟散步一样。

但（7）班这劲头却用错了方式。

当胡建几次扑到蒋丞身上的时候，他都很想一巴掌甩在胡建脸上，都有点后悔中午没用拖把杆抽丫一顿。

机会在最后一分钟的时候到来了，胡建拿了球，一路冲到了篮下，说实话，（7）班人的体力比（8）班要强不少，大概也是因为替补多，他们的休息时间多。

这会儿胡建还能冲得起来，他们的人速度已经比刚开始的时候慢了一些，让胡建直插到了篮下。

起跳投篮。

蒋丞算准了他的起跳时间，把所有的力量都用在了这一跃上，胡建的弹跳并不出众，甚至比不上卢晓斌这种笨重的塔形队员，蒋丞这一跃，高出了他一截。

胡建球出手，在上升过程中飞向篮筐。

蒋丞在空中出手，对着球一巴掌盖了下去。

这一巴掌干脆利落，除了球，什么也没有碰到。

但这几乎如同排球扣球一般的一巴掌，他用了全力，球直接往下，砸在了脚尖刚落地还没有站稳的胡建的脸上。

胡建猛地往后一仰，一屁股坐到了地上。

“犯规！”胡建愣了愣之后，吼了一声，“他打手犯规！”

裁判看了他一眼没出声。

“犯个屁规！”王旭冲过来，一把抢走了落在地上的球，转身一挥手，把球传给了中线的郭旭。

“不好意思。”蒋丞过去拍了拍他的肩，转身跑开了。

胡建吼了一声。

蒋丞听到他的声音很快就跟了上来，回头看了一眼，发现这小子被砸出了鼻血，这会儿正糊得一嘴血，瞪着他。

那边顾飞上篮得分，场上时间马上就没有了，（8）班那片的人全都是连喊带蹦地举着双手鼓掌。

（7）班想换人，被胡建骂了回去：“换什么换！没死呢！”

胡建带着飞扬的鼻血，打完了最后半分钟，比赛结束的哨声响起时，他拿着球狠狠地往地上一砸，球在地上猛地一弹，打向了蒋丞。

蒋丞的视线没在这边，等感觉到有球过来的时候，已经来不及躲了，正想着大概自己就这个受伤的体质了，顾飞伸出手来挡了一下，在球马上砸到他脸上的时候，把球给拍开了。

王旭火了，指着胡建：“怎么着，打球不行，耍流氓还挺专业啊！”

"有你什么事？真当自己老大呢？"胡建也指着他，身边几个（7）班的都围了上来，好几双喷着火的眼睛"唰唰"的，够一场篝火晚会了。

"我不是老大啊，"王旭说，"我们老大是顾飞，怎么，你找我们老大？"

（7）班的几个没说话，一块儿又瞪着顾飞。

顾飞都没往那边看一眼，转身走开了。

（8）班的人兴奋得都没人注意到场上正剑拔弩张的，都拥了上来，把队员们围在了中间，喊成一团，瞬间就把（7）班那几个人给挤没了。

"好样的！"老徐夹在人堆里，努力地向他们靠近，"好样的！打球就是要有这样的气度！你们终于学会自制了！好样的！我很感动……"

"蒋丞那一巴掌盖得好！"老鲁的声音把老徐的压得渣都不剩，喊得蒋丞耳朵边一阵嗡嗡，"这技术！盖得一点脾气都没有！"

"您可也给（7）班上课呢，明天怎么面对他们，"郭旭说，"这么偏心啊。"

"他们可以学以前我带过的那个（4）班嘛，集体抗议，不要我上课了！"老鲁说，"我就喜欢光明磊落！打架也要光明磊落，你看去年……"

"鲁老师！老鲁！不要总说打架！"老徐打断了他，看着球队的人，"我以你们为荣！以你们为荣！"

蒋丞很费劲地从人堆里挣脱出来，扯着衣领，抖了抖。

"累死我了，"顾飞也挤了出来，"（7）班这个体力真是惊人。"

"他们替补多，"蒋丞看了一眼身后兴奋的人，"老鲁刚说的去年是怎么回事？"

"去年他跟高三的打架，"顾飞说，"非常精彩，然后就被从高三赶到我们年级来上课了。"

"……真有性格啊。"蒋丞感叹了一句。

"这几天早上，你来学校先等我吧。"顾飞说。

"嗯？"蒋丞看了他一眼，又往（7）班那边看了看，那边（7）班的人已经垂头丧气地把椅子都拖走了，只剩下了几个篮球队的站那里看着这边。

"胡建那几个不用管，几个学生没多大本事，"顾飞说，"江滨才是麻烦。"

"江滨是谁？"蒋丞问。

"野猪头，"顾飞说，"他是猴子的表弟。"

"猴子？"蒋丞愣了愣，想了半天才想起来猴子是谁，顿时有些无语，

"你们这里混混也是家族企业吗，怎么还扯上猴子了？"

"废话，你又没上别的地方混，这就是猴子那帮人的地盘。"顾飞说。

"猴子不是怕你吗？"蒋丞小声问。

"他是不想随便惹我，"顾飞伸了个懒腰，"不是怕我。"

"为什么？"蒋丞追问。

"我不要命。"顾飞看了他一眼。

蒋丞看着他，没说话。

"走走走！"王旭冲到他俩旁边，"去洗个脸，一会儿看（2）班的比赛，晚上去吃一顿，易静说可以用班费。"

"公款吃喝？"蒋丞问。

"这是正常支出！怎么成公款吃喝了，我们为班上争得了荣誉！"王旭腰板挺得很直，"全班都同意了！还有陪吃代表呢！"

"……越说越像是有问题了。"蒋丞没忍住笑了。

"就是吧，女生有些想跟我们一块儿去吃的，"王旭小声说着，还往女生那边递了个眼神，"我想着这样也热闹，就同意了。"

"假公济私。"顾飞说。

王旭顿时有点不好意思，但想了想又梗着脖子："你俩有目标也可以济啊！"

"滚。"顾飞回答。

（2）班的比赛其实也同样没有悬念，对手弱，还没有（7）班那样的黑手，全程都一边倒地压着打。

"我们打不过。"蒋丞站在篮下看着场上（2）班的人。

"嗯。"顾飞应了一声。

"他们实力太平均了，个子也高，"蒋丞用手挡着嘴，不想让旁边的王旭听到了泄气，"他们平时就总打球吧，这配合。"

"他们班是刘校上课，没事就打一场的，"顾飞小声说，"而且的确是会打的都凑一块儿了。"

"怎么样！"王旭在一边拿着手机录像，"我录了一些，碰他们要考试过后了，还有时间可以研究一下他们的弱点。"

"嗯。"蒋丞点头。

"他们班没有比得过咱们卢晓斌壮的，"王旭说，"我看也没有你俩这么有默契的，说不定……"

"别把你的声音都录进去了，"顾飞打断他，"到时看录像的时候，听着烦。"

"你现在就是膨胀，"王旭斜了他一眼，"不过，也可以理解，我也膨胀。"

（2）班的比赛看完，蒋丞就两种感受，一是打不过，二是啦啦队真强。

准备走的时候，（2）班的队长走了过来。

"他叫何洲，"顾飞偏过头在蒋丞耳边说，"别再瞎叫了。"

"……哦。"蒋丞应了一声。

王旭一看何洲过来，马上迎了上去，但何洲就跟他点了个头，直接擦身而过，走到了顾飞面前。

"下场碰你们了。"他说。

"嗯，"顾飞笑笑，"要放水吗？"

"从来不放，"何洲也笑笑，"你们也用不着放水……我等了这么久，总算能跟你打一场了。"

顾飞没说话。

何洲转头看着蒋丞："你是叫蒋丞吧？"

"嗯，"蒋丞点点头，"蒋丞。"

"我叫何洲，"何洲笑着，眼神里却能看出些许挑衅，"到时可别收着，三分王。"

何洲走开之后，王旭看着他的背影，有点不爽："这小子就是个笑面虎。"

"学学人家这杀气，"顾飞说，"队长。"

"吃饭去，走！"王旭一挥手，想了想，又回过头看着蒋丞，"你都有三分王的外号了啊？挺牛啊，我一个队长都没你风头劲啊？"

"你劲的。"蒋丞对着他竖了竖拇指。

"我劲个屁，你说，你是三分王，我是什么？"王旭指着自己。

"三分王的队长。"顾飞和蒋丞同时开口。

王旭瞪着他俩看了一会儿："我看你俩能再拿个最默契同桌大奖。"

出了学校，蒋丞一眼就看到了坐在车棚栏杆上的顾淼，滑板竖着靠在栏杆上，她一只脚晃着，一只脚踩在滑板上。

蒋丞冲她招了招手。

顾淼一脚把滑板踢倒在地上，直接从栏杆上跳下来，踩在了板上，借着惯性，滑了过来。

"帅。"蒋丞说。

"太帅了，淼淼女王！"王旭鼓掌。

一帮人对着她一通夸奖，顾淼谁也没理，一脸冷漠地围着他们一帮人转着圈。

真挺帅的，蒋丞看着跟滑板如同一体的顾淼，只是再想想，顾淼的这份帅气，有一部分是源于她心理或者生理上的某些问题，他就又觉得有些伤感。

"你，"顾飞靠近他小声说，"快点上我的车。"

"怎么了？"蒋丞往四周看了看，没看到猴子和疑似猴子同伙的人出现，不需要逃命。

"我不想带女生。"顾飞说。

"哦。"蒋丞反应过来，点了点头。

接着就看顾飞一马当先连他妹都顾不上了，冲进车棚拿了自行车出来，直接就往前蹬。

"顾淼跟上！"蒋丞喊了一声，然后追着顾飞的车跑了几步。

顾飞也不知道怎么这么怕班上的女生，蹬的这速度，简直就不是人能上去的。

"你怎么不飞呢？"蒋丞不得不一把揪住了他的衣服，拉慢了车速，才跨了上去。

"你上来了再飞。"顾飞说。

蒋丞刚坐稳，就看一个影子从身边"嗖"一下往前蹿了出去。

顾淼已经先飞了，这速度……蒋丞顿时觉得自己坐在顾飞车后头真是耽误他起飞了。

跟顾淼一前一后地飞出去有半里地了，蒋丞听到手机响了，摸出来看了一眼，是王旭。

"喂？"他接了电话。

"不知道的以为你俩拉稀要找厕所呢！"王旭听声音是一边蹬车一边喊，"知道去哪里吃吗，你俩冲这么快！"

"……去哪里吃啊？"蒋丞问。

"市中心啊！广场上那家涮肉！大飞知道，"王旭说，"咱这边哪有好吃的！咱这附近你也就能吃着个王二馅饼！"

"行吧，知道了，"蒋丞笑了起来，挂了电话之后，他拍了拍顾飞的后背，"哎，这位飞行员。"

“去哪里？”顾飞偏过头问了一句，又吹了声口哨，叫住了前面埋头冲锋的顾淼。

“说是广场上那家涮肉。”蒋丞说。

“肯定是王队长定的地方，他就喜欢那家。”顾飞在路口拐了个弯。

顾淼靠了过来，弯腰伸出一只手，往蒋丞屁股下边抠了过去。

“哎！”蒋丞吓了一跳，赶紧坐直了，手一把抓在了顾飞的腰上，“你干吗呢？”

顾淼抓住了车后座的架子，一脸平静地看了他一眼，就往前盯着路了。

“你哥一个人拖俩，要累死了。”蒋丞笑着说。

“她这样子没重量的。”顾飞说。

“一会儿你累了，换我带你吧。”蒋丞说。

“我一直以为你不会骑车。”顾飞偏过头。

“……我是没有自行车，”蒋丞说，想想又叹了口气，“我又懒得去买。”

“挺神奇，懒得买车，倒不懒得天天走路，”顾飞说，“哪天我带你去吧，就上回买毛线那里有一家。”

“好。”蒋丞应了一声。

两人都没再说话，蒋丞看着顾飞后背，顾淼在身边“嗖嗖”着，这感觉挺舒服的，带着些比赛过后的兴奋和疲惫，还有暂时的有些恍惚的与四周隔绝的宁静。

不过，蒋丞一直觉得自己的姿势有什么地方不对，好半天他才猛地注意到自己的手还在顾飞的腰上放着。

这一发现，让他大吃一惊，但却没让自己跟触电似的撤手，他不想一惊一乍那么矫情。

只是本来没什么感觉的手心，在发现了这件事之后，总觉得隔着衣服都能感觉到顾飞的体温。

这就是中了邪了，蒋丞闭上眼睛，又叹了口气。

P333 – P414

五 孤儿

41

顾飞垂下眼皮，看了看自己左侧的身体，蒋丞的左手还放在他的腰上，一开始是被顾淼吓着了抓了他一把，后来大概是因为顾淼一直揪着车座，他的手没地方搁了，就半放半抓地没离开过腰的位置。

这种如果不用眼睛去看，几乎都感觉不到的接触，对于顾飞来说，正常情况下，是不会有任何感觉的，他自行车、摩托车后座上带过的人多了去了，男的女的，这种接触简直再平常不过了。

但现在这个人是蒋丞。

蒋丞现在放在他腰上的手，就是一颗手雷。

骑了一会儿，他看到了前面球队的一帮人，还有他们车后座上带着的女生。

顾飞伸出右手，掌心往后，然后捏了捏闸，车速一降下来，顾淼的脸正好撞到他手心里，于是用脸顶着他的手，跟着把滑板的速度也降了下来。

“怎么了？”蒋丞在后边问。

“你带我吧。”顾飞腿撑着地，回头看了他一眼。

“这就累了？”蒋丞下了车，“你这体力也挺伤感的啊，一场球就蹬不动车了。”

“以前怎么没发现你话这么多？”顾飞也下了车，把车往他手里一扔。

“我没跟二淼配合过，”蒋丞跨上车，“不会摔到她吧。”

“你要摔了，她会让开的，”顾飞跨后座上坐下，“走吧。”

“原地蹬多费劲啊，你不能等我……”蒋丞说。

“不能，我一场球就蹬不动车了的体力，已经跑不动了。”顾飞一边说一边摸出了手机开始玩。

蒋丞小声骂了一声，只能一使劲，原地把车蹬了出去。

顾淼先是离开他两步远蹬着滑板，过了一会儿才过来继续揪住了后座往前滑。

蒋丞快速蹬了一段，追上了前面的王旭那帮人。

“来了，”郭旭回过头看了一眼，“你们跑得挺快啊。”

“饿了。”蒋丞说。

“蒋丞。”左边有个女生叫了他一声。

他转过头，女生手里拿着的手机“咔嚓”一下，他叹了口气：“偷拍不知道把声音关了吗？”

“这不是偷拍啊。”女生有些不好意思地捂着嘴，笑了半天。

一帮人边骑着车边聊，从这里去市中心那边路程不短，他们闹哄哄地把一条车道都给占光了，有摩托和电瓶车超车的时候，他们就得挤成一团，一通傻笑。

真是个吃了屎都能笑得出来的年纪，蒋丞看着前后左右的人。

这些人，要搁以前，基本都是被他和潘智吐槽的那类，有点土，还挺二，但现在，他却跟这些人一起骑着车，挤在路上。

只不过没有一块儿傻笑，但他跟顾飞傻笑的次数已经数不清了。

顾飞一直不说话，不合群的老样子，在他身后低头玩着手机。

女生想偷拍的时候，顾飞直接把脑门顶到了他的后背上。

“别拍了，你们就说想要他俩谁的照片，”王旭车上带着易静，一副精力满满的样子，中气也很足，“我这里都有，我连蒋丞吃馅饼的照片都有。”

“你大爷。”蒋丞看着他。

“发来看看！”马上有女生喊了起来。

“不能随便发，我打不过蒋丞，”王旭说，“只能卖，20块钱一张。”

“为了20块钱，你就愿意扛一顿揍……”卢晓斌说。

大家顿时笑成了一团。

“你闭嘴！”王旭瞪着他，“你会算账吗！十个人买就是200块！”

“也是，”卢晓斌愣了愣，“那还挺多的，现在，蒋丞的粉丝多，一人一张的话……你能赚不少啊。”

“你们这些人的智商啊，”郭旭叹气，“一张照片顶多卖一次，卖给一个人，人家复制一下就行了，谁还上你这里买……”

“滚！”王旭吼了一声，“就你智商高是吧！”

“这生意不错，”顾飞在后头小声说，“我这里有不重样的，高清，带脸，无码……”

“你还有没有点专业摄影师的职业操守了？”蒋丞回过头也小声说。

“有啊，所以我没卖，”顾飞说，“我等个高价……”

“信不信我给你甩下去？”蒋丞说。

“不信。”顾飞回答。

蒋丞张了张嘴，没说出话来。

“有一关过不去了，”顾飞把手机举到他脸旁边，“你一会儿帮我过了？”

蒋丞很无语：“你还在跟李炎较劲吗？”

“嗯，”顾飞继续玩，“他已经快我三关了。”

“我一会儿帮你把三关都过了，”蒋丞说，“玩个这破游戏，还跟干什么事业一样，等你拯救地球呢。”

顾飞在后边笑了起来：“是啊，先消灭嘴欠的。”

因为是出发的时候王旭才打电话订的包厢，所以大包厢都没了，他们一帮人算上队员和女生，有差不多二十个人了，最后服务员把三张方桌拼在了一个包厢里。

“挤挤吧，”服务员说，“年轻人嘛，挤挤亲热。”

“行！挤挤！”王旭点头，然后把人一个个往屋里推。

蒋丞拉着顾淼坐到了最里边靠墙的椅子上，他答应了顾淼要排排坐，顾飞跟着挤了过来，一屁股坐到了他旁边。

“你不挨着顾淼坐？”蒋丞看了看，左边是顾飞，右边是顾淼。

“来不及换了，”顾飞起身刚想换位置，就看到大家都挤进来了，赶紧坐下，压低声音，“再换换就该两边都是女生了。”

“不是，”蒋丞有点想笑，“你是有什么毛病吗？”

“没毛病，”顾飞说，那边易静坐到了他身边，他不动声色地轻轻把椅子往蒋丞这边拖了拖，偏过头小声说，“就是不习惯。”

“堂堂一个老大……”蒋丞倒了杯茶放到顾淼面前，“顾淼，喝点水，把外套脱了，脸都热红了。”

包厢小，一帮人全挤进来之后，围着个长条桌子跟开什么会似的，又热又吵。

顾淼喝了一口水，然后一扬手把帽子摘了，扔到桌上，顶着一脑袋乱七八糟的头发，把外套脱了，放到了旁边的地上。

"挂那个架子上，"顾飞说，指了指旁边角落里的衣帽架，把自己外套也脱了递给她，"把哥哥的也挂上。"

顾淼抓着衣服和帽子过去挂上了，还是顶着一脑袋乱七八糟的头发。

"头发抓一抓，"蒋丞说，"你是个小姑娘，要注意点形象。"

顾淼看了他一眼，有些不耐烦地在头上胡乱抓了几下，然后盯着他的外套。

"哦，"蒋丞赶紧把外套脱了递给她，"帮丞哥也挂一下吧，谢谢。"

顾淼一脸严肃地拿着他的衣服过去，因为个子不够高，她把衣服跟顾飞的摞着挂在了一个钩子上，然后再转身坐回来，拿起杯子，缩在椅子里慢慢喝着茶。

蒋丞把椅子往后靠了靠顶着墙，抱着胳膊，看着屋里说话都得扯着嗓子的一帮人，非常吵，非常闹，包厢的门本来是开着的，服务员大概受不了，过来给关上了。

不过，也非常愉快，他很久没有这么聚会过了，以前学校一个个都是学习狂，家里也都管得严，放了学，多半都是回家。

他这种没事就旷个课还一准不归宿的人，连个伴都不是次次都有……

眼前这份热闹，让他终于感觉到了春天该有的温暖。

"吃什么吃什么！"王旭拿着菜单开始张罗，"我点了三个锅底，都是鸳鸯的，够吗？"

"够够够！"有人喊着回答，"锅底不重要，重要的是肉！是菜！"

"肉和菜管够，"易静笑着拍了拍自己的书包，"班费已经带着了，徐总说，超了的部分，他来补。"

"老徐吧，有时候是挺够意思的，"王旭说，"就是太啰唆，比我妈都厉害，说什么都先把自己感动了……羊肉！肥牛！五花！快！还有什么要吃的就说，我给写上！"

"我都热困了。"顾飞也往后靠了过来。

他们一帮人把打球的外套一脱，里边都是短袖，顾飞靠过来的时候，在他胳膊上轻轻蹭了一下。

在这种还不能穿短袖的季节里，这种突如其来的皮肤亲密接触，让蒋丞顿时有种异样的感觉。

顾飞大概也差不多，蒋丞感觉他马上往易静那边让了让，但没过两秒，他还是又挤了回来。

蒋丞想想觉得有点好笑，冲着面前的茶杯乐了。

顾飞跟着也笑了起来，干脆直接放松了靠着，腿也靠在了他的腿上：“再笑，灭你口。”

“一根皮筋我就能反杀你……”蒋丞笑着，扫了一眼桌子下边他和顾飞靠在一块儿的腿，突然发现自己对顾飞触碰的接受程度，已经直逼他和孙子潘智了。

尽管他从来没想过要找到同类，更没有想过相互取暖，但却不得不承认，就像现在这样，就像眼下这样，热闹的人堆里，暖得有些过头的气氛里，没有人留意到的那些微小细节里，这样不为人知的只为眼前一刻的小小的温情里，他有了些想要静静享受的舒适感。

“大飞喝什么，白的吧？”王旭冲他俩这边挥了挥菜单。

“嗯。”顾飞应了一声。

“蒋丞呢？”王旭看着蒋丞，“咱俩也没一块儿喝过，你喝什么？”

“……随便。”蒋丞本想说他不喝，但看样子这屋子里的一帮人一个个热血沸腾，赢了球不算，眼前还有好几个女生，估计他要说不喝，这会儿得让人挤对死。

“行啊，”王旭说，“随便？这口气，不愧是三分王。”

“刚还说老徐啰唆。”蒋丞扫了他一眼。

“跟队长说话注意点，”王旭指了指他，“开学那会儿，我可是看大飞面子，才放了你一马。”

“哦。”蒋丞点点头。

“服务员——”王旭拉开门冲外边喊了一嗓子，“快上菜！再拿瓶牛二！还有现榨果汁——”

然后又回过头看着顾淼：“淼淼女王，你喝果汁吧？有橙汁和玉米汁。”

顾淼头也没抬，两只手捧着茶杯，摇了摇头。

“那她喝什么？”王旭看着顾飞。

“啤酒。”顾飞说。

王旭愣了愣，转过头：“再拿扎啤酒，我家女王要喝！”

“哎哟，快别喊了！”服务员站在门口，“人都到跟前了，还喊呢……”

“你哥今天高兴——”王旭继续喊着，“快，先把肉和酒拿上来！”

“知道啦，肉！酒！”服务员把碗筷给他们放好，转身小跑着出去了。

易静站了起来，从书包里拿出了个相机，冲王旭旁边的一个女生扬了扬：

"娟儿，先拍张集体照吧，你从你那边拍，一会儿我从我这边拍。"

"好，"那个女生接住她扔过去的相机，一边往后退一边说，"你们都往中间靠靠，要不人拍不全了。"

一屋子里的人，立马全都往顾飞和蒋丞这边挤了过来。

"挤挤！挤挤！"王旭挤到了易静旁边，一手撑着墙，一边往这边探着身体。

易静笑着躲他，往顾飞身边挪了挪。

顾飞没出声，只是迅速地往蒋丞这边靠了过来。

蒋丞刚把顾淼搂过来，就被右边挤过来的人压着跟顾飞紧紧挤成了一团："你们该减肥了！"

"快。"顾飞看着拍照的女生。

"笑一下！"那个女生指挥着，"（8）班第一！"

"（8）班第一！"一帮人一块儿吼了起来。

女生按了快门，大家刚要散开，她有些着急地摆摆手："等着，我还没照呢……"

"叫服务员！"王旭指着门口，"叫个服务员来给我们拍！"

服务员一进来，就被他们挤成一团的架势吓了一跳："刚都没觉得你们这么多人呢……"

"快拍！"蒋丞忍不住催了一声。

他和顾飞的椅子中间没挨一块儿，现在被挤得两人都是扭着腰，他的手不得不撑在了顾飞的腿上，这姿势，坚持不了多久。

"摆个心！摆心！"王旭突然说。

"摆你个双黄蛋！"蒋丞简直要疯，"我只有一只手。"

"我也只有一只手，摆不出。"顾飞说。

"你俩一人出一只手正好，快！"王旭催着，"都用一只手吧！找旁边的人凑一个心，旁边没人的就两只手！今天我们比赛的时候摆的大心，这会儿就摆小心吧，手指扣一个！易静……来，咱俩凑一个！"

"哎……"易静很无奈地笑着，跟他用拇指和食指凑出了一个心。

"淼淼女王，你用两个手，会摆心吗？"王旭简直忙死了。

顾淼捧着茶杯，靠在蒋丞身上，跟没听见他说话似的。

"她不会。"顾飞替顾淼回答了，然后把左手往蒋丞面前伸了一下。

蒋丞看了他一眼，右手食指和拇指跟他对在了一起。

"都好了没？"服务员说，"我还要上菜呢。"

“好了好了！”大家一片喊着。

“一、二……”服务员举起相机。

“（8）班最牛——”王旭喊。

“（8）班最牛——”大家乱七八糟地喊成一片。

拍完照之后，蒋丞扯了扯被挤皱了的衣服，感觉后背的汗都下来了。

顾飞搓了搓腿。

蒋丞看了他一眼：“你好娇气哦。”

顾飞又搓了两下之后，没忍住笑了起来：“你嘴好欠哦。”

“听说你要灭我口哦？”蒋丞又说。

“听说你要一根皮筋反杀我哦？”顾飞说。

说完他俩就冲着桌子下边一通傻笑。

“来来来！”王旭一嗓子打断了他俩的傻笑，“酒来了，分一下！都倒上！女生你们自己倒一下果汁……淼淼，你的啤酒！”

王旭把一扎啤酒放到了顾淼面前，顾淼一言不发地站起来，抱起啤酒就喝了一大口。

王旭吓了一跳：“她是口渴了吧？”

“小孩子不能这么喝吧？”易静有些担心地在旁边小声问。

“她大概喝一杯，自己就会停了。”顾飞说。

“好潇洒啊，这小丫头。”易静很感慨地说。

“来！”大家把酒倒上之后，王旭举起了杯子，“我先说两句！感谢大家一起努力，我们才有了今天的胜利！”

“啊——”大家一块儿把杯子往桌上磕着。

“谢谢班长大人给我们加油，还给我们争取公款吃喝，”王旭说，“谢谢大飞，能参加这次比赛，而且打得这么牛！谢谢蒋丞！你虽然这学期才转学过来，但这次的比赛如果没有你的指挥，我们就不可能赢得这么顺利……”

“快喝。”顾飞敲了敲杯子。

“干杯！”王旭一磕杯子，仰头把一杯酒喝了下去。

接着好几个男生都是一仰头一杯就下去了。

“玉帝啊，”蒋丞小声说，虽然杯子不大，但也不是特别小的那种了，“你们都这么灌吗？”

“不用，”顾飞也是直接一杯，“王旭那几个能喝的才那样，你们南方人……”

“……我不是南方人。”蒋丞说。

“从我们这里往南，”顾飞手一划，“都是……”

“蒋丞！”王旭拿着酒瓶看着他，“你个号称随便喝什么都行的，怎么还没动静？”

一桌人全看了过来，蒋丞简直无奈，只得冲王旭举了举杯，用很低的声音说了一句：“敬你个脑子没沟的……”然后也直接把一杯酒倒进了嘴里。

一杯酒下肚，本来就都挺兴奋的男生们，更兴奋了，说话的声音都带着震动，服务员推门进来看了看：“哟，不好意思，以为你们打起来了……”

“吃！”王旭挥了挥筷子。

一帮兴奋的人，吃涮肉简直没法看，一盘一盘的肉直接就倒进了锅，然后七八双筷子伸进去一通搅，没两下就夹光了。

易静夹了一小盘肉，放到顾淼面前：“妹妹大口吃。”

顾淼埋头吃着，还没忘了站起来冲她鞠了个躬。

蒋丞舀了碗汤，还没放下，顾淼冲他伸手，他把碗放到了顾淼面前，然后拿了顾淼的汤碗给自己盛了汤。

刚坐下还没喝，顾飞把自己的汤碗推了过来：“劳驾。”

“自己盛。”蒋丞没理他。

“我帮你吧。”易静说。

“不用。”顾飞迅速拿起碗站了起来，“哗哗”给自己盛了满满一碗汤。

他坐下之后，蒋丞靠着椅子冲着桌子一通无声狂乐。

“喝多了吧。”顾飞斜了他一眼。

“啊，是喝得有点猛。”蒋丞深吸了一口气，忍着笑。

不过，那杯酒的确是挺猛的，按照喝酒的生猛程度，他跟眼前这帮子人一比简直甘拜下风，王旭那边喝得热火朝天，这会儿没有老徐把关，就像是要拿喝酒这事证明自己是成年男性了似的，一个个喝得气宇非凡。

蒋丞是没那个本事，他就这一杯酒下去，已经觉得胃里烧得挺热闹了，加上屋里的暖气，有种即将睡过去的感觉。

“哎。”顾飞用胳膊碰了碰他。

“嗯？”他脑袋靠着墙，偏过头看着顾飞。

顾飞把一颗糖按在了他的手心里：“薄荷糖，能缓缓。”

蒋丞看了他一眼，这一瞬间他的脑子突然有点空白……什么时候自己的酒量变得这么差了呢？

他一把抓住了顾飞的手，连同那颗糖，一块儿死死地握住了。

42

蒋丞的手劲挺大的，特别是在这种被酒和气氛烧得有些失控的状态下，顾飞手指的关节因为被捏得挤到一块儿而有些生疼，掌心里的那颗薄荷硬糖也像是块小石头似的硌得慌。

顾飞用余光看了看易静，易静正被王旭拉着说话，一屋子人都热火朝天地吃喝聊天中，没有人注意到这边的蒋丞大有把他的手捏碎的势头。

“怎么了？”顾飞低声问。

蒋丞没说话，只是枕着墙，看着他，手还是紧紧地抓着。

顾飞跟他对视了一会儿之后，转开了脸，看着一桌子菜发愣。

他不是左撇子，他需要用右手吃东西，而现在蒋丞完全没有松手的意思，他只能沉默地看着桌上的食物。

其实，他能感觉到，蒋丞一开始就有些失控了，但最多三五秒钟，他就已经回过神来了。

眼下这么死抓着不放，有尴尬，有不知所措，也有不想突然撒手显得刻意的念头，就蒋丞这种心思又重又敏感的人，面对眼下的这个局面，脑子里的那些沟沟壑壑估计都快被转平了吧。

顾飞用左手端起汤碗喝了一口，这个是王旭专门点的羊肚汤，味道还不错。

“这个汤还不错。”顾飞转头对蒋丞说。

“啊。”蒋丞应了一声，手松了一些。

“尝尝吗？”顾飞说，用拇指在蒋丞手背上轻轻点了点。

“羊肚吗？”蒋丞问，抓着他的手终于松开了。

“是。”顾飞抽出手，犹豫了一下，又重新把还在自己手里的薄荷糖按在了蒋丞的手心里。

“其实我不喜欢羊肚汤，”蒋丞小声说，这回没再捏他的手，接过了他的糖，低头在桌子下面慢慢剥着，“我喜欢羊肉汤，羊骨汤，筒骨汤，猪肚汤……”

“把我说饿了。”顾飞拿起筷子，夹了块羊肚放到嘴里。

“我也。”蒋丞把糖扔进嘴里，含了两秒之后，又猛地转过头，“这不是那个变了味的糖吧？”

“不是，那个你喜欢吗？那个是刘帆的朋友从日本带回来的整蛊糖，我那里还有一整包。”顾飞笑着说。

“给我点，两三颗就行。”蒋丞点点头，这个糖非常符合他和潘智这个二货在一起时的风格。

“周一拿给你，”顾飞说，“哎，周一要念检讨了。”

“……写好了。”蒋丞叹了口气。

一大帮人在一起吃饭，特别是这种半大小子，一般大家都会在20分钟内吃饱，因为都是抢着吃，跟在白菜园子里关了十年八年没见过肉似的。

吃饱了就开始慢慢喝酒吹牛。

蒋丞没有加入聊天的行列，只是在一边听着。

以前跟同学聚会，流程也差不多，也有吹牛这个环节，但牛吹起来，段位远不如眼前（8）班的这帮人，蒋丞听着老想乐，倒是几个女生都还挺投入的，很给面子。

“蒋丞！”王旭不知道什么时候吹完了自己的那份牛，突然站起来，冲蒋丞一伸手里的杯子，“跟哥走一个！”

“啊？”蒋丞愣了愣。

“我敬你一杯，”王旭喝了不少，这会儿满面红光，“敬我们的秘密武器！”

“早就不秘密了……”蒋丞看着王旭这一脸“你不喝我保证灌你”的表情，拿着自己的杯子也站了起来，“都是一个队的，就不搞得这么隆重了吧？”

“你喝酒不如你打球利索！”王旭指着他。

蒋丞无言以对，拿着杯子往他杯子上磕了一下，然后仰头把酒给喝光了。

“爽快！”王旭愉快地吼了一声，把酒也一口喝了，“爱你！”

“……不用爱。”蒋丞无奈地坐下。

“还是要爱的！”王旭很潇洒地一甩杯子，“以后有事，旭哥罩……”

“坐下。”顾飞一把把王旭还举在他脑袋上的胳膊推开，抹了抹被他甩了一脸的酒沫子。

“大飞！”王旭像是发现了新大陆似的，一边给自己的杯子里倒酒，一边喊着，“咱俩……”

顾飞没等他话说完，也没等他酒喝完，起身拿起自己的杯子，把一杯酒喝光了，然后抓着他胳膊：“你坐下，吃点菜。”

“哦！”王旭看着他，一脸兴奋的迷茫。

“别让他再喝了，”顾飞转头看了一眼一直往后靠着想躲开的易静，“一会儿倒了，怎么弄回去。”

易静一脸无奈地笑笑：“他也不听我的啊。”

“他听。”顾飞说。

“听！”王旭马上点头，“我听！”

顾飞没再理他，从蒋丞身边挤了出去。

“干吗去？”蒋丞问。

“洗个脸，”顾飞说，“顺便拿点水果给二淼吃。”

“嗯，”蒋丞看了一眼已经在旁边椅子上睡着了的顾淼，“都睡着半天了……”

“到点就要睡。”顾飞穿了外套，从一帮人身后很费劲地挤了出去。

屋里还是继续喧闹着，笑的，喊的，吃的，酒瓶基本都空了，易静压着没让他们再要酒。

蒋丞依旧是老姿势靠着墙，抱着胳膊，看着这一帮红着脸笑着的人，气氛没有变化，但他看着顾飞打开包厢门出去的背影，却突然觉得有点冷。

大概是之前一直跟顾飞挤着，哦，还抓了手……

他觉得自己今天的状态很神奇，想到刚抓着顾飞手的那一幕，他居然没有一头摔倒在尴尬里，甚至有些莫名其妙地扬扬得意。

得意个屁呢？不知道，少年的思维就是这么奇妙，就是这么突然地不要脸！

大概是因为酒吧，他不是酒量有多差，只是对于这种跟“扎猛子”一样的喝法，有些不能适应。

每次这样猛地灌完了酒之后，他都会有一种踩着云彩吃错了药的愉快感觉，上次喝了酒，亲了人家一口，这次又抓着人家的手不放，一副借酒要流氓的样子。

而这一次，他对自己此种行为的震惊和尴尬并没有持续多久，比如现在他回想起来的时候……只想笑。

太可怕了，人的脸皮居然如此轻易就能练得厚实起来。

顾飞出去了好半天都没有回包厢，蒋丞不得不站了起来，他要去厕所，刚才就想去，但顾飞去洗个脸，他就跟着去尿个尿，感觉上有点不那么合适。

这会儿他实在忍不住了，站起来也挤出了包厢。

“蒋丞！”刚挤到门口，就被郭旭在耳边吼了一声，“去哪里？”

蒋丞本来就有点晕，再被他这一嗓子吓了一跳，差点一脑袋撞到门上，他转过头，看到郭旭鼻子通红，眼睛里闪着兴奋的小亮光。

“上个厕所。”他拍了拍郭旭的胳膊，打开门走了出去。

“快点啊！咱俩还没喝呢！”郭旭拉开门，探了脑袋出来喊。

“啊。”蒋丞挥了挥手。

看来这些“北方人”酒量也就那样，都喝疯了，酒都没了，还喝个屁呢。

厕所里没有碰到顾飞，估计是给顾森拿水果去了。

蒋丞上完厕所正洗手的时候，手机响了，他拿出来看了看，有些意外地看到是沈一清的号码。

他瞪着这个号码很长时间，最后还是按下了接听键。

“小丞吗？”那边传来了沈一清的声音。

虽然有些抗拒，这么长时间也觉得淡了不少，但在听到这声音的时候，蒋丞还是觉得这个永远充满严肃和冷静克制的声音，带给他的那种熟悉的感觉大概一辈子也抹不掉了。

“啊。”他应了一声。

“你在家里吗？”沈一清问。

“没，”蒋丞关了水龙头，一边往外走，一边掏了根烟出来点上，站到了走廊的窗户旁边，“在外面吃饭。”

“你在抽烟吗？”沈一清又问。

“嗯。”蒋丞靠着墙，看着外面，突然有种很畅快的感觉。

沈一清没有说话，过了一会儿，才冷着声音说：“你还真是到哪里都能保持自我。”

“嗯，不是我要保持，我就是这样的人，不是吗，”蒋丞皱了皱眉，“你就是打电话来问这个吗？”

“李保国给我打了个电话，说是要点钱，”沈一清说，“学费和伙食费之类的……”

“他给你打电话？”蒋丞愣住了。

他怎么也没想到李保国会给沈一清打电话要钱，这突如其来猛地盖了他一身的强烈耻辱感，让他几乎喘不上气来。

“我是觉得，这些花销都是父母应该出的，所以没有同意，”沈一清说，“我给你的卡上还有钱吧？”

“有。”蒋丞咬着牙。

“这些钱是给你的，我们虽然不再是一家人，但感情还是有的，”沈一清说，“我希望你拿好这些钱。”

“知道了。”蒋丞狠狠抽了一口烟。

“我就是想说这个事，那我挂了。”沈一清说。

“嗯。”蒋丞闭了闭眼睛，蹿上来的烟，熏得他眼睛发疼。

“我还是想再说一句，”沈一清突然又说，“希望你在新的环境里能看清自身的问题，不要永远觉得自己的叛逆期还没有过去，成绩并不能说明什么，个性和脾气才是决定你脚下的路该怎……”

“你别教训我，”蒋丞睁开眼睛，哑着嗓子，“我听够了，事实已经证明你的教训对我这样的人没有用！我不是我弟弟！我跟你不在一个频道上！从来就这样！我听你说什么都是训！你听我说什么都是刺！现在我已经回家了！还没完吗？”

最后一句蒋丞是吼出来的。

吼完之后，他挂掉了电话，瞪着墙好半天，把手机塞回兜里，转身闭着眼，靠在了墙上，仰着头深深地吸了好大几口气才缓过来，睁开了眼睛。

一睁眼就看到顾飞端着一个大果盘站在离他两步远的地方。

他瞪着顾飞，不知道该说点什么。

“吃吗？”顾飞把果盘递了过来，“刚让服务员切的。”

蒋丞拿了一片西瓜：“反季水果吃了对脑子不好。”

“那你吃？”顾飞把果盘放到了旁边的一个小台子上，也拿了一片西瓜。

“我太聪明了，”蒋丞说，“吃几片往平均线上靠靠，争取跟我亲爹李保国看齐。”

“李保国也不是很笨，算牌还挺厉害的。”顾飞笑笑。

“要钱也挺厉害，”蒋丞说完这句，顿时又一阵堵，感觉自己刚才冲沈一清的那一通吼，都是因为李保国去要钱而变得毫无底气和立场，他狠狠咬了一口西瓜。

“你吃西瓜都带皮？”顾飞有些吃惊地看着他。

“闭嘴！”蒋丞把嘴里嚼碎了的西瓜皮吐到旁边的垃圾桶里，“我们城里人就这么吃。”

“知道了。”顾飞边吃边笑。

蒋丞这会儿有点发蒙，他觉得自己的情绪的确是不怎么稳定，挺容易受影响的，本来愉快放松的一个晚上攒下来的那点好心情，就这一个电话，全败光了。

他现在都不愿意回到包厢里去，本来让他觉得开心的那一屋子人，现在都有可能变成他烦躁的源头。

顾飞也没多说什么，似乎也没急着回包厢，两人就那么靠在走廊的桌子旁边，吃着果盘。

西瓜、橙子、小番茄……反正吃了一肚子肉，这会儿正好吃点水果解解腻。

一直到把这盘水果都吃光了，他才抬起头，跟顾飞对了一眼。

“我们把森森女王的水果吃光了啊。”蒋丞抹了抹嘴。

“嗯，一会儿再去给她切一盘。”顾飞说。

“你刚是不是又听到什么了不起的大秘密了。”蒋丞看着他，本来因为酒和暖气烧得有些发烫的身体，被冰凉的水果慢慢中和了。

“也不算什么大秘密吧，”顾飞说，“你被退养的事，我本来就知道了啊……刚是你……养母吗？”

“是，”蒋丞点点头，手指在空果盘里划拉着，用盘底残留的水，慢慢画着音符，“李保国问她要钱了。”

顾飞有些吃惊地挑了挑眉毛，没有说话。

“顾飞，”蒋丞把画好的音符又胡乱涂掉了，“你有过特别心烦的时候吧，你是怎么解决的？成天活得云淡风轻的，看着也不像装的。”

“喝点酒，睡一觉。”顾飞说。

“是吗，”蒋丞皱了皱眉，“管用吗？”

“不管用。”顾飞说。

“玩我呢？”蒋丞瞅着他。

“能有什么解决办法，习惯了就没事了，”顾飞说，“那么多事，挨个烦也烦不过来啊。”

两人依旧站在走廊里，都没有动的意思，一块儿看着空果盘发呆。

过了一会儿，蒋丞听到了滑板的声音。

“嗯？”顾飞回过头。

“顾森？”蒋丞抬眼看到顾森从包厢那边抱着他和顾飞的衣服和书包滑了过来。

“哎！森森你慢点，你哥……”王旭拿着外套，着急忙慌地跟在后头也跑了出来，看到站在走廊的顾飞和蒋丞时才松了口气，“我以为你俩私奔了呢！走走走！”

“散了？”顾飞问。

“散什么散，”王旭一边穿衣服一边说，“换地方！唱歌去！”

“我不去了。”蒋丞很快地小声说了一句。

顾飞看了他一眼，转头冲王旭点了点头：“行，走吧。”

屋里的人都出来了，闹哄哄的一片。

出了饭店之后，大家马上往街对面走过去，看王旭熟门熟路的样子，估计这地方也是他挑的。

蒋丞走在最后，大家都过去之后，他看到顾飞带着顾淼还站在路边。

“怎么了？”蒋丞问。

“你不说不去了吗？”顾飞说。

“……我是说我不去了，”蒋丞愣了愣，“你要想去就去啊，不用陪着我。”

“不去了，要把二淼弄回去睡觉，”顾飞抓了抓顾淼的脑袋，“今天要没你在，我吃饭也不会过来的。”

“为什么？”蒋丞问。

“没意思，”顾飞说完伸了个懒腰，把自行车推到一辆出租车旁边，“走吧，丞哥。”

顾淼已经困了，顾飞没让她继续滑着回去，自行车往后备厢里一塞，打了个车。

“你一会儿……”蒋丞犹豫了半天，一直到看到路口的牌子了，才说了一句，“直接回家吗？”

“你想去哪里？”顾飞问。

“我不知道，”蒋丞搓了搓脑门，“我就是不想回李保国那里。”

“嗯。”顾飞应了一声。

车停在了顾飞家的店门口，店里还亮着灯，蒋丞下车的时候，看到顾飞他妈妈在里边，这么久以来，还是第一次看到她过了九点还待在店里。

“等我一下。”顾飞说。

“哦。”蒋丞看着他把顾淼带进店里，交给了他妈妈，然后又围着货架转了几圈，出来的时候，拎了个大塑料袋，装了不少东西。

“都什么？”蒋丞问。

“吃的，花生、牛肉干之类的。”顾飞回答，转身往前走了。

“去哪里？”蒋丞走上去跟他并排着。

“钢厂，”顾飞看了看他，“你不是不想回去吗？”

蒋丞没说话，冲他竖了竖拇指。

钢厂的小屋，看来是这两天有人来过，收拾得挺干净，连断腿沙发上铺着的布都换了一块。

“李炎真贤惠，”顾飞把东西往桌上一放，熟练地开始在中间的灶里生火，“这屋里的东西基本都是他收拾。”

“长得一点也不贤惠，”蒋丞往沙发上一倒，长长地舒出一口气，莫名就觉得身上一下松快了不少，“拿什么吃的了？我看看。”

顾飞把袋子放到他旁边。

除了各种花生米，各种牛肉干，还一堆的鸡丁鱼柳，连火腿肠和方便面都有，装了满满一兜，蒋丞笑了起来：“这配置，都够喝到明天早上了。”

“你还能喝？”顾飞转过头。

“不要对我们南方人有什么偏见，”蒋丞拿了包花生米，拆开捏了一颗放在嘴里慢慢嚼着，“我们南方人就是喝得慢点，像我这种时髦的南方城里人，就喝得更慢……”

顾飞笑了起来：“我看看还有没有酒了。”

“没有就回店里拿。”蒋丞摸了根烟点上。

“是，老大，”顾飞拎起墙边的几个纸箱翻了翻，拎出两瓶白酒，“红星二锅头，最近这几个人改口味了。”

“反正都是二锅头，土人。”蒋丞叼着烟，伸直了腿。

“是不是还得给你倒上啊？”顾飞看着他。

“是啊，”蒋丞说，“我不想动，没心情。”

“铭记这一刻吧，丞哥，”顾飞把小桌踢到他的腿边，倒了酒，放到他面前，再拿了几个一次性餐盘，把袋子里的零食拆了一些倒上，都放在了桌上，“除了二淼，我还没这么伺候过人。”

“上回来烧烤，不也服务挺周到的吗？”蒋丞笑笑。

“那就从上回开始铭记。”顾飞坐到了他旁边。

“哦，”蒋丞拿起杯子喝了一口，“真的吗？”

“真的。”顾飞拿了块牛肉干慢慢撕着。

“太不可信了，你没谈过恋爱什么的吗？”蒋丞问。

“没有。”顾飞说。

“……哦。”蒋丞转过头看着他。

在心里向因为自己突然提出了这么一个天生自带尴尬光环的问题而进行不下去了的聊天，进行了三秒钟的默哀。

43

“那……”顾飞又拿了块牛肉干放到嘴里，靠在沙发的另一边，慢慢嚼着。

蒋丞盯着手里的牛肉干，仿佛看到了眼前自己亲手挖出来的一个坑，顾飞要问什么，几乎不用猜，正常人都会有的反应。

“你呢？”顾飞问。

蒋丞在心里叹了口气。

他不想撒谎，但这事他不太愿意说，自己都不知道该怎么解释，才能让自己不像一个渣子。

顾飞问完以后，就慢慢开始喝酒了，没有再追问。

这个善解人意的态度，却让蒋丞有些不爽，就好像自己真有什么见不得人的事不能说似的。

“之前……”他犹豫了一下，“有一个，呃，女朋友……其实也不能说是女朋友吧，我们班的……”

顾飞有些意外地转过脸，看了看他。

“嗯，”蒋丞又点了根烟，屋里的炭火已经旺了起来，暖暖的气浪，一阵阵扑过来，把身体里的酒精温到了一个正好舒服的程度，让人突然觉得说点什么也没关系的那种程度，“我前桌。”

“哦，”顾飞还是看着他，“我以为你……没有跟女生谈过恋爱呢。”

“说不上来，”蒋丞仰头枕着沙发靠背，“我吧，不知道什么感觉，我就是……”

蒋丞清了清嗓子，看着在眼前以非常缓慢的速度转动着的天花板：“她追我的时候，我也没觉得有什么不行，我烦她不是因为别的原因，是因为她就是烦。”

“你看谁都烦，”顾飞笑了笑，“刚见你的时候就觉得你随时随地都能跟人打起来。”

“我是脾气急，平时都尽量控制吧，控制不住就会骂，随便吧，爱谁谁，”蒋丞也跟着笑了起来，“不过，我烦她真不是因为我……你知道吧，有些女生作起来，你给她一对翅膀，她直接就能扇火星上去。”

“我不了解，”顾飞让他说得笑了半天，“我一直不愿意跟女生接近。”

“看出来了，你今天是怕易静坐你的车吧，”蒋丞偏过头，“哎哟，那一通逃啊，你也不怕她看出来了尴尬。”

“总比给她机会表白了又被拒绝强吧。”顾飞说。

“也是，”蒋丞冲他一竖拇指，“好人。”

顾飞把他夹着烟差点都戳自己脸上了的手，往旁边扒拉了一下：“你跟你女……朋友，已经分了吗？”

“嗯，来之前分的，其实统共也没在一起几天，”蒋丞把烟掐了，拿过顾飞放在旁边的外套，往兜里摸了摸，“我看她也没什么留恋的，联系了两回，就没再理我，估计另寻新欢去了吧，反正高中生谈个所谓的恋爱，跨个年级都算异地恋了，长不了。”

“薄荷糖吗？”顾飞问，“在那个兜里。”

“哦，”蒋丞换了一边，摸出了两颗，剥了一颗放到嘴里含着，清凉的味道顺着嗓子鼻子脑门打开了一条混沌的通道，很快又消失了，“其实，你说你不愿意跟女生接近，也不准确，丁竹心不是跟你挺近的吗？”

“嗯，她算例外吧，”顾飞拆了一袋花生米，拿了一颗慢慢地搓着皮，“她家以前住我家楼下，我经常上她家玩，我爸一打人，我就跑到她家去躲着。”

蒋丞轻轻叹了口气。

“她家算是……我小时候的避风港吧，”顾飞把花生扔到嘴里，“我一直都怕我爸，他吼一声，我一晚上都睡不着，睡着了也是一夜噩梦。”

“她比你大几岁啊？”蒋丞问。

“五岁，”顾飞说，“其实那会儿她也没多大，不过，她很会安慰人，也很有主意，我就觉得她像我的靠山一样。”

“老大的老大啊。”蒋丞感慨着。

顾飞笑了：“我小时候性格也不太好，没什么朋友，就跟她能有话聊了，以前碰上什么事，都第一时间想跟她商量。”

“是吗，”蒋丞倒是有些意外，顾飞看来也不是天生这么淡定的，“她的确是挺……给人感觉挺厉害的。”

顾飞没说话。

“你现在……”蒋丞看着他，想到那天丁竹心发给他的消息。

“现在联系不多，”顾飞说，“人和人的关系，总会变的，没有什么关系是一辈子不变的。”

蒋丞差不多能结合丁竹心的态度，听出顾飞这句话的意思，喝了点酒，学霸的思维就是敏捷，而且说话也不会考虑太多。

“她喜欢你吧？”他问。

顾飞挑了挑眉：“是太明显了，还是你太敏感了啊？”

“我智商高你至少一百多个王九日。”蒋丞指了指自己的脑袋。

“一脑袋王九日，”顾飞笑着又拿了一颗花生，“不太合适吧，他脑子里可都是易静……”

“滚！”蒋丞迅速把指着自己脑袋的手指对着顾飞。

顾飞笑着没说话，蒋丞叹了口气，喝了口酒，感受着一路烧到胃里的爽快，跟他一块儿笑了笑。

“哎，”蒋丞摸了摸自己脑门，“她知道你对她没感觉吧？”

“嗯，表白拒绝，一次性完成。”顾飞说。

“真狠。”蒋丞看着他。

“所以我说了，一开始就离远点，总好过拒绝。”顾飞说。

“……是啊，”蒋丞闭了闭眼睛，“想想就觉得真费劲。”

“有什么费劲的，你不是还交过女朋友吗？”顾飞说。

“不，不一样，”蒋丞摇头，这会儿一摇头，立马天旋地转，他赶紧停下，“我不讨厌女孩，漂亮的我还挺愿意看，但是我没有什么恋爱的冲动，你知道吧，没有那些不该有的想法，这是很不应该的。”

顾飞拿着杯子，笑得酒都洒出来了：“你有对什么人产生过冲动吗？”

“有啊，”蒋丞感觉这会儿酒也喝开了，话也说开了，就着晕乎乎的劲，一晚上忽扬忽抑的心情，奔放得很，像是要发泄似的，简直肆无忌惮，“你没有吗？”

顾飞咳嗽了两声，没说话。

“想说没有？”蒋丞眯了一下眼睛看着他，“太不诚恳了。”

顾飞喝了口酒，本来想缓一缓心情，但一口酒下去，反倒烧得有点情绪放浪，所以说，酒这种东西，真是不光解千愁，而且还能解千衣。

蒋丞的酒量不差，喝到现在了也没倒，就是喝成了另一个人。

“爷们儿一点。”蒋丞侧过身，一条腿屈着，放到了沙发上，胳膊撑着沙发靠背。

又是这句，顾飞叹了口气：“是啊，有。”

“这就对了，”蒋丞笑了起来，估计是有点晕，他侧过头枕在自己胳膊上，“多正常的事。”

“嗯。”顾飞点点头。

是挺正常的事，只是如果蒋丞知道自己都“正常”好几回了，不知道会是什么样的表情。

“我吧，”蒋丞笑了一会儿停下了，声音有点低，“今天晚上可能是真的喝多了。”

“也不是天天喝多，”顾飞往下滑了滑，靠着靠背，仰头枕着，“偶尔一次没什么，我……”

话还没有说完，蒋丞有些发凉的指尖，点在了他的耳垂下，他愣了愣，第一反应不是吃惊，而是蒋丞喝了这么一晚上，手指居然是凉的。

炉子里的火很旺，能看到跳动着的火苗。

蒋丞坐在地上，靠着沙发。

脑子还是很晕，整个人都有些疲惫和发软，因为酒精，也因为极度兴奋过后……仿佛身体被掏空。

他不知道自己是什么时候坐到地上的，反正清醒过来的时候，他就坐在这里了，顾飞靠在沙发上，两个人都沉默着。

屁股能感觉到从地面透上来的凉意，不过，他不想动，盯着地上的几团纸和顾飞扔在地上的酒杯，还有洒出来的没干透的酒。

过了一会儿，顾飞把一个小垫子扔到了他旁边：“地上凉。”

他又愣了半天，才伸手把垫子拿过来，垫着重新坐好了。

“要烟吗？”顾飞又问。

蒋丞转头看了他一眼。

顾飞笑了笑，没说话，把烟盒递了过来，蒋丞拿了一根点上了，叼着继续发呆。

“你不想回去的话，”顾飞说，“可以睡这里，这个沙发能打开。”

“几点了？”蒋丞问。

顾飞摸了半天，没找到自己的手机：“我手机不知道塞哪里了。”

蒋丞往旁边看了看，也没看到自己的手机。

两个人的手机本来都扔在沙发上，这会儿全失踪了……他脸上顿时有点烧得慌，感觉这沙发也就是已经断了腿，要不今天没准就是它的断腿之日了。

顾飞在沙发上被搓成了一团的那块布的下边找到了他俩的手机。

蒋丞接过来看了一眼屏幕，不到12点。

这时间不早不晚的，现在回去，已经不想动了，可要在这里过一夜，似乎又有些漫长。

顾飞倒是没什么纠结，坐到了炉子旁边，从旁边的纸箱里翻了几个红薯，扔进了炭火里。

“你饿了啊？”蒋丞问。

“嗯，”顾飞拿根棍在火里扒拉着，把红薯埋到炭灰里，“你吃吗？”

“这能熟吗？”蒋丞有些担心。

“城里人不懂了吧，”顾飞说，“我们乡下人吃红薯都带炭。”

蒋丞笑了：“滚。”

蒋丞把旁边的一张小凳子踢到了炉子旁边，准备坐下烤烤火。

余光扫到地上的纸团时，不分你我地把纸团全捡了起来，转了一圈也没看到垃圾桶，手里抓着这么一把东西的感觉并不好受，于是，他把纸扔进了砖炉里。

纸团立马变成了金色火团，腾起一阵黑烟。

顾飞愣了：“你把什么扔进去了？”

“纸。”蒋丞说。

“用过的啊？”顾飞看着他。

“啊，”蒋丞也看着他，“废话，没用过的我扔它干吗。”

“这下边有吃的呢，你把用过的纸扔进去……”顾飞叹了口气，“算了，反正已经烧死了。”

蒋丞被他说得一阵无语：“平时没看出来你那么讲究啊。”

“我不讲究，我都懒得收拾那个纸，”顾飞说，“我就是随便感慨一下。”

蒋丞都不想说话了，坐到他旁边，瞪着火苗发呆。

酒劲没过去，但是发晕的感觉，慢慢弥漫开来，已经变成了发软，坐这里都感觉有些累，他蹬着地面，把凳子往后挪，伸直腿，靠在了墙上。

现在没有尴尬，只有一些说不清的细微茫然。

一直到红薯熟了，他俩都没有说话，但似乎都不是因为不好意思。

顾飞拿了个纸碟垫着，把一个红薯递给了他。

外面一层都是煳了的硬壳，剥开之后，香甜的味道蹿了一鼻子。

“挺香的。”他说。

“嗯，”顾飞给自己也拿了一个，“我小的时候，喜欢躲在没人的地方，刨个坑，生一堆火，这么烤红薯吃。”

“你小时候很寂寞嘛。”蒋丞说。

“是的，”顾飞点头，“有二森以后就不寂寞了，而是烦死了。”

蒋丞笑了笑。

吃完红薯，肚子里有了热乎乎的温度，蒋丞开始犯困，眼睛都有点睁不开了。

“你睡吧，这有被子，李炎拿来的，好像也没用过，”顾飞往炉子里加了炭，起身从旁边的破柜门里扯出了一个袋子，“我……一会儿回去了。”

“……现在回去？”蒋丞愣了愣。

顾飞看了他一眼，又看了看袋子里：“只有一床被子。”

“……哦。”蒋丞应了一声。

发了一会儿呆之后，他实在困得受不了了，于是起身过去把沙发拖出来放平了，往上一躺，顿时觉得一阵舒服，又扯过被子盖上了。

顾飞坐在旁边没有动，他的眼皮打着架，也懒得再问，直接闭上了眼睛。

感觉快睡着的时候，沙发轻轻动了一下，顾飞坐到了旁边。

“你不回去了？”蒋丞睁开了眼睛。

“你没睡着啊？”顾飞回过头。

“没。”蒋丞说。

“我也不想动了，”顾飞拿了个垫子往脑袋下边一垫，躺了下来，“挤挤吧？”

“嗯。”蒋丞把被子往他那边匀了点。

本来挺困的，顾飞躺下来之后，他却睡不着了，明明困得泪流满面，却睡意全无。

要失眠了。

“醒着吗？”顾飞在旁边问。

“嗯，”蒋丞说，“睡不着。”

“择席啊？”顾飞问。

“不是，”蒋丞叹了口气，“你手机呢？”

“怎么了？”顾飞转过头。

“我帮你把弱智爱消除那几关过了吧，”蒋丞说，“一般这么无聊弱智的游戏，我玩几把就能睡着了。”

顾飞笑了，把手机递给了他。

其实，蒋丞说是这玩意弱智，但后面的关卡也很难，顾飞能玩到这里，本身也挺厉害的了。

他自己也并不是想过哪关就能过的，运气还是很重要的。

像今天这种喝了酒、发了疯，运气估计也被疯掉了的情况下，这个弱智爱消除就变成了讨厌爱消除。

顾飞一共攒了20多颗心，他用了一半，才终于过掉了第一关。

“唉，”他小声叹了口气，“今天不太顺，这么久才过了一关。”

顾飞没有出声。

他往旁边看了一眼，发现顾飞偏着头，居然已经睡着了。

蒋丞有些恼火地把他手机往旁边一扔，拉了被子躺好了，过你大爷的关。

屋里的灯没有关，虽然这破灯不是很明亮，不过，看顾飞的脸还是能看得很清楚的。

他瞪着顾飞的侧脸，看着顾飞的侧脸一点一点出现重影，再一点点模糊成一片，最后四周慢慢暗了下去。

44

这一夜倒是睡得挺沉，蒋丞睡着之前，还琢磨着可能晚上会做梦，但就是一片空白地直接睡到了第二天早上被冻醒。

外面的天透着亮，估计七八点了都，屋里的火已经灭了，风从留着透气的窗户缝里灌了进来，蒋丞一睁眼就是一通喷嚏。

再一伸手往旁边碰了碰，没有人。

他转过头，发现顾飞并没有在他旁边。

但没等对顾飞居然在周末早上这么早就起床展开吃惊，他先不受控制地对昨天晚上聊的事愣了一会儿神。

蒋丞坐了起来，伸手在头发上抓了两把。

酒劲过了。

疯劲也过了。

尴尬劲倒是没有上来。

蒋丞蹦下沙发，在屋里转了两圈，确定顾飞的衣服书包所有的东西都没在，他个没出息的，就这么不留痕迹地逃了？

至于吗？

不用这么落荒而逃吧！

这就不是尴尬了，蒋丞此时此刻的感受是非常没有面子！

他小声骂了一句，拿过了自己的手机，打了两个喷嚏之后，拨通了顾飞的电话。

没响两声，他突然听到门口传来了手机铃声。

有人？

谁来了？

不是好鸟？

李炎？

还是丁竹心？

在他反应过来门外的铃声是顾飞的手机时，已经吓出了一后背的冷汗。

门被推开了，顾飞拎着两个冒着热气的快餐盒，走了进来："你打我电话？"

"啊。"蒋丞看着他。

"赶紧吃，牛肉粉，"顾飞把盒子放到小桌上，"刚李炎给我打电话，要去店里，我先过去把店门打开了。"

"他现在在店里？"蒋丞问。

"没，一会儿才过来。"顾飞说。

"那你店就那么开着门？没有人？"蒋丞又问。

"嗯，"顾飞应了一声，"这个时间，不会有人进去偷东西，小偷忙活了一夜，刚睡下。"

"……哦。"蒋丞坐了下来。

顾飞从口袋里掏了一个长条的小塑料包，扔到了他面前。

"芥末？"这是蒋丞的第一反应。

"你吃个牛肉粉要配芥末啊？"顾飞低头开始吃粉。

蒋丞看了一眼，是一条独立包装的漱口水："你家店里还有这玩意啊？"

"怎么着，我家店很时髦的。"顾飞说。

蒋丞笑了半天，去厕所洗了个脸，又漱了口，出来坐下开始吃粉。

吃东西的时候，依然是沉默的氛围，不过，蒋丞这会儿也不是太想说话，之前对顾飞的猜测，让他觉得有些不太好意思。

而且……起床时，他并没有觉得有多么尴尬，也许是一边打喷嚏一边震惊一边愤怒的，顾不上。

这会儿沉默地吃着热乎乎的粉，他身体里的那些不安和惊慌，放心大胆地冒了头。

“你回家吗？”吃完粉之后，顾飞抹了抹嘴，“李炎今天好像是有事找我，要一会儿看我不在店里，可能会过来，我得现在过去。”

“那你快过去，”蒋丞一听，赶紧说，他不想被人看到，无论是谁，无论能不能看出来这里发生过什么，“我也走了。”

“嗯。”顾飞把桌上的零食收拾到袋子里，扔到旁边的纸箱里，垃圾都用个袋子装了拎着。

蒋丞跟在他身后一块儿走出了门外，一路沉默着。

吃过东西之后，蒋丞觉得今天其实不算冷，风并不大，但不知道为什么，他总有种想要打个冷战的感觉。

走到钢厂岔路口时，顾飞停下了，他回去是左边，顾飞家走右边。

“那个，”顾飞看了他一眼，“你回家？”

“嗯，”蒋丞点点头，往左边的小路走了两步，又转过身，慢慢退着走，“那个……我走了啊。”

“嗯。”顾飞应了一声，站着没动。

蒋丞退着走了几步之后，清了清嗓子，不知道自己还要说什么，于是，冲顾飞挥了挥手，转身顺着路走了。

晃到李保国家楼下的时候，远远地就看到了李保国从街对面一路快步走着过来了。

他一看到这个人，就立马想到了昨天沈一清的那个电话，心里一阵犯堵，直接都快堵到嗓子眼了，于是停下了脚步，想等李保国回家睡觉了以后，再进屋。

但李保国走近了之后，他发现李保国身后还跟着两个女人，穿着一样的衣服，看着像是销售员之类的制服。

“大叔，”一个年轻的女人，小跑着紧跟李保国，“大叔，我们真的是打错了电话，确实是我们的失误，但是您不能不认了啊！”

“我不知道！我没接着什么电话！”李保国大着嗓门，一边挥手一边说，“你们不要再跟着我了！”

另一个女人有些着急：“您看您也一把年纪了！怎么做事能这么没素质呢？”

“谁没素质？谁没素质！”李保国回头瞪着她，“你们天天说我拿了你们的东西！诬陷别人，你们挺有素质？”

“大叔，我们怎么诬陷您了！”年轻女人喊了起来，声音带着哭腔，“电话我们是打错了打给您了，可是你为什么要说自己买了呢？还让我们给送过来！我们司机都还记得是您收的货啊！”

“我不知道什么司机！”李保国进了楼道，紧接着就听到“哐”的一声，他进屋关上了门。

“这个人怎么这样啊？”年轻女人站在楼道口，一下哭出了声音。

蒋丞站在原地看了能有一分钟，才慢慢地往那两个女人身边走了过去，感觉自己脚底下跟拖着沙袋似的。

“不好意思，”他看着那个年纪大些的女人，“大姐，这是……怎么回事？”

“你认识那个人吗？”这个大姐马上问，指着李保国家的门，“能帮我们说说吗？”

蒋丞没有说自己认识李保国，但大姐还是把事情给说清楚了。

这两人是一家烟酒批发店的销售员，一个老客户要了烟和酒，新来的小姑娘打错了电话，打给了李保国，李保国让把东西都送到路口，然后也没给钱就走了。

“我们老客户收了货之后，再给钱也是可以的，”大姐说，“结果晚上人家客户打电话来问什么时候送，我们才发现弄错了。”

“这事是我的错，”小姑娘哭着说，“可是他也不能拿了不是自己的东西，就不认了啊，那些东西两千多啊，他要是不还，都得我赔……”

蒋丞只觉得自己全身发冷，偏过头，打了几个喷嚏之后，就觉得脑袋发涨，哪里都不舒服。

“给我留个电话吧，”他说，“我跟他问清了以后联系你们。”

“你认识他吗？”那个大姐马上问，“你是他什么人？是他儿子吗？”

“……是。”蒋丞有些艰难地点了点头。

“那你一定要帮帮这姑娘，都是年轻人，她刚来没两个月，一个月工资都不够赔的，”大姐说，“她家还挺困难的，不容易啊。”

“我问清了，会联系你们。”蒋丞说。

小姑娘一直在哭，大姐反复地请求，蒋丞不知道还能说什么，只是不断地重复这一句。

当两个人终于走了之后，他一身疲惫地打开了门，进了屋。

“你跟她们扯那么多干什么？”李保国站在客厅里，看到他进来，立马扯着嗓门，很不爽地说，“你根本都不用理她们！”

“你是不是拿了那些东西？”蒋丞把书包扔到沙发上。

李保国依然扯着嗓子：“不管我拿没拿，这事……”

“我就问你是不是拿了！”蒋丞打断了他的话，吼了一声。

“拿了！怎么了！她们自己打电话要给我送过来的！”李保国瞪着眼睛也吼，“怎么着！关我什么事！这是她们自己的错误，就要自己承担后果！”

“还给她们。”蒋丞也盯着他。

“你是不是脑子进水了？白来的东西，还什么还？又不是我主动去骗人！”李保国一脸看傻子的表情，“我跟你说，她们查了监控！还找了派出所！人家派出所都不管！让她们自己解决！”

这话李保国不说还好，一说出来，蒋丞只觉得怒火都快掀掉天灵盖了：“你是不是还挺得意啊？派出所都惹不起你这种无赖！你还挺愉快？”

“你放屁给老子注意点！”李保国也火了，指着他，“你要搞清楚你在跟谁说话！你在跟你老子说话！”

蒋丞压着心里的怒火，盯着他看了几秒钟，扭头走进了李保国的房间。

“干什么你？”李保国马上跟了进来，一把抓住了他的胳膊要往外拽。

蒋丞一转身，猛地甩开了他的手：“我说过！别碰我！”

“碰你怎么了！”李保国吼，“你他妈我生出来的，我别说碰你一下，老子打你一顿也轮不上你放屁！”

蒋丞手都抖了，没再理他，弯腰看了看床下面，下面堆满了破烂，没看到烟和酒，他又过去打开了柜子。

“老子今天不教训一下你，你是不知道这个家谁说了算！”李保国冲过来，对着他的后背狠狠推了一把。

蒋丞没防备，被他猛地这么一推，直接撞在了柜门上，鼻子一阵酸疼。

接着李保国又一拳打在了他的脸上：“真以为自己是哪家大少爷了！”

蒋丞这辈子被父母骂过，罚站甚至罚跪都有过，但还是第一次被自己的“家长”这么打。

李保国这一拳打得相当重，重到他都觉得那天李保国凭这拳头也不可能被人按在地上揍成那样。

他眼前一阵冒金花，接着李保国的第三招已经出手了，一脚踹在了他的小腹上。

这一脚直接把蒋丞踹得跪在了地上，疼得几乎发不出声音。

在李保国对着他肩又一脚蹬过来的时候，蒋丞咬着牙，抓起了旁边的一张凳子，对着他的小腿抡了过去。

李保国大概是没想到他能还手，连疼带怒地一声暴吼。

蒋丞捂着肚子，站了起来，抓着凳子，对着他的胳膊又抡了过去，重重砸在了他的身上。

蒋丞咬着牙，瞪着李保国。

也许只在外面才会𡚸，在家就是霸主的李保国被他连砸了两下，面子上挂不住了，冲上来展开了连环攻击。

蒋丞砸了两下之后，就没想再动手，这个人就算不是他亲爹，也是个成天咳嗽咳得半死的老头……李保国再次扑上来的时候，他推开了李保国。

但李保国劲上来了，不教训得他服气，大概不会停手，这劲头也全然没有了"咳嗽狂魔"的病样。

蒋丞不得不一次次把他推开，从里屋一直推到客厅，最后一下推得他撞在了客厅的门上。

"你是要杀了我，是吧！"李保国吼着，"来来来！杀！"

蒋丞不想说话，只是盯着他不出声。

"老李！怎么回事啊？"门外传来了邻居的声音。

"我儿子要杀我！"李保国吼了一声，回手打开了门，冲着门外站着的几个邻居吼着，"大家看看！我儿子要杀我！"

"你怎么……"蒋丞的震惊已经压过了震怒，声音都有些发抖，"这么不要脸？"

"我不要脸？"李保国转头看着他，"我不要脸？我要养你，要供你吃喝，供你上学！我占点白送上门来的便宜，你说我不要脸？"

蒋丞只觉得自己一口气差点倒不上来，直接就要背过去了。

"你爸也不容易……"一个大叔在外面说了一句。

"你闭嘴！"蒋丞吼了一声。

这些邻居，一脸看好戏的表情，一眼就能看得出来没有一个人是真的同情，是真的想来劝架，无非就是等着看李保国的洋相。

"哟！"一个大妈喊了一声，"这孩子怎么这样啊？"

"怎么样了！"李保国突然冲她吼了一声，"我儿子怎么样了！有你什么事，你多什么嘴！”

“神经病吧你！”大妈瞪着眼睛，一边跺着脚上楼，一边骂着，“一家子神经病！药厂都让你家这些玩意吃倒闭了！”

李保国甩上了房门。

转过身跟蒋丞面对面地对视了好半天才开了口：“我快死了……”

“别跟我说话，”蒋丞哑着嗓子，“我已经死了。”

李保国重新打开门走了出去。

“东西呢？”蒋丞在他身后问。

“卖了。”李保国说。

“钱呢？”蒋丞又问。

“花了。”李保国回答。

“从现在开始，”蒋丞说，“你没有我这个儿子了，以前没有，以后也没有了。”

李保国站在门外没有动。

“我搬走，”蒋丞说，“你不用再养我，不用再供我吃喝，不用再供我上学了。”

李保国回头看了一眼，冷笑了一声，没有说话，直接走了。

顾飞坐在收银台后边玩着手机，李炎靠在收银台前，看着在货架那里转来转去的李保国。

“这个打折的，没过保质期吧？”他指着冰柜里的几桶酸奶问。

“临期了，”顾飞说，“还有两三天过期。”

李保国拿了一桶，放到收银台上：“给我算钱吧。”

“李叔还喝酸奶呢？”李炎说。

“喝，以前都没喝过，”李保国说，“尝尝。”

“记账吗？”顾飞问。

“有钱。”李保国掏出了一把钞票。

“最近手气不错啊？李叔。”顾飞笑了笑，接过钱，给他找了零。

“还行，还行。”李保国拿着酸奶走了出去。

李炎在顾飞旁边坐下，看着走出去的李保国：“真是蒋丞他亲爹？”

“嗯。”顾飞玩着手机。

“要说这环境对人的影响可真大啊，”李炎伸了个懒腰，“你看看李保国，还有他那一家子，居然有蒋丞那样的儿子。”

“你还要在我这里待多久？”顾飞没接他的话，继续在手机上扒拉着，“这个周末全废你手上了，烦不烦。”

“我妈什么时候放弃让我去相亲，我就什么时候回去。”李炎说。

“哎哟，”顾飞把手机扔到桌上，“你把我这店买下来算了。”

李炎靠着椅背笑了半天：“真不够朋友。”

“明天你还待这里吗？”顾飞说，“你要还待这里，我就跟我妈说不用过来了，你守着就行，顺便看着点二淼。”

“嗯，没问题。”李炎说。

“顺便再去帮我把货拿了？”顾飞看了他一眼，“上回拿速冻饺子那家，你去过的。”

“行行行，都交给我。”李炎叹了口气。

李炎年纪不大，23都不到，但是因为一直不交女朋友，让从他15岁开始就想抱孙子的老妈非常焦虑，这儿子还成天游手好闲不务正业都顾不上了，一心要他先结婚。

有时候，顾飞都替李炎无奈。

这回估计是逼得挺凶，李炎干脆把手机一关，泡他这里两天了也不回家。

顾飞的爱消除没心了，蒋丞说是帮他过三关，但只过了一关，剩下的两关，他两天了也没过去。

他叹了口气，退出了游戏，划拉开了朋友圈，慢慢翻着。

都没什么意思，女生各种磨皮，把鼻子都磨没了的自拍和买买买，男生就是游戏和装逼。

蒋丞夹在这中间简直是一股清流。

丞哥：我是如此有钱。

顾飞看着这句话笑了半天，然后点了个赞。

蒋丞这两天都没有联系过他，虽然之前的周末他们也不怎么联系，但毕竟前两天刚发生了一些不能直视的事，他倒还好，就是有点担心蒋丞的状态。

不过，看他这条朋友圈，似乎也没什么问题。

只是周一见到蒋丞的时候，他还是看出来了蒋丞的脸色不太好，但情绪还算正常。

“给。”蒋丞把两页折好的纸递给他。

"检讨？"顾飞问。

"嗯，"蒋丞点点头，"应该没有你不会念的字。"

顾飞笑了笑："学渣又不是文盲。"

今天是集体上台念检讨的日子，老徐在全校集合之前，就把他们拎到了主席台旁边，（5）班的人都没过来，就他们几个跟傻子似的，在升旗之前就站在那里候场了。

好不容易等到升完旗，校长和值日老师讲完话，轮到他们上台的时候，都有一种"总算轮到我们出场了"的感觉。

"顾飞第一个。"校长说。

下面响起了一片掌声。

"鼓什么掌？"值日老师说，"鼓什么掌？念检讨是什么值得鼓掌的事？都安静！"

顾飞拿出蒋丞给他的检讨打开了，站到了话筒前。

"检讨书，"顾飞照着上面蒋丞写得跟屎一样的字念着，"各位老师，各位同学，我是高二（8）班的蒋丞……"

下面站着的全校学生在短暂的安静之后，爆发出了一阵笑声，还夹杂着不少尖叫，旁边的校长和值日老师都吃惊地转过了头。

顾飞猛地扭头看着身后站着的一排人。

蒋丞正低头在兜里狂翻，好半天才又翻出了另外两张叠好的纸，赶紧两步过来递给了他。

他把手上的那张给了蒋丞，压着声音："你也太牛了，这都能给错？"

"你也很牛啊，"蒋丞也压着声音，"自己叫什么都不知道？"

45

顾飞拿着蒋丞第二次给他的这份检讨，打开认真辨认了一下，确定上面的名字是顾飞而不是王旭或者别的谁，这才又重新开始念："我是高二（8）班的顾飞，我作为四中的一分子，却……楼……屡次违反学校的什么定……规定……迟到是……是一个……严重的错误，而迟到了还骑墙……翻，翻墙就是错上加号……加错……"

蒋丞的字写得倒是挺大的，就是丑，丑得石破天惊，顾飞吃力地念着，听着台下时不时传来的阵阵笑声。

“在还有半个学期就即将进入高三的关键……时刻，”顾飞盯着纸，不知道进入高三有什么关键的，“我一定改正错误，遵守学校的纪律，不迟到早退，不……不再翻墙和踩……树杈……”

踩树杈是什么玩意！

念到最后一行的时候，他终于松了口气：“检讨人，顾飞。”

“顾飞过去站好，下一个，”值日老师往台上的一排人身上扫了一眼，“蒋丞！”

底下又是一阵掌声响起，值日老师脸都绿了，指着下面的人：“谁想上来一起念是怎么着？给你这个机会！”

蒋丞站到话筒前面，掏出检讨看了看，又翻到第二页看了两眼，然后把检讨叠好放回了兜里。

“我是高二（8）班的蒋丞，”他看着下面的人，“上周因为一个小口角，我跟（5）班的……”

蒋丞看着台下沉默了两秒钟，回过头看着身后的一排人：“那人叫什么来着？”

这问的声音还不小，下面顿时一阵没压住的笑声。

王旭震惊了，赶紧告诉他：“罗义！”

“我跟（5）班的罗义同学打了架，”蒋丞很平静地转头继续说，“这种行为严重违反了学校规定，不利于同学和班级之间的团结，我作为先动手的人，没有给罗义同学向我解释和道歉的机会，还引起了两个班级之间的矛盾，造成了很不好的后果，这几天，我对自己的冲动行为进行了深刻的反省，打架是不能解决问题的……”

顾飞看着蒋丞的背影，心里简直对这个连念个检讨都要背下来耍帅的非典型学霸佩服得五体投地，而且这一通检讨，不光是承认错误这么简单，还把挑事的锅完整地扣到了罗义的脑袋上。

不过，听着蒋丞的检讨，顾飞明白了早上看着他脸色不太好的原因，蒋丞似乎是感冒了，说话带着鼻音。

王旭在他身边小声叨叨着：“蒋丞这小子是要干什么，比我还能抢风头，这种事居然都能拿来出风头……”

“你只能服，”郭旭低着头，“就这检讨，不说人家写得怎么样，反正我是背不下来。”

“我会认真反省，好好改正错误，团结同学，不再冲动……”蒋丞全程连一个磕巴都没有地把检讨给念完了，“检讨人，蒋丞。”

然后鞠了个躬，转身回到了目瞪口呆的一排人中间站好。

接下来轮到王旭，他从兜里拿出已经搓成一团了的检讨书打开，气势很足地念了起来：“各位老师同学，早上好！在这个春暖花开、春回大地的日子里！我犯了一个错误……”

顾飞叹了口气，差点没忍住笑，赶紧低下头。

“不知道的得以为他犯了什么跟春天有关的错……”蒋丞小声说。

一排人顿时低头笑得全身颤抖。

校长在他们后边清了清嗓子，一帮人才好不容易地止住了笑声。

“你居然背检讨？”顾飞偏了偏头，扫了蒋丞一眼。

“没，”蒋丞低声回答，“我没想到咱俩会连一块儿念，我两份检讨承认错误什么的写的是一样的，连一块儿一听就太明显了……”

郭旭有些吃惊：“那你是现编的啊？”

“那个叫脱稿。”蒋丞纠正他。

“……哦。”郭旭还是一脸震惊。

（8）班的检讨念完，就轮到了（5）班的那几个。

一个个都磕磕巴巴的，用了不少时间才念完，最后，校长和值日老师连总结都懒得做了，直接宣布了解散。

回到班上之后，大家纷纷向蒋丞发来贺电。

“你这下真是全校出名了，”周敬冲他竖着拇指，“蒋丞你真是……”

“闭嘴。”蒋丞说，偏开头打了个喷嚏。

“感冒了？”顾飞问。

“嗯。”蒋丞点点头，拿出口罩戴上了。

也许是突然想到了感冒的原因有可能是因为那天晚上他俩在火灭了而且开着窗的屋子里盖着一条小被子……

两人都有些尴尬地停止了对话。

开始上课了之后，顾飞才又说了一句：“不是让你等我一块儿来学校的吗？”

“……我忘了。”蒋丞趴在桌上，半闭着眼睛。

“放学一块儿走吧。”顾飞说。

“嗯。”蒋丞应了一声。

顾飞没再说话，看蒋丞那样子估计不太舒服，他低头继续玩着手机。

下课的时候，他放下手机，往蒋丞那边看了一眼，蒋丞趴在桌上，捂着个口罩睡着了，看上去还睡得挺沉。

“顾飞，”老徐在隔壁班下了课，路过他们教室门口的时候，过来叫了一声，“你来一下。”

顾飞看着老徐，坐着没动。

“我找你有事，”老徐招招手，“来。”

顾飞有些无奈地收起手机，慢吞吞地走出教室，跟在老徐身后。

老徐下了楼就往教工厕所那边走，顾飞停下了：“要不先说事，再上厕所吧？”

“不上厕所，”老徐说，“这边人少。”

老徐一脸“这是一个秘密事情”的表情，顾飞只得跟了过去，在厕所旁边的一张石凳上坐下了。

“我有点事想问问，但是这个事一定要保密。”老徐说。

“跟我没关系的话就别说了，我不想管闲事，也不想替谁保密。”顾飞习惯性地摸了一下兜想拿烟，但看了一眼老徐又停下了。

“抽吧抽吧，别让教导主任看到，要不我也要写检讨，”老徐叹了口气，看着他拿了烟点上之后，才又继续说，“这个事是跟你没什么关系，但是跟蒋丞有关系，我看你俩关系还是不错的……所以，想找你聊一聊。”

顾飞低头叼着烟，过了一会儿才问了一句：“你想聊什么？”

“你知道蒋丞离家出走了吗？”老徐问。

“嗯？”顾飞有些吃惊地抬起头。

“唉，你也不知道吗？”老徐重重叹气，“他爸爸来找过我。”

“李保国啊？”顾飞说，“他来学校了？”

“没有，打的电话，”老徐说，“他以前就认识我，他那个大儿子李辉，以前也是我的学生。”

“哦。”顾飞应了一声。

离家出走？

老徐小声说：“老李也没说蒋丞为什么要跑，就只说有矛盾，说蒋丞跟他置气……”

“那人的话不能信。”顾飞说。

“所以我才想找你问问，我直接找蒋丞，他那个脾气，肯定不会说，”老徐一脸发愁，“这么优秀的一个孩子，这些事要是处理不好，是会影响学习的啊。”

“我不知道，他没跟我说过，”顾飞说，老徐一脸不相信的样子看着他，他把烟掐了，“你不信也没办法。”

“行吧，唉，”老徐摇了摇头，“你也不要问他，我再跟老李谈一谈，看是怎么回事，明天就期中考试了，考完了再说吧。”

顾飞没再说话，站起来回了教室。

蒋丞一上午都无精打采，去医务室拿了感冒药吃了之后，干脆趴在桌上呼呼大睡，一直睡到中午放学。

顾飞推了他好几把才把他推醒：“哎，放学了。”

“哦，”蒋丞睁开眼睛，闷着声音，“我中午不回去了，你……自己回去吧。”

“也不吃东西？”顾飞问。

“没胃口，不吃了。”蒋丞重新闭上了眼睛。

“行吧。”顾飞没再说别的，玩着手机走出了教室。

不过，走出校门的时候，他一眼就看到了蹲在学校对面街边的几个人，旁边有辆摩托，上面坐着的是江滨。

顾飞没理会，边走边给蒋丞发了条消息。

——江滨在外面，别出来。

发送之前，他又把江滨两个字改成了野猪头，蒋丞记人本来就乱七八糟，这会儿还感冒了，估计记不起来江滨是谁。

蒋丞倒是很快就回复了过来。

——找你麻烦了没？

——没。

蒋丞没再回复，估计又睡着了。

顾飞跨上自行车的时候，江滨发动了摩托，开过来挡在了他前面。

王旭几个也正在取车，一回头看到这边，立马都停下了，往这边盯着。

“有空吗？”江滨问。

“有事？”顾飞的腿撑着地。

“好久没一块儿打球了，”江滨说，“什么时候来一场？”

“再说吧，”顾飞说，“我们明天要考试了。”

“哎哟，”江滨一脸夸张的吃惊表情，“大名鼎鼎的顾飞，要考试？”

接着就一通笑。

“考完试再说吧。”顾飞没理会他的笑。

“行，”江滨指了指他，“我给你面子，考完试了，我来找你。”

顾飞应了一声。

“叫上那个叫蒋丞的。”江滨说。

“这个不保证。”顾飞回答。

江滨往地上啐了一口：“我说了，叫上他。”

“别跟我横，”顾飞看了他一眼，慢条斯理地说，“想在我这里要横，叫你哥陪着你过来。”

“顾飞，”江滨拧了拧摩托车的油门，“我可不是我哥，我跟你也没有他跟你的交情……”

“你哥跟我也没交情，”顾飞打断了他的话，“你想打球，考完试约，你想约蒋丞，叫你哥来。”

这话说完，顾飞蹬了一下车，从他身边挤了过去。

王旭几个马上蹬着车跟了上来：“怎么回事？找麻烦的？”

“跟你有什么关系，”顾飞说，“想找事，你现在过去找他就行了。”

王旭很生气：“这事是打球引起的！是我们一个队的事！这是集……”

“集体荣誉感找个别的地方用，”顾飞猛蹬了两下，车蹿了出去，“回吧。”

回到店里，顾淼正在门口玩滑板，看到他回来，理都不带理地从他身边如一阵风刮过。

顾飞发现这小丫头好像长个子了，一年都没动过的身高，终于有了变化，脑袋似乎已经到他腰的位置了。

李炎在店里，刘帆也在，估计是李炎太无聊了把他叫过来的，两人正烧了水，准备煮面条吃。

没等他说话，突然听到了李保国的声音：“大飞，你放学了啊？”

“李叔，”顾飞有点意外地看到李保国站在货架那里，“来买东西？”

“找你打听蒋丞呢，”李炎在一边说，“说是离家出走了。”

顾飞有些无语，找蒋丞找得连李炎他们都知道了，蒋丞要知道李保国就这么大张旗鼓地到处跟人说他离家出走，估计怎么求他也不会再回去了。

“他今天去学校了没有？”李保国扯着嗓门问。

“我不知道，”顾飞说，“我今天没有去学校。”

“你别帮着他瞒我！”李保国很不满意地说，“你们这帮不学好的玩意，都相互打掩护呢！”

“我真没去学校。”顾飞说。

“这小子，大城市长大的就是脾气大！这就是那边惯的！说不得碰不得！”李保国抱怨着，“你有错，当爹的还不能教育一下了吗！说两句就跑，还不认爹了！没我这个爹！哪里来的他！”

“什么时候跑的？”顾飞问。

“星期六跟我犟完就跑了吧！”李保国一脸怒气，“我打个牌回来，东西都拿走了！胆还挺肥！要不是我去学校被你们徐老师拦下来了，你看他这会儿腿断没断！”

顾飞没再说话。

李保国站在店里连吼带骂地一通发泄，然后骂骂咧咧地走了。

刘帆坐到桌子旁边：“这人也是神了，我亲爹要这么满世界骂去，我这辈子都不会回家。”

“李辉现在不就是不回家吗，”顾飞也坐下了，“对了，过几天考完试去打个球。”

“打球？你们学校吗？”李炎问，“你们也要拉外援了？”

“不是，”顾飞说，“江滨约呢。”

刘帆笑了起来，靠在椅背上笑了半天：“这战书还真有脸下啊？”

“打呗，”李炎一脸无所谓，“反正也难得能赢他们一次，这次输了，让他找点面子。”

“他点名要蒋丞也去。”顾飞说。

李炎愣了愣：“那这意思可就不是打球了啊。”

“嗯。”顾飞点头。

“你是要帮他扛这事吗？”李炎问。

“什么叫我帮他扛，”顾飞说，“江滨把我也算上了。”

“那一块儿去呗，”刘帆伸了个懒腰，“正好很久没活动了……”

下午顾飞到教室的时候，还没上课，蒋丞还是戴着口罩，趴在桌上半死不活地玩着手机。

他坐下的时候，蒋丞才抬了抬眼，有些吃惊：“我以为你不来了呢。”

“没地方去，”顾飞说，又打量了他一下，“你这感冒要不要去挂个水什么的啊？”

“不用，”蒋丞说，“没多严重，我就是困了，没睡好。”

“哦。”顾飞也不知道该说什么了，想说李保国去找他了，但又觉得现在说这个不合适，沉默半天之后，还是继续保持了沉默。

下午的自习课都取消了，被各科老师抢占，进行最后的“画重点中的重点”大战。

顾飞听课都烦，听画重点更是烦得不行，戴了耳机，听着音乐，开始玩手机，东看看西看看。

早上检讨念错名字的事，已经在贴吧上有了帖子，并被顶成了热帖，还被加了个精。

《李涛，我家这算是被蒸煮盖章了吧？》

顾飞点进去扫了几眼，回复里各种热闹的刷图比心各种带着感叹号的原地爆炸，看得他有点想笑，也分不清谁是谁，就差不多能猜到有学校记者团的人，比赛拿着相机满场拍的好几个。

还看到了个疑似王旭的号，估计是新注册的小号，Captain旭，看这名字就得是认真翻了中英小词典才查到的单词……

放学铃响起的前五秒，数学老师冲进了教室：“我这有张卷子……”

教室里发出一阵拉长了声音的抗议，不少人根本没听老师要说什么，直接拥出了教室。

“走吗？”顾飞问蒋丞。

“嗯。”蒋丞站了起来，先过去从数学老师那里拿了卷子。

“模范生啊。”顾飞也过去顺手拿了一张。

“你拿这个干吗？”数学老师看着他。

“您发都发了。”顾飞把卷子折好，塞到了裤兜里。

蒋丞走到楼下的时候，先去洗手池那里洗了个脸，然后换了个口罩戴上：“你……有时间吗？”

“怎么？”顾飞问。

“你说的那个卖自行车的店，”蒋丞说，“带我去一趟吧，我懒得走了，鼻子堵了一天，难受死了。”

“嗯。”顾飞点点头。

江滨没有在校门口堵着，猴子也没在，不过，顾飞很清楚，这事猴子肯定会插手，虽然他跟这个表弟关系并没有多好，但毕竟是这片的老大，跟王旭那种在“伪班霸”之路上挣扎的人不同，他的面子大过天。

再说，猴子看不顺眼自己很长时间了，每次说是给他面子，心里不定火大成什么样，有没有江滨这事，也早晚得爆发一次。

只是这事要真把蒋丞扯进去，他还真是不能答应，蒋丞跟他们所有的人都不一样，就冲他脱稿检讨书这一件事，他就不该是被拖在这里待着的人，更不是在这里待着还要被找麻烦的人。

“哎，忘了问你，”蒋丞坐在他车后头，“那家的车贵吗？我大概只能承受500块以下的。”

“这位城里人，”顾飞偏过头，“他们家最贵的车大概也没超过350块。”

“……哦，”蒋丞应着，过了一会儿，又啧了一声，“那岂不是非常之丑。”

顾飞捏了一下闸，一只手抓着车把，半个身子都扭了回来，盯着他看了一眼。

“我就……随便说说。”蒋丞说。

蒋丞对车其实并不挑剔，也没有选店里最贵的400块的那辆，而是挑了一辆250块的，并且以250太难听了为由，把价讲到了220块。

顾飞感觉蒋丞大概是真不打算回李保国的家了，现在手紧的程度跟以前不太一样。

“行吗？”顾飞看着他在人行道上骑了两个来回。

“行，”蒋丞点点头，“就是太丑了。”

“交钱走人。”顾飞无奈地说。

蒋丞去交了钱，两人骑着车，慢慢往回去的方向划拉着。

快到路口的时候，蒋丞像是下定了决心似的转过头：“我不住李保国的家了。”

“为什么？”顾飞问。

“不知道该怎么说，”蒋丞叹了口气，“一会儿上你家店里买点东西。”

“日用品？”顾飞看着他，“你现在住哪里了？”

“也没多远，”蒋丞说，“我在上回住的那个旅店那里跟老板打听的，在你们家那条街再过去一条岔路……”

“毛巾厂宿舍吗？”顾飞问。

“不知道，反正楼破得跟李保国他们家有一拼，一居室，租金倒是便宜。”蒋丞说。

“以后你打算怎么办？”顾飞问。

“没打算过，”蒋丞偏过头打了个喷嚏，吸了吸鼻子，“反正我不会再回去，我谁的儿子都不是，从现在开始，我就是个孤儿。”

顾飞没说话。

两个人沉默着往前骑了一会儿之后，顾飞说：“孤儿，一会儿请你吃饭吧。”

“行啊。”蒋丞笑了笑。

“去毛巾厂宿舍那边吃，”顾飞说，“顺便告诉你那边买东西什么的该去哪里。”

“好。”蒋丞点点头。

顾飞扭脸看他的时候，他拉了拉口罩，迅速转开了头。

46

顾飞骑到了前头，不快不慢地跟他保持着距离，蒋丞有时候觉得顾飞这种敏锐的观察力和不管闲事的高情商让他很不爽。

他把口罩往上拉了拉，让口罩的边缘正好能接住滑下来的泪水。

从这里骑到顾飞家的店，距离还算可以，骑车十几分钟，足够了，他就这么跟在顾飞身后，尽情地流着眼泪。

其实，他不知道自己为什么会突然就哭了起来。

他觉得自己并没有流泪的冲动，也没有什么让他想哭的事情，再也没有家，没有父母，这样的心理状态已经不是一天两天，从他被告知自己是领养的那天开始，他就已经觉得自己再也没有家了。

来到这里之后，这样的感觉更是一天比一天清晰，他为什么还会在说出自己是孤儿之后突然流泪了呢。

果然是病了人就娇气。

快到路口的时候，他已经停止了流泪，眼泪也基本都被风干了，只有眼睛还觉得有些发涨。

在顾飞家店门口把车停好，顾飞回头看了他一眼，像是被吓着了似的，小声说了一句：“哎哟。”

“怎么了。”蒋丞把车往墙边一靠。

“我……”顾飞犹豫了一下，“没想到你能哭成这样。”

蒋丞突然有点想笑，就连顾飞这么能缓解别人尴尬的人，居然也装不下去了，他揉了揉眼睛：“很红吗？”

“挺红的，”顾飞说，“要不你在这里等我，你要什么我给你拿出来，李炎在里头呢。”

“没事，”蒋丞在书包里摸了摸，摸出了一个眼镜盒，拿出一副墨镜戴上了，“我有装备。”

“你这样子……”顾飞盯着他看。

“是不是很帅，”蒋丞往旁边社区医院的窗户上看了看，“我每次经过橱窗，都会被自己帅一个跟头。”

“是，”顾飞点了点头，“你的确是……很帅。”

两人一块儿走进店里，李炎正在货架之间，踩着顾淼的滑板艰难移动着，顾淼抱着胳膊，靠在收银台前一脸冷漠地看着。

看到他俩进来，顾淼跑到蒋丞身边，很有兴趣地仰着脸，看着他脸上的墨镜。

“你已经无聊到这种程度了。”顾飞说。

“锻炼身体呢，”李炎看了看蒋丞，“哟，我以为谁收保护费来了。”

“拿钱吧。”蒋丞说。

“抽屉里呢。”李炎指了指收银台。

“你什么时候回去？”顾飞问李炎。

“你甭管我了，”李炎继续踩着滑板艰难前行，“我一会儿跟刘帆约了饭，你俩去吗？”

“我不去。”蒋丞说。

“不去了，”顾飞把李炎从滑板上拽了下来，“我们明天期中考试了。”

“期中考试跟你有什么关系？”李炎说，“人家学霸要复习，你个白卷王……”

“我没交过白卷。”顾飞纠正他。

“哦，你都填满了的。”李炎点点头。

“是的。”顾飞也点头。

“行了，不去不去吧，”李炎拿过自己的外套，“我走了。”

蒋丞在货架前转了两圈，拿了些日用品和吃的，顾淼一直很好奇地跟在他身边，盯着他的墨镜。

最后，他不得不把墨镜摘了下来，又过了这么一会儿，眼睛应该不怎么红了，他把墨镜戴到了顾淼的脸上。

顾淼推了推墨镜，面无表情。

“很酷，”蒋丞冲她竖了竖拇指，“你长大了，肯定比你哥要酷很多，而且还非常帅。”

顾淼没说话，转身抱起滑板出去了。

“哎！”顾飞喊了一声，“墨镜摘了！一会儿掉地上摔坏了！”

顾淼没理他，戴着墨镜，很潇洒地滑了出去。

“没事，”蒋丞说，“坏了就坏了吧，戴挺久了。”

“买自行车都买二百块的了，”顾飞靠着收银台看着他，“这墨镜摔坏了，可买不起了。”

“摔坏了不是该你赔吗？”蒋丞笑笑。

“哦，对，”顾飞想了想，“是。”

蒋丞把挑好的东西放到收银台上：“算钱。”

“那个……”顾飞有些犹豫。

“不。”蒋丞说。

顾飞笑了笑，走到收银台后边开始一样一样扫码，然后拿个袋子把东西都装好了：“一共一百二十三块二，我给你抹个零吧，一百二。”

“好。”蒋丞拿了钱给他。

没有人看店，顾飞让顾淼自己回家之后，把店门关上了。

“耽误生意了吧？”蒋丞有些不好意思。

“饭点也没什么生意了，无非就做饭的时候发现没盐没油了的过来。”顾飞跨上自行车骑了出去。

蒋丞也上了车，跟了过去。

“墨镜明天我拿给你。”顾飞说。

“不用了，我看顾淼很喜欢，”蒋丞说，“给她吧，拿着玩，就是跟她说，别总戴着，小孩戴久了对眼睛不好。”

顾飞笑了笑。

蒋丞对这片不是太熟，那天房东给他说了地址之后，他费了半天劲才找着地方，今天再次过来之后，他看着一栋栋长得一样破烂的房子……居然找不着自己租的房是在哪里了。

“不是，”他非常郁闷，“我记得就是在某一个路口进去，然后有几栋长得差不多的……”

“某哪个路口？”顾飞问他。

“我……”蒋丞愣了半天，最后掏出了手机，“我再问问房东吧。”

那边房东都乐了，给他又说了一遍地址："小伙子，你可别半夜回来，半夜我都关机的，你迷路了，就得在外头过夜了。"

顾飞对这个地址还挺熟，一蹬车又往前去了："这边。"

"我怎么记着没这么远。"蒋丞有些迷茫。

"你连名字都记不住。"顾飞说。

"我不是记不住，"蒋丞叹了口气，"我是懒得记，我的脑子又不是垃圾堆，当然得记有用的东西。"

"是啊，记路没什么用。"顾飞点头。

"你闭嘴。"蒋丞说。

顾飞带着他找到自己租房的那个楼时，他认真地看了看前后左右："行吧，记住了。"

"上去放了东西去吃饭吧。"顾飞说。

"嗯。"蒋丞带着他上了楼，房东家这个屋子在二楼，很破，不过屋里还行，家具挺全，虽然旧，但是挺干净，起码没有李保国家的老鼠和蟑螂。

"感觉还可以。"顾飞站在客厅里看了看。

"嗯，"蒋丞把东西放到桌上，"过两天去拉根网线，就差不多了……对了，你知道哪里有卖床上用品的吗？"

"床上用品？"顾飞愣了愣。

不知道为什么，蒋丞说出这四个字的时候，莫名其妙地就想歪了，看顾飞这反应，估计也是差不多。

他俩对视了一眼，顾飞先笑了起来："哦，床上用品啊，我知道。"

蒋丞没说话，突然就觉得止不住笑了，站窗户旁边就是一通狂笑，笑得腮帮子都发酸了。

"靠。"顾飞揉了揉脸。

"那吃完饭去买吧？我这里等不及从网上买了。"蒋丞说。

"那得先去买了再吃饭，"顾飞拿出手机，看了看时间，"床单什么的有个布料市场，有成品卖，被子枕头什么的都有，不过七八点就关门了。"

"行。"蒋丞点点头。

"那……"顾飞指了指门，"走？"

蒋丞没说话，又站了一会儿，才走到了顾飞跟前，胳膊一抬，搂住了他的肩，紧紧地搂着。

顾飞先是愣了愣，然后在他背上轻轻拍了两下：“怎么了？”

“没什么，”蒋丞还是紧紧地搂着他，“你有没有过那种特别不踏实的时候，没着没落的，感觉什么也抓不着，脚底下也没东西。”

顾飞沉默了一会儿：“有过。”

“我也觉得你应该有过，”蒋丞说，“我一脚踏空，我就要飞起来了，我向上是迷茫，我向下听见你说这世界是空荡荡……”

后面这句蒋丞是唱出来的，声音很低。

顾飞有些吃惊，不光是吃惊蒋丞只听过一次就记下了旋律和歌词，还吃惊他唱歌时声音带着嘶哑的性感，很好听。

他能体会蒋丞现在整个人都空荡荡的感受，虽然他们经历的并不相同，但他能体会得到脚踩不到实地的慌乱。

两个人静静地站在屋里，很长时间，他能听到耳边蒋丞压抑着的，很低的，几乎难以觉察的哭泣。

“丞哥，”顾飞轻声说，在他腰上轻轻拍了拍，“其实，我也不太会安慰人，我唯一安慰过的人是二淼……我就是想说，你想哭的话，哭出声来会比较痛快。”

耳边蒋丞有一瞬间的安静，咳嗽了两声之后，突然哭出了声音。

那种很不情愿的，带着愤怒和无奈还有委屈的哭声。

听上去哭得挺尽兴的，从一开始的哭出声，到最后揪着他肩上的衣服，哭得带上了发泄式的嘶吼。

“你大爷。”蒋丞带着哭腔说了一句。

“嗯。”顾飞应了一声，还是轻轻拍着他。

最后，蒋丞拉着他一块儿倒在了沙发上，侧着身。

顾飞没再说什么，安静地跟他一块儿挤着，能听到外面有吃完了饭出来疯跑的孩子的笑声和叫喊声。

他一直静静听着，最后，所有的声音都消失了，蒋丞才动了动，冲他笑了笑。

顾飞没有跟着他笑，撑着胳膊起来的时候，顺手在他眼角摸了摸。

“没事了。”蒋丞在他手上弹了一下。

“买床上……用品的话，要抓紧时间，”顾飞说，“再晚点就只有当街那几家还开门了，没的挑了。”

“嗯，”蒋丞也起来，去厕所洗了个脸，再出来的时候，有些担心，“你赶紧去洗个脸……”

“怎么，”顾飞一边往厕所走一边问，“是怕你的鼻涕蹭在我脸上了吗？”

“我是怕你感……”蒋丞说了一半，猛地回过神，“不会吧！”

“……没有。”顾飞进了厕所洗脸。

蒋丞站在客厅里，吸了吸鼻子，这会儿鼻子是通的，应该不会蹭到顾飞脸上。

在顾飞挂着一脸水珠子，从厕所出来的时候，他甚至有点无法跟顾飞对视，目光闪烁得老有一种自己给顾飞下了药的错觉。

“走吧。”顾飞抹了抹脸，似乎被他传染了尴尬，扯了两张纸，擦了擦脸，就往门口走了过去。

“嗯。”蒋丞又吸了吸鼻子，跟着出了门。

这一片，除了李保国家那边很破烂，顾飞带着他开出的新地图也差不多，都挺破的，但灯光的建设要好得多。

这种灯光明亮的老城区，会给人一种很有故事的感觉。

故事的确是不少，就李保国一家，就有多少故事呢，还有顾飞……他偏过脸看了看顾飞。

“就前面了，”顾飞说，“右边有个市场，菜还挺便宜，你要是想自己开火，可以上这里买菜。”

“嗯。”蒋丞应着。

“前面布料市场后面，还有服装市场，卖便宜而难看的衣服，”顾飞看了他一眼，“你要是想省钱，可以来这里。”

“……嗯。”蒋丞笑了笑。

“然后就是吃东西的地方，买完你的被子什么的，我带你去。”顾飞说。

“好。”蒋丞点头。

布料市场已经有不少店都关门了，好在临街这一面都还开着，蒋丞对这些东西该怎么挑完全没有概念，就看个颜色。

“这套吧。”他在一套宽条纹的四件套上摸了摸。

“这种会起球。”顾飞说。

“哦，”蒋丞收回手，又摸了摸另一套，“那这……”

“这俩没区别，摸不出来吗？”顾飞说。

蒋丞把手往兜里一插：“要不您给挑两套呗。”

顾飞笑了笑，过去翻来翻去，挑了一套：“这……”

“太丑了，”蒋丞马上说，“便宜，而丑。”

“那你起球吧，”顾飞笑了起来，“贵，而美。”

最后，蒋丞两种料子各买了一套，懒得再逛，直接在这家店里，把枕头和被子都买了。

“枕头就要一个啊？”老板娘问。

“啊，我就一个人睡啊。”蒋丞说。

“可以换着睡啊，晒一晒的时候，就睡另一个，”老板娘说，“马上关门了，算你便宜点，再说了，现在一个人，以后也不会还是一个人啊。”

“我……一个高中生，”蒋丞还是想省点钱，“到两个人一块儿睡的时候，枕头都烂了吧。”

“这枕头质量可好了！”老板娘把枕头举到他面前，啪啪地拍着，“这弹性！再说了，高中住一块儿的也不少啊！我可见得不少，一对对地上我这里来买床上用品的。”

“我就……要一个。”蒋丞简直无语，平时他肯定会向顾飞求救，但这会儿，他连看都不好意思往顾飞那边看了。

“他妈每天上他那里检查去，他一般都去旅店，屋里真用不上俩枕头。”顾飞在后头说了一句。

蒋丞猛地转过头。

“哦——这样啊，”老板娘一副“我就说嘛”的表情，“那一个就一个吧。”

拎着两袋子东西回到街边，两人费了半天劲才把东西都捆到了车后边，中间还问老板娘要了两根绳子。

“这样子去吃东西？”蒋丞看着这些东西，“一会儿扛店里？”

“请你吃点简单的，”顾飞跨上车，“不用卸车。”

“……行吧，”蒋丞也上了车，“吃什么？”

“炸年糕，”顾飞说，“非常好吃。”

“你请孤儿就请个炸年糕啊。”蒋丞笑了。

“跟王二馅饼一样好吃，”顾飞很认真地说，“真的。”

买完东西再找到炸年糕的这家店，一路上，蒋丞心里的那股别扭劲终于慢慢消散了，跟顾飞一块儿在路边这个炸年糕的店里坐下的时候，这两天一直死死压在他身上让他透不过气来的那点郁闷，突然跟着别扭劲一块儿消失了。

“这儿正好能看到外面的车。”顾飞坐下之后说。

“嗯。”蒋丞看了看这个店，超级小，店里也就能放个四五张小桌，都是小矮桌，跟蹲地上吃差不多。

这会儿店里加他们，一共两桌人，那桌是几个小姑娘，边吃边聊的，很热闹。

相比之下，他跟顾飞脸对脸地沉默着，显得格外安静。

“我忘了问你了，”蒋丞看着顾飞，“今天野猪头找麻烦了吗？”

“没，”顾飞倒了杯茶放到他面前，“他也就虚张声势一下。”

蒋丞喝了口茶：“蒙谁呢？”

“真没，”顾飞笑了起来，“谁敢蒙学霸啊，这么聪明，检讨都能脱稿。”

蒋丞没说话，盯着他。

顾飞喝了口茶，他还是盯着，于是，顾飞把茶杯伸到他面前，在他的杯子上磕了一下，又喝了一口茶，他还是盯着。

“唉，”顾飞叹了口气，“没多大事，考完试了再说吧。”

“是来约架的吧？”蒋丞问。

“约打球。”顾飞笑笑。

“他那种人，打球跟打架有什么区别？”蒋丞喝了口茶，想想又觉得很神奇，“不是，他有什么脸还来约啊？球打得那么脏……脸都能折个纸飞机飞着玩了。”

“别管了，这几天没事，你先好好考试吧。”顾飞说。

“你不会是担心影响我考试吧？”蒋丞问。

“有点。”顾飞说。

“不用担心，”蒋丞说，“就四中这小破学校，我发着烧失着忆也能考第一……你要抄吗？周敬不是说你们考试不改座位吗？”

“不用，我考试零分也没压力，”顾飞笑了起来，好半天才说了一句，“丞哥，你真是……”

“嗯？”蒋丞闻到了年糕的香味，转过头看着厨房那边。

“我长这么大，见过的最优秀的人。”顾飞说。

蒋丞顿了顿，转回头来，没有说话。

“真的。”顾飞说。

“你是我长这么大，见过的最不像混混的混混，”蒋丞说，“你是个暖乎乎的混混，还……长得很好看。”

“需要我回夸吗？”顾飞问。

“不用了，”蒋丞说，“我知道我很帅。”

47

炸年糕的确很好吃，在寻找不起眼但很好吃的食物这方面，蒋丞觉得顾飞的技能点是点满了的。

哭过了，抱过了……虽然这事不能细想，但肚子也填饱了，东西也买齐了，走出年糕小店的时候，蒋丞打了个嗝，觉得心情舒畅了不少。

“回吧，”顾飞看了看手机上的时间，“你是不是还要看看书？”

“不看书，但是要睡觉，”蒋丞说，“我考试前两天都不看，主要是睡觉，无论大考小考，都这样。”

“哦，”顾飞说，“我也是，我无论大考小考，前一年都主要是睡觉。”

蒋丞没忍住笑，两人一通狂笑，他差点把鼻涕给笑出来了，赶紧掏了纸巾出来按着鼻子。

“回去早点睡吧，你这感冒，明天别考一半就困了。”顾飞说。

“不会，”蒋丞摆摆手，“我闭着眼睛也能写出来。”

“别，”顾飞说，“你那个字，睁着眼睛写都认不明白，闭着眼睛写……”

“你给老子闭嘴。”蒋丞又是一通乐。

两人一块儿骑着车，慢吞吞地晃回了出租房，顾飞没有再上楼，把东西从车上拿下来给他：“再迷路可以打电话给我，我告诉你怎么走。”

“……我已经知道怎么走了。”蒋丞说。

“晚安。”顾飞笑着说。

“晚安。”蒋丞把车推到楼梯间，锁在了栏杆上，拎着东西上了楼。

虽然推开房门，跟李保国那里一样，屋里空无一人，但感觉上已经完全不同了，他不用再去管李保国的那些烦心事，不用再替他一次次还钱，也不用再听他的咳嗽和扯着嗓门的怒吼，更不用担心房门被突然打开。

蒋丞把热水器的水温调到有些烫手，从头到脚地冲着，这里还有热水洗澡，不需要像李保国家那样，每天都得用桶接热水……他都没见过李保国洗澡，也许都是去澡堂子吧。

发烫的热水，顺着脸和脖子流过身体，他闭上眼睛，撑着墙，全身慢慢地放松了。

不过，冲了没多大一会儿，他就关掉了水，迅速地擦了擦，走出了浴室。

回了卧室，把门关好，他把今天买的被子枕头都弄好了，本来觉得新买的被套床单什么的应该洗洗再换，但站在床边犹豫了半天，最后还是决定放弃，老爷们儿就不讲究这些了。

他上了床，关上灯之后，瞪着眼睛好半天都没有睡意。

这回不再是因为顾飞，而是因为明天的考试。

这半个学期以来，他一直过得迷迷糊糊，虽然听课没什么听不懂的，作业也没有做不出来的，现在却开始有些担心。

以前在学校，他每一次放松，都会直接影响成绩，现在四中这样的环境，身边连一个认真听课的人都快找不着了，就算考卷难度肯定比以前的要低，他却还是有点担心自己的成绩。

本来考前他是不碰书的，这会儿却坐了起来，从书包里掏出了笔记翻开了。

四中的考试时间跟以前不太一样，明天一早考两科，语文和政治，他叹了口气，这时间安排如此紧凑，简直不像四中打个篮球赛都要把决赛留到考试之后的拖拉作风……

什么时候睡着的都不知道，早上醒的时候，书已经被扔到了地上，人在被子里团得好好的。

蒋丞看了一眼时间，闹钟还没有响，不过时间也差不多了，他的生物钟在关键时刻还挺靠得住。

租房这边的早点，跟李保国家那边差不多，他在路边小摊买了碗豆腐脑和俩油饼吃了，骑着车准备去学校。

到路口的时候，他又停下了，不知道还需不需要叫上顾飞一块儿，犹豫了一会儿之后，他掏出了手机，准备拨号。

刚把顾飞的名字点出来，就听到旁边有人吹了声口哨，他转过头，有些吃惊地发现顾飞居然就在旁边，跨在车上，一条腿撑着地。

“早啊，学霸。”顾飞冲他挥挥手。

蒋丞震惊地看了看时间：“你几点来的？”

“刚到五分钟，”顾飞说，“我考试从来不迟到的。”

“太神奇了。”蒋丞笑了起来，心情突然变得非常好，不知道为什么，他看到顾飞笑容的时候就觉得很……亲近，也许是因为两人有过不少秘密，虽然谁都不会提起，却毕竟也不仅仅是同桌关系……

“吃过了？”顾飞问。

“刚随便吃了点，”蒋丞说，“你要说你过来，我就等你一块儿吃了。”

“没事，”顾飞笑着说，“我也吃过了，是想着你要没吃，我就等你吃完的。”

一路到学校都很消停，没有碰到动物园那俩，估计是因为已经约了架……不，约了球，所以要保持最后一点风度吧。

进了教室，蒋丞发现平时懒散的这些人，在期中考试的时候，还是会表现出些许的紧张。

桌子都已经被拉开，虽然隔得不远，但看上去还是单人单座的。

他一坐下，周敬就回过了头：“蒋丞，蒋丞……”

“你要看答案就自己看，你考试的时候敢这么叫我名字，我马上举报你作弊。”蒋丞指着他。

“哎！好好好好……”周敬愣了愣之后，笑得脸上都成花园了，“够朋友。”

“蒋丞。”左边有人叫了他一声。

蒋丞转过头，发现王旭居然坐在了他左边的位置上：“你坐这里？”

“考试的时候我坐这里，”王旭一本正经地回答，“手别挡着答题卡，知道吗？”

“哦。”蒋丞应了一声。

“写完了也别反着放，知道吗？”王旭又说。

“哦。”蒋丞继续应着。

“大飞那边，你不用管，他考试从来不作弊，你管我就行了，”王旭依然是一脸严肃，“我还要负责往外传的。”

“……知道了。”蒋丞点头，又转过头，往顾飞那边看了看，顾飞正在玩手机，转过头跟他对视了一眼，笑了笑，没说话。

监考老师是高三的，非常威严的一个中年眼镜女，进了教室把卷子一放，先盯着教室里的人从左到右、从右到左再前前后后都看了一遍，然后清了清嗓子，把考场纪律念了一遍。

四周的人，前所未有地安静，安静得都让蒋丞有些不习惯了。

卷子发下来之后，蒋丞先拿着卷子大致扫了一遍，发现四中的考卷难度果然跟四中的整体风格比较统一，起码这份卷子对于他来说，挺简单。

他又翻到作文题那里看了看。

季羡林先生说过：“每个人都争取一个完满的人生。然而，自古及今，海内海外，一个百分之百的完满的人生是没有的。所以我说，不完满才是人生。”

根据自己的理解，联系实际，自定立意，自选文体，自拟题目。

蒋丞轻轻叹了口气，这个作文题简直太简单，特别是对于现在的他来说，别说800字，8000字也不在话下。

他把卷子翻回前面，安心地开始做题。

四周依然很安静，一个平时上课只能听见嗡嗡声的班，这会儿居然听到了笔和纸摩擦出来的沙沙声，简直有种奇妙的违和感。

他往顾飞那边看了一眼，顾飞还没有开始做题，而是盯着现代文阅读那一页，看得津津有味。

左边的王旭什么状态，他不打算看，因为不用转头，他都已经感觉到了王旭炽热的目光，以及余光里他往这边偏着的脸。

俩监考老师挺严格的，一前一后地不停交换着位置，从前面周敬身体的扭动频率来看，蒋丞判断他的内心现在应该很焦灼。

相比之下，还是潘智冷静，从来都是不急不慢地先胡乱答着，等他做完了之后，再统一改正……

顾飞把现代文阅读的小文章看完了，可惜不是小故事，讲的是建筑的理性精神……看着没什么意思。

他把卷子翻回去，打算第一遍先把眼熟的能差不多猜个答案的写上，然后再开始抓阄，抓阄完了之后，再胡乱把空着的位置填上字，最后再凑个作文。

作文不限文体，如果诗歌的话，还不受800字限制，他打算钻这个空子，能少写就少写。

他觉得自己的安排非常完美，拿过答题卡开始写的时候，感觉自己的状态跟旁边的那位学霸差不多。

蒋学霸的笔一直没停过，基本上是一边看题一边就答了，题目长一些的，他停顿的时间也不算太长，如果说平时上课蒋丞的学霸样子还不算太鲜明，那么这会儿考试的时候，就真的能看出来了。

顾飞第一遍把眼熟的过完，开始对着选择题抓阄的时候，那边蒋丞的卷子已经翻页了。

在他开始填字的时候，蒋丞开始写作文。

他看着蒋丞的侧脸，有一瞬间，他觉得这个样子的蒋丞，简直帅到了人神共愤。

不过，相比学霸要写800字的作文，顾飞钻空子的诗就快多了，他随便扯了几行似是而非的句子就算齐活了，这样答完的卷子也不需要检查，要检查也就是重新抓阄，三局两胜。

平时这会儿他就交卷了，但今天他却没有动，旁边的蒋丞还在写作文，他想看看。

蒋丞的字儿虽然奇丑无比，不过写得还挺快的，就跟他脱稿念检讨一样，唰唰地一行一行就上去了。

答题卡和卷子蒋丞就放在桌角，那边的王旭正疯狂地抄着，但有些填空题他还得伸长脖子，样子挺艰辛的，周敬也不轻松，就蒋丞那个字，正着看都看不懂，倒着看简直跟天书不相上下了。

不过，比起以前，还是要强很多，班上成绩好点的都坐在前头，他们后边这伙人，连抄都不知道该抄谁的。

还有半小时结束的时候，下笔如神的蒋丞学霸把作文也写完了，似乎也没有检查，看了看四周，想直接交卷了。

那边王旭一看就急了，压着嗓子："别急！"

蒋丞叹了口气，对着卷子开始发呆。

愣了一会儿之后，他转过头，跟顾飞眼神对上之后，用口型问了一句："写完了？"

顾飞点点头。

然后把作文竖起来，让他看了看。

蒋丞先是一愣，然后转头冲着卷子开始笑。

笑得很挣扎，要笑，还不能有声音，还得用纸巾按着鼻子，以免把鼻涕笑出来，顾飞本来不想笑，纯粹是看他这个样子忍不住。

蒋丞最后笑得咳了起来，才总算是止住了。

顾飞起身拿了卷子上去交了，走出了教室下了楼，一会儿还有考试，他得先出来活动一下，上课四十分钟他坐着都烦，考试愣是这么长时间，难受。

没过几分钟，蒋丞也下了楼，他有些意外："你交卷了？"

"嗯，"蒋丞点点头，"老师就站王旭边上了，我估计他也抄得差不多了，就交了……你刚写的是歌词还是诗啊？"

"诗啊。"顾飞说着，慢慢往教工厕所那边走。

"你真不要脸啊，"蒋丞跟着他，小声说，"是不是只要不限文体，你就写诗？”

“嗯，”顾飞笑了，“写三回了，第一次判卷的时候，老徐他们还讨论来着，该给多少分。”

“你太有才了，”蒋丞啧了两声，“写的什么，念两句听听？”

“太美了，我都不好意思念。”顾飞说。

走到厕所旁边没人的地方，他掏了烟出来，看了一眼蒋丞，蒋丞摇了摇头，他点上了烟叼着。

“你歌词写得挺有感觉的，”蒋丞说，“真不念两句让我听听吗？”

“这个破诗就是凑合事，”顾飞说，“以后有空了再写了什么新的歌词再让你看吧。”

“成吧，”蒋丞坐到台阶上，“少年羞涩了啊。”

大概是已经无人可抄，王旭那帮人也提前交了卷，下了楼，先是东张西望，看到顾飞和蒋丞之后就全都过来了。

“斌啊，”王旭掏了五十块钱出来，给了卢晓斌，“去买点吃的喝的，给咱学霸补补精神。”

“行。”卢晓斌接了钱，立马就往小卖部那边跑过去了。

“有病。”蒋丞说。

“够意思，大方！”王旭冲他抱了抱拳，“这回我及格没问题了，估计还能再往上点。”

“我从来没有考得这么好过！”周敬很感慨，“不过，不是我说，蒋丞，你那个字啊……真是防抄神器，还好我眼神好经验足，你说老师判卷子的时候会不会因为看不懂你写的什么鬼，给你扣分啊？”

“我每次都因为字太难看了被扣分。”蒋丞说。

一帮人顿时笑成了一团。

离得不远的教室还没考完试，监考老师出来指着他们，他们只得往厕所那边又挪了挪，坐到了厕所门口的石桌边。

“我一直就没想明白，”王旭说，“为什么要在厕所门口修一套桌椅？”

“这有什么，”蒋丞看了一眼拿了一兜零食和饮料回来的卢晓斌，“还有人在厕所门口的桌椅上吃东西呢。”

一帮人立马又乐成了傻子，监考老师再次冲出来，把他们赶到了操场边上站着。

接下来是政治，还有十分钟进考场的时候，老徐带着小风，跑了过来："蒋丞！"

"嗯？"蒋丞看着他。

"感觉怎么样？"老徐问。

"挺好的，题又不难。"蒋丞说。

"作文呢？"老徐又问。

"文体不限的话，很好写啊。"蒋丞回答。

"我就知道你没问题，"老徐眼睛都亮了，"这次可以踩（2）班了，每次都是他们班那个小姑娘跟易静来回争第一，这次你应该没问题了！"

"应该吧。"蒋丞本来想说这才刚考了一科，但是在四中……他还真是可以嘚瑟一把。

政治考试比较烦，虽然选择题蒙起来还算轻松，但简答题很要命，顾飞什么也写不出来，只是习惯性地要把空都填满，简答题怎么也得混个三四行字……这就比较有挑战性了，对胡编乱造的技术要求很高。

特别是有一题14分的居然是让结合四中的各种文化活动，聊聊加强校园文化建设的意义……顾飞往蒋丞那边瞅了瞅，此学霸依然跟语文考试时一样的状态，下笔如飞，丑字唰唰地就一排了。

学霸真是一种奇妙的生物……

政治不太好抄，那边王旭和周敬把选择题抄完了之后，放弃了继续抄简答题，相比辨认他的字，估计想办法在抽屉里、袖口里、裤腰上各种翻答案要更容易一些。

这次蒋丞依旧是提前交卷，顾飞觉得这小子装逼大概是常态，他闲得无聊的时候观察了一下，蒋丞跟易静差不多时间写完的，但易静还在反复检查修改的时候，蒋丞已经交卷出去了。

他一交卷，一帮写不出来又抄无可抄的，还有顾飞这种已经胡编完毕的，也一块儿都交了卷。

中午一帮人都没回家，王旭不知道是不是上午抄爽了，一直很兴奋，非拽着一帮人去吃馅饼。

"下午数学，"王旭一边吃馅饼一边说，"靠你了，学霸！"

"嗯。"蒋丞点了根烟，把旁边的窗户推开了一点，每次考完试他都不是太有食欲。

“大飞，你真不抄点吗？”王旭又问顾飞，“简直是不抄白不抄，我从来没见过这么够意思的学霸啊！”

“你再喊大声点，你妈就会过来把你做成馅。”顾飞说。

“你真不抄啊？”王旭压低声音。

“不了，”顾飞说，“你们抄了及个格什么的好交差，我又不需要向谁交差。”

顾飞这话别人都没什么感觉，蒋丞听了却突然有点不是滋味。

大家边吃边聊正热闹的时候，他往顾飞身边靠了靠，低声问：“你期末考试能及格吗？”

顾飞看了他一眼笑了：“差不多吧，我运气一直还可以，抓阄也能抓个差不多了。”

“哦。”蒋丞应了一声没再说话，突然觉得有些发闷，说不清是真的闷还是心里闷。

顾飞的态度让他总觉得哪里不对劲，不知道是不是之前的环境不同，就连潘智那种不靠谱的，期末考试的时候，都会咬牙摆个架势复习几天，顾飞这种完全放弃的样子，让他莫名其妙就有点着急。

可是急什么呢，顾飞家里没有等着看他成绩如何的家长，似乎也没有非得有个好成绩上个好大学的理由……

“别操心我了，”顾飞的腿在桌下轻轻碰了碰他的腿，“我就混个毕业证。”

“不是，”蒋丞拧着眉，“你混个毕业证，你不如去上个什么技校中专的，那个证不比四中这种破普高的强吗？”

“这个说来话长，”顾飞笑了笑，“以后有时间再跟你慢慢说。”

两天的期中考试很紧凑地考完了，按照顾飞的观察以及蒋丞自己毫无掩饰的嘚瑟，他差不多能估计出蒋丞的成绩，易静年级第一的竞争对手又会多一个了。

“你们的题太简单了。”蒋丞这两天说了起码三次。

不过，一大清早老徐冲进教室的时候，满脸的激动还是让他有些意外，顾飞看着老徐，如果只是跟易静的成绩差不多，老徐应该不会激动成这样。

“同学们！同学们！”老徐站在讲台上，“有一个好消息要告诉你们！”

班上的人一块儿懒洋洋地给他鼓了个掌。

“一会儿各科老师上课的时候肯定也会说，但是我抢先一步了，”老徐挥了挥胳膊，“这次我们班有三个满分！”

这个消息的确是有些让人吃惊，班上的人顿时一阵议论，不少人的目光都聚到了蒋丞身上。

“唉。”蒋丞大概还是不习惯被人这么盯着，趴在桌上叹了口气。

“你们猜猜是谁？是哪三科？”老徐激动地卖着关子，但这个关子都没给别人多留点机会猜测，他就马上公布了答案，“蒋丞同学！数学！英语！地理！全都是满分！”

这回班上一下炸了锅，全喊了起来。

周敬回过头猛地撞了一下桌子：“蒋丞！你牛啊！你很牛啊！”

“啊。”蒋丞应了一声。

“坐好。”顾飞看了周敬一眼。

“牛啊！”周敬又说了一句，转回身坐好了，想想又回过头，“牛啊！”

老徐还在讲台上激动着，顾飞也趴到桌上，看着蒋丞：“排名应该差不多也出来了，一会儿去问问？”

“不问，”蒋丞说，“这有什么可问的，说真的，一个期中考试而已，而且你们的题真的简单，我原来地理从来都没拿过满分。”

“那我去问。”顾飞说。

“你激动个屁啊？”蒋丞说。

“我很平静地去问一下。”顾飞往嘴里塞了颗糖。

下了课之后，顾飞就起身出去了，直接跟老徐前后脚进了办公室。

“徐总。”他叫了老徐一声。

“你怎么来了？”老徐看着他，顺手从桌上拿了瓶红牛给他，“给你喝吧，刚鲁老师一人发了一瓶，太甜了。”

“年级排名出来了没？”顾飞接过红牛，问了一句。

“你还关心这个呢？前一百名，又没有你，正数倒数都没有你。”老徐说。

“第一是蒋丞吧？”顾飞笑着问。

一提这个，老徐顿时又高兴了起来，站起来走到办公室里面的空办公桌前，冲他招了招手：“你来看。”

顾飞一边掏手机一边走了过去。

桌上放着一张很大的红纸，老徐的毛笔字写得好，每年的年级排名都是他写的，然后贴出去，算是学校“文化建设”的一部分。

顾飞一眼就看到了第一个名字，蒋丞。

“蒋丞啊？”他迅速拿起手机，对着纸按了快门，然后转身出了办公室，“徐总，你接着写吧。”

出了老徐的办公室，顾飞就低头打开了四中的贴吧，用小号发了个帖子，带上了刚才拍的那张照片。

48

顾飞回到教室的时候，上课铃已经响过了，他坐回座位上，蒋丞正半趴在桌上瞅着他。

“果然没什么意外，”顾飞说，“第一。”

“你还真去问了啊？”蒋丞有些吃惊。

“是啊，”顾飞点点头，“很平静地。”

蒋丞笑了起来，没说话。

“不过我没问总分是多少，”顾飞说，“今天公布了，先加一下，我感觉……”

他抬头往易静那边看了一眼：“班长大人可能跟你差了不少。”

“她第二吗？”蒋丞问。

“嗯，”顾飞说，“她反正不是第一就是第二，不过没怎么拿过满分，她是四中的学霸，不是你这种大城市重点高中学霸的对手。”

蒋丞没说话。

刚才潘智给他发了个邮件，把这次期中考试的卷子扫描了给他发了过来，他大致扫了一眼英语卷子，难度跟四中一比，高了不是一档两档，他顿时有些不太踏实，打算回去之后把这套卷子做一次，看看是什么程度。

——我妈同意我五一去找你了，准备好接待我。

潘智又发了条消息过来。

——嗯，这次不用住酒店了，我搬出来了。

——怎么回事？

——见面再说吧。

——行吧，老袁写了封信给你，我一块儿带去给你。

——……

——他一想到你就叹气呢。

蒋丞把手机放回兜里，莫名其妙也想叹气。

老袁是他以前的班主任，挺好的一个人，他走的时候，因为心情不好，也没去跟老袁道个别，而且也没再跟老袁联系过。

除了潘智，无论是家人老师同学还是朋友，他都不太愿意再联系，怕被问起现状，怕听到安慰，也怕从这些人身上想起以前的事。

上午最后一节课的时候，班上有些小骚动，虽然还有两科的成绩因为没上课还没公布，但是已经有人打听到了总分。

周敬抓着手机，回过头："蒋丞，蒋丞，蒋……"

"你真的没因为复读机被人打过吗？"蒋丞看着他。

"你们看贴吧了没！"周敬看了他一眼，又看了看顾飞，又看回他脸上盯着，"有人开帖了，你年级第一啊！"

周敬的同桌也转过了头："你总分680多！拉开易静快一百分了！她599！"

"是啊！686分！"周敬眼睛都快瞪得掉下来了，"估计四中史上就没有过这么高的总分！蒋丞，你牛啊！"

蒋丞自己也有些意外，他以前也就是年级前十，上上下下的，掉出了前五，就会被老袁叫去谈话，第一也拿过，但还没碰到过这种拉开第二名几十分的……

这个消息没有让他兴奋，反倒让他有些发慌，按照现在这种局面，他每次考试拿第一都不成问题，但这个第一的含金量还有多少？

不过，中午放学的时候，王旭一帮人围着他兴奋得如同自己考了个拉开第二名八九十分的第一似的，让蒋丞也顾不上担心了。

一帮人先是挤到公告栏前，对着贴出来的红榜一通围观，第一名和第二名都在（8）班，虽然大家都是学渣，但这种事就算是学渣，也还是很骄傲的，毕竟都是有集体荣誉感的学渣。

"我觉得这还是不够科学，"郭旭说，"还是应该把总分一起写出来，光写名次还是突出不了蒋丞的狂野。"

"我觉得可以了，"王旭马上说，"捧第一也不用踩第二嘛。"

"对，"卢晓斌说，"第二是易静呢。"

王旭瞪了他一眼，没有说话。

围观完红榜，一帮人一块儿出了校门，过两天就是篮球赛的决赛了，王旭拉着他们要去技校练练球。

"这帖子到底谁发的啊？"王旭边走边看着手机，"这是在办公室里啊，老徐这红榜还没写完的时候就拍上了……”

“不知道谁路过，”郭旭说，“我才不信是路过，现在盯着蒋丞的女生那么多，肯定是专程去打听的。”

“看这名字也不可能是女生，”一个他们的替补队员说了一句，“是不是仇家搞事情？”

蒋丞盯着这个替补想了快两分钟，才想起来他叫张远。

张远这话挑起了他的好奇心，最后还是没忍住，跟着也拿出手机打开了四中的贴吧。

一眼就看到了已经显示热帖的那个帖子……

没等点进去，他又看到了发帖人的名字，猛地转过头，看着走在最后头的顾飞。

“嗯？”顾飞一脸淡定地看着他。

“这是你小号吧？花式帅先生？”蒋丞压着声音问。

“谁？”顾飞脸上还带着迷茫。

“帅炸苍穹，”蒋丞对顾飞起名字的水平简直五体投地服，“这要不是你，我马上就直播吃屎。”

“别，”顾飞笑了，“为了不让你吃屎，这就不是我，我也得说是我了。”

“就是你，”蒋丞又看了一眼帖子发出来的时间，“第一节下课的时候，你去找老徐，你这是没出办公室就发了帖子吧？”

“出了。”顾飞说。

“不是，”蒋丞觉得非常难以理解，“你这是干吗啊？”

“炫一下啊，”顾飞轻声说，看了一下前面走着的一帮人，“我平时也没什么好炫的，有个机会就炫炫同桌吧。”

蒋丞看着他，没有说话。

不知道为什么，顾飞这句炫炫同桌，让他听着很舒服，带着隐隐的亲密感。

从他们学校去技校不远，中间吃点东西，走过去算是活动带消食了。

蒋丞和顾飞始终走在最后，他俩都没说话，只是看着前面因为考试完了，而且因为蒋丞的答案都考得不错，于是相当轻松以及兴奋的一帮人。

天气暖了，今天蒋丞只穿了件T恤，外面套了件薄外套，跟顾飞并肩走着的时候，胳膊偶尔碰在一起。

说不清是怎么了，就是觉得很舒服。

一条街走过去，他有意无意地往顾飞胳膊上撞了好几次，自己都觉得自己有毛病了。

走到拐弯的时候，顾飞突然往他胳膊上也撞了一下。

他转过头看着顾飞，顾飞也扭脸瞅着他，然后胳膊又撞了他一下。

“干什么？”蒋丞问。

“我报复心可强了。”顾飞说。

“我又没故意撞你。”蒋丞说完，猛地有些心虚。

“我是故意。”顾飞笑了笑，胳膊一抬，又撞了他一下。

“还来？”蒋丞有点想笑，于是也撞了过去。

顾飞又撞回来。

“不是，”蒋丞忍不住了，“你几岁啊？”

“反正比你小。”顾飞说着又撞一下。

蒋丞无语了，拿胳膊肘顶了他一下。

顾飞迅速回顶。

他再撞。

顾飞再回撞。

弱智吗？智障吗？脑子进饲料了吗？

蒋丞内心弹幕一个个飞过，但动作却没有停止，就这么跟顾飞你撞我我撞你地走了一路。

中午时间不多，一帮人也没有正式分成两队练习，还是主要练了练配合，王旭这个队长现在当得比之前略靠谱了一些，起码能看到大家的弱点，分配练习任务的时候，也不像之前那样胡乱下达指令了。

“我这两天想了很多，”王旭说，“我觉得我们还是要有一些心理准备，我看了很多次（2）班的比赛录像，我觉得我们想要赢他们，还是有难度的。”

“尽力就行，”蒋丞蹲在发球线旁边，“现在，第一不是我们的目标了。”

“我们的目标是什么？”王旭问。

“……没有蛀牙。”蒋丞说着就乐了。

一帮人笑了半天。

“我们一开始也没想过要拿第一，”蒋丞笑完了之后接着说，“我们不过是想当黑马。”

“没错！”王旭一挥手，“现在我们已经是黑马了！”

蒋丞冲他竖了竖拇指：“现在只要全力打就行了，结果已经不重要。”

顾飞的手机在兜里响了，他把手里的球投了出去，球落入篮筐。

他掏出手机，看了一眼，有些意外地发现来电显示居然是猴子的名字。

就像他跟江滨说的，他跟猴子没有交情，虽然有电话，但基本不会联系，现在猴子居然会打电话过来，估计这次是拖不过去了。

“喂。”他走到一边接了电话。

“今天你们走得挺早啊，”猴子的声音传了出来，“我们过去居然扑了个空。”

“怎么，”顾飞皱了皱眉，“是要连我们班上的人都算上吗？”

“那倒不用，”猴子笑了笑，“我一般不跟学生过不去，我就是过去请你和那个蒋丞过来玩玩，你俩排场大，我得亲自请啊。”

“什么时候？”顾飞问。

“今天下午，”猴子说，“老地方等你们，除了那个蒋丞，还带谁来随便你，我够意思吧？”

顾飞往蒋丞那边看了一眼，蒋丞正扭过头看着他。

“行，”顾飞说，“江滨要到场，今天一把过。”

“没问题。”猴子说完挂掉了电话。

顾飞给李炎发了消息，让他通知别的人，然后又调了个闹钟，调完之后，他低头看着手机发了一会儿愣，屏幕黑了之后，他才把手机放回了兜里，走回了球场边。

王旭他们正热火朝天地练着，没有人注意到他，只有蒋丞走了过来，站到他跟前：“谁的电话？”

“猴子的。”顾飞说。

“约了时间了？”蒋丞问。

“嗯，”顾飞点点头，“我们比赛打完以后。”

蒋丞想了想：“除了咱俩，还有谁？”

“李炎刘帆他们，”顾飞说，“我们这几个经常跟他们打球，他们的招，我们都熟了。”

“其实这事跟你没什么关系吧？”蒋丞沉默了一会儿说。

“跟谁也没关系，”顾飞弯腰撑着膝盖，“（7）班把江滨弄来，本来就是找事，这人来了就不可能吃一点亏，更别说输球了。”

蒋丞没说话，过了一会儿，才也在他面前蹲下了，看着他：“如果打球的时候他们有什么动作，就忍了。”

“嗯。”顾飞点头。

“大不了受点小伤，”蒋丞说，“总比没完没了的强。”

“嗯。”顾飞继续点头。

“你这么听话，有点不对劲啊？”蒋丞盯着他的脸。

“先答应了再说。”顾飞笑了笑。

“这事你别再给我出头，”蒋丞说，“我认真的，要不完不了。”

“知道了。”顾飞点点头。

两个人都没说话，就这么对视了一会儿。

顾飞感觉旁边有什么东西飞了过来，接着听到了王旭的喊声。

一个球，不知道是什么样的姿势才能传到根本没人接应的地方来，顾飞叹了口气。

刚想抬手挡一下的时候，蒋丞已经偏过头，伸手接住了球。

“这条件反射。”顾飞笑着感叹了一句。

蒋丞把球传回给王旭，站起来拍了拍手，准备过去跟他们一块儿练球，走了两步，又停下了，回过头看着顾飞：“你别一个人去啊。”

“知道了。”顾飞有些不耐烦地挥了挥手。

练了一中午的球，到了时间之后，大家都还有些意犹未尽的感觉。

“我觉得打球还是很有意思的。”张远说，虽然是个替补，但这轮比赛打下来，只上场了两次的他还是很兴奋。

“比赛完了，我们也可以自己打，平时练着点，下学期还能再打一次。”王旭把外套往肩上一甩，很潇洒地说。

大家纷纷点头。

“你还可以抽空教教女生，”蒋丞说，“下次她们也不用一日游了。”

“对啊！”王旭顿时眼睛一亮，“我觉得易静她们几个还是很喜欢打球的，就是没有人教……”

快走到学校门口的时候，顾飞的手机响了，他接了电话：“怎么？哦……我忘了，我现在吧，我现在回去。”

“怎么了？”蒋丞马上问。

“今天下午要带二森去体检，之前跟医生约好的，我忘了，”顾飞小声说，“丞哥，你帮我跟老徐说一声，要不手机又要让他打爆了。”

“嗯，”蒋丞点点头，“照实说吗？”

“照实说。”顾飞笑笑。

顾飞看着蒋丞和王旭他们一块儿进了学校之后，去车棚拿了自行车，骑回了店里。

刘帆的小破奔奔已经停在了店门口。

他拉开车门，往里看了一眼："这车还能开得动吗？"

后座上挤着四个人，"不是好鸟"三个，李炎被挤得直接坐在了罗宇的腿上。

"赶紧的，"李炎说，"我扎着马步呢。"

"你坐好了，我不会嫌弃你。"罗宇说。

"我嫌弃你。"李炎说。

顾飞叹了口气，上了车。

"没叫蒋丞？"刘帆发动了车子。

"这车还能塞进一个人？"李炎说，"他自己去不就行了。"

"我没叫他。"顾飞说。

车里几个人顿时都没了声音，刘帆把车掉了头之后，看了他一眼，没有说话。

过了挺长时间，李炎才轻轻骂了一句。

猴子说的老地方，是一个旧的室外灯光球场，地方很偏，去的人不多，一般人也不会来，这里长期都被各种不良少年不良青年不良中年占据着，正常人没人愿意上这里找麻烦来。

刘帆把车停好之后，顾飞没有下车，看着前面被破旧的铁丝网围起来的两个水泥地的球场，每次他来这里都有种走进高墙的感觉。

车上的几个人都没动，看着他。

"这事吧，"顾飞说，"我一个人担着也行，你们……"

"放什么屁，我他妈以为你要说什么战前动员呢，"刘帆打开了车门，"猴子找你，就是找我们，约架你还能说一个人，他约球，明摆着就是捎上我们了，你担个屁。"

"下车。"李炎拍了拍他的肩。

球场里已经聚了不少人，顾飞看了一圈，差不多都认识，平时也没多少人会正经在这里打比赛，多半都是随便打打，甚至并不打球，只是在这里待着，看顺眼了聊几句，看不顺眼就动手。

无论是打球还是打架，观众都同样热血沸腾。

猴子和江滨都已经在场边站着了，猴子叼着烟，靠在铁丝网上，看到他们进来，冲他们点了点头。

猴子是不上场的，他不太喜欢打球，但他一定会在，且不说一会儿是他的小弟和他的表弟要打所谓的球，就单凭他一直在等个机会收拾自己，这场球他都一定会到场。

顾飞并没觉得自己是出于多么伟大的想法，要替蒋丞顶什么事，他只是觉得猴子这次找麻烦，已经躲不过去了，干脆一次解决掉，不要再把蒋丞拉进这种低级的、毫无意义的争斗中来。

“挑好人上场，”猴子看着顾飞，“半小时，分多的赢。”

“有规则吗？”顾飞脱掉外套。

“没有。”猴子说。

顾飞没说话，转身跟李炎他们几个走到一边：“李炎不上，我们五个打，李炎盯他们的人。”

“嗯。”李炎抱着胳膊。

这种比赛没有规则，自然什么黑招都会出，没个人在旁边盯着，场上的人容易顾不过来。

“大飞，”看台上有人撑着栏杆，叫了顾飞一声，“要帮忙吗？”

顾飞回过头，是几个挺熟的一块儿打过球的人，他摇了摇头：“今天没规则。”

那几个人点了点头，没再说话。

如果是正常的比赛，虽然打得都不干净，但大规则还是有的，有想上场一块儿玩的也没问题，而一旦比赛没有规则，大家就都知道这是场什么样的比赛了。

江滨那边五个人，都是跟他们打过球的，球技怎么样，大家相互都差不多清楚，但今天这种比赛，就没人知道底细了，毕竟也没一块儿对殴过。

他们这边几个人的护腕里都有东西，顾飞倒是没用，他不太习惯在这种情况下用工具，真要动手，他更愿意用手。

想到这里，顾飞突然有个挺逗的念头，如果蒋丞在，倒是可以安排他不上场，看台上找个地方待着，拿个弹弓……

顾飞让自己这个想法逗乐了，低头笑了两声。

“哎，”李炎看着他，“严肃点，打架呢。”

“知道了。”顾飞又乐了两声，才转身上了场。

蒋丞趴在桌上，上面老鲁正非常激昂地讲着课，下午的课碰上了主科，一个班的人都死气沉沉的，聊天的人都少了。

老鲁倒是比平时还要激昂，大概是因为蒋丞的满分让他心情愉悦，上了半堂课了，他都还没有开始骂人。

蒋丞也没在听课，他拿着手机，正在看潘智发过来的卷子，从上课开始答题的，现在二十分钟，答的速度明显比四中期中考试的时候要慢一些。

课间的时候，他也没停，趴桌上继续答着题，把下一节自习课也一块儿用了。

做完整张卷子之后，他把答案都拍了照发给潘智，让他帮着拿去问问英语老师。

其实，今天下午状态不是特别好，并不是因为打了球，也不是因为没睡好。

他看了看旁边顾飞空着的座位，而是因为顾飞。

不知道为什么，他从去老徐那里帮顾飞请完假开始，就一直有种莫名其妙的不安，这会儿他趴在桌上，一遍遍把顾飞从打球的时候接到那个电话开始，到最后他回家，每一个细节都反复琢磨着。

没什么问题，一切看上去都很正常，但总还是有种不踏实的感觉。

坐立不安地琢磨了半天，蒋丞还是没有忍住，都没等到下课，直接拿出手机，没有选择发消息，而是直接拨了顾飞的号码。

顾飞带顾淼一直带得挺糙的，但是忘了跟医生约好的时间？他现在却有些无法相信。

那边倒是通的，顾飞没有关机。

铃声一直响到了自动挂断，顾飞都没有接电话。

蒋丞皱着眉，又重拨了一次。

还是没有人接。

蒋丞顿时有些坐不住了。

49

江滨抱着胳膊，站在场边，顾飞他们几个已经站在场中央了，江滨也没有过来的意思。

“这他妈是在等蒋丞呢。”刘帆说。

顾飞转过头看着江滨，江滨还是站着没动。

“打不打？”顾飞问。

江滨冷笑了一声，低头看了看手指上的黑色指虎，过了好半天才抬起头：“蒋丞呢？”

"他的账算我头上就行。"顾飞说，他知道在没看到蒋丞的情况下，江滨不会轻易同意开始，本来他还琢磨着要怎么解决这个问题，但看到江滨手上的指虎，他就知道这事好办了。

那个指虎是猴子的，猴子把指虎给了江滨，就说明今天他俩的事也得解决，而猴子给江滨出头，只是找个借口，猴子的目标不是蒋丞，而是他。

这么一来，反倒好处理了。

"算你头上？"江滨笑了起来，"我怎么不知道你收了个小弟？"

"你跟着猴子混了也不是一天两天了，"顾飞一边整理自己的护腕，一边不急不慢地说，"猴子那点硬气怎么一点没学到呢？"

"你再说一遍！"江滨顿时来了气，也不抱胳膊了，两步跨到他面前，手指差点戳到了他脸上。

"比赛总有输赢，想打就要服输，你哥没教过你吗？"顾飞往猴子那边看了一眼，猴子叼着烟，看着他们，没有说话，顾飞转回头，看着江滨，"比赛的时候你先动的手，他一个学生，别说还手，嘴都没还一句吧？你还非得抓着不放，这也不像是跟猴子混过的人啊。"

江滨打架打球都还不错，但要说点什么，就挺难为他了，加上这会儿看台上一大堆人看着，大家都不是什么好玩意，但或真或假都会把个"理"字挂在嘴边，所以，顾飞这两句说完，他脸都涨红了，愣是一句话也没憋出来。

最后，有些恼火地往猴子那边看了过去。

"赶紧的。"猴子叼着烟，有些不耐烦地说了一句。

"今天就你，还有我，"顾飞看着江滨，"谁服谁不服，就这一把过。"

江滨盯着他，看了足有五秒钟，从牙缝里挤出一个字："成。"

比赛就半小时，中间不暂停不换人，除了一开始的跳球会有人过来抛个球，也没有裁判，记分牌也没有，看台上的观众就是记分牌。

要是碰上有人要打赌，比分记得比记分牌都清楚。

刘帆跟钱凯跳球，两个人都盯着球，四周看球的……或者说看打架的人都静了下来。

抛球的人把手里的球往上一抛，立马跟逃命似的转身跑出了场地。

这场比赛，一个个身上都带着东西，一旦比赛开始没跑开，可能就会被谁给误伤了。

虽然这场比赛的目标根本不是球，刘帆也是他们这几个人里唯一进过局子的，今年刚过完年就进去待了一星期，但他也是这几个人里最喜欢篮球的，所以，刘帆的手是对着球去的。

钱凯不是，钱凯手的目标是刘帆的胳膊。

在刘帆的手把球对着顾飞拍过来的时候，钱凯的手贴着刘帆的手，从手腕到小臂往下一划。

顾飞接到球的同时，看到了刘帆手臂上的一道血痕。

他拿着球，转身往篮下带了过去。

身后有脚步声，有人很快冲了过来，顾飞往前又带了两步之后，猛地往旁边一让，跃起投篮。

余光里看到江滨从他右边冲了过去，左手从他身侧带过。

顾飞只觉得右肋下方被什么东西狠狠蹭了一下，落地的时候，都没有感觉到疼痛。他盯着篮筐，看着球落了进去，这才低头看了一眼。

身上的T恤破了一个口子，掀起来的时候，他看到了腰上一道被指虎带出来的粗糙的痕迹，在他低头看的时候，血才开始从一点也不整齐的伤口里慢慢渗出来。

他抓着衣服，往口子上随便按了按，口子浅，除了看上去比较丑陋，没有什么别的影响。

江滨发球，把球又传给了钱凯，顾飞本来想过去拦，但看到刘帆过去了，他就直接过了中线，准备回防。

刘帆手臂上的伤带着血，不过似乎也不算太深，顾飞的目光还没有从刘帆手上收回来，就听到了场外李炎的声音："大飞，后边！"

他没有回头，直接弯了腰，有人一拳从他的上方抡了过去。

这才第一个球，就已经打成这样了，顾飞感觉这场球他们就算是打不还手，能坚持五分钟也算是个奇迹。

而且他们也不是没还手，那边刘帆在拦钱凯的时候，用了同样的方式，藏着东西的护腕贴着钱凯的胳膊擦了过去。

顾飞这个角度看不清具体情况，但钱凯脸上的肌肉抽了抽，应该是下手不轻。

这场球是不可能打得满半小时了，也打不满五分钟了，顾飞直起身。

从他身后抡出来一拳的人，他不是太熟，名字外号都不知道，只能学着蒋丞给这人起了个名字叫小抡。

小抡这一拳是对着他后脑勺来的，如果没躲开，他这会儿肯定是趴在地上，能不能马上爬起来都不一定。

这帮人明显比猴子自己人的手要狠，猴子还讲点江湖义气，明面上也要脸，这些人不同，这些人围在身边，走路的都要小心，不定就踩着谁的脸，摔一跤。

小抡一拳抡空，都没有多犹豫，回手对着他的脸又劈了过来。

顾飞看到了他手里拿着的一截钢椎，这东西并不尖锐，是个圆形钝头，但要是被砸到……顾飞抬起左手在他小臂上挡了一下，以左手为轴心，顶着他的胳膊肘，右手一把紧紧抓着他的手腕，猛地一掰。

小抡顿了两秒钟之后，发出了一声惨叫，顾飞把他往旁边一推，接住了罗宇传过来的球。

带球冲过两个人，江滨在前面拦住了他的去路，顾飞急停，准备三分球。

球出手的同时，江滨冲到了他面前，手猛地盖了下来，指虎先是砸在了他肩上，再顺着惯性往下猛地一划。

看台上响起一片口哨声，还有掌声，这种情况下，三分还投中了，顾飞都有点佩服自己了。

但球是没法打了，江滨不太沉得住气，连装都懒得再装一下，这么下去，就算拿的分多，这边也没几个能站着的了。

而且如果在江滨他们这种直接忽略掉了这再怎么说也是一场披着球赛外衣的斗殴的状态下，就算靠分数赢了，这事也完不了。

唯一的办法。

唯一的办法。

顾飞突然有些感慨，唯一的办法是从老爸身上学来的。

那就是一招让对手再也不敢碰你。

无论是老妈的那个不靠谱的追求者，还是以前的猴子，或者刚才的小抡，无论他是有意还是无意，老爸这种让他从小就害怕得会做噩梦的风格，已经在不知不觉之中写进了他的血液里……

在江滨手上的指虎第三次对着他过来的时候，顾飞扬起胳膊，肩和腰都倾了过去，狠狠地一巴掌扇在了江滨的左脸上。

没有惯常的巴掌脆响，而是一声闷响。

江滨被打得原地翻起，摔在了水泥地上，倒地时，脑袋磕在地上的声音甚至都没有巴掌甩到脸上时的大。

整个球场上的人全都定住了，观众席上也有短暂的沉默。

江滨伏在地上，好几秒钟才开始挣扎着想要爬起来，但两次努力，都重新摔倒，最后，手撑在地上开始呕吐。

观众席上几十个看热闹的喊了起来，口哨和尖叫混成一片，透着兴奋。

对于他们来说，谁输谁赢无所谓，谁被打趴下了也无所谓，只要有人倒了，有人伤了，有人起不来了，他们就会兴奋。

场上的人都围了过来，钱凯过去想把江滨扶起来，顾飞看了他一眼："是你吗？"

"……什么？"钱凯愣了愣。

"下一个，"顾飞看着他，声音很沉，"是你吗？"

钱凯没出声，却僵在了原地，没敢直接上手去扶。

"球就不打了，"顾飞转头慢慢盯着一圈人看了一遍，"直接解决吧，还有谁，一把过。"

局面陷入了尴尬的僵持当中，顾飞这手里什么也没有的一巴掌，让江滨爬都爬不起来，趴在地上吐得天昏地暗，那边还有捧着胳膊疼得碰都没法碰估计是断了的一位，现在谁也不敢再上来跟他对顶着。

但这毕竟是一场"一把过的球赛"，要真就这么不动了，就意味着以后再也不能动手……

"扶他起来。"猴子的声音在身后响起，打破了僵局。

几个人这才过去，把江滨拖了起来，江滨脚底下有些站不稳，看上去像是头晕，两人架着他才不晃了。

猴子盯了顾飞一眼，走到了江滨面前："怎么样？"

"听不清，"江滨咳嗽了两声，"耳鸣。"

"送他去医院，"猴子皱了皱眉，"擦一擦嘴。"

几个人架着江滨准备离开，经过顾飞面前的时候，江滨挣扎了两下，瞪着顾飞。

耳鸣是肯定会有的，没准比耳鸣更严重，不过顾飞现在什么都无所谓，跟会担心倒在雪地里的人会不会冻死的蒋丞不同，他不会后怕。

顾飞往江滨右耳那边偏了偏，清晰地说："今天就一把过了，我这个人不爱惹事，只要不惹到我头上，我绝对不找任何人麻烦。"

江滨没说话，也不知道听清了没有，瞪了顾飞一会儿之后，走了。

江滨的人一撤，场上就剩了猴子和顾飞他们几个，四周的观众倒是兴致不减，虽然没人敢围过来，但也都站在了附近，等着有可能出现的第二场赛事。

浪费着自己的时间，围观着别人的血，虽然都是旁观者，但这些人却会让顾飞觉得恶心。

“下手还是这么狠啊，永远都是一招解决，”猴子看着顾飞，“都快两年了吧，一点没回功。”

顾飞没说话。

说实话，他对猴子并不像对江滨那样完全不怵，猴子大他好几岁，初中没上完就开始在外边混了，跟那些瞎混几年就去打工或者回归草民生活的人不同，猴子是那种一脚踏进这片黑里，就没打算再出去的人。

“我还以为普高能比工读学校让人收性子呢，”猴子笑了笑，“不过本来呢，我不会管你和江滨的事，这事我也说了他自己解决，这个结果他认不认都得认，可是现在不一样了，你替蒋丞出了头，那我就得替江滨出这个头。”

顾飞还是不出声。

“说老实话，我也不愿意啊，”猴子伸了个懒腰，点了根烟叼着，“但是想想，跟你的事正好也一块儿解决一下，要不我是真没法安生啊。”

“我后天要打个比赛，”顾飞开了口，“打完比赛之后。”

猴子也是个记仇的人，蒋丞的事不过是个借口，之前收保护费被他一脚踹破了膀胱，虽然过去一年多了，别说他是个记仇的人，他就是不记仇，这事也没那么容易过得去。

过了这么久才寻仇，总得有个借口，现在借口有了，可就这么一对一打，猴子清楚自己不是对手，一群人上，又有违猴子的“原则”，所以顾飞只定了时间，用什么方式，让猴子自己决定。

“学校的比赛吗？”猴子问。

“嗯。”顾飞应了一声。

猴子一脸吃惊，夸张的形式跟江滨一看就是亲戚，半天才笑了起来：“那还是有点改变的嘛，四中是个好地方啊，顾飞都要参加学校比赛了。”

顾飞懒得跟他废话，继续沉默。

“那行，我向来好说话，”猴子夹着烟，手指在他胸口上戳了戳，“后天晚上八点，铁路桥旧楼，玩点公平的。”

顾飞看了他一眼，旁边的刘帆往前迈了一步，像是急了，他伸手拦了一下：“好。”

“跨栏，”猴子说，“后果自负。”

“行。”顾飞说。

刘帆一上车，就一巴掌拍在方向盘上：“你干吗答应他跨栏？你他妈打不过他吗？”

“总得解决的。”顾飞说。

“解决就打一架解决啊！跨什么栏！”罗宇在后头吼。

“打一架他可能同意吗？”顾飞回头看了看罗宇，“他要愿意打一架解决，早打了好吗，用得着等这么久？”

“那让他继续等着啊！”刘帆也吼上了，“他不敢动你，你就不理他了又怎么样……”

“他来阴的呢？”顾飞打断了他的话，“他找别人呢？他动二淼呢？”

车里几个人都没了声音。

“而且我烦了，”顾飞皱着眉，扯了扯衣服，被血粘着的衣服，猛地一撕开，他差点喊出声来，“我就算一辈子混在这里了，也想要踏实待着，我不想成天活在打打杀杀里头。”

“别说他了，”李炎开了口，“答都答应了，现在说这些也没用，这事能解决就解决吧，又死不了人，最不济也就住几个月院……”

“谁说死不了人啊！没看新闻啊，前两天有个人平地摔一跤都他妈摔死了！”刘帆冲李炎瞪着眼睛。

“我呸！”李炎急了，也瞪着他，“快呸！你个傻瓜！”

刘帆顿了半天，最后又拍了一巴掌方向盘：“呸呸呸。”

顾飞偏过头，看着车窗外边乐了好半天：“傻瓜。”

蒋丞站在顾飞家店里，看着在收银台后边嗑着瓜子的顾飞妈妈，站也不是走也不是的，有些尴尬。

“坐会儿呗，”顾飞妈妈说，“他一般饭点都会到店里来。”

“我……”蒋丞并不想坐，他指了指门，想说他出去转转。

没等说完，顾飞妈妈看了一眼旁边的钟，冲他招了招手：“哎哟，我都没看时间，我得出门，正好你在，我就不用关门了，你在这里守着吧。”

“啊？”蒋丞愣了。

“就帮收个银，李炎成天帮忙收银呢，”顾飞妈妈一边穿外套一边说，“你不会连收银都不会吧？”

蒋丞想说他还真的不会，但没等开口，顾飞妈妈已经一阵风地跑出了店门，他站在店里愣了半天，脑子里乱糟糟的，好一会儿才在收银台后边坐下了。

顾飞这一下午干什么去了，他不知道，但肯定跟顾淼没关系，他来的时候就问了，顾淼在家画画玩呢。

他几乎已经可以肯定，顾飞是去动物园了。

但这个能打篮球也能打架的地方在哪里，却谁都不知道，班上唯一能问的人是王旭，王旭不知道，别人就更不可能知道了，除了班上这些人，他还能问的只有丁竹心，但丁竹心也没有给他答案。

“他不肯告诉你的事，我就算知道，也不能告诉你。”丁竹心说得很温和，却连再追问一句的机会都没给他。

蒋丞拿着手机，就这么愣在收银台后头，说不上来自己是什么感觉。

着急也着急过了，愤怒也愤怒过了，一把火烧到现在，只剩下了憋闷，不把顾飞抽一顿解不了恨的那种憋闷。

就这么愣了快有二十分钟，他听到店门外有车的声音，他走到风帘前站着，往外看了一眼。

一辆看上去再跑十米就要散架了的奔奔停在门口，车窗都关着，看不清里边有什么人，但车停下之后，顾飞从副驾驶上下来了。

本来蒋丞还琢磨着也许顾飞是有点别的什么事，自己可能想得太多了，但看到往这边走过来的顾飞衣领上的血迹时，他的怒火一下蹿了起来，跟身体里有把焊枪似的，一下烧透了天灵盖，成了一个火炬。

顾飞大概是没想到风帘里头会站着人，一掀帘子走进来的时候，直接撞在了蒋丞身上。

“哎！”顾飞吓了一跳，刚想往后退，被蒋丞一把抓住了外套领子。

“你干吗去了？”蒋丞揪着衣领，把他拖进店里往旁边的墙上一按，“你说，你干什么去了？”

“你怎么在这里？”顾飞一脸吃惊。

“我问你干吗去了？”蒋丞吼了一声。

顾飞抓着他的手腕想挣开，但没成功，只得放弃，叹了口气。

“要不要我再给你五秒钟编个故事啊！”蒋丞瞪着他。

“再给十秒也编不出来，”顾飞说，“太突然了。”

蒋丞没说话，盯了他一会儿之后，突然松开了手，转身一掀帘子走出了店门。

顾飞皱着眉，脑袋往墙上磕了磕，顿了两秒之后，追了出去：“蒋丞！”

蒋丞正往回他出租屋的方向甩了膀子走着，没回头，步子都没带放慢的。

“丞哥，”顾飞追过去抓住了他的胳膊，“丞哥……”

“丞什么哥！”蒋丞甩开他的手，回头瞪着他，“我没你这么个儿子！”

“我叫的是哥。”顾飞说。

蒋丞愣了愣，但看得出怒火迅速复燃，他指了指顾飞：“你叫爷爷也没用！”

顾飞犹豫了一下，重新一把抓住了他的胳膊，扭头就往店里拽。

蒋丞震惊了，狠狠甩了两下都没甩开他的手，正想着再使点劲的时候，又看到了顾飞衣领上的血，第三下被他咬牙按下了。

只犹豫了这么一瞬间，他就被顾飞拽回了店里。

“聊会儿吧。”顾飞说。

“聊什么？”蒋丞突然觉得力气就在顾飞松开他胳膊的这一下，全都散了，火也猛地发不出来了，他往墙上一靠，“聊聊你骗人的心路历程吗？”

“嗯。”顾飞点点头。

蒋丞看着他，除了衣领上的一条血迹，腰靠上点的地方也有一条血迹：“先把伤处理一下吧，这花里胡哨的，不知道的得以为谁给你上鞭刑了。”

50

顾飞看上去还算正常，感觉伤得并不严重，不过，等他把外套脱掉，蒋丞看到他右边腰上破了口子的T恤时，还是皱了皱眉。

“这是打球打的吗？”他问。

“嗯，”顾飞把外套扔到一边，看了他一眼，“你没吃饭吧？”

“没胃口。”蒋丞回答。

“我有点饿，”顾飞拿出手机，“我点俩盖饭过来，你凑合吃点？”

蒋丞没说话。

“青椒牛肉，”顾飞看着手机，“你要什么菜？还有土豆牛腩，西红柿炒蛋，红烧茄子……”

“西红柿炒蛋。”蒋丞叹了口气。

顾飞点好外卖，从旁边的小柜门里拿出了药箱，看了蒋丞一眼，犹豫了几秒，扬手把身上的T恤脱掉了。

“哎，”蒋丞看到他肩上腰上两大道血口子的时候，吓了一跳，“怎么没让人给打死啊？”

“谁能打得死我？”顾飞笑了笑，进了小屋。

“……要帮忙吗？”蒋丞问了一句。

“谢谢。”顾飞说。

“谢谢是要还是不要啊？”蒋丞站了起来。

“要。”顾飞回头看着他。

身上只有两道伤，其实还算好，蒋丞进了小屋里，凑近仔细看了看伤口，就是这伤口的边缘非常不整齐，制造出这个伤口的工具肯定很不锋利，所以口子基本就是被撕开的，想象一下都感觉得到疼痛。

他打开药箱，拿出了酒精，想了半天，才问了一句：“是猴子吗？他那个……指虎。”

顾飞看着他，有些吃惊：“这你都能看出来？学霸还有这种附加能力……不是猴子，是江滨。”

“我猜的，”蒋丞一手拿着药棉，一手拿着酒精瓶子，盯着顾飞的伤口，琢磨着这么大的口子该怎么清理，蘸着酒精往上涂……这么长的口子得费半天时间了，而且摆了几次架势都觉得拧着劲，“要不要去隔壁处理一下？”

“不去，隔壁一到下午晚上就一帮大爷大妈在那里吊营养针，这会儿就是个八卦故事编辑部，过去一趟，明天这一片都能知道我被人砍了，而且砍死了，”顾飞说，“这伤也没多严重，随便消消毒，拿纱布贴上就行。”

“哦。”蒋丞应了一声。

“你就……”顾飞话还没说完，蒋丞一抬手把酒精对着他肩上的伤口倒了上去，他愣了两秒之后，猛地抽了一口气。

“应该去要瓶生理盐水……很疼吧？”蒋丞看着他。

“您觉得呢？”顾飞皱着眉。

“酒精这个疼，很快就能过去了，”蒋丞对着他伤口吹了两口气，“我就是想冲一下。”

“……哦，”顾飞看了看伤口，“冲好了吧？”

"嗯，"蒋丞又在药箱里翻了翻，拿出瓶碘伏来，"再用这个消消毒就差不多了吧。"

"这个也往上倒吗？"顾飞问。

"是啊，"蒋丞点头，"这么大条口子，一点点用棉花蘸得多久啊。"

"你倒是潇洒。"顾飞说。

"找死的还想躺床，你有本事别受伤啊。"蒋丞说完把碘伏也倒了上去，再用药棉蘸匀了。

"其实……我也不是不想带你去，"顾飞靠着墙，抬起胳膊让他处理腰上的伤，"主要是吧，这事……跟你没什么关系。"

"嗯，"蒋丞知道顾飞的意思，他也猜得出来，江滨是输了球要找人撒气，但他的靠山猴子，是跟顾飞不对付，"但我就是那根导火索，你要不是非替我把事扛了，猴子也未必能找得了你麻烦。"

顾飞没说话，他这一回来就撞上了蒋丞，别说编个借口了，就连把刚才的事捋一捋都没顾得上。

但蒋丞让他有些感慨，就这么一通发着火，蒋丞也能迅速地凭借那么一丁点的信息把这事给想明白了，不愧是学霸，这逻辑应该去学理科。

"你这样让我很没面子，"蒋丞拿着酒精瓶子，对着他腰上一泼，"我……"

"哎！"顾飞忍不住喊了一声，"泼的时候能不能预报一下！"

"能，"蒋丞看了他一眼，"现在我要泼第二下了哟。"

"你……"顾飞话没说出口，蒋丞对着伤口又泼了一下，他吸了口气，"你这是打击报复呢吧？"

"好了，"蒋丞拿药棉蘸了蘸，"我上回在医院开了两支那种伤口黏合剂还是什么的，明天拿一支给你，用那个好得快。"

"……嗯。"顾飞应了一声。

虽然蒋丞全程没有碰到过他，但药棉轻轻点在伤口上带着轻微疼痛的触感，还是让他半边身体都有些酥麻发软，但这酒精泼完了，他顿时什么念头都没有了，脑子里一片清心寡欲。

把纱布都贴好了之后，送餐的过来了，蒋丞去把两份盖饭拎了进来，顾飞把小桌支上，坐下了。

到这会儿了，他才算是感觉一下午的紧绷慢慢松弛了下来。

"这家店，"蒋丞打开他那份盖饭，盯着看了半天，"今年肯定要倒闭。"

"嗯？"顾飞打开自己那份看了看，闻着还挺香的。

"我每次看到这种西红柿切得比脸还大，一个蛋分八份炒的西红柿炒蛋，"蒋丞说，"都会说这句话。"

顾飞盯着他饭盒里的西红柿炒蛋看了一会儿，没忍住笑了起来，半天才停下，把自己那份青椒牛肉推了过去："要换换吗？"

"不用了，"蒋丞往他那个餐盒里瞅了瞅，"就这种一个青椒切一刀，一片牛肉切八十刀的青椒牛肉，这个店今年要倒闭。"

顾飞边笑边吃，蒋丞也没再说话，一脸不爽地低头开始吃。

沉默地吃了好几分钟，顾飞抬起头，放下了筷子："不好意思啊，我也没成心想要骗你。"

蒋丞没说话，看着筷子上夹着的一块西红柿，过了一会儿，才放进了嘴里："这事处理完了吗？"

顾飞犹豫了一会儿："我跟猴子约了后天，打完球之后。"

蒋丞抬头看着他。

"那个就真是我跟猴子的事了，"顾飞说，"有没有你导这个火，也总会炸的，一块儿了了得了。"

蒋丞没出声，低头继续吃饭。

这饭挺难吃的，西红柿的汁没炒出来，鸡蛋太少，饭煮得太软烂，他吃了一半，就停了筷子。

"吃不下搁后院那个台子上，"顾飞吃得倒是很快，一盒饭已经见了底，"有流浪猫会来吃。"

"哦，"蒋丞起身，把半盒饭菜拿到后院，放在了台子上，站在那里等了等，没看到有猫来，于是又回了店里，"没看到猫啊。"

"经常来的那只，胆特别小，有人在，它不出来。"顾飞把空餐盒扔了，收了桌子，点了根烟，靠在收银台前。

蒋丞坐在椅子上，拿着手机，没什么目标地来回划拉着。

"我知道今天没叫你，你挺不爽的，"顾飞叼着烟，看着自己的鞋，"如果只是江滨，我就叫你了，但是有猴子……我就觉得还是算了。"

蒋丞看了他一眼。

"有些事，能不碰就不碰，能不参与就不参与，"顾飞吐出一口烟，"麻烦得很。"

“嗯。”蒋丞应了一声。

“你那天问我，为什么不上个职高技校什么的，”顾飞看着他，“要听听吗？”

“好。”蒋丞点了点头。

顾飞过去把店门关了，卷闸门也拉了一半下来，拿了张椅子坐到他对面。

“我以前，挺那什么的，”顾飞沉默了一会儿才开口，“小学的时候就成天……打架，我小学同学现在在街上碰到我都还绕着走。”

“校霸啊。”蒋丞看着他。

“反正就是……在家被我爸揍，出门就揍别人，”顾飞笑了笑，“我那会儿不爱说话，有点什么事就动手，打伤了人，被人找上门赔钱，我爸就再把我收拾一顿。”

蒋丞轻轻叹了口气。

“初一的时候，我把同桌，从二楼教室窗口推出去了，”顾飞伸直腿，看着自己脚尖，“其实我爸也这么扔过我，我也没太受伤……所以我也没觉得会有什么后果。”

蒋丞有些吃惊地看了他一眼，没说话。

“但那个小孩伤得挺严重的，胳膊腿还有肋骨都断了，学校找了我妈……那会儿我爸刚死，”顾飞声音很低，“学校本来就觉得我这情况不适合继续在普通初中待着，再加上这事，就让去工读学校。”

“工读学校是什么学校？”蒋丞问，看顾飞有些走神的样子，他低头打开了手机，查了一下。

工读学校是中华人民共和国为有轻微违反法律或犯罪行为未成年人开设的一种特殊教育学校，不属于行政处分或刑罚的范围。

蒋丞愣了愣。

“好多地方都取消了，”顾飞轻轻晃着脚尖，“我念的那个，后来也改职高了，我去那会儿都没多少学生。”

“哦。”蒋丞应了一声，不知道该说什么好。

“其实那会儿校长还建议我妈带我去看看心理医生，觉得我暴力倾向严重什么的，”顾飞把烟头扔地上踩灭了，又摸了一根烟出来点上，“我妈不肯，二淼已经那样了，她听不得有人说我也有毛病……我就去了工读学校。”

“都是你这样的学生去吗？”蒋丞问。

“我这样的在那里都算好孩子了，”顾飞笑了笑，“跟那些工读生待在一块儿，才知道什么叫无药可救，你想都想不出，就那么十几岁的人，能坏到什么地步，我待了一年半，这辈子我都不想再跟他们有任何接触。”

“给我……根烟。”蒋丞说。

“你又没烟了？”顾飞摸出烟盒，“你下回没烟了，直接到柜台里拿得了。”

“是正好没了而已。”蒋丞拿了一根烟点了，感觉脑子里有点乱。

其实，看顾飞平时那个架势，他差不多能想象他曾经有过什么样的过去，但也没想到会这么严重，就顾飞“杀”他爸那个传言，他都消化了半天，这会儿就觉得又被刷了一次机，脑子里嗡嗡的。

“我刚好像跑题了。”顾飞说。

“啊。”蒋丞看着他，还没回过神来。

被自己亲爹从二楼扔出去，他有点接受不了，把同桌从二楼窗口推出去，他也同样震惊。

“教室二楼比居民楼二楼要高啊。”他说。

“嗯？”顾飞愣了愣，好半天才反应过来他在说什么，突然偏过头，笑了起来，“丞哥，我发现你抓重点的能力很强啊。”

“笑个屁，”蒋丞点了烟之后，一直夹在手里，这会儿了才想起来抽了一口，“跑题了吗？之前的主题是什么？”

“初三下半年的时候，学校改成了职高，我们毕业了之后，基本都留本校上了职高，”顾飞说，“但我还是想去普高，我真的不愿意再跟他们待在一起，我这辈子都不想再跟他们有任何交集。”

“所以你考了四中？”蒋丞问。

“嗯，”顾飞点头，“四中烂，算容易考的。”

蒋丞没说话，抽了两口烟之后，长长地叹了一口气，突然不知道该说点什么才好了。

“丞哥，”顾飞起身从冰柜里拿了瓶啤酒，用牙咬开喝了两口，“你跟这里的人不一样，你根本不知道这些人如果惹上了，会有多少麻烦。”

蒋丞看着他。

“你打一架，输了，会有人觉得你好欺负，赢了，会有人觉得你臭牛逼，无论你怎么做，总会被缠着，”顾飞说，“这些人，离得越远越好，你懂我的意思吗？”

“……嗯。”蒋丞闭上眼睛吸了口气，慢慢吐了出来。

“你不是王旭，不是江滨，更不是猴子，你是个好学生，”顾飞说，“上你的课，学你的习，然后考你的试，去你想去的学校，别把自己扯到这些事里来。”

蒋丞沉默着掐掉了烟，手在脸上搓了几下，往后靠在了椅子上。

“我不让你去，不是要替你扛什么事，”顾飞说，“我就是怕你陷在这里了，换了谁，我都不会管，因为没有谁跟我说过‘我不会烂在这里’这样的话，只有你说了，你说了就要做到，别觉得我帮了你什么，跟我也不用讲什么义气。”

蒋丞还是没说话，只是突然站了起来，走到了顾飞跟前，摸了摸他的脑袋。

“……换个人这么摸我的头，我会揍人。”顾飞仰头看了他一眼。

蒋丞又在他头上摸了摸。

“靠。”顾飞笑了。

蒋丞往他后脑勺上兜了一把，抱住了他的脑袋。

“干吗？”顾飞脸都被按在了他的肚子上，只能闷着声音问。

“别说话。”蒋丞说。

“我要喘气。”顾飞说。

蒋丞没理他，又坚持了几秒钟，才松开了他，退回了自己椅子上，看着顾飞，突然就乐了，瞅着顾飞一通笑。

顾飞拿了啤酒本来想喝，瓶子举到嘴边两三次都停下了，最后把瓶子往地上一放，跟着也笑了起来。

“我吧，”蒋丞边笑边说，“其实是一个严肃的人。”

“我也是，”顾飞喝了一大口啤酒，把笑给压了下去，“希望你不要误会。”

“嗯，”蒋丞点点头，又坚持笑了一会儿，才喘匀了气，然后拉长声音，叹了口气，停了很长时间才开口，“能告诉我你跟猴子要怎么解决吗？”

“干吗问这个？”顾飞问。

“如果打一架解决，他肯定打不过你，”蒋丞说，“你们肯定不会是单挑，上回我跟王旭被堵，他还能卖你个面子，那也就不会找一帮人打你一个，对吧？”

“嗯。”顾飞笑了笑。

“所以，你们怎么解决？”蒋丞盯着顾飞的眼睛。

顾飞跟他对视着，似乎是在犹豫，最后低声说了两个字：“跨栏。”

“什么玩意？”蒋丞莫名其妙地看着他。

“钢厂这片自己的规矩，”顾飞说，“是公认的解决办法。”

“什么栏？怎么跨？”蒋丞又问。

“最近你的偶像是不是换了？”顾飞喝了口啤酒。

“什么？”蒋丞愣了愣。

“以前偶像不是小明爷爷吗，”顾飞说，“现在不是了啊？”

“……滚。”蒋丞往口袋里摸了一把，拿出烟盒，抽了根烟出来叼着。

正要点烟的时候，顾飞啧了一声：“有烟还抽我的？”

“嗯？”蒋丞看了看自己手里的烟，还真有，刚刚估计是昏头了。

他盯着自己的烟看了一会儿，把嘴里叼着的烟拿下来，放回了烟盒里，再塞回兜里，然后冲顾飞伸了伸手：“给根烟。”

顾飞有些无语地拿了烟盒，扔到他手上。

“这个栏怎么跨？”蒋丞拿着烟没有点着，又继续问。

“你买自行车那个店，那条路一直过去，有个铁路桥，”顾飞说，“旁边是个旧小区，厂子搬迁了，那地方有人买了，一直也没开发，楼都是危房……”

蒋丞没等他说完就打断了：“跳楼？”

顾飞看着他。

“这个楼跳到那个楼？”蒋丞瞪着他，“是吗？”

“嗯，”顾飞应了一声，“跳到有人伤了或者退出了为止。”

“你们钢厂这片是不是空气质量不太行啊？缺氧伤智商吧？”蒋丞简直无法形容自己的感受，“怎么不说跳到有人摔死了为止呢？”

“一般死不了，间距不大。”顾飞笑着说。

“脑残，”蒋丞拿着打火机按了几下都没把烟点着，火一靠近，就被鼻子里喷出来的气给吹灭了，最后，他把火机和烟都扔到了一边的凳子上，“这世界上还有这么脑残的人，真开眼！”

顾飞把烟拿过去点着了，递到他面前。

蒋丞看了他一眼，伸手接了烟叼着。

两个人都没再说话，店里很安静，街上都没有了声音，蒋丞就能听见自己呼呼喘气的声音。

他莫名其妙地想发火，不是冲顾飞，也不是冲猴子，不知道是冲谁，也不知道到底是火什么，就是气不顺。

他抬头瞪着顾飞，顾飞一脸平静地看着他。

他突然有些心疼。

顾飞从他的默契队友，从跟他有着不可言说秘密的同桌，突然被那些他从来没有想过的，一直觉得遥不可及的，乱七八糟的黑暗，一下拉开，变成了让他有些够不着的影子。

他很心疼。

一根烟在沉默中很快被抽完了，抽得一点也不愉快，有些不舒服，嗓子眼发干。

他把烟掐了，把手伸到了顾飞面前。

顾飞看了看他的手，大概是不知道他要干吗，犹豫了一会儿之后，才把自己的手放到了他的手里。

蒋丞一把抓紧了，又很用力地捏了一会儿，才松开了。

“什么时候？跳那个脑瓜缺血的楼？”蒋丞问。

“打完决赛。”顾飞搓了搓被他捏得有些发白的手。

“我要去看，”蒋丞说，顾飞想说什么，他摆手打断他，“我不会让人知道我去了，我就是要看看。”

“看什么？”顾飞有些无奈地问。

“看看你是什么样的人，”蒋丞看着他，“我就是想看清你是什么样的人。”

图书在版编目（CIP）数据

撒野 / 巫哲著. — 北京：北京联合出版公司，2018.10（2019.3重印）

ISBN 978-7-5596-2018-7

Ⅰ. ①撒… Ⅱ. ①巫… Ⅲ. ①长篇小说－中国－当代 Ⅳ. ①I247.5

中国版本图书馆CIP数据核字（2018）第082965号

撒野

作　　者：巫　哲

选题策划：北京磨铁图书有限公司

责任编辑：楼淑敏

装帧设计：苏艾设计

北京联合出版公司出版

（北京市西城区德外大街83号楼9层　100088）

河北鹏润印刷有限公司印刷　新华书店经销

字数476千字　700毫米×980毫米　1/16　印张26.5

2018年11月第1版　2019年3月第5次印刷

ISBN 978-7-5596-2018-7

定价：45.00元